科学技术部创新方法工作专项项目（2007FY140800）资助

科学方法大系

"十二五"国家重点图书出版规划项目

地理学思想与方法丛书

城市地理学思想与方法

柴彦威 等 著

科学出版社

北京

内 容 简 介

　　本书是国内第一本全面介绍和评析城市地理学思想与方法的著作。通过对城市地理学思想与方法的系统梳理和对中外城市研究典型案例的剖析，展示了哲学和社会思潮、技术和方法变革对城市地理学的影响及其应用，阐述了城市地理学思想与方法发展演变的脉络，强调了哲学思想和方法工具对城市地理学理论创新的重要性，并提示了城市地理学思想与方法研究的前沿。

　　本书可供城市地理学、地理学中其他的分支学科以及城市规划、管理学、社会学、经济学等相关学科的学者参阅，也可供学习城市地理学思想与方法的大学生和研究生参考。

图书在版编目(CIP)数据

城市地理学思想与方法／柴彦威等著 . —北京：科学出版社，2012
（地理学思想与方法丛书）
ISBN 978-7-03-035761-8

Ⅰ. 城…　Ⅱ. 柴…　Ⅲ. 城市地理学–研究　Ⅳ. K901

中国版本图书馆 CIP 数据核字（2012）第 242617 号

责任编辑：李　敏　王　倩／责任校对：包志虹
责任印制：苏铁锁／封面设计：黄华斌

科学出版社 出版
北京东黄城根北街 16 号
邮政编码：100717
http://www.sciencep.com

北京凌奇印刷有限责任公司 印刷
科学出版社发行　各地新华书店经销

*

2012 年 10 月第 一 版　　开本：B5（720×1000）
2021 年 1 月第七次印刷　　印张：23 1/2
字数：450 000
POD定价：138.00元
（如有印装质量问题，我社负责调换）

《城市地理学思想与方法》编写人员

（按姓氏笔画排序）

马　静　　马修军　　王　迎　　王茂军

叶　超　　冯　健　　张　艳　　张景秋

刘云刚　　刘志林　　汤茂林　　李业锦

李志刚　　项怡之　　赵　莹　　柴彦威

塔　娜　　甄　峰　　翟　青

总　　序

　　"工欲善其事，必先利其器。"科学思想和方法就是科学研究的"器"，是推动科学技术创新的武器。科学技术发展历程中每一次重大突破，都肇始于新思想、新方法的创新及其应用。科学思想和科学方法上的创新意识与系统研究的不足，已经制约了我国科技自主创新能力的提高。加强科学思维、科学方法和科学工具的研究与创新，是建设创新型国家的必然选择。因此，"推进学科体系、学术观点、科研方法创新"被写入了党的十七大报告。

　　科学技术部原拟从编制《科学方法大系》入手来贯彻和推进中央的这个精神，并拟先从《地球科学方法卷》开始，但后来的思路大为扩展。2007年5月29日《科技日报》发表了地理学家刘燕华（时任科学技术部副部长）的题为"大力开展创新方法工作，全面提升自主创新能力"的文章。2007年6月8日，我国著名科学家王大珩、叶笃正、刘东生联名向温家宝总理提出"关于加强创新方法工作的建议"。2007年7月3日，温总理就此意见批示："三位老科学家提出的'自主创新，方法先行'，创新方法是自主创新的根本之源，这一重要观点应高度重视。"遵照温总理的重要批示精神，科学技术部、国家发展和改革委员会、教育部、中国科学技术协会于2007年10月向国务院呈报了《关于大力推进创新方法的报告》，中央有关领导人批转了这个报告。2008年4月，科学技术部联合国家发展和改革委员会、教育部、中国科学技术协会发布了《关于加强创新方法工作的若干意见》（国科发财〔2008〕197号），明确了创新方法的指导思想、总体目标、工作任务、组织管理机构、保障措施。

　　《关于加强创新方法工作的若干意见》部署了一系列重点工作，并启动了"创新方法工作专项"。主要工作包括：加强科学思维培养，大力促进素质教育和创新精神培育；加强科学方法的研究、总结和应用；大力推进技术创新方法应用，切实增强企业创新能力；着力推进科学工具的自主创新，逐步摆脱我国科研受制于人的不利局面；推进创新方法宣传普及；积极开展国内外合作交流。其中"加强科学方法的研究、总结和应用"旨在"着力推动科学思维和科学理念的传承，大力开展科学方法的总结和应用，积极推动一批学科科学方法的研究"，这就是《科学方法大系》要做的事。

　　作为国家"创新方法工作专项"中首批启动的项目之一，我们承担了"地理学方法研究"重点项目。项目的总目标是"挖掘、梳理、凝练与集成古今中外地理学思想和方法之大成，促进地理学科技成果创新、科技教育创新、科技管理创新"。我们认为这是地理学创新的重要基础工作，也是提高地理学解决实际问题的能力、更好地满足国家需求的必要之举。我们组织了科研和教学第一线的老、中、青地理学者参与该项目研究。经过四年的努力，做了大量工作，取得了丰富的成果，包括发表了一系列研究论文、凝聚了一支研究团队、锻炼了一批人才、举办了多次研讨会和培训班、开发了一批软件、建立了项目网站等。而最主要的成果就是呈现在读者面前的这套《地理学思想与方法丛书》，包括专著、译著和教材三大系列。

《地理学思想与方法丛书》专著系列包括《地理学方法论》、《地理学：科学地位与社会功能》、《理论地理学》、《自然地理学研究方法》、《自然地理学研究范式》、《经济地理学思维》、《城市地理学思想与方法》、《地理信息科学方法论》、《计算地理学》等。

《地理学思想与方法丛书》教材系列包括《地理科学导论》、《普通地理学》、《自然地理学方法》、《经济地理学中的数量方法》、《人文地理学野外方法》、《地理信息科学理论、方法与技术》、《地理建模方法》、《高等人文地理学》等。

《地理学思想与方法丛书》译著系列包括《当代地理学方法》、《地理学生必读》、《分形城市》、《科学、哲学和自然地理学》、《地理学科学研究方法导论》、《自然地理学的当代意义：从现象到原因》、《经济地理学指南》、《当代经济地理学导论》、《经济地理学中的政治与实践》、《理解正在变化的星球——地理科学的战略方向》、《空间行为的地理学》、《人文地理学方法》、《文化地理学手册》、《地球空间科学与技术手册》、《计量地理学》等。

"地理学方法研究"项目的成果还包括一批已出版的著作，当时未来得及列入《地理学思想与方法丛书》，但标注了"科学技术部创新方法工作专项项目资助"。它们有：*Recent Progress of Geography in China：A Perspective in the 21st Century*（The Commercial Press，2008 年）、《地理学思想经典解读》（商务印书馆，2011 年）、《基于 Excel 的地理数据分析》（科学出版社，2010 年）、《基于 Mathcad 的地理数据分析》（科学出版社，2010 年）、《地理数学方法：基础和应用》（科学出版社，2011 年）、《世界遗产视野中的历史街区——以绍兴古城历史街区为例》（中华书局，2010 年）、《地理学评论（第一辑）：第四届人文地理学沙龙纪实》（商务印书馆，2009 年）、《地理学评论（第二辑）：第五届人文地理学沙龙纪实》（商务印书馆，2010 年）、《地理学评论（第三辑）：空间行为与规划》（商务印书馆，2011 年）、《我国低碳经济发展框架与科学基础》（商务印书馆，2010 年）等。

科学思想和科学方法的不断总结对于推动地理学发展起到不可小视的作用。所以此类工作在西方地理学中历来颇受重视，每隔一段时期（5~10年）就会有总结思想和方法（或论述学科发展方向和战略）的研究成果问世。最近的一个例子是美国全国研究委员会 2010 年发布的《理解正在变化的星球——地理科学的战略方向》。中国地理学者历来重视引进此类著作，集中体现在商务印书馆出版的《当代地理科学译丛》和以前的一系列译著中（甚至可上溯到 20 世纪 30 年代出版的格拉夫的《地理哲学》）。但仅引进是不够的，我们需要自己的地理学思想和方法建设。有一批甘坐冷板凳的中国地理学者一直在思索此类问题，这套《地理学思想与方法丛书》实际上就是这批人多年研究成果的积累；不过以前没有条件总结和出版，这次得到"创新方法工作专项"的资助，才在四年之内如此喷薄而出。"创新方法工作专项"的设立功莫大焉。

学科思想和方法的建设是一项长期的工作，伴随学科本身自始至终，这套丛书的出版只是一个新起点。"路漫漫其修远兮，吾将上下而求索。"

蔡运龙

2011 年 4 月

前　言

　　城市地理学在现实问题的变化与相关学科的交叉互动中发展。现实层面，伴随着世界范围内城市化的快速发展，城市地理学思想、理论和方法也在不断演进和翻新；学科层面，由于城市问题涉及诸多学科，城市地理学虽然有传统的、相对不变的主题（如城市空间），但研究视角和焦点不断变化和调整。尤其是第二次世界大战以后的西方城市地理学，经历了多种范式的交替，现今的研究理念和方法已趋于多元化。

　　由于历史原因，中国城市地理学研究曾非常薄弱。从 20 世纪 70 年代中期至今，经过 30 多年的发展，中国城市地理学界增强了与国外的学术交流和对话，在借鉴西方理论的基础上，也形成了一些自己的特色。但是，总体而言，我们理论和方法的创新水平及程度与西方地理学界还有一定的差距。其中的一个突出表现是对西方城市地理学思想和方法缺乏全面、具体和深刻的认识与理解。在中国城市化进入一个新的发展阶段、城市问题日趋复杂的时代背景下，对城市地理学的思想、理论与方法进行较为系统的梳理和总结，不但具有重要的学术意义，而且也是应对急剧变化的现实问题的必然要求。

　　思想的多元化和方法的多样化是当代城市地理学研究的突出特征。思想与方法的继承和创新，不但是构建城市地理学学科体系的基础，而且始终是推动学科快速发展的动力。思想与方法代表了城市地理学研究的两个向度：理论和应用。没有方法的思想是纯粹的哲学思辨，没有思想的方法则只是旅行指南。城市地理学研究必须两者兼顾和并重。本书中的"思想"，主要指影响城市地理学发展的一些重大哲学思潮和理论流派；"方法"则比较广义，既包括一般的定量与定性方法，也包括信息技术和空间分析方法。虽然对思想与方法进行这样的区分，但我们更强调思想与方法、西方思想与中国问题的紧密结合。为此，在介绍各种城市地理学思想流派时，本书加重了解释一种思想如何应用的篇幅，并力图通过一些典型案例的解读和阐释，将抽象的哲学思想与现实事例对应起来。在案例选择上，既考虑西方城市地理学研究前沿，也顾及中国城市地理学者的研究。

　　从近 50 年的发展来看，主要是哲学和社会思潮使得城市地理学思想和方法频繁更迭。第二次世界大战以前传统的城市地理学研究，强调经验主义的田野调查，并有一些论证城市空间合理几何型式的实证研究，克里斯塔勒提出的中心地理论是其主要代表。受逻辑实证主义哲学的影响，20 世纪 50～60 年代兴起的"计量革命"中，城市地理学家强调地理学是一门追求普遍法则而不是研究独特的区域的科学，并大量运用数学模型和几何方法研究城市空间结构及其形成机理，虽然在研究方法上取得很大进步，但该时期的城市地理学在实质上仍然延续传统的实证主义。20 世纪 60 年代末开始，重大社会政治事件的相继爆发和民主化运动的高涨，使得实证主义的城市地理学研究遭到了质疑和批判。城市地理学研究的对象——城市空间中的人，已经不仅是实证主义框架下单一的、关注自己利益的理性的"经济人"，而且更是处于社会政治结构并和其相互作用，有特定的行为轨迹，有丰富的感情和价值观，充满个性、复杂而难于统一刻绘的"人"。对应于这四个层面，分别出现了结构主义、行为主义、人文主义和后现代主义的城市地理研究思潮和方法。同时，与这四种哲学有一些交叉和重叠但研究视角、焦点和方法又有很大区别的一些学派及其理论，如芝加哥学派、时间地理学、结构化理论、空间的生产理论等，也对城市地理学研究产生了重大影响。因此，本书首先对这些重要的哲学思潮和流派及其在城市地理学中的应用进行具体介绍和分析。

科技进步和方法变革是推动城市地理学演进的另一动力。作为传统的研究方法，定量分析与质性研究仍在城市地理学中发挥着重要作用。研究规范的问题对当下国内学界也颇为重要。值得注意的是，信息化导致了"网络社会的崛起"，这集中体现在城市空间也被其重塑，正在由"数字城市"转向"智慧城市"；而以地理信息系统（GIS）为主体的空间分析方法大大增强了城市地理学获取、分析数据的能力和应用水平。技术和方法创新，不但改变了城市社会的现实，而且也为城市地理学研究提供了更多、更为便利的工具。

思想与方法革新促进城市地理学快速发展。新的思想和方法也并非凭空产生。城市问题的复杂特性，使得以"问题"为导向进行跨学科交叉成为最重要的路径。全面展示各种不同的思想、理论和方法如何被吸纳进城市地理学中，正是本书的主要目的。通过这一工作，增进国内外、多领域在城市研究上的交流与融合，进而有更多的创新性成果，则是我们的最终目的和愿望。

本书是科学技术部创新方法工作专项资助下的"城市地理学研究方法"课题的核心研究成果。撰写工作由柴彦威组织，经过前期三次讨论形成书稿大纲，又经历了后期三次返修形成终稿。参与人员与分工如下：第 1 章由柴彦威、赵莹撰写；第 2 章由张景秋撰写；第 3 章由汤茂林撰写；第 4 章由刘云刚撰写；第 5 章由李业锦、王茂军撰写；第 6 章由刘云刚撰写；第 7 章由柴彦威、马静撰写；第 8 章由李志刚撰写；第 9 章由张景秋撰写；第 10 章由冯健、项怡之、王迎撰写；第 11 章由甄峰、翟青撰写；第 12 章由塔娜、柴彦威撰写；第 13 章由柴彦威、张艳撰写；第 14 章由张艳、柴彦威撰写；第 15 章由叶超撰写；第 16 章由王茂军撰写；第 17 章由刘志林撰写；第 18 章由马修军撰写；第 19 章由刘云刚、刘志林、柴彦威共同完成。另外，赵莹作为课题秘书，不仅全程参与课题方方面面的组织管理工作，而且也参加了本书的编辑工作；郭文伯参与了后期校对工作。

柴彦威

2012 年 6 月于燕园

目　　录

第1章　西方城市地理学思想与方法演进

1.1　引　　言

地理学在主要科学领域中具有无可争辩的地位，为人类文明和科技进步作出了重要贡献。但是，现代地理学与日益增长的社会需求以及现代科学的突飞猛进相比较，仍然具有相当大的差距。究其原因，理论的贫乏，特别是从根本上讲，地理学思想与哲学互动的缺乏被认为是主因（白光润，1995）。作为科学的地理学，其研究思想的发展不可避免地受到科学和哲学发展的影响（阿努钦，1994）。地理学经常要面对具体问题，地理学家通常会用一种在自己学术环境下被"默认"的理论方法去指导实践，他们的哲学立场并不是不经训练、自然而然就形成的（唐晓峰，2007）。这些理论方法足以驾驭例行工作，但却不能抓住新问题，因为新问题是没有前例或已有方法进行借鉴的。同时，地理学者只有了解理论产生的哲学和方法论，才能够正确地、有控制地运用它们去指导实践和解决问题，否则滥用方法将造成很大的伤害（Harvey，1969）。

过去的半个多世纪，城市地理学一直朝着地理学的中心位置稳步发展，现已成为地理学科体系中不可缺少的部分（Herbert and Johnston，1978）。城市变化具有差异性和复杂性，城市地理学者的任务就是理解和解释城市环境的复杂性。从本质上讲，城市地理学可被定义为对"位于城市体系中的成体系的城市"的研究（Berry，1964）。作为一门动态的学科，城市地理学的思想和方法不断受到科学与哲学思潮的冲击，不断涌现出新方法和新议题，并且在社会需求和技术进步的推动下，学科范围迅速扩张。但是，中国城市地理学的发展历程中，过多关注社会的现实需求，相对而言缺乏哲学思考和理论建构（沈道齐和崔功豪，1990；闫小培，1994）；中国城市地理学者对西方思想与理论的学习多表现为"拿来主义"，缺乏理论批判和革新（刘云刚和许学强，2008）。

自第二次世界大战以来，西方人文和经济地理学经历了几乎每10年一次的思想和理论研究"转向"。这种相对频繁的思想和理论交替状况对中国城市地理学的发展具有重要的借鉴意义（叶超和蔡运龙，2010a）。这里，以近50年西方哲学思想流派的梳理为主线，结合其引发的城市地理学研究方法与议题，试图从介于思想与方法的中观角度，解读西方城市地理学发展的历程①。一方面，这可以使我们将抽象的哲学思想与现实事例对应起来，使讨论不至于过分僵化和枯燥；另一方面，通过选取研究转向的重要事件和典型案例，能够更为深入地理解哲学立场对城市地理学研究的重要性。

1.2 实证主义一统天下

地理学一直是一个"随从"的学科，而不是一个"领袖"的学科，地理学的主要思想借鉴于其他学科（姜道章，2006）。在计量革命之前，地理学被认为是一种特殊风格的描述性的区域地理学；通过理解现实中不同区域间的事物及相互关系，认识区域与地方的特殊性和差异性，地理学成为一门整合的科学（Hartshorne，1939）。这种区域分异理论主导的地理学科发展，仅仅是对影响区域形成的经济、社会、人口、文化等因素的粗浅了解，其学术层次并不高，就像中小学地理教科书一样，过分偏重事实的单纯描述，内容枯燥、结构僵化，没有观念和启迪性，从而严重影响了地理学的发展。由此看来，计量革命的出现并不是偶然的。

1.2.1 科学主义与空间科学

20世纪50年代末期，美国华盛顿大学一批年轻的学者在加里森的领导下开始掀起计量革命的热潮（Garrison，1959）。这场计量革命的终极目的就是将地理学发展成空间分析的科学，而其短期目标则是建构若干空间模式及理论，以便解释地理现象。

1953年，舍费尔的"地理学中的例外论：方法论的检视"一文被认为是"革命的第一枪"（Schaefer，1953）。深受逻辑实证主义思想影响的该论文辛辣地批判了传统的区域地理学，提出要将地理学改变为空间科学，呼吁要开发具有空间性的地理学理论。其批判的矛头直指当时地理学界如日中天的以赫特纳-哈特向为代表的区域地理学派。舍费尔批判区域地理学派把地理学的研究对象归于区域差异，认为地理学不同于其他科学的主张是"例外论"。他认为，区域学派的做法偏离了科学发展应该趋向于实证主义的渠道，与科学背道而驰；地理学应该

① 在梳理西方哲学思潮时，参考了马润潮2009年4月在北京大学城市与环境学院所做的学术讲座"上半世纪西方人文地理学发展的主要趋势"。

成为科学性的社会科学，需要建立科学法则。科学是用法则来解释问题的，目标
是发现规律和建立秩序，而其终极目标是能够预测未来。尽管舍费尔当时受到了
理查德·哈特向等权威区域地理学家的强烈驳斥，但他挑战权威的勇气和犀利的
论证方式，尤其是他提出的完整一贯的方法论纲领，既顺应了当时科学发展趋向
实证主义的大势，又瞄准了地理学界急需新的理论和方法论营养的内部需求，所
以他的论文引起了地理学的大地震，被年轻一代地理学者遵奉，成为第二次世界
大战以后地理学计量革命的先导之作（叶超和蔡运龙，2009）。

计量革命在 20 世纪 60 年代得到了广泛传播，但它仍运作在一个哲学真空
中，即仅关注方法论的形式，而并非更深入的知识生产的认识论结构（Gregory，
1978），而《地理学中的解释》（Harvey，1969）则是地理学里程碑式的著作。
哈维观察到地理学者很少去探究地理学知识是怎样生产的，以及为什么生产地理
学知识。而且，没有人尝试为地理学提出一个稳健而严密的方法论基础。于是，
哈维利用实证主义的科学哲学建构一个理论上合理的本体论和认识论，为空间科
学提供了一种初始的哲学基础。正如希尔（Hill，1981）所述，实证主义是许多
空间科学研究的隐含基础，因为当研究寻求通过空间分析和地理学建模决定因果
关系和空间规律时，很少正面涉及实证主义或者其他哲学基础。《地理学中的解
释》为地理学构建起来的框架，使学者们在使用规律、模型、理论和假设等科学
方法的学术时，忽略了其实际上是什么和由什么组成的认识，而恰恰是这些研究
组成了今天这门学科的主要部分（Kitchin，1996）。

1.2.2 对计量革命的反思

科学主义和计量革命强调的整体精神是寻求通则，探讨的重点是事物的空间
性，而不是事物本身的意义，其哲学基础是逻辑实证主义（Ayer，1959）。计量
革命强调用数学及逻辑方法、客观态度及理性语言来寻求事物的法则，包括了对
事物共性的概括论述及建构模式、理论性建构及定律的寻求。其中，客观的态度
非常重要，研究者应与研究问题分开，要使用理性的语言，反对情绪化。它尤其
重视"放诸四海而皆准"的大理论及大论述，共性越高越能体现理论的价值
（Harvey，1969），而对事实的简化则是建构抽象理论的必要手段。

尽管计量革命对地理学作出了重大的贡献，但对其的批判一直就未停止过，
这主要来自两个方面：一是来自计量革命内部的自省式批判；二是来自计量革命
以外的驳斥性批判。1979 年，美国地理学界集中回顾与讨论了计量革命（King，
1979），批判的重点是计量革命的目标过于理想，实际的成果非常有限，真正开
发出的具有普及性的理论令人失望。而且，有些计量革命所产生的理论并不是

3

"严格"的理论，而是地理现象的另一种表现方式，即用数学形式来表达，对于解释问题本质并没有太大的帮助。同时，尽管理论是正确的，但其假设条件十分苛刻，很难在实际研究中得以应用（马润潮，1999；张祖林，1991）。计量革命以外的批判集中在其仅侧重在空间形态上，不重视过程及原理。他们认为，计量学者仅关注有规律的东西，忽视无规律的东西，通常将所谓的秩序强加在复杂的现象之上（Golledge and Amedeo，1968），忽视地理问题中的人、历史、社会、经济及文化等复杂因素。反对计量化及逻辑实证论者还强烈地批判其是排他性的知识论，是一种仅以科学方法取得的知识才是有效知识的学术霸道态度。同时，空间分离的主张以及将地理学简化为几何学语言的解释也是不合理的（Sack，1974；Bunge，1969）。这些来自外界及自身的批判，使计量学者的态度转趋包容，开始容忍和接受其他种类的知识观。从20世纪70年代初期开始，它不再是主导人文地理学发展的核心哲学观。

计量革命对强化计量方法在地理学研究中的地位是功不可没的。它大大地提升了理论在地理学中的地位，尽管今天地理学所谓的"理论"与逻辑实证主义所说的理论是很不相同的。其实，大多数计量学者并不知道他们的研究是属于逻辑实证主义的范围，这是思想史学者后来加在他们头上并进行理论批评的。早期计量学者的意图很简单，仅仅是要使用计量方法来分析具体的地理问题。一门学科想要摆脱经验分析跨入科学范畴，必须成为一门实证科学，而计量革命推动下的数量化方法乃是实证化的前提。计量革命铺开了地理学确定性解释的道路，引导地理学走向了空间科学。而定量化、精确化是地理学研究的方向和目标，作为一个长期的过程，不仅需要地理学本身的努力，还需借鉴先进的科学技术。因此，20世纪90年代后计量地理有回潮现象，已经成为人文地理学中的重要组成部分。

1.2.3 实证主义之于城市地理学

早期使用实证科学方法的研究很大程度上集中在经济地理学和城市地理学等有关经济的方面。计量革命引导下的实证主义方法逐渐被城市地理学者所接受，城市地理学者也"承认规律的最终存在"，在城市研究中引入"科学化"的理性分析。谢夫凯、威廉和贝尔等在1949年提出城市社会空间研究的"社会区分析"，进入20世纪50年代，集计算机技术优势与统计数据为一体的因子生态研究取代了社会区分析。并且，贝尔成功利用统计手法证实了克里斯塔勒的中心地学说（Johnston，1990）。哈格斯特朗借鉴中心地理论的空间思想调查瑞典中部创新的扩散而提出空间扩散理论（Hägerstrand，1967），等等。自此，城市地理学开始推行"科学方法"，引导了一批具有数学的、科学的、空间的取向的新型城市地理学研究。

可见，在实证主义的影响下，城市地理学的研究视角从形态描述转向过程分析，研究内容从形成因素的综合转向形成机制分析，研究方法由描述转为解释和预测，建立了以空间为核心概念的现代城市地理学，并使城市地理学逐渐成为现代地理学的重要组成部分（Golledge and Amedeo，1968）。

1.3   多元主义百家争鸣

20 世纪 60 年代末到 70 年代初，西方资本主义世界出现一系列社会问题，经济发展停滞不前，社会极化问题加剧，社会不公平日趋严重，学者们开始怀疑空间分析学派对人地关系中人的作用的贬低以及实证主义普遍性追求的脱离实际（田文祝等，2005）。因此，整个学术界开始关心社会及政治问题，质疑主流现象，寻求正义，并孕育出一场社会大转型。西方地理学界出现了人文化和社会化两大趋势，地理学开始与经济学、政治学、社会学等其他学科结合，研究内容上也从传统的区域研究和空间分析转向解决现实性社会问题（姚华松等，2007）。

总体上看，这一时期的地理学研究出现了百家争鸣的现象，人本主义、行为主义、结构主义、马克思主义都成为计量革命后期兴起的学派。异议地理、社会正义及道德地理学也成了一种地理现象，从而形成了新区域主义、新文化转向、现实主义、后现代主义、女性主义、后殖民主义等。这些思想和理论虽有一定程度上的争论，但总体上是和平共存的状态，地理学变得有容忍性和开创性，形成了多元主义的时代（唐晓峰和李平，2001）。

1.3.1   行为主义地理学：计量革命的余波

行为主义地理学是由计量地理学衍生而来，但不满于计量地理学过分简化空间问题，如平坦空间及理性经济人的假设，认为行为结果不仅取决于区位机会而且取决于个人对空间的认知。它将心理学带入地理学，试图了解人们的思想和感觉对其空间行为决策的形成及行动后果，或者更确切地说，不同环境中的人所产生的行为以及行为背后的决策过程是不同的，这些能够反映空间形态的特征（Olsson，1981；柴彦威等，2008）。行为主义地理学注重空间过程的成因和后果，并不强调空间形态的建构。行为主义地理学初期的研究实质上是寻求更好的人类主观模型及假设，从而取代物质环境观，并且通过采用新的数据分析和非汇总方法来研究个体和小团体，以便揭示人类决策行为之心理、社会因素的空间特性，基于人类过程进行现象的解释（Golledge and Timmermans，1990；Golledge and Stimson，1997）。可见，行为主义地理学更应该看做是一种行为论的地理学研究方法（柴彦威等，2008）。

行为主义地理学的研究范畴广阔。例如，居民对洪灾的态度不能完全以理性及经济人的角度来解释，而必须考虑环境认知的不确定性及地方差异，这些研究能为水资源研究与政策服务（White，1968）；相似的还有核泄漏灾害撤离行为研究（Johnson，1985）。在城市地理学研究中，行为分析方法应用于居住地迁移、日常活动与城市空间分析、弱势群体的社会援助等方面（张文奎，1990；Golledge，1993）。研究内容也顺应了西方城市精细化管理、追求生活质量的社会需求，通过城市居民行为的自由度变化，反映城市在经济、社会、消费行为等方面的巨大变化，引导居民进行合理、健康、可持续的消费行为，建立重视每一个居民生活质量的现代生活活动方式（柴彦威，2005）。

虽然早期的行为主义地理学在居住地迁移、购物行为等领域产生了一定影响，但在建立统合认知与偏好–选择理论框架的努力中遇到了很多难题，受到了各方面的质疑与批判（冈本耕平，1998）。首先，行为主义地理学仍然没有完全摆脱实证主义的哲学基础，也就是对低层事物进行有意义的概括，从而寻求普遍性和空间行为的一般性理解（曾向阳，1999）。其次，完全依靠主观偏好的决策过程来解释空间现象，忽视了比个体总和大得多的整体社会重要性（Johnston，1991）。最后，行为主义地理学在对人类中心性关注的过程中，必然考虑个体决策的复杂性和曲折性，而心理学视角的分析使研究的理论和分析过于深奥，很难能真正跟上方法论的发展（Johnston，1990）。

1.3.2 人本主义地理学：从解释到诠释

人本主义以存在主义和现象学作为哲学基础，注重一切事物的诠释皆基于人的思想、感觉与经验，是以人为根本出发点的（马润潮，1999）。人本主义地理学家是最早对计量地理的理论基础进行发难的，认为建立模式或理论来解释现在或预测未来是将人"非人化"了，完全忽略了人的因素，特别是人所能发生的作用。人本主义地理学家批评指出，以逻辑实证主义为基础的计量革命具有太强的排他性、垄断性及霸权心态。

人本主义地理学的主要目标是协调社会科学与人之间的关系，容纳知性与智慧、客观与主观以及唯物主义和唯心主义。其主要任务是发展方法论，并深刻理解人类在世界所处的地位，其社会批判的立足点是伦理和道德，强调人们对自然、对世界的感悟能力（段义孚，2006）。人本主义地理学的理论方法与实证主义方法形成了鲜明对照：实证主义注重对因果关系的解释，而人本主义地理学寻求的是知性，强调人的因素及个人经历，探讨人的自主性、机动性、创造力、价值观、历史文化等因素如何影响人的生存及生活、环境认知及人地关系，形成了以人为本的对地理现象与问题的诠释。人本主义地理学的领军人物是段义孚，他的影响力远不限于地理学界（Tuan，1974，1979）。

人本主义与城市地理学研究的结合主要体现在对城市社会问题的分析，包括对种族、性别、阶级冲突、同性恋、酗酒、失眠等问题的关注，将景观和文字作为文本的分析视角，深入诠释问题产生的背景和作用机制（周尚意，2007）。当然，人本主义地理学在实践的过程中也受到种种阻碍，由于方法论的特殊性，其研究通常采用小样本的参与式观察。一方面，由于问题的复杂性，人本主义者通常采用"创造性"文字来进行分析，语言的丰富性增加了人们思考的能力，同时也受到了语言范畴的限制。另一方面，文化的概念通常包括通俗文化、两性问题、种族问题、语言问题等，让学者往往难以全面把握（唐晓峰等，1999）。

另外，人本主义地理学与行为主义地理学都属于从正面研究人与环境关系的方法论，但前者侧重人与环境的互动及相互影响，后者则重视人如何对环境的刺激作出反应，尽管在行为革命盛行的 20 世纪 70 年代，学界一度把这两种方法论都归于行为论方法，但其实它们之间的交集并不多。与行为主义地理学的广泛影响比较而言，有开创性的人本主义地理学者及著作并不很多，但人本主义精神却被地理学界广为接受。

1.3.3 结构主义地理学：结构与能动性

结构与能动性（structure and agency）是地理学中的一种二元论述，指组成某种事物的两个部分具有二元性，但不是必然对立的。结构主义批评人文主义不注重事物的历史根源以及在时间上的演变。结构主义强调整体性的研究，反对孤立的局部研究，相信社会、经济、政治、文化和历史的结构决定了一个整体事物或系统的每一个组成部分的地位，即事物的表面现象及人的行为是由其下垫面的结构决定的，强调认识事物内部结构，反对单纯认识外部现象（于涛方，2000）。因此，认为人的行为是由外在的社会、文化、制度等结构所决定的（马润潮，2004），这种带有决定论成分的结构主义在后来也被大多数学者遗弃。

一般说来，结构主义关注三个层次的东西：表层或上部结构、过程或下部结构、控制或深层结构。其中，影响深远的结构马克思主义研究大多集中于下部结构和上部结构，而忽视了深层结构的问题（Johnston，1991）。结构马克思主义对土地及天然环境的分析很深入，但对城市及空间问题的着墨就很少，当然，后来的结构马克思主义地理学家弥补了这个不足，给马克思主义思想领域注入了空间化的观念（皮特，2007）。另外，索加的"社会空间辩证法"将二元对立（dualism）论述转变为二元性（duality）论述，发展了结构主义地理学（索加，2004）。

结构主义作为与实证主义、人本主义并行的人文地理学流派，在诸多城市研究中发挥着重要作用（Johnston，1986a；张祖林和孙爱军，1996）。结构主义在城市地理学中的应用以结构马克思主义地理学为代表，关注许多社会问题，比如不均衡发展的地理学研究、空间碎片化及排斥、剥夺性累积、环境破坏及天然资源掠夺等方面的开拓性研究（周尚意，2007；叶超和蔡运龙，2010b）。20世纪80年代后期，人类能动性观念的兴起加速了结构主义的退场，对结构主义的批判主要来自以下三个方面：首先，它是经济决定论及结构论的大论述，具有学术霸权性；其次，结构主义的整体论通常陷入具体化的研究，掩盖了个体活动产生结构条件的基本过程，一些重要解释因素被排除在分析之外（皮特，2007）；最后，它忽视了人的创造力，将个人行为和思维标准化处理（朱春奎，1993）。人类能动性特别强调人的创造能力，认为人可以改变并超越结构的制约。

1.3.4 后现代主义地理学：从建构到解构

后现代主义开始出现于20世纪80年代后期，经过二十多年的发展，现已成为一种广泛的现象，影响到社会科学的各个领域。如果说计量革命的性质是建构的，那么后现代主义的性质则是解构的。后现代主义与计量革命所倡导的理念恰好相反，认为社会太复杂、信息太多，不可能有任何大论述或大理论，反对将"秩序"强加于复杂混乱的现实。严格来说，后现代主义不是一种理论，而是一种态度、一种对知识性质的观点及对实体情况的诠释。

后现代主义对人文地理学的最大影响在于它引起了地理学家对人及地方的差异性的重新重视，强调事物特性和不确定性的核心观点使学者感到早已被遗弃的"空间分异论"又转回到了世间。后现代主义地理学排斥任何总体观，认为没有单一的绝对真理，反对大理论和大论说，不认为复杂及无序的大千世界能用任何一种理论或观点来解释（马润潮，1999；顾朝林和陈璐，2004）。后现代主义地理学的特点就是它没有固定的研究方法及清晰的理论，也没有固定的空间表达形式，全部视具体情况而定，主张寻求"地方知识"。当然，这种鼓励多元、缺乏主导理论及方法的后现代主义也受到批判，被称为"学术虚无主义"。

后现代主义地理学最具代表性的倡议者就是笛尔，他以洛杉矶、拉斯维加斯为案例城市进行研究，认为后现代城市与以芝加哥为代表的传统城市结构不同，它是由不同性质的不连接的一些地方区块所组成，没有一个主要的中心，社会两极化到处可见（Dear，1986）。但是，后期对后现代主义的反思中发现，洛杉矶的结构及社会情况并非像笛尔所说的那样新颖,他忽略了其历史演变的时空性,也没有讨论居民生活的情况。

哈维从马克思主义观点出发,论及后现代化、后现代化性质时对后现代化持反对态度,认为后现代化的种种形态是一种"历史-地理情况",是资本主义生产危机的后果(Harvey,1989)。哈维使用"时空压缩"、"以时间消灭空间"等新的概念来解释西方城市社会文化的分异,批判后现代主义重视复杂性而忽视资本主义唯利是图的本质。可见,哈维一方面批判了后现代主义对资本主义基本矛盾的忽视,另一方面也推动了地理学的时空观与后现代主义基本理念的结合(马润潮,1999;殷洁等,2010)。

毋庸置疑,后现代主义推动了 20 世纪 80 年代以后城市地理学采取多元观点并注重空间多样性的大趋势,城市地理学研究中采纳了后现代主义所强调的地理异质性、特质性、多元性的观点。当然,我们也不能忽视事物有共性的事实以及使用综合视野的价值。城市地理学者应当特性与共性并重,分尺度、分层次及分区域来建构不同的理论或概括论述。

1.3.5 结构化理论:超越"结构与能动性"的二元对立

结构化理论被认为是寻求折中的理论,即它能解决在探讨社会问题时所碰到的二元对立问题,特别是能动性与结构之间的矛盾,以便消除二元观点的不相容性(郇建立,2001)。结构化理论的提出者吉登斯认为,社会系统同时受到人的行为与结构的二重性的影响,这两种力量是互补的、不可分的、同等重要的,二者共同影响人及社会系统,并影响彼此的发展(Giddens,1984)。可见,吉登斯试图克服整体论与个体论、宏观与微观、行动与结构等二元论的对立,以结构二重性为核心来说明个人与社会的互动关系,从而形成解释社会现象的独特视角(郇建立,2001)。

值得指出的是,结构化理论强调社会生活的理解必须要从"场景"的立场出发,即事物的产生有其特定的时空交汇的背景,而这一观点受到时间地理学时空观的影响(皮特,2007),这也是有学者认为时间地理学搭起了地理学与社会学之间桥梁的缘故(Pred,1984a)。可见,结构化理论一方面整合能动性与结构的二元矛盾,一方面强调时间与空间在社会建构及社会互动中的不可或缺,将社会现象置于时空之中,提高了空间在社会学中的学术地位。

结构化理论也受到了学术界的广泛批评,其概念体系过于复杂,牵涉结构、互动系统、行动、权力、资源、支配、道德准则、认可等观念,词汇定义相对混淆,实用性及操作性差,很少讨论具体情况及举出实例。并且,结构化理论对人的作用、感觉、经验等分析不够，仅简单地将能动性视为人的行动，并没有把人的意向行为与人对结构力量的反应分辨开来。另外，其时空观念与哈维的"时空压缩"相似但远不如后者易懂。因此，尽管20世纪80年代以后人文地理学应用社会科学方法的热潮不断，但结构化理论在城市地理学中的应用研究并不多见。

另一个试图跨越结构与能动性二元化观点的理论是行动者-网络理论。它最初是探讨科学知识是如何形成的，提出了科学知识是"异质工程"的产物，是由科学期刊论文、实验室工作、会议论文宣读及科学家的能力等不同因素的交汇合成的（艾少伟和苗长虹，2009）。行动者-网络理论认为，探讨问题应抛弃传统知识中的藩篱，抛弃将人及物分开来分析对待，不要将自然与文化区隔开，不要把能动性与结构二元化（郭明哲，2008）。因此要综合考虑问题，将人的因素及非人的因素视为同等重要，理解社会问题必须考虑非社会因素。因为事物是由不同的人及物的行动者连接和交往形成的，所以，只有通过行动者们之间由联系而构成的网络的整体运作，才能了解现象是如何发生的，也就是说，行动者与网络是密不可分及相互影响的。

行动者-网络理论的重点是要知道现象是如何产生的，而不是要解释为什么会产生。任何能启动及建构一个行动的人或非人因素都称为行动者，利用网络模型来刻画社会实体之间的关系，认为网络结构为单一行动者提供了机会与限制，个人、群体或组织的行为及获取的资源受到网络的影响。它强调联合行动网络的价值，重视行为主体之间的功能协调与整合，主张通过社会行动者之间的沟通、谈判、协作等社会互动行为来将社会冲突转化为秩序，为地理学中多行为主体分析提供了独特的视角和方法（王爱民等，2010）。总体上看，行为者-网络理论是一个关联的视野，但还没有一套固定的分析方法，其运用也因人而异，因此在地理学界的应用尚有待加强。

1.3.6　女性主义地理学：边缘与主体之争

女性主义是一个思想的系统，其研究目的是要探讨女性的观点、女性的空间经验及社会关系。女性主义地理学家从20世纪70年代开始发声，是一种批判的、激进的论述（皮特，2007）。传统上工作地与居住地的分割，将男性置于公共空间，而将女性置于私有空间，从而造成了男女的差异与不平等，通过对男性中心主义的批判以发展自身，站在妇女的角度揭示城市空间结构的潜在矛盾（胡宇娜等，2006；姚华松，2006；李健和宁越敏，2008）。

近30年来，女性主义地理学有了极大进展，研究人数增多且成果丰硕，并且跨越了多个地理学分支，研究主题涉及资本主义生产方式、国际劳动分工及剥削、区域不平衡等，并创立有专门期刊。可以说，女性主义地理学成功地挑战了一向以男性观点出发并忽视女性的地理学。20 世纪 70 年代末，女性主义地理学开始结合马克思主义资本论及父权社会的观点来解释资本主义制度下地理、两性关系和经济发展之间的相互依赖。20 世纪 80 年代晚期，女性主义本身开始出现了多重意识形态立场并存的趋向，后结构主义思想的影响促成了女性主义地理学的第二次转型，进入了差异化的女性主义地理学阶段（李健和宁越敏，2008；汤茂林，2009a）。

1.4　研究方法日益多样

伴随着城市地理学思潮的不断演进，城市地理学中的研究方法也得到不断革新而呈现出日益多样化的趋势。所谓研究方法就是确定的、具体的、可以依循的解决问题的途径、程序或某种逻辑（叶超和蔡运龙，2009）。

1.4.1　定量方法：寻求科学之路

在古代地理学中运用数学方法仅仅是为了描写地理事件、地理事实和记载地理知识，在近代地理学中运用数学方法只是局限于对地理现象的解释性描述，而现代地理学的数学方法受到计量革命的深刻影响，旨在进一步深入进行定量化研究，以揭示地理现象发生、发展的内在机制及运动规律，从而为地理系统的预测及优化调控提供科学依据。现代地理学数学方法的出现反映了地理学朝着定量化方向发展的新趋势。这种新趋势是在地理学研究中以定量的精确判断补充定性的文字描述的不足，以抽象的、反映本质的数学模型去刻画具体的、庞杂的各种地理现象，以对过程的模拟和预测来代替对现状的分析和说明，以合理的趋势推导和反馈机制分析代替简单的因果关系分析（张超和杨秉赓，2006）。

城市地理学需要数量化方法作工具支撑（陈彦光和刘继生，2004）。对于城市规划与管理决策者而言，数量化方法是获取更为合理、可信、有效数据的一种重要手段。数量化方法能以多种方式、多重侧面详尽而精确地解释事情的状态特征和演变过程，合理推测未来发展规律，提供可供选择的多重决策。这是社会对数量地理学的基本要求，成为城市地理学数量化方法继续存在并努力发展的动因所在（刘妙龙和李乔，2000）。20 世纪 90 年代中期，得益于计算机技术和计算机理论方法的大发展，定量方法在人文地理学和城市地理学的理论模型与应用研究产生了深远的影响，发展了一套解决复杂系统问题的方法，如神经网络模型、元胞自动机模型、遗传算法模型、多智能体等（杨国安和甘国辉，2003）。这些方法在空间决策、城市模拟、农田保护、交通运输等传统地理问题研究中均有所尝试，并取得良好的效果。

1.4.2 质性方法：多元化探索

从实证主义一枝独秀到多元主义百家争鸣，城市地理学的研究方法也从崇尚定量走向质性方法的多元化探索。解释视角的多样性决定了质性研究方法的多元化，特别是影响城市发展的主要因素由经济转变为社会、文化、政治等因素以后，城市地理学研究的重点不再是要发现规律，而是要理解和洞察事物的特殊性，揭示人和事件与其所根植的文化和社会结构的互动关系（Guba and Yuonnan，1994）。

质性研究是对事物的质的方面的分析和研究。质性研究的目的是想通过解决所研究事物"是什么"以及现象"为什么会发生"等本质性的问题，继而对所研究的地理现象和过程进行深描（thick description），从而实现对研究对象的特征、本质和机理的诠释性解释。质性研究侧重于用语言文字描述、阐述以及探索事件、揭示现象和发现问题。定性研究方法主要包括访问法、观察法以及案例研究法等。通过对原始资料的处理来更好地描述、解释事物并达到研究目的（陈向明，2000）。由于定性研究的"自然主义"取向，其研究是一个交互式、循环反复式的过程（马克斯韦尔，2008）。

质性方法认为，任何研究不是独立于所观察的社会过程的，研究者也不像实证主义范式宣称的那样可以独立于被研究者和社会现象进行客观、中立、不带偏见的观察。因此，定性研究强调研究者应不断"对自己的角色、个人身份、思想倾向、自己与被研究者的关系"等进行反省（陈向明，2000），这对质性研究者有了更高的要求。

城市地理学对于质性方法的应用更多的是集中于对社会问题的关注，研究者根据定性方法自身的特点，关注和理解社会情境与个体行为的互动过程。这些研究主题很大程度上与结构主义、马克思主义、女性主义、人本主义和后现代主义思潮下产生的研究问题相重合（闫小培和林彰平，2004b），包括特定社会群体如何应对城市化、郊区化、全球化等社会和制度宏观变革，具体内容有城市贫困、种族隔离、性别差异、空间剥夺、绅士化等（姚华松等，2007）。基于微观个体尺度的城市研究兴起，个体经历和个体行为的城市社会空间分析，试图揭示全球化、信息化时代背景下城市空间快速变革、社会空间复杂化的过程和机制（柴彦威和沈洁，2006；李志刚等，2007；Kwan，2002a；Sector，2002）。

1.4.3　走向定量与定性的结合

定量和定性绝不是二元对立的分析方法（姜道章，2006）。定量研究是对事物的量的分析和研究，通过解决"有多少"、"是多少"等的数量问题来对事物进行研究，侧重于用数字来描述和阐述，研究结果可能具有片面性。而定性研究是对事物质的分析和研究，通过描述、解释、归纳而分析研究对象复杂性和不确定性，由于研究者作为研究工具参与其中，不可避免地受到主观因素的干扰（伍红梅，2009）。

质性研究与定量研究两种方法无所谓孰好孰坏，它们只是从事物的两个不同的方面来研究事物的方法而已，正如盲人摸象。城市地理学中定量研究亦离不开质性研究，质性研究是定量研究的辅助，大多数定量研究在提出理论假设、阐释事物间因果关系、揭示现象的规律性等过程中离不开定性研究的理性思维（许学强和周素红，2003；顾朝林，2009）。在进行一项研究项目时定量研究之前常常要以适当的质性分析开阔思路，质性分析也用于解释由定量分析所得的结果（刘妙龙和李乔，2000）。而相比较来说，质性研究方法的发展逐步走向系统化和科学化，特别是能够对地理事件和过程进行深入细致的研究，特别是在自然情境下的小样本个案研究上更具有优势（陈向明，2000）。质性研究更能够自下而上地从现实中建构理论，更容易形成理论创新，并且得到的理论更能够解释现实而不是像定量研究那样用社会现实去"套"理论。目前国内的城市地理学家也开始尝试采用质性与定量相结合的混合研究路径，这方面的研究实践大多是将定量研究的测度与统计推论和质性研究的诠释与理论建构相结合，以获得对城市社会问题及空间过程与机制的深刻解读，方法上主要采用三角验证法（李志刚等，2008；Kwan and Ding，2008；Fan，2003）。

1.4.4　空间分析方法：面向区域综合研究

地图是地理学的第二语言，实质上是地理空间的模型化。地图方法也是地理学视角研究城市问题的基本方法，通过编制地图可以发现研究对象的地理分布规律和相互关系（吴传钧，1984）。计算机时代的到来大大提升了地理学处理数据的能力，地理学中的信息革命由此开始，空间分析方法不断发展，区域综合研究得到强化（基钦和泰特，2007；姜道章，2006；周尚意，2010；冯健，2010）。

计算机愈来愈成为城市地理学家不可缺少的工具。地球信息科学的发展可以对城市空间进行精确的描述与定位分析，其中遥感（RS）技术的发展为城市地理学提供了新的、快速的、覆盖面广的地理信息来源，地理信息系统（GIS）为地理信息的贮存、收集、分析、检索和可视化提供了强有力的工具（加尼尔，1990），从而以最大的精度来充实对于不断扩展的空间和持续增加的人所作的定量兼定性分析（Kwan，2002a；Kwan and Ding，2008）。利用地理信息系统的空间分析功能，结合人文地理学家的知识，还可建立各种类型的辅助决策模型，大大提高城市管理与规划决策的科学性和效率，增强了人文地理学解决实际问题的能力。从学科发展的角度，信息获取与管理能力的提升将推动学科重新审视研究范式的进程，提出面向新时期社会需求、复杂城市问题的新范式（李双成等，2010；柴彦威等，2010a）。

1.5 结　语

20世纪后期，地理知识的性质发生了一次重大的变革。学者对地理活动的认识，从过去的百科全书式的记载，转变为知识的创造和认知的需求；地理学的关注点也从过去重视形态，转变为重视事物过程与解释（Golledge，2002）。从方法论的高度来审视，地理学从经验主义的描述的"属于空间的科学"，过渡到实证主义主导下的"空间科学"，如今又逐步演变为行为主义、结构主义、后现代主义等多元化影响下的"关于空间的科学"。每个曾经主导过地理思维和推理的思潮都定义了自己的标准，制定了详尽的方法，利用自己的数据类型和表现模型进行实验，发展出自己的理论或者从其他学科引入一些合适的理论，为了生产和积累地理知识，它们也曾或多或少地选择定性或者定量的指标去评价。这一系列的扩展的目的是为了增加对空间联系和变异的理解，从而取得较为完整的学科基础，以便从个人到全球范围去解释人地关系。

地理学在进行学科建设的过程中，逐渐意识到科学研究的"社会帖切性"问题，这一矛盾在城市地理学领域尤为突出。英国经济地理学家马丁（Martin，2001）认为，西方城市地理学已被女性主义地理学、后现代主义地理学等批判和激进运动所肢解，丧失了其社会贴切性，远离了它所应该关注的社会正义问题。纯科学的研究导致了人们仅追求空洞的理论，而不去认真作严谨的实地研究，地理学的语言是政府机关看不懂的。而中国的情况恰恰相反，学者对城市规划工作的积极参与，有效的"引进—吸收—转化"的知识生产机制，本质上遵循清晰的实用主义价值观和方法论（刘云刚和许学强，2010），但科学问题的探索和发展却缺乏独到的建树。城市研究的实用性是科学的基础，而运用科学方法研究城市问题是学科建立与发展的规范和基础。如何平衡科学主义和实用主义的二元矛盾，仍是国内外城市地理学者需要面对的问题。

第 2 章　中国城市地理学思想与传统

2.1　引　言

中国城市地理学作为世界城市地理学研究的重要组成部分，其思想与传统在很大程度上受到近现代西方城市地理学思潮与方法的影响，并随着中国经济在世界经济格局中地位的提升，城市社会的巨大变革，世界众多学者开始关注和研究中国城市地理，为中国城市地理学发展提供了有力支持。值得注意的是，在回顾中国城市地理学发展历程时，不得不提到中国古代城市建设和规划观对近现代中国城市地理学研究思想的影响，以及对世界城市地理学研究的贡献。

2.2　中国古代城市营造观

城市是具有一定人口规模并以非农业人口为主要居民集聚地的一种特殊聚落形态，它的兴起与发展受自然、经济、社会和人口等多方面因素的影响，不同历史时期、不同地域以及不同社会经济发展水平都会对城市的发生发展产生影响。而人们为了更好地认识城市，为自己找寻更好的居住地，不断研究城市形成发展、组合分布和变化的规律。中国作为世界文明古国，也是最早进行城市研究的国家，其主要成就集中体现在中国古代城市观指导下的营国制度的形成及其应用上。

中国古代城市发展经历了三个阶段：第一阶段从公元前约 3000 年中叶开始，是父系氏族社会向奴隶社会过渡阶段，出现了城堡式聚落，有了"城"的雏形；第二阶段从公元前约 21 世纪左右开始，经历奴隶社会初期，出现了正式的"城"；第三阶段从公元前 5 世纪开始，经历封建社会初期，形成了"城市"。这三个阶段也可以看做是中国城市研究源流的三种发展形态（贺业钜，1996）。在这千余年的发展历程中，逐渐形成了中国古代城市观，奠定了古代城市研究、城市规划的基础，并对邻国也产生了深远影响。

2.2.1　礼制思想与阴阳八卦

中国在奴隶制中后期，出现了各种流派的人地关系思想。在世界观方面，主要围绕对"天"的争论。商、周时期人们对于天的认识,无论是指主宰一切的上帝,还是指不以人的意愿为转移的自然规律,都带有听天由命的色彩;孔子提出"畏天命",符合周王自命天子并以礼约束百姓的政治要求。在方法论方面,阴阳五行八卦学说等作为一种朴素的辩证说理工具,对地理现象的解释起到不少作用,如《周易》就认为自然界是在阴阳两种对立力量作用下发生变化的,山的阴坡和阳坡,河的北岸和南岸均以阴阳区分,并沿袭至今;而以八卦表示八个天象和地理方位更是始于中国。

商代开始出现的城市雏形,如早期建设的河南偃师商城,中期建设的位于今天郑州的商城以及位于今天安阳的殷墟等都城,其考古资料显示其城镇建设格局均受到当时世界观和方法论的影响。到了周代,中原地区在经济、政治、科学技术和文化艺术等方面都得到较大发展,并在城镇规划建设方面将礼制和阴阳五行融入到其中。《周礼·考工记》提到的"匠人营国,方九里,旁三门。国中九经九纬,经涂九轨。左祖右社,面朝后市。市朝一夫"就是礼制思想的充分体现,如在《周礼》中记载了按照封建等级,不同级别的城市在用地面积、道路宽度、城门数目、城墙高度等方面的级别差异。

礼制的思想对中国古代城市地理学,特别是对城市组合分布和空间布局等实践活动产生了深远的影响(杨吾扬和张景秋,2007)。

2.2.2 人法自然与天人合一

在中国古代人地关系思想派别中与孔子相当的一位是老子,他提出"人法地,地法天,天法道,道法自然",与孔子倡导的礼制不同,老子更重视自然规律并具有地理唯物论的见解。而在方法论方面,则用五行学说解释地理方位、季节和地理特征。以木、火、土、金、水类比东、南、中、西、北五个方位,春、夏、长夏(暑)、秋、冬五个季节,相对应的东部地区主木,属青色,象征植物繁茂;南部地区主火,属红色,象征土壤赤红;中部地区主土,属黄色,象征黄土高原和冲积沃土;西部地区主金,属白色,象征戈壁大漠;北部地区主水,属黑色,象征日照短暂和土壤棕黑。这些思想和说理方法亦成为中国古代城市规划建设的指导思想(杨吾扬和张景秋,2007)。

战国时期,一方面,不受一个集权帝王统治的制式规定,孔子的礼制思想受到挑战,另一方面,出现了《管子》、《孙子兵法》等论著,老子"法道自然"的思想在都城建设中得到体现。在《管子·度地篇》中,已有关于居民点选址要求的记载:"高勿尽阜而水用足,低勿近水而沟防省";认为"因天材,就地利,故城郭不必中规矩,道路不必中准绳"。《管子》还认为必须将土地开垦和

16

城市建设统一协调，农业生产的发展是城市发展的前提，采取功能分区制度布局城市内部空间结构，以发展商业和手工业。

如果说《周礼·考工记》反映了中国古代哲学思想和儒家文化对城市规划建设的影响，那么《管子·度地篇》是中国古代城市规划思想发展历史上一本革命性的著作，它从城市功能出发，将理性思维与自然环境和谐统一，"天人合一"的思想对中国古代城市规划建设思想的形成和发展影响深远。

中国古代城市规划建设既强调严谨对称、等级制度，也强调与自然的和谐统一。战国时期形成了大小套城的布局模式，城市居民居住在大城"郭"里，统治者居住在小的"王城"中，反映了当时"筑城以卫君，造郭以守民"的社会要求。秦统一中国后，发展了"象天法地"的理念，强调方位，以天体星象坐标为依据，充满神秘主义色彩，在城市交通中规划了不少复道、甬道等多重系统。王莽统治时期受儒教影响在城市空间布局中导入祭坛、明堂、辟雍等大规模的礼制建筑，宫殿与市民居住生活区在空间上分隔，强调皇权。三国邺城功能分区明确，结构严谨，城市交通干道轴线与城门对齐，道路分级明确；而吴城金陵则依据自然地势，以"形胜"将礼制与自然协调有机结合。唐长安城城市布局严整、划定里坊、分区明确，充分体现了宫城为中心、官民不相参和便于管理的指导思想，城市道路系统、里坊、市肆的位置体现了中轴线对称的布局，堪称礼制建城的典范。

宋代开始，随着商品经济的发展，中国古代城市建设中的里坊制度逐渐被街巷制度所取代。元代大都城则是继唐长安城后又一个完全按照周礼思想建设的都城，城市布局更强调中轴线对称，但同时又结合了当时的经济、政治和文化发展要求，映衬了元大都选址的地形地貌特点，并为明清北京城的完善奠定了基础（李德华，2001）。

综上，这种"皇权至上"与"天人合一"的思想贯穿着中国古代城市建设和发展的始终，到明清时期，北京城达到建城的顶峰，并深刻影响着周边国家和地区的城市建设实践。

2.2.3 营国制度体系形成

在"礼制"与"天人合一"思想影响下，从西周到清末，中国古代城市地理学的极大成就在于对城市优化组合布局为主旨的营国制度的形成与完善。

根据《周礼》记载，营国制度包括王畿区域规划制度—都邑建设体制—都邑规划制度—礼制营建制度—井田方格网系统规划方法，无一不是礼制思想指导下的结果。尽管中国古代城市观随着社会变迁和演进也几经变革，但礼制思想实

17

质并未动摇，这成为现代对历史文化名城之城市形态和空间结构地理学解释的一个方面。同时，营国制度体系从城市的性质、城市主导职能以及城市功能分区、协调区域政治经济双重要求出发，提出具体的规划方法，这一科学的严谨和整体特点为中国城市地理学以及城市规划相关研究提供了历史框架。

2.3　描述传统集大成

对各种现象进行记载和描述是地理学最古老的传统之一。中国是最早以描述的方法记载地理现象的国家。中国古代地方志即是这一传统的产物，为了进行描述必须将地球表面按等级序列分成区域规范进行。

如果从纯粹意义的城市地理学研究角度，中国古代第一本侧重城市地理理论论述的当数战国时期的《商君书》，它从城乡关系、区域经济和交通布局的角度对城市发展以及城市管理制度等问题进行了阐述，论述了都邑道路、农田分配和山陵丘谷之间的合理分配比例问题，分析了粮食供给、人口增长与城市发展规模之间的关系。

《禹贡》将古代中国版图划分为九州，并按地理特征、河川流域、土壤分布和行政区划等对各州的自然条件、人类活动和物产交通等进行了概要记录，集中反映了那一时期的中国地理学思想和水平，对以后的中国地理学发展和以地方志为代表的描述传统具有深远影响。

此后，在中国古代的一些著作中多出现描述城市建设和繁荣景象的地方，如《国策·赵策》中"千丈之城、万家之邑相望"的描述反映了城市规模扩大、数量增加、密度增强的现象。《史记·货殖列传》通过对汉代商业活动的描述，记载了承载商业活动的一些城市和港埠的建设及其繁荣景象；同时，书中也描述了各地区物产、商品交换、经济都会和习俗等，从中可知当时已经初步形成了一个大区有一个中心商业都会，联系几个次中心及若干中心城市，组成城市群和区域经济网络。而《汉书·地理志》则较为全面地描述了疆域开发、城市建设快速发展、城市数量激增、城市化进程加速的现象。随后，在各朝各代的地理志中都具有依据经济分区而产生的城市等级分布描述。

中国明末清初出现了资本主义萌芽，地理学在同期进行了资料整理和理论探索工作。这一期间最具代表性的著作即是《徐霞客游记》。徐霞客历经34年游历了17座名山，对所到之地的人文地理学状况进行了详尽描述，包括城镇聚落、交通状况、风土人情等，堪称中国最杰出的综合地理学报告，是中国古代地理学描述传统集大成者。

2.4 解释性描述替代文学性描述

19 世纪初到 20 世纪 50 年代是地理学发展的近代时期。这一时期的地理学从世界范围来看，以地理现象文学性描述为主向地球表层各种现象及其关系的解释性描述转变，逻辑推理和概念体系日渐完善；学科内部分化，部门地理学蓬勃发展，形成学说纷呈，学派林立的局面。但中国近代地理学的出现，因为历史原因较西方各国晚半个世纪左右，它是在引进欧美近代地理学的基础上逐步形成的。20 世纪 30 年代前后，一大批留学欧美的地理学者如胡焕庸、黄国璋、王成祖、张印堂等陆续回国，将当时盛行于欧美的人文地理学的一些理论和体系相继介绍到中国。

这一时期的中国城市地理学研究，在研究思想和方法上同样也多少受到欧美地理学的影响，研究地域范围有所扩展，研究内容不仅局限于聚落沿革方志，研究方法也不仅局限在文学描述，开始出现了用综合、比较方法对聚落和都市地理现象及其规律的解释性描述。从时间序列上看，在 20 世纪 20 年代前的中国城市地理学研究基本延续旧的方志及沿革资料进行，且以边疆城市和内地名城为主要研究对象；30 年代后，研究方法上以综合、比较分析为主，兼有解释性描述，研究地域向南方城市转移，如王益崖的《无锡都市地理之研究》，对无锡自然、经济、交通及人口、历史等综合分析，并附有多幅照片；40 年代，战乱致使许多大学内迁至西南和西北地区，推动西南、西北城市地理研究得以开展，这段时间城市地理学开始出现都市地理研究，开始探索聚落演变规律，出现了一些新的地理学观点，并相继在《地理学报》上发表数篇文章，如沈汝生的《中国都市之分布》、陈尔寿的《重庆都市地理》、沈汝生等的《成都都市地理之研究》、钟功甫的《三坪与茅坪—战时聚落景观变迁之实例》、周立三的《哈密》和陈述彭等的《遵义附近之聚落地理》，形成了城市地理学近代研究的小高潮。此外，山地聚落研究也得以开展，如 20 世纪 30 年代有朱炳海及其《西康山地村落之分布》以及 40 年代刘恩兰及其《川西之高山聚落》（张景秋，1998）。

但总体来看，中国近代城市地理学由于受当时社会制度的局限性，学科基础薄弱，结构残缺，结合国家实际建设的研究工作寥若晨星，这是中国半封建、半殖民地社会的必然反映。

新中国成立后的中国地理学同其他学科一样，在结合国家建设任务方面有了长足进展。但基于当时的国情和受原苏联学科体系的影响，20 世纪 50~70 年代的中国地理学以自然地理学为主导，经济地理学代替人文地理学，地理学的主要成就集中体现在地理综合考察和自然区划上，经济地理学多以生产力布局和农业区划为主导，城市地理学作为人文地理学的分支学科并没有得到重视。

2.5 多元思想融合创新

地理学在经历了 20 世纪五六十年代的科学与数量革命后，一方面，主动引入相关或相近学科的一些理论范式，以完善和发展自身的某些理论和方法；另一方面，与其他学科交融，因此产生许多地理学的交叉学科；同时，遥感和地理信息系统等新技术在地理学研究中得到广泛应用，使得一些老分支学科重新恢复活力并迅速发展。

对地理学法则建立的追求，使实证主义在 20 世纪 50 年代人文地理学的哲学观和方法论中占据主导地位，空间结构和区位分析成为研究的重点。60 年代末期，以现象学为研究方法的人本主义学派，以及行为主义学派和激进主义学派在一定程度上动摇了科学主义的正统地位。进入 20 世纪七八十年代后，人文地理学出现了内部专业化和哲学多元化的两个主要趋势：内部专业化的部分原因是分支学科迅速增长，因区位分析和数量方法的发展，城市地理学和经济地理学最先从人文地理学中分化出来；哲学多元化则反映了地理学者与其他社会科学学科的广泛联系，一改地理学哲学一元化的局面，学术成就中至少蕴含了三个不同的方法或某一种方法的一部分。

20 世纪 70 年代末 80 年代初，中国人文地理学在李旭旦、吴传钧等学者的呼吁下得以恢复。其后，一方面，系统引进西方人文地理学的理论和方法；另一方面，在原有的经济地理学研究基础上，开展了人口地理学、城市地理学、文化地理学等部门地理学的学科研究，特别是城市地理学发展迅速。

20 世纪 70 年代中期中国借助于城市规划工作的复兴，提出了在城市规划中加强区域分析和社会经济分析的要求。于是，地理学界开展了城市规划与城市研究工作，为城市地理学的发展提供了广阔的实践基础。随后，中国城市地理研究工作与国家建设密切结合，以城市规划、国土规划为契机，中国地理学界陆续开展了城市化、城市性质、城市结构、城市体系、城市历史地理和城市建设与发展政策等方面，从专题到区域、从实践到理论、从点到面的广泛研究，发表大批学术论文与专著。20 世纪 80 年代起，中国城市地理学者还积极参加国际性的城市研究学术交流，与美国、加拿大、日本、英国、澳大利亚、德国、印度、匈牙利、中国香港等国家和地区的学者开展了广泛的合作。

由此，中国城市地理学进入了蓬勃发展阶段，一方面，积极汲取西方城市地理学理论与方法，在研究领域、研究方法、研究主题、研究类型等方面多元发展；另一方面，结合中国经济社会建设与发展的特色，结合实际建设任务，在城市体系、城市化、城市地域结构以及各期城市的发展规律和发展政策等方面成为世界城市地理学研究的重要组成部分；在关注经济的同时，以数量分析和定量方法为引导，开始关注社会文化空间以及行为空间的城市地理学分析，尤其是空间分析方法在城市地理学研究的深化，中国城市地理学研究呈现多元融合、推陈出新的学科发展特点。

2.5.1　城镇体系规划与区域研究传统

　　城市地理学是研究城市形成发展和空间结构变化规律的科学。城市地理学者既研究区域中的城市，也研究城市中的区域。他们探求具体城市的发展规律，研究城市之间的社会经济关系，研究城市在一定空间中的地域系统及其形成过程、结构特征与发展趋向。

　　秉承中国古代城市地理和城市规划的思想和传统，现代城市地理学在城镇体系规划方面与地理学的区域研究传统相融合，形成了中国特有的城镇体系规划和城市地理学研究重点。

　　20 世纪 80 年代初，结合城市规划工作的深化以及国土规划工作在全国的开展，城市体系的研究也开始得到重视，中国科学院的一些地理研究机构和部分大学地理系最先承接了辽中南、京津唐、苏锡常、长株潭及长春地区等城市体系的研究。从此，中国地理界广泛进行了不同等级行政区域、各种类型地区的城市体系研究，进而又开展了县域城镇体系的工作。中国现代城市地理学者进行了中国城市体系形成发展的历史学研究，从中国早期城市体系的产生、机制分析、组织结构和基本特征等方面，按职能、等级规模、地域空间结构这三个基本部分探讨了秦汉至新中国成立前中国城市体系的发展与演变。更多的学者进行了中国城镇规模等级类型分布及其演变、中国城市的职能类型等方面的研究。同时，以城市体系的规模等级结构、职能结构和空间结构为中心内容，从分析预测区域城市化程度，工业、交通布局，区域内部与区域之间的空间联系，以及城市体系的历史演变和现状特征等方面着手，探讨区域内城市体系的形成和发展机制、影响因素、发展前景，并提出经过选择比较的具有中国特色的城镇体系规划模式（沈道齐和崔功豪，1990；周一星，1995）。

2.5.2　实用主义与变革

　　中国城市地理学的大发展得益于改革开放后的快速城市化。中国城市地理学者最先走出"任务带研究"的道路，在走出去解决实际任务的要求下，积极主

21

动学习西方城市地理学理论，借鉴其研究方法并吸纳为己所用，在实用主义方法论指导下，迅速完成中国城市地理学学科体系建设，又在中国经济社会变革中形成自己的特色。

20世纪80年代初，城市地理学者最先在国内提出需要开展中国城市化的研究。这一建议很快得到了当时的城乡建设环境保护部所属部门的重视。1983年起该部组织了"若干经济发达地区城市化途径"的研究，进行了中国城市化进程的历史性回顾与展望，对全国城市化水平的地域分布进行分析，确定中国经济较发达地区的范围，同时选择长江流域的四川、湖北、江苏三省的经济发达地区以及上海、大连两个市与其所属的县作为类型地区，进行类型区城市化研究与系统分析，建立城市化发展模型。这一课题还概括了中国城市化进程的五个动力，即国家有计划投资、大城市自身发展与扩散、乡村工业化、外资引进的刺激和地方经济发展，同时还对中国城市化进程面临及相关的12个问题进行了理论性的概括。与此同时，北京、广州、上海、南京等地的一些城市的地理学者分别从全国范围研究与城市化有关的各种专题或是对本人长期从事城市研究的地区，特别是对其中城市化速度快的区域如长江三角洲、珠江三角洲等地区进行了有关地区城市化问题的深入研究。他们认为三角洲地区是中国农村经济发达的区域，这些地区的经济原以农业为基础，近年来农村城市化同步运行，相互渗透，成为三角洲地区近期城市化进程的新特点。这一观点为研究中国式城市化道路、制定有关政策提供了新的思考。而农村城镇化的特点、类型、发育机制和模式也成为当前城市化研究的新趋势（闫小培，1994）。

20世纪80年代的城市化研究与城市发展方针的制定有着密切的关系，在城市规模控制上有过激烈争论。然而，经济改革和对外开放使城市化的动力由一元走向多元，并呈现出明显的地域差异。市场环境下，以规模控制为基础的城市发展方针已不合时宜。研究重点转向城市化动力机制。早期对中国城市化动力机制的解读基于二元模式，即由政府推动的自上而下型城市化和通过乡村工业化推动的自下而上型城市化（宁越敏，2008）。随着90年代改革开放进入新阶段，在市场转型的同时，经济全球化的影响日渐加深，二元模式已不足以描绘中国城市化的复杂图景。在此基础上，提出多元的城市化动力分析模型，即从政府、企业和个人三方主体互动的角度研究城市化的动力机制，预示了集中的城市开发模式替代分散的乡村企业发展模式，以及在开放经济下中国城市化发展与世界一致的趋势，即形成以国际城市为中心、大中小城市协调发展的城市体系（宁越敏，1998）。

郊区化是继城市化后一个新的发展阶段，是都市区形成的动因。与城市化着眼于宏观、区域的乡－城人口迁移过程不同，郊区化主要从单个城市的角度考察人口的空间集聚与扩散（宁越敏，2008）。郊区化研究成为 20 世纪 90 年代城市地理学的研究热点，研究内容包括大城市郊区化的形式特点、郊区化动力机制以及中西方郊区化的差异比较等（周一星和孟延春，2000）。此外，乡村城市化、被动城市化、半城市化等城市化进程中的现象和问题也得到关注。

城市化的度量指标是城市研究需要首先明确的基本问题。为此，不少学者对城市人口统计的地域单元、人口构成作了详细探讨，提出了城区、市区、建成区等不同地域单元，城市非农业人口、亦工亦农人口等常住人口为主的统计标准（周一星和史育龙，1995）。同时，对城市建制条件、城市规模分类进行了研究。同时，随着中国经济的飞速发展，城市化进程的推进，中国现代城市地理学者将研究更多地集中在不断出现的城市密集区，并结合中国实际，借鉴西方理论，提出城市群的概念作为大都市连绵带的一个发展阶段和层次。这些都为中国城市化研究和开展国际对比打下了良好的基础。

2.5.3 实证主义与数量分析

20 世纪 80 年代以来，中国现代城市地理学在以国家发展建设任务为动力带动学科发展的同时，随着与国外地理学界的交流，西方一些城市地理学的研究成果和理论方法相继被引入中国，特别是数量方法的引入，促使中国城市地理学者的实证主义研究方法得以实现，最先开始于对中国城市内部空间结构进行实证研究，包括商业空间、社会空间、感应空间等。

改革开放带来了第三产业，尤其是商业的大发展，促使城市地理学者开展了市场空间研究，如对北京、上海、广州、长春、兰州等城市商业网点布局的研究。这些研究均是采用数学方法，对商业中心的规模、结构和等级体系进行分析，提出改善商业企业布局的意见。随着经济的发展，商务活动愈益活跃，城市中心商务区（CBD）的特征日渐鲜明。在介绍了西方国家 CBD 与城市发展的关系之后，一批学者开展了对上海、北京、广州等城市的 CBD 进行研究。这些研究大多从分析过程的演变入手，探讨其现状特征和存在问题，并提出改进对策（闫小培，1994）。

在中国，有关城市社会空间结构的研究刚刚起步，仅有少数学者介绍过西方研究进展，并用数学方法进行了中国城市社会空间结构研究。如上海市社会区的研究，该研究表明形成上海城市社会空间地域差异的要素集中反映在人口的文化构成、密集程度、性别和职业构成、外来人口、居住条件和婚姻状况六个主成分上。社会空间分成五种类型即商业居住高密度区、中密度文化居住区、工业居住混杂区、新村住宅区和科技文教区。整个城市人口的社会空间结构呈同心圆模型。再如，广州市社会区的研究，该研究发现影响广州市社会空间结构的主要因素是人口密度、科技文化水平、工人干部比重、房屋住宅质量和家庭人口构成。在此基础上划分出五类社会区即人口密集混合功能区、干部居住区、工人居住区、农业人口散居区、知识分子居住区，并找出了影响广州社会区形成的机制（顾朝林，2009）。

有关中国城市感应空间的研究在 20 世纪 80 年代之前几乎是空白，90 年代后开始有学者将西方相关研究成果介绍到中国，并借用西方的研究方法对广州等城市进行了城市意象感应空间研究。结果表明，影响意象空间的因素是文化程度、居住地点和交通方式，并从意象空间角度对城市规划和建设提出了建议（顾朝林，2009）。城市社会区和感应空间的实证研究均为后续相关研究奠定了一定基础，并逐渐成为中国现代城市地理学研究的一个主要方向和趋势。

2.5.4　社会、文化转向与行为分析

20 世纪 90 年代人文地理学出现两大转向，一个是社会的转向，一个是文化的转向，这样的转向将人文地理学进一步拉进人文社会科学的轨道，也使得人文地理学成为影响西方人文社会科学领域发展的先锋学科和重要基础学科。在西方发达国家，人文地理学成为地理学的主流学科，其原因主要是资源、环境、生态、发展需要地理学的研究和解决相关问题，这也是西方为什么会出现人文地理学文化转向和社会转向的原因。至此，人文地理学作为一门学科，和许多其他学科一样，受到不断增长的存在价值的挑战，应用研究得到空前的发展，诸如空间分析、城市与区域规划、住房政策和房地产策划、商业和市场分析、旅游规划、环境影响评价等。这些变化和转向同样带动城市地理学研究从实证研究向社会和文化转向。

进入 21 世纪，中国社会发生巨大变迁，城市社会结构、社区类型、阶层关系、文化需求都较之以往有很大不同，这为中国现代城市地理学的研究提供了广阔的空间。城市地理学学者不再仅仅关注于城市作为物质实体的存在，也开始关注城市的主体——人的社会文化和精神需求以及地理学问题的解决。在此背景下，社会、文化与行为研究成为中国城市地理学研究的重要内容。许多学者依托对北京、兰州、南京等城市的社会空间研究，既有对城市社会极化，中国城市内部生活空间特征和时间利用特征，中国转型期城市贫困的产生机制、结构特征以及城市贫困阶层的居住空间、日常生活空间和感知空间等中微观层面的研究，也有对中国城市社会空间结构的系统概述和研究，形成了中国社会城市地理学研究基础；而基于行为地理学方法的消费者行为研究在对城市居住空间、商业空间和

娱乐空间等的研究，为城市感应空间的研究提供了更为丰富多元的成果。近年来，随着大量海外留学人员归国，西方各种学派和方法也相继介绍到中国，并结合中国城市社会经济状况进行了相应的研究，主要集中在城市社会分异、职住分离、贫困、住房制度等方面。

社会空间结构变化所呈现的城市社会空间分异成为研究的新动向。研究结果表明，转型期中国大都市的社会空间分异更趋显化，传统的户籍制度、规划政策、历史因素仍然是当今中国大都市社会空间分异的底色，并将因为"路径依赖"作用而继续存在，但以经济指标为核心的市场要素主导下的分异有强化趋势，这些研究更注重从全球化、后福特主义、新自由主义等角度的解释（魏立华和闫小培，2006）。

与计划时代相比，城市居民的生活空间发生了巨大变化。中国城市地理学者运用时间地理学方法，从行为、时间、空间及其相互结合的独特视角，研究中国城市居民的时间利用结构和日常活动的时空间结构以及出行行为、通勤行为、购物行为、休闲行为和迁居行为的时空间结构（柴彦威等，2002）。近年来关于城市社会行为空间的研究进一步深入，包括城市居住-就业空间及居民通勤行为的空间解读（周素红和闫小培，2006；周素红和刘玉兰，2010），基于消费者行为的商业空间解读（柴彦威等，2010），城市感应空间、城市意象的解读（顾朝林和宋国臣，2001；冯健，2005；王茂军等，2009）。

2.5.5 信息技术与空间分析

城市地理学界不仅率先将定量方法用于城市规划中的人口规模预测和城市主导职能的确定，也是最早应用电子计算机进行城市交通规划，并在宜昌、南京等城市开展城市信息系统的研究。而在城市化、城镇体系、城市分类、城市人口规模预测等城市地理固有领域中，信息技术已较普遍被采用，并开始了仿真、模拟等探索，而系统动力学和协同学等国外经验也在部分城市发展战略和某些专题研究中试用。此外，随着遥感技术提高、遥感信息资料普及，城市地理学家已从利用航空遥感资料航空相片，进而利用航天遥感资源卫星相片与磁带，通过解释进行城市调查与编制城市专题地图，并对城市用地变化进行空间动态分析，大大有助于对城市发展规律的研究。

随着空间分析软件的日益友好，城市地理学在研究城市空间结构时多采用空间分析方法进行缓冲区、集聚度、联系强度、空间可达性等多尺度时空分析，并通过与社会经济统计软件的兼容，实现社会经济分析空间化，体现了城市地理学在城市规划建设研究中的优势。

25

2.6 结 语

中国城市地理学从古代以礼制为核心，随着社会变革而因地制宜的城市营造观奠定了其科学、严谨和整体性的学科特点，形成了独具特色的营造制度，为现代城市地理研究提供了历史框架。地理学的描述传统在中国古代以地方志的形式得以延续和发展。到了近代，中国城市地理学小有发展，研究方法从文学性描述向解释性描述转变，出现了都市地理研究，开始探索都市和聚落演变的规律。

1978 年中国人文地理学复兴，中国城市地理学进入大发展阶段，在实用主义方法论引导下，借鉴吸纳西方城市地理学的理论与方法，在解决实际问题和国家经济社会建设任务实践中，在城镇体系、城市化等方面的研究形成了自己的特色。随后，紧随西方城市地理学的脚步，在实证主义和数量分析的带动下，中国城市地理学在研究主题、研究方法、研究领域等方面全面多元化发展，近年来更是借助信息技术和空间分析方法，从宏观到微观进行多尺度时空分析，在城市居住、就业、娱乐、社会、感应、意象等多领域取得一定的研究成果。

回顾中国城市地理学的思想与传统，在总结成绩时还应该清楚地认识到当前城市地理学的发展无论是何种思想与方法，均借用西方，而缺乏像中国古代那样源自中华文化的认识论和方法论，实用主义固然好，空间分析方法也是一种国际研究语言，但中国城市地理学不应该只满足于实证本土化，更具挑战性的工作是如何基于中国案例形成具有国际学术影响力的研究范式。

第3章 中国城市地理学的学术规范[*]

3.1 引 言

城市地理学作为人文地理学分支中仅次于经济地理学的一个重要分支学科，在改革开放后的中国得到快速发展（宁越敏，1998），城市地理工作者不仅发表了大量的相关论文与专著（许学强等，2009），而且积极参与了各地的城乡规划工作。但是，纵观30多年来中国城市地理学的学科发展后发现，学术界对学术规范和方法论问题较为忽视，只有极为有限的一些研究成果（周一星和陈彦光，2004；柴彦威，2005；王红扬，2000，2010；汤茂林等，2007；刘云刚和许学强，2010）。我们对整个社会科学的讨论不大关心，社会科学对学术规范化和本土化、国际化的讨论对我们没有产生什么实质性的影响。当然，这并不意味着我们的学科不存在相关的问题（陈平原，2007；汤茂林，2009b，2010）。因此，为了更好地"前行"，有必要对中国城市地理学研究的学术规范进行探讨，以便"重新出发"（冯象，2008）。

3.2 中国城市地理学的学术规范问题

就城市地理学而言，所谓学术研究，就是基于某种哲学理念，对城市地理现象的分布和发展变化规律的探讨。常用的方法包括归纳法和演绎法。前者是在一个个案例研究的基础上进行规律性的总结，从特殊到一般；后者则相反，从一般到特殊，从假设出发，通过调查获得数据来论证假设。

所谓学术研究的规范一般可分为形式规范和实质规范，有时两者密不可分。学术研究的实质是要创新，提出新的观点、新的方法、新的材料和新的理论及研究理念。为了保证学术创新的有效性和学术创新的激励问题，学术界设计出了学术研究的形式规范，即在学术研究过程中，我们应当遵循的形式上的要求，比如如何引用相关研究，如何列出所引用的参考文献，如何说明自己的研究与已有研究之间的关系，等等。反思中国城市地理学的学术规范，主要存在着以下问题。

---

* 本章是在《中国人文地理学研究的若干基本意识问题》（汤茂林，2010）的基础上修改和补充而成的。

3.2.1　问题导向不明显

任何学术研究的起点应是对学术问题的明确感知。由于与某一问题有关的方法论进展，以及伴随对这一问题衍生物的认知所导致的对相关问题的探讨，研究领域才得以进展（McNee，1959）。科林伍德（1997）指出，"提问题的活动……在历史学中乃是主导的因素，正像它在一切科学工作中一样"，"论证中的每一步都有赖于提出一个问题"。当然，由于所处社会及其发展阶段的不同，学者们会提出不同的可研究问题；正因为这一点，对核心问题的探讨必须在其社会背景下进行，离开了孕育它的社会，这些问题会毫无意义。像大多数社会科学家一样，地理学家很可能提出与他们作为其成员的那个社会最相关的此类核心问题（McNee，1959）。

学术研究当以解决学术问题为导向。这种问题可以是学科的理论问题，也可以是现实生活需要地理学者回答的实际问题。而且，这样的问题可大可小，大到学科发展战略以及如何在国际学坛争夺话语权（邓正来，2008），小到某一个具体的基本概念的准确界定（周一星，1995b，2006）。学科大师级的人物要解决的是学科发展的大问题，而一般学者要解决的应当是一些具体的小问题，至多是中问题；研究最好是"小题大做"。优秀学者往往能够选取较有学术价值且又切合自身特长的问题，找出出人意料又合乎理性的切入角度。

然而，纵观中国地理学术刊物上发表的论文，问题意识比较弱的文章占了较大比重，顶级中文期刊上的相关论文相对要好一些，但研究报告式的论文也不少，这些论文仅仅是因为做过一个工作想要报道一下而已，至于这样的报告与当前国际国内的理论论题和社会热点问题有什么关系却并不是作者关注的焦点。

造成这一状况的原因是多方面的。首先，研究生教育不规范，问题意识的培养没有引起足够的重视。研究生课程教学没有受到应有的重视，其理念、内容和方式较为陈旧，学术规范的教育较为缺乏（汤茂林，2009b）。因此，很多学人在研究生阶段就缺乏扎实而基本的学术训练，其结果是，在走上学术岗位后也对学术研究不甚了了，缺乏应有的问题意识。

其次，过分功利化的现行学术评价机制给学者造成较大的发表压力。这种评价机制以行政评价为主，以学术成果的数量为主，忽视成果的品质；而且在这种机制中，个人的研究成果与其"房子"和"票子"的关系过于密切。在这种激励机制作用下，基于功利的目的，学者不断撰写乃至炮制所谓的学术论文，只求发表；甚至为了职称等方面的目的，不惜牺牲学术信誉，铤而走险，走上抄袭和剽窃之路。

再次,不大愿意讲问题的大氛围不利于学生和学者问题意识的养成。似乎一切都很和谐。其实这是知识分子的不负责任和退化,因为知识分子一向被看做是社会的良心。批判社会现实、指出问题之所在并提出可能的解决办法向来就是知识分子的责任,也是知识生产的前提条件之一(Longino,2002),中外皆然。当然,讲问题要讲究表达方式,要让大家能够接受,并提出改进的途径。正如姜道章(1999)和周素卿(2002)所指出的,华人世界缺乏真正的学术讨论是学术进步慢的重要原因之一。

鉴于问题意识和选题是决定学术研究成败的关键要素之一,选题能力和问题意识的培养就是治学的基本功之一。因此,研究生学术训练的目的之一就是要培养他们的问题意识和选题能力。如何发现好的问题、值得研究的问题和可研究的问题,如何在从事研究时具备问题意识,这是学术研究和人才培养的大问题,似乎没有什么捷径可走,关键在于多读、多思、多走进田野、多参与实际工作。在平时读书时,要带着问题意识,要有批判性思维,要有怀疑精神,才有可能在平常之处或被多人接受的观点中善于发现问题和切入点(李伯重,2000,2001)。孟子说:"尽信书,则不如无书。"(李剑鸣,2007)

所谓需要研究的问题,就是已有的理解或认识与需要或希望得到的理解或认识之间的不一致(埃思里奇,1998)。这种不一致可能涉及专业基础知识、专题知识和对策知识。诺思罗普(Northrop,1959)确定了知识中的四种问题,即逻辑一致性、经验真实、事实和价值(埃思里奇,1998)。巴克则将研究性问题分为知识中的难题和实践中的难题,两类问题都很重要,有时候是相互联系的(埃思里奇,1998)。还要注意到,有意义的问题(即提出的可能解决的问题)与相关的问题(即其答案对解决难题是关键的那些问题)相互联系,但不可同日而语(埃思里奇,1998)。中国是一个重视经世致用的国度,我们在从事城市地理学研究时,可以首先从丰富多彩的现实生活中的实际问题入手,如拆迁引发的问题及其成因、城市化途径与新农村建设的关系、大城市交通堵塞日益严重问题、城市空气污染与城市发展理念的关系、城市形象建设的适度问题、老城与新区的关系问题、如何避免城市发展和建设中的"运动"现象等。在这些直接关系到我们城市健康发展的问题上,城市地理学界所做的工作较少,在媒体上也几乎听不到我们城市地理学界的声音,这恐怕也是我们城市地理学不被社会广泛认可的原因之一。

在对实际问题进行研究的基础上,我们还要进一步探讨这些实际问题背后可能隐含的理论问题,如城市开发收益中的政府与市民的分享及公正问题,城市发展中政治、权力与市场的关系问题,城乡发展多样性与行政一刀切的关系问题,城市发展中行政手段与市场手段的关系问题,新自由主义在城市开发过程的政府调控问题,城市发展中规模扩大与可持续性和宜居性的关系问题,世界城市发展的一般规律与中国的特殊性的关系问题，非政府组织、公民社会与城市发展，就业与住宅的匹配问题，都市圈与其外围地区的关系问题，城市-区域中核心与区域的关系问题，理想城市问题，城市研究专业化与分工的问题（高等院校和科研院所与政府隶属研究机构的关系问题等），学术研究成果的评价和普及问题，学术成果的出版管治与学术品质的关系问题，等等。

然而，在加强问题意识的同时，我们也要注意防止主观性过强可能带来的对所研究问题的遮蔽（张建民和鲁西奇，2002）。我们所研究的问题要来自于人类社会经济生活的实际或学科理论发展中面临的问题。对来自现实的问题的研究如果得出的结论与我们的理论预期不一致，这时候需要放弃的是我们已有的理论而不是现实和研究结论（林毅夫，1995）。提出好的学术问题虽说可能是研究成功的一半，但在与同行对话和了解学术史的基础上作出自己的贡献才是研究的关键。

3.2.2 学术对话严重不足

在国际学术界，学术对话（academic dialogue）通常包含两层含义：学术争论（debate）和学术评论（review）。在国内学术界则还应包括与西方学者和国内学者之间的对话（常向群，2000）。这两种对话方式在中国城市地理学界的开展还面临着不少困难，这里先从最基本的层次谈起。

在有限的阅读范围（涉及地理学、城市研究、城市规划、经济学、社会学）内，笔者感觉到国内不少学者（包括地理学者）与同行对话的意识明显不足，论文与著作中实质性的引用和对话比较少、自说自话问题比较突出，学术共同体有名无实。从论文结构上看，不少论文对所研究的问题交代不清，往往不明白其研究问题的意义和重要性；对相关研究的综述不到位，甚至付之阙如，单就篇幅相当有限的综述来看，一般而言都是不够全面的，甚至在一些论文中可以看出作者在明显回避同行的研究成果；另外，综述归综述，案例归案例，前后两张皮，似乎前面的理论或综述与作者的研究没有多大关系（汤茂林，2009b）；而且许多论文很少有讨论部分，大多是几点结论，这部分写得较好的至多还给出几个有待进一步研究的问题或研究方向。这是城市地理学界缺乏与同行对话意识、自说自话的常见表现，直接影响了研究品质的提高。

回顾地理科学发展史后可以发现，并非只有国人才有这个问题，欧美地理学也存在这个问题。对地理学者过去工作的回顾表明，某种可以避免的错误一直没有得到纠正（James，1967）。错误重犯的一个主要原因在于，太多的地理学者通常不读其他过去和现在的地理学者所写过的东西（Martin，2005）。斯特拉波的《地理学》一书之所以很少被提及，其原因之一就是他的同时代人从来没有花工夫去读一读他如此费力写成的作品。地理学"具有忽视其历史的历史,不单是放弃理论框架或方法论,而且……写作也完全不同。正如苏珊·汉森和安·马库森所指出的,这是非常短视的。我们需要知道我们来自哪儿,需要了解方法为什么会发生变化?"(Dicken, 2006)这是西方人文地理学者的反思,话讲得有点过。为什么说有点过?因为笔者在阅读和翻译西方专著和论文时,常常见到王笛(2001)所描述的情况:"当作者在涉及某个问题时,如果作者认为现存的研究成果已足以说明问题,便会在注释下列出若干甚至上十种与这一问题有关的研究,请读者参考,然后才阐述自己的观点。"

对一个学术问题存在不同的观点和看法,乃平常之事。有时甚至通过正常的学术争论或学术批评也未必能够取得一致,但这种对话、争论和批评对于学术的健康发展至关重要(汤茂林,2009b)。因为"科学基本上是批判性的,没有批判,学术的进步便会受到负面的影响。地理学术的发展也是这样,国内地理学术进步缓慢,原因固然很多,学者之间,受传统中国观念的影响,不愿得罪人,绝少公开批评他人的著作,无疑是一个相当重要的原因"。(姜道章,1999)但在学术对话和争论中,要着重摆事实、讲道理,要避免那种居高临下、真理在握的口气,用这种口气进行写作不仅不能让人心服口服,而且也有害于学术对话和学术健康发展。在这方面,科学发展史上已经有了正反两方面的经验教训。对不同观点和见解,我们应当有宽容和容人之心(李小建,2002),不要急于一时,更不要上纲上线。

学术对话,除了在学术史回顾之外,也应注意引用相关研究成果,以便作为自己观点的佐证或提供不同的观点,以拓宽读者的思路,不能把引用看做是可有可无的部分。西方学人在学术写作中以"但见"(but see)作为引导词,给出与自己观点相左的文献。我们的城市地理学研究中几乎见不到这样的情况,因为本来引用就少,怎么可能引用其他具有不同观点的人的成果呢。国内仅见到一个法学研究生学刊的文稿体例提出了类似的建议(张书友,2004),值得学术界参考。我们更需要在此基础上,参照西方流行的文体手册和中国的国家标准,编出我们文稿体例的"芝加哥手册",使学术写作"有章可循"。

学术论文中还有一处需要加强与同行对话意识的是"结论与讨论部分"。我们的论文一般只有结论部分,讨论部分和未来研究方向比较少见。实际上,通过讨论,把自己的研究与相关的研究进行比较,找出共识和分歧所在,并阐明未来研究方向,将有助于读者看出作者的贡献,同时为后学提供作为研究对象的问题或启发。

当然,在论文写作中,与同行对话不应当成为学术写作的点缀,而应当成为论文和著作写作的重要指导思想,向西方同行学习并"把援引他人成果视为自己论著不可缺少的部分"（王笛，2001），以便在对话中增进相互了解，达成共识，凸现问题，推进学术，使我们的学术不至于成为一个个"知识孤岛"（汤茂林，2010），学术对话不致成为"实践之岛"（Purcell，2003）。随便翻翻最近翻译出版的西方著作和教材，可以看出，西方人与同行对话的意识要比我们强，他们在研究生培养中特别强调这一点（汤茂林，2009a）。

如果认真努力的话，在同一科学范式（库恩，2003）下，学者们相互对话可能容易些，但不同研究范式之间的对话比较困难。但是，学术发展正是通过一个范式取代另一个范式而取得的，或者是学生打破老师们的传统而取得的。正如图尔明1967年所指出的，在任何科学领域中，进步和变革不会产生于老一代的"伟大学者"的思想变化；相反，进步和变革必然要靠年轻一代打破了其老师们的传统而取得（Martin，2005）。所以，如果不同研究范式之间加强对话，如果领军人物多注意一下对方的观点，我们还是能够消除误解和偏见的，而且这也有利于学术共同体和学术发展，有利于学科理论的建构和发展以及理论意识的培养。

3.2.3 学术引用不规范

学术著述中的引用具有多重意义，正如美国科学、工程和公共政策委员会等机构所指出的，"方便读者查找作者用来证明其结论的原始文献，让读者发现过去相关研究工作的详细信息，以及作者的工作有什么不同之处"（Committee on Science，Engineeving，and Public Policy et al.，2009）。经过30多年的发展，中国的城市地理学论文在遵守学术规范上已经有了很大进步，但学术规范意识还不是很强（陈平原，2007）[1]，例如，在实质规范方面，基础研究和理论创新严重不足，对西方同行的研究表现出中国式的傲慢（顾朝林，2009）；在形式规范方面，我们的论文在引用和参考文献注录方面与2005年发布的新国家标准（文后参考文献注录规则）相比，还有一定的差距。例如，引用他人观点不注明出处（王笛，2001），参考文献普遍存在著录项不全[2]、英文期刊卷号与期号混淆的问题、转引标注问题、中英文期刊论文所在的页码、引用所在的页码[3]等。学术研

---

① "目前学界的通病，不在于迷信'规范'，缺乏超越的愿望和热情；而在于过分蔑视'规范'，学无根基且自视甚高。"（陈平原，2007）陈先生1991年的判断仍然适用于中国当下的学术界，自然也包括城市地理学界。

② 这里所指的期刊包括城市地理学人在上面发文的城市研究类、城市规划类、人文地理类、经济研究类期刊。最顶级的中文地理学期刊已经基本不存在这类问题。

③ 多数学术刊物都做得不太好（社会科学期刊做得好一些），地理学领头刊物也都做得不好。

究的这种"形式理性化只是必要条件和最低标准"（刘东，2006），如果连这样的标准都做不到，还谈什么做研究。

引用他人观点不注明出处这一问题值得特别提出讨论，因为前几年国内有关"宪政"的一本书被指剽窃，被侵权人诉到法院，法院一纸文书下来，其中有"著作权法保护的是观念的表达形式，而不是观念本身"。这是法官对学术的无知。有的学者"引用"了别人研究得出的重要结论和理论框架等重要内容，但却在很不起眼的地方引用一下，以突出自己的原创；笔者就曾遇到这样的所谓"引用"。殊不知，被你引用的人很可能就是你文章的审稿人或评阅人，蒙混过关有时是可能的，但从长期来看则会害了自己，有可能使自己隔离于学术界。

在学术引用中，还有其他较为隐蔽的问题，比如作者在参考文献中虽然列出了文献，但在正文中并没有说明参考文献与自己研究的关系，甚至参考文献中的研究与自己的研究并不相关，而是仅仅出于对可能审稿人或学科权威的功利性考量而引用。

形式规范其实还与实质规范紧密相连。众所周知，学术研究的根本目标是创新，实质是要提出新的观点、新的理论和新的方法，提供新的材料，增进对有关问题的认识，尤其是理论认识。形式规范就是用来保证实质规范和学术研究的激励机制的，离开形式规范，实质规范也难以实现。正是在这一意义，有的学者认为，形式规范极为重要。默顿曾写道：

"在学术领域中，引文和参考文献不是一件不重要的事件。当许多一般读者——科学界和学术界以外的普通读者——认为文章的脚注、最后的尾注或参考文献都是不必要的和令人讨厌的时候，我们要说，这些是激励系统的核心和对知识进步起很大促进作用的公平分配的基础。"（陈学飞，2003）

吉鲍尔迪（2002）在《MLA 文体手册和学术出版指南》中明确指出了引用的作用及不规范引用可能导致的后果。他指出：

"学术著作的作者们一般都通过对资料来源的仔细注释来承认对前人的借鉴。每当引用别人的作品，都要指明所引用的资料……及其来源。在自己的写作中未指明出处就借用别人的思想或表达方式，即构成了抄袭。……这样做是违背职业道德的。抄袭的形式包括在重复别人的措辞或名句，转述别人论点和表述别人思路时，没有恰当地指明出处。……因此，在写作中必须注明所借用的一切，不仅是直接引语和转述，而且还有信息和思想。……对于任何如不注明，便会引起误解的材料，都必须指明出处。……对抄袭的惩罚可能是严厉的，从丧失人们的尊重到丧失学位、终身教职、甚至职业。在任何研究和写作的阶段，都要切记防止不经意造成的抄袭恶果，一定要有清楚的注释来将自己的思想和所引用的材料区分开来。"

"文体手册"所制定的一整套规则是否会跟原创性这一学术研究中心要素相

冲突，严格遵循一整套复杂的准则是否会抑制、甚至扼杀学者的思想？赫伯特·林登伯格在《MLA 文体手册和学术出版指南》（吉鲍尔迪，2002）的"前言"中早想到了这类问题，他说："恰恰相反，因为约束往往带来机会。当你遵循一部标准的手册时，你就不必去重新独创一种文体，而你的读者也不必去学习认识一个新的体系。形成标准化使你不用为非本质的事务而焦虑，其结果就是你可以把精力集中于真正对学术作出贡献的写作。"

3.2.4　学术史意识需要加强

学术史回顾是培养与同行对话意识的主要途径之一。马丁（Martin，2005）曾指出："创新理念的出现有点神秘，有时是几秒钟，有时是许多年思考的产物。"学科的进步正是我们"站在巨人的肩膀上"不断思考和创新的结果。

如前所述，研究的先导应当是提出问题，而任何问题都不可能凭空产生，"只能产生于以往研究所营造的知识空间当中"（李剑鸣，2007）。因此，要提出适当的可研究问题，就需要阅读相关的研究文献。"学术史的梳理不仅是专题研究的起点，也是其成败的关键"（李剑鸣，2007）。其一，对以往研究状况的充分了解就可能避免没有意义的重复，明确研究方向。其二，掌握相关研究成果后，可以在自己的研究中有选择地吸收其有益的部分，作为自己研究的基础或佐证。其三，明了前人所做的研究工作，可以对自己的研究工作在学术谱系中进行准确定位，以便在既往研究的基础上作出新的发现；唯有这样的研究工作才可能被国际同行和学刊所接受。正如美国学者在《如何当一名科学家——科学研究中的负责行为》中所说，规范地使用和处理引文实际上就是把学术论著"放在科学框架中，标出了它在科学知识中的位置"（美国科学、工程和公共政策委员会等，2004）。"学术论著如果不与以前的研究挂钩，其实也就不曾进入整个的学术发展流程，恐怕也难真正地算做学术"（罗厚立，2000）。

以往的一些城市地理学研究不大重视专题研究的学术史工作[①]，存在不少为综述而综述的情况。在选题和研究过程中，不少人并未下工夫检索相关的研究文献，不注意引用同行的相关研究成果[②]。有的学者甚至刻意避免引用同行的研究成果（王笛，2001；汤茂林等，2007），有的是担心自己的研究被已有的研究所

---

① 近几年在顶级刊物上的相关论文已经有了不小的进步（李志刚等，2010；柴彦威等，2010）。也可能是由于论文篇幅原因没有发表出来。

② 相关研究成果"并非仅仅是指对这一课题本身的研究，而且包括了涉及这一课题更为抽象的理论和方法问题"（王笛，2001）。

诱导，有的是可能对自己的水平过于相信，觉得即使前人研究在先，自己的研究也不会与之雷同。由于学术史意识的缺乏或薄弱，很多论著都没有适当而充分的学术史表述，这给人一种印象，即作者研究的问题从未有人论及，作者的论述是"独创的"。这种状况也许不是有意为之。其原因就是学术史意识淡薄，学术规范不受重视，论文篇幅限制①等。

近年来，由于学术不端行为被媒体的不断曝光以及学术规范问题的讨论，学界的学术史意识有了一定程度的提高，部分专题论文加强了学术史部分的写作，《地理研究》编辑部（2007）甚至对引用他人成果的最低数量作了明确的规定。

在互联网日益普遍和发达的条件下，论著学术史部分的工作量已经大大减轻。利用研究机构购买的各类学术期刊数据库，学者很容易获得有关一个专题的文献目录。相对而言，相关中文文献的搜集要容易一些，而外文文献的搜集要困难一些，特别是一些重要的著作因价格高昂而收藏较少。还有，部分外文学术期刊数据库出于商业等目的以及保持西方学术的领先之故，有时间不等的滞后期（从半年到两年不等，如收藏甚丰的 EBSCO；而 Elsevier 是例外之一，提供尚未印刷的期刊上的论文），或只能下载某一时段的论文，给学术文献的搜集带来了一些困难。在这种条件下，研究者只好通过自己所能利用的途径尽最大可能地搜集。比如，在国外学者的个人网页上寻找，或者直接与作者联系，请求其提供相关文献；还可以请在国外的朋友帮忙；还有一些会议论文常常可以在相关网站上免费下载；部分期刊出版商网站还提供所谓的免费样刊，如 Sage、Wiley-Blackwell、Elsevier 等期刊数据库收录的多数期刊。

加强学术史意识的关键在于，对搜集到的学术文献进行认真的阅读，发现最相关和最重要的文献，并在论著学术史部分对其作出恰当的表述和评价。作者要努力引用和阅读原始文献而不是新近的一篇论文或基于较早论文的评论文章（Committee on Science et al., 2009）。在评价时要指出已有研究的贡献和不足，两者不可偏废。在进行评价时，要对他人的研究工作给予"了解之同情"（陈寅恪，2001）和尊重，最好不要轻易用"缺乏深入研究"或"存在明显缺陷"等表述。对其他学人所做的类似梳理工作（二手文献）也要给予尊重，进而与同行开展程度不等的学术对话。当然，并非所有学术写作都要有学术史部分，表达形式也可以多种多样（专门的部分或章节、在论及具体问题时引用或交代有关的论点、采用注释交代有关的论著或者论点）（李剑鸣，2007）。

35

---

① 许多刊物编辑也认为这部分不重要，经常让作者把文章作大幅度压缩。许多期刊在版面扩张后部分论文才有些进步。

3.3　中国城市地理学的理论导向

对一个学科而言，理论的重要性不言而喻，这是一个学科的灵魂。理论也是一个学科存在的重要前提条件之一，证明或证伪理论、构建新的理论是学术研究的一大目的。Robert Ardrey 在 1966 年指出，科学最重要的目的和存在理由是提出和证明理论（Morrill，1987）。恩格斯（马克思和恩格斯，1971）曾指出："一个民族想要站在科学的最高峰，就一刻也不能没有理论思维。"要实现构建学科理论这一宏大目标，需要有较强的理论意识，城市地理学也不例外。即使不与物理学那样的硬科学相比，仅与社会科学中的其他学科（如经济学）相比，我们也明确感受到城市地理学中理论建设的必要性和重要性，以及在研究和教学中培养理论意识的迫切性。这种迫切性首先来源于我们相关研究的过分实用性倾向，它使我们未能对学科理论知识作出相称的贡献（Gibson，2007）。

纵观改革开放三十多年来的城市地理学工作，重点一直以政府的需要为主导，通过积极参与城市规划（包括总体规划、城市体系规划和城市概念规划）和相关城市研究（包括区域发展战略研究），促使学科的成熟和对城乡发展现实的准确把握，也获得了相当的研究经费和额外的收入。由于中国科研投入的有限性，特别是在 20 世纪 80 年代，更多的城市地理学者自觉或不自觉地把工作的重点放在城市规划咨询工作上，在理论研究上的投入明显不足。因此，在国际城市地理学园地（如 *Urban Geography*，*Urban Studies*，*International Journal of Urban and Regional Research*，*Cities*，*Journal of Urban Affairs*，*Housing Studies*）上发表的论文相当少见。21 世纪以来，伴随国内学者更多地走出去学习和访学、国际学者更多地来中国大陆讲学，中外城市地理学者的合作得以加深，一些年轻的大陆学者单独或合作在国际主流（如 He et al.，2008，2010；Liu et al.，2004；Liu et al.，2008；Luo and Shen，2008；Zhang and Wu，2006；Zhen and Wei，2008）乃至顶级刊物（Li and Wu，2008）上发表论文，一些中文论文的理论意识也明显增强。

构建理论是一项相当困难的事情，但发展和构建理论虽然困难但也并非不可能。地理学家朝这个遥远的目标已经开始了长期而艰苦的探索（Golledge，1996；苗长虹和魏也华，2007）。这种探索主要有两种途径：其一着重研究"形态"或格局，其二是着重研究"过程"。格局是指其区域内事物分布的总体空间特征，诸事物相互间的安排，以及有关事物内在的递进关系；过程是指"相互关联的一组活动作用于一组事物，从而导致这些事物在不同时间和空间的特征所发生的变化"（Golledge，1996）。杜能的农业区位论、韦伯的工业区位论属于前者；扩散理论、相互作用理论、廖什的中心地理论等则属于后者；而克里斯塔勒的中心地理论则是两者的结合，是"地理学领域最强大最有影响的唯一理论"（Golledge，1996）。

半个多世纪前开始的地理学计量革命"实质上是一种理论的觉醒，因为地理学要成为一门有助于解释自然和社会的学科，必须致力于基础研究"（Morrill，1987），但它并未能完成理论建设这一艰巨任务。然而，学者们对地理学理论化的努力从未停止过。在计量革命之后，激进地理学、人文主义地理学、行为地理学、马克思主义地理学、结构主义地理学、后现代地理学、女性主义地理学等层出不穷，令人目不暇接。这些思潮对西方城市地理学研究均产生了不同程度的影响，城市发展和城市地理学理论不断被更新，正如约翰斯顿（Johnston，1986a）所言："如果目标是真理，那么理论就是我们要跟随的地图——一旦地图的局限被发现，地图就需要更新"。

在发展理论和培养理论意识的过程中，我们经常需要借助模型，尤其是数学模型。正如系统科学家路德维希·冯·伯塔兰菲所指出的，"数学模式的优越性——明确、严密推论的可能性、观察数据的可检验性——是人所共知的。但这并不意味着用平常的语言来阐述的模式被轻视了，或被抛弃了。有一个语言的模式比没有模式总要好些，也比要一个能用数学表示的、但却是强加于真实并歪曲真相的模型好些"（詹姆斯和马丁，1989）。但是，也要注意到数学模型的局限性［如朱玲（2002）提到的"统计谎言"］，理想的目标是选择最恰当的研究方法，无论是定量的还是质性的研究方法。前提当然是要掌握这些多样的方法（Cloke et al.，1991；汤茂林，2009a；本书其他相关章节），唯有这样才能运用自如。

鉴于研究的根本目的是要发展理论，为了构建理论和培养理论意识，我们在从事研究时，应当经常问自己：这一研究与什么学科理论有关？有什么理论意义？这一研究有稳固的理论和方法论基础吗？如果从这一标准来看，我们的许多研究只是重复别人的研究而已，尽管这样的重复并非完全没有意义，但对创建理论作用不大。在创建理论时，要认识到概念模型（如旅游地生命周期理论）也是模型；模型并非越复杂越好，用简单方法解决复杂问题的模型是最好的，也最容易流传。在借助数学模型构建理论时，要准确地理解和掌握有关模型（包括其假设条件、样本数量、样本特性、有效性检验、适用范围、局限性等），要使之经得起推敲，以及时间和其他学科的检验。另外，在构建自己的理论时，要遵循学术界的有关学术规范，特别是当自己的研究证伪一个理论时，要小心谨慎，不要轻易地否定已有的理论。

3.4　结　语

学术规范还涉及学术宽容、学术平等和荣誉分享、同行评议等问题。由于篇幅限制，关于这方面的问题，请参阅常向群（2000）、王笛（2001）、李小建（2002）、杨玉圣和张保生（2004）、汤茂林（2009b）、美国学者（Committee on Science，Engineering and Public Policy et al.，2009）、中国科学技术部（科学技术部科研诚信建设办公室，2009）等的相关论述和要求。

改革开放以来，中国人文地理学得以复兴，城市地理学逐步走上正常发展的轨道，并取得了重大进展，在服务社会和地方政府方面做出了引人注目的成就，但理论建设还不够突出，加上语言和原始数据来源的原因，国际上的中国城市地理学研究的话语权被非本土学者所掌握和控制。要改变这种局面，参与国际学术竞争并作出我们应有的理论贡献，中国城市地理学者任重道远。从这个角度来观察，我们已有的城市地理学研究成果也存在一些不容回避的问题。只有正视这些问题，思考对策，才有可能在已有成绩的基础上找准方向，"重新出发"（冯象，2008），并找到通向世界学术的"桥梁"（Liu，2009）。

没有规矩，不成方圆。古今中外的学术工作皆有其规范。不遵守学术规范，就不可能有真正的学术研究。因此，本着学术诚信，遵守学术的形式规范是对学者的最起码要求。遵守学术的形式规范还远远不够，还需要不断创新。任何学科的创新都需要勇于创新的先锋人物打破学科界限，致力于寻求推动新思想所需的新知识和新方法（Golledge，1996）。根据戈列吉的看法，在地理学中，进行这种创新的先驱有古尔德（Gould，1985）、约翰斯顿（Johnston，1979）、盖尔和奥尔森（Gale and Olsson，1979）、阿梅代奥和戈列吉（Amedeo and Golledge，1975）等。要实现这种学术创新，我们需要具有较强的理论意识和问题意识，在学术写作中要具有强烈的与同行对话的意识，需要在学术研究中将自己的研究进行准确的定位。在学术创新过程中，既要有国际视野，又要有本土情怀，只有在扎实的本土工作基础上，了解国际学界的行情，遵循世界学术界通行的规则，我们的原创性学术研究才能走向世界（邓正来，2008；林毅夫，1995；田国强，2005）。这正是大家所期待的，也是时代赋予我们城市地理学人的光荣使命和任务。

第4章　中国城市地理学的研究动态与方法取向

伴随改革开放后快速城市化进程和经济社会的全面转型，中国城市地理学在理论和实践方面都得到良好发展，许多学者对中国城市地理学的研究成果进行了回顾和展望（许学强和朱剑如，1986；沈道齐和崔功豪，1996；周一星，1991；姚士谋，1991；闫小培，1994；顾朝林和徐海贤，1999；许学强、周素红，2003；姚士谋等，2003；宁越敏，2008；刘云刚和许学强，2010）。本章通过对近30年来在国内主要地理学学术期刊上发表的城市地理学相关论文的统计与梳理，分析中国城市地理学的研究动态与未来走势。

4.1　中国城市地理学的研究范畴

城市地理学的研究范畴，按一般的理解，首先将以城市为对象的地理学研究成果区分为两类：直接以城市作为研究主题（of the city）的研究和把城市作为研究尺度（in the city）的研究。后者同时也属于自然地理学、经济地理学、历史地理学、社会地理学、文化地理学、旅游地理学、GIS 等其他学科。通过对其作者、署名单位及其个人简介的表述进行甄别，可以将后者中非明确从事城市地理学研究的论文作者及其作品排除在之外。

我们选择了国内出版的 5 个主要地理学学术期刊作为研究对象，包括《地理学报》、《地理研究》、《地理科学》、《经济地理》和《人文地理》。从中抽取自创刊以来至 2009 年年末刊载的城市地理学相关论文共 2006 篇作为分析对象（表4-1）。按年代分，1980 年前 11 篇，20 世纪 80 年代 213 篇，20 世纪 90 年代 440 篇，2000～2009 年 1342 篇；按期刊分，以《经济地理》862 篇和《人文地理》592 篇为多，其余三个杂志的论文都在 170～200 篇。

表4-1　城市地理学论文的年代分布及其变化

期刊	1980 年前		1980～1989 年		1990～1999 年		2000～2009 年	
	数量（篇）	比重（%）	数量（篇）	比重（%）	数量（篇）	比重（%）	数量（篇）	比重（%）
地理学报	11	1	28	5	36	4	127	8
地理科学	—	—	15	3	28	4	126	10
地理研究	—	—	5	1	39	5	137	12

续表

期刊	1980 年前		1980～1989 年		1990～1999 年		2000～2009 年	
	数量（篇）	比重（%）	数量（篇）	比重（%）	数量（篇）	比重（%）	数量（篇）	比重（%）
经济地理	—	—	116	18	199	21	547	21
人文地理	—	—	49	23	138	18	405	27
汇总	11	1	213	9	440	11	1342	17

注："数量"指该期刊中城市地理学论文数（篇）；"比重"指（该时段）城市地理学论文占该期刊论文总数的比重（%）

由于《经济地理》、《人文地理》两个期刊的相关文章数量较多，且与其余三个期刊的性质略有不同，故进一步抽取《地理学报》、《地理科学》、《地理研究》三个期刊的 552 481 篇论文作为核心分析样本。这三个期刊选出的城市地理学论文约占三个期刊刊载论文总量的 67%。从时间变化看，以《地理学报》为例，1980 年前仅有 11 篇，占同期刊载论文数的 1%；到 20 世纪 80 年代增长到 28 篇，占同期刊载论文数的 5%；20 世纪 90 年代增长至 36 篇，占同期刊载论文数的 4%；2000～2009 年则达到 127 篇，约占 8%。可以看出，2000 年后城市地理学论文数量的增长尤为明显，显示出城市地理学科蓬勃发展的良好态势。

4.2 中国城市地理学研究的特征变化

4.2.1 研究方法的变化

对样本论文从研究方法上进行统计，可将其分为三类：主要使用定性分析方法的定性研究、主要使用统计分析方法的定量研究和使用较复杂的计量模型（含GIS、城市模型等）的计量研究。统计结果显示（图 4-1），20 世纪 80 年代以来使用数量方法的研究具有明显增多的趋势，其中尤其是计量模型类方法的运用日益增长，从 20 世纪 80 年代初的不到 30% 增加到 2009 年年末的将近 60%；而定性方法类论文比重下降趋势明显，30 年间降幅达 50%；定量方法的比重基本维持在 30% 左右，变化不大。

具体从各个期刊来看（图 4-2），《地理学报》和《地理研究》刊载的城市地理学论文计量化趋势表现更加明显，截至 2009 年计量类论文的比重分别达到了 70% 和 60% 左右，而《地理科学》虽表现了同样的趋势，但计量化程度相对较弱。西方城市地理学的发展史表明，数量方法和模拟分析在城市地理学中的广泛应用，是西方城市地理学在短期内发展壮大的原因之一（许学强等，2009）。同

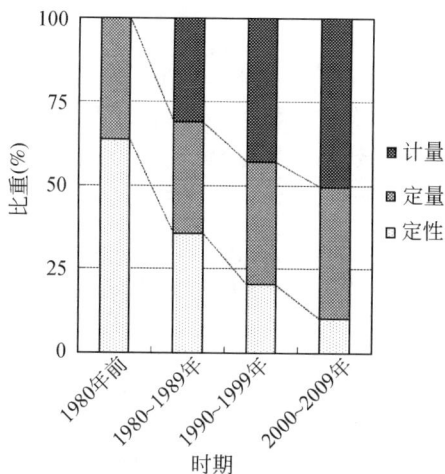

图 4-1　城市地理学论文研究方法的比重变化

理,中国城市地理学论文的计量化,可能也代表了如今学科发展的内外在需求。不同杂志之间计量化程度的不同,说明在学科内部对于这一取向仍有争议。

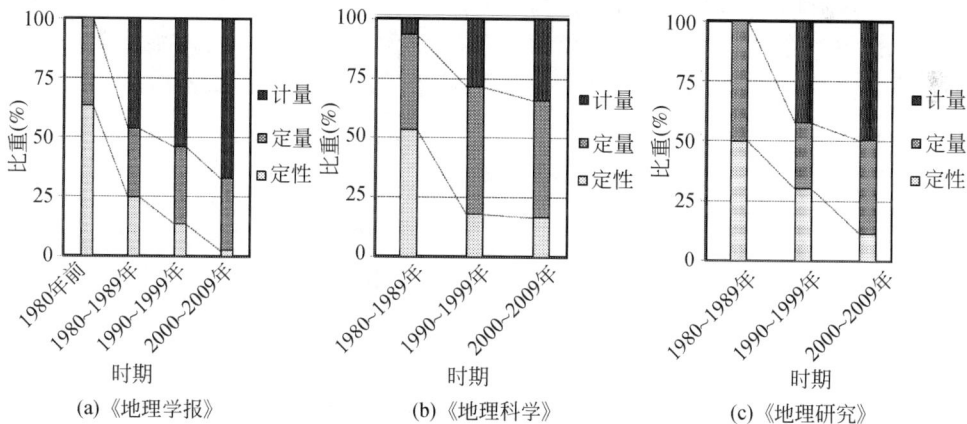

图 4-2　各期刊城市地理学论文研究方法的比重变化

4.2.2　研究类型的变化

将所选论文按照理论方法、综合分析、案例研究三种类型分类统计,统计结果如图 4-3 所示。理论方法类包括了一般理论探讨、研究方法探讨和文献综述类论文;案例研究类则指围绕一个或若干个具体案例进行分析的论文;而综合分析类则介于两者之间，指没有明确研究案例的实证性论文。统计发现，一方面，20 世纪 80 年代以来理论方法类论文比重呈下降趋势，另一方面，案例研究的比重则逐步上升，2000 年后超过了 50%。综合分析类比重略有下降趋势，但相对不很明显。这也说明了中国城市地理学研究的一种范式变化——基于案例分析的实证研究逐渐成为主流。

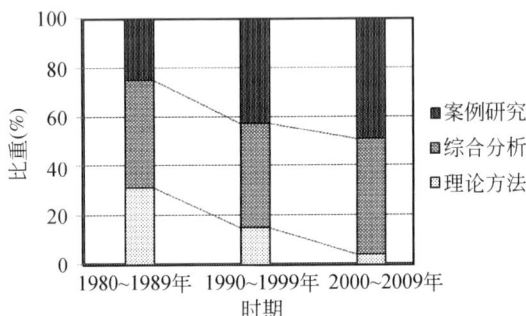

图 4-3　城市地理学论文研究类型的变化

进一步对比重下降的理论方法类论文进行分析（图 4-4），其中下降最快的是理论探讨类论文，而综述类论文则有明显上升趋势。这说明重视实证分析的同时，重视文献综述也是近年中国城市地理学研究范式变化的特征之一。

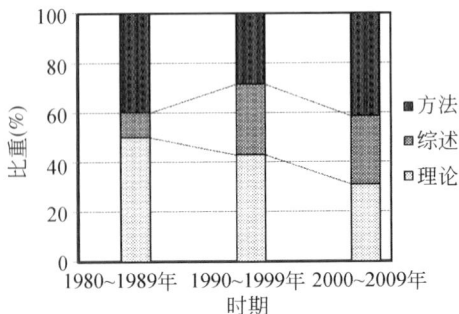

图 4-4　城市地理学理论方法类论文的结构变化

4.2.3　研究视角的变化

将城市地理学论文分为宏观和微观两个视角。宏观视角（interurban geography）即指将城市作为"点"来研究，研究对象通常为一群城市，涉及的研究主题包括城市性质/分布/功能/意象、城市化/城市增长、城市体系、城市圈/城市群/城市经济区、城市和区域规划/行政/战略、城市问题/土地利用/交通/生态等。微观视角（intraurban geography）是指把城市作为"面"来研究，研究对象基本为单个城市或城市中的局部地区，涉及的研究主题包括城市功能/评价/意象、城市化/城市增长、城市内部结构/社会区/CBD/商业区、城市问题/土地利用/交通/生态环境、城市规划/战略/行政/管制等。此外，其他研究视角不明或宏微观相结合的论文则归入"其他"类。从图 4-5 的统计结果可以看出，中国城市地理学的研究论文中，宏观视角类的论文比重明显下降，而微观视角和其他类的均有所增加。这表明，自 1980 年以来中国城市地理学研究的视角由侧重宏观逐步转变为侧重微观或宏微观并重，研究尺度有下移趋势。这也印证了上述关于研究方法和研究类型的结论。

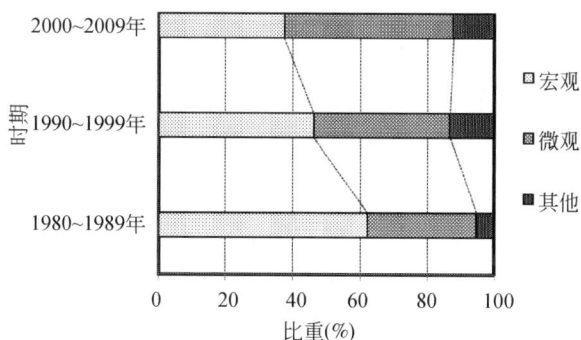

图 4-5　城市地理学论文研究视角的变化

4.2.4　研究主题的变化

分别整理宏观和微观视角下的研究主题变化，如图 4-6、图 4-7 所示。在宏观研究方面，区域规划及其相关政策（战略）的研究在 20 世纪 90 年代形成一个高潮之后，2000 年后论文比重大幅减少；与之相对的是，城市圈（群/经济区）的相关研究在 2000 年后明显增加，城市功能（性质/分布/意象）的研究也趋于增长；而关于城市化和城镇体系的研究保持比较平稳的态势。在微观方面，从图 4-7 中可以看出，同样关于城市问题、城市规划等的政策研究在 2000 年后有比重减小的趋势，而城市功能（意象/评价）的研究趋于增长。城市空间结构和城市化始终是"面的研究"的最大主题。综合来看，非规范的政策研究减少，说明中国城市地理学的确存在"科学化"的倾向；城市化、城镇体系、城市空间结构研究的持久不衰，则说明中国城市地理学发展仍与实践紧密结合，并未脱离实用主义的轨道。同时，城市功能研究的比重增加，则反映出城市地理学研究主题的逐步深入，由形态、过程、结构的研究逐步走向深层次的功能研究，这说明中国城市地理学研究正在向纵深发展。

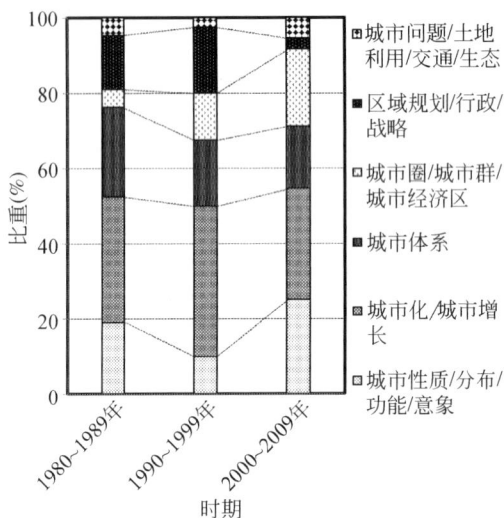

图 4-6　宏观视角涉及的各研究主题变化

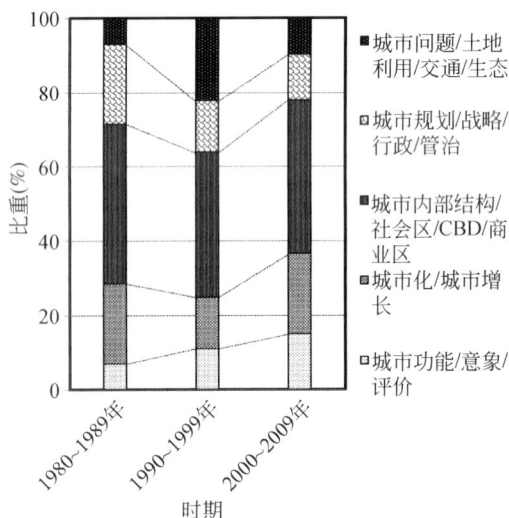

图 4-7　微观视角涉及的各研究主题变化

4.2.5　研究区域变化

统计样本论文中实证类论文（含综合分析和案例研究论文）所涉及的主要

研究对象区域，如表4-2 所示。限于篇幅，这里只列出其中的前10 位。从中可以看出，以全国作为研究区域的论文最多，所占比例在2000 年前为36%，2000 年后虽有所下降，但仍在20% 以上。其他研究对象区域主要集中在东部沿海地区，尤其是北京、上海、广州等地，而有关中西部地区的论文相对较少。另外，20 世纪90 年代以后，以省级区域（包括直辖市、地区）为对象的论文比重增加明显，而以市级区域为对象的论文比重明显减少。如在前10 位对象区域中，20 世纪80 年代有省级区域4 个，市县级区域5 个；20 世纪90 年代省级及以上区域6 个，市级区域2 个；而2000 年后则为省级区域7 个，市级区域2 个。这说明，一方面，中国城市地理学研究的对象区域总体上集中在全国层面，以及城市化进程较快的东部省区和特大城市，仍然比较注重中宏观的尺度；另一方面，对于更大尺度的全球城市体系以及更小规模的中小城市、中西部城市及发达省区内部的一般城市则关注不足。

表 4-2　城市地理学研究论文的对象区域变化（前 10 位）

1980 ~ 1989 年		1990 ~ 1999 年		2000 ~ 2009 年	
比重（%）	对象领域	比重（%）	对象领域	比重（%）	对象领域
36	全国	36	全国	22	全国
14	珠三角	11	北京市	13	北京市
5	上海市	5	上海市	8	广州市
9	北京市	5	广东省	4	广东省
5	广州市	4	广州市	4	上海市
5	厦门市	2	南京市	3	山东省
5	丹东地区	2	甘肃省	3	长三角
2	长春市	2	华北地区	3	江苏省
2	景德镇	2	法国	3	东北地区
2	兰州市	2	浙江省	2	南京市

注："比重"是指该时段以该区域为研究对象的论文数占该时段城市地理学实证类论文总数的比例（%）

4.3　中国城市地理学研究队伍的变化

4.3.1　研究者所属单位的变化

对样本论文的第一作者单位的统计发现（表4-3），发文量在前10 位的单位主要是中国科学院地理科学与资源研究所（简称中科院地理所）、长春地理研究所、南京地理与湖泊研究所等科学院系统，北京大学、中山大学、南京大学等综合性院校，以及东北师范大学、北京师范大学、华东师范大学等师范院校。20世纪80年代以来，前10位研究机构共发表城市地理学论文356篇，其中尤以中科院地理所、北京大学、南京大学、中山大学发文量占明显优势。从趋势看，一方面，中山大学、东北师范大学、北京师范大学等院校的论文产出上升态势明显，辽宁师范大学、南京师范大学、首都师范大学等则成为近年城市地理学论文产出的"明星"单位。另一方面，南京大学、华东师范大学的城市地理学论文产出近年相对比重呈现下降趋势。一般来说，论文数量与研究实力是成正比的，在重要刊物上发表的论文数量越多，应代表该单位在这一研究领域的实力越雄厚（全华和李铭珊，2001）。依此判断，是否说明中国城市地理学研究的阵营集团正在发生转移，这是有待后续检验的话题。

表4-3　第一作者单位发文量的变化（前10位）

1980～1989年		1990～1999年		2000～2009年	
发文量[比重(%)]	作者单位	发文量[比重(%)]	作者单位	发文量[比重(%)]	作者单位
11（23）	北京大学	21（20）	中国科学院地理研究所	57（15）	中国科学院地理科学与资源研究所
6（13）	南京大学	12（12）	北京大学	45（12）	北京大学
6（13）	中国科学院南京地理与湖泊研究所	10（10）	南京大学	42（11）	中山大学
5（11）	中国科学院地理研究所	9（9）	华东师范大学	28（8）	南京大学
4（9）	中山大学	6（6）	中山大学	23（6）	东北师范大学
2（4）	华东师范大学	5（5）	中国科学院南京地理与湖泊研究所	16（4）	北京师范大学
1（2）	杭州大学	4（4）	北京师范大学	13（4）	中国科学院南京地理与湖泊研究所
1（2）	安徽人民出版社	4（4）	东北师范大学	9（2）	辽宁师范大学
1（2）	北京师范大学	3（3）	中国科学院长春地理研究所	8（2）	南京师范大学
1（2）	国土规划研究中心	2（2）	河南大学	7（2）	首都师范大学

　　注：①发文量是指在（该时段）该作者单位发表城市地理学论文的数量；比重是指（该时段）该作者单位发表城市地理学论文占该时段城市地理学论文总数的比重（%）

　　②1999年9月，中国科学院地理研究所与自然资源综合考察委员会整合成中国科学院地理科学与资源研究所

4.3.2 核心作者群的变化

核心作者群是指在刊物上发表论文较多、影响较大的作者集合。一般来说科学工作者的成就越大,在重要刊物上发表的论文就越多。根据普赖斯提出的确定核心作者计算公式,对核心作者群进行统计分析(丁学东,1992):

$$M = 0.749(N_{max})^{\frac{1}{2}} \tag{4-1}$$

式中,M 为论文数,N_{max} 为所统计时段中最高产的作者论文数。只有那些发表论文数在 M 篇以上的人,方能称为核心作者,也即多产作者。

1980~1989 年,$N_{max}=5$,代入上式,得 M 值为 1.7 篇,取整为 2 篇。即在统计期间 3 个期刊上发表 2 篇以上城市地理学论文的作者即为核心作者。经计算,1980~1989 年发表 2 篇以上论文的作者共 7 人,占期间论文作者总数的 22%,所发表的论文占期间城市地理学论文总数的 48%。同理得出 1990~1999 年、2000~2009 年城市地理学核心作者分别为 12 人和 31 人,占期间论文作者总数的 15% 和 11%;其所发表的论文分别占期间城市地理学论文总数的 33% 和 38%,如表 4-4 所示。从统计结果来看,近 30 年城市地理学核心作者人数及其论文数均呈现增长态势,但核心作者比重及其论文比重先降后升。这说明中国城市地理学研究人员的规模在持续扩大,同时学科发展开始进入一个新的循环周期。如何在扩大规模的同时,保证城市地理学的核心向心力,是今后需要研究的课题。

表4-4 核心作者及其所发论文分布

时期	核心作者		核心作者论文	
	数量(篇)	比重(%)	数量(篇)	比重(%)
1980~1989 年	7	22	23	48
1990~1999 年	12	15	35	33
2000~2009 年	31	11	140	38

注:"比重"为该期间核心作者(或核心作者论文)数占作者总数(或城市地理学论文总数)的比重

4.4 中国城市地理学研究方法的取向

4.4.1 实用主义取向

中国关于城市的地理学研究开展很早,具有现代意义的城市研究论文始于

20 世纪 30 年代（王益崖，1935；沈汝生，1937；陈尔寿，1943），新中国成立后至 20 世纪 60 年代城市地理学研究有所展开（赵松乔和白秀珍，1950；黄盛璋，1951；严重敏等，1964），但此时的城市地理学研究工作并未引起广泛的关注。中国的城市地理学研究真正受人瞩目，则要归功于 20 世纪 70 年代中期以后地理学者对城市与区域规划工作的积极参与。地理学家在区域分析、城市体系、用地适宜性评价、城市性质、发展方向、城市规模、吸引范围、功能布局、重点企业和设施的区位选择等方面，对各地城市规划的编制发挥了重要影响，并得到学界、政府和社会的认可（许学强和朱剑如，1986；沈道齐和崔功豪，1990）。以此为契机，一批院校的地理系以及中科院所属的各级地理研究机构纷纷成立城市规划专业或城市研究中心（所）（顾朝林和徐海贤，1999），带动了城市地理学科的勃兴。回顾发展历程，诸多地理学家的共识是，城市地理学的兴起得益于改革开放后的发展新形势，借力于地理学者对城市规划工作的积极参与，得力于有效的"引进—吸收—转化"的知识生产机制，受益于其明确的实用主义方法论，即"洋为中用"。地理学者通过积极参与国际学术交流、吸收西方城市研究的成果，通过积极的本土实证推动学科知识的转化，通过与行政部门和其他学科的合作，获得旺盛的生命力（宁越敏，2008；周一星，1991；顾朝林和徐海贤，1999；许学强和周素红，2003）。

20 世纪 80 年代，其他人文地理学科尚处于百废待兴之际，城市地理学就已推出《城市地理学概论》（于洪俊和宁越敏，1983）和《现代城市地理学》（许学强和朱剑如，1988）等系统性教材。20 世纪 90 年代，全国城市地理研究渐入佳境之时，一系列城市地理学教材和专著又适时推出（崔功豪等，1992；周一星，1995；许学强等，2009；顾朝林，1996；顾朝林等，1999）。耳目一新的城市地理学知识吸引了大批年轻学者的加入，并由此让学科步入了知识生产与人才生产的良性循环。

如在城市化方面，地理学者探讨了城市化的区域差异（许学强和叶嘉安，1986；刘盛和等，2003；樊杰和田明，2003；韩增林和刘天宝，2009）、城市化与经济发展水平的关系（周一星，1982）、城市化的资源环境基础（方创琳和李铭，2004）、城市化的动力机制（许学强和胡华颖，1988；薛凤旋和杨春，1997；宁越敏，1998；崔功豪和马润潮，1999；陈波翀等，2004；陈明星等，2009）、城市及城市化的认知和度量（方磊和刘宏，1988；周一星和史育龙，1995；方创琳和刘海燕，2007）、城市郊区化（柴彦威，1995；周一星，1996；周一星和孟延春，1997；柴彦威和周一星，2000；冯健，2004；宋金平等，2007）、绅士化（何深静和刘玉亭，2010）等；在城市体系研究方面，探讨了城市的位序-规模（许学强，1982；周一星和杨齐，1986；杨吾扬，1987；顾朝林，1990a，1990b；

48

刘继生和陈彦光，1998；伍世代，2007）、职能分布（孙盘寿和杨廷秀，1984；周一星和布鲁德肖，1988；田文祝和周一星，1991；周一星和孙则昕，1997）、空间结构（宁越敏和严重敏，1993；刘继生和陈彦光，1999；赵萍，2003；李震，2006；樊杰等，2009；崔世林等，2009），着眼于国内长三角、珠三角等城市化地区，实证了都市区（周一星和史育龙，1995；孙胤社，1992；李王鸣等，1996；闫小培，1997；何春阳，2003；冯健和周一星，2003a；王国霞和蔡建明，2008；张振龙，2009）、城市群（姚士谋，1992；方创琳，2005；王发曾，2007；方创琳等，2008；黄建毅和张平宇，2009）、都市圈（袁家冬等，2006；刘承良，2007；李国平，2009；孙铁山等，2009）等地理概念；在中微观尺度，则开展了社会区与社会空间分析（许学强等，1989；郑静等，1995；顾朝林和克斯特洛德，1997a，1997b；李九全和王兴中，1997；王兴中，2000；顾朝林等，2003；冯建和周一星，2003a，2003b；周尚意，2003；刘玉亭，2005；李志刚和吴缚龙，2006；周春山等，2006；王慧，2006；魏立华，2007；袁媛等，2009）、CBD（闫小培等，2000；王慧等，2007；贾生华，2008）、城市边缘区（顾朝林，1989；崔功豪和武进，1990；顾朝林等，1993；祁新华，2008；曹广忠等，2009）、信息空间（闫小培，1999；刘卫东和甄峰，2004；路紫等，2008）、意象空间（李郇和许学强，1993；顾朝林和宋国臣，2001；冯健，2005；李雪铭和李建宏，2006）、生活空间（柴彦威，1996）、行为空间（张文忠等，2003；冯健，2007；柴彦威和李昌霞，2005；周素红，2008；柴彦威和沈洁，2006）、时间地理（柴彦威和王恩宙，1997）的研究等。这些研究使相关的西方概念迅速在中国本土化，转化为中国背景下、指导中国城市发展的知识成果。

中国的城市地理学具有鲜明的务实创新性。如城市体系研究中，西方学者主要是对中心地理论的修正，而中国学者则将认知层面的城市体系研究迅速推广到规划层面，建立了以城市等级规模结构、职能类型结构、地域空间结构和网络系统结构分析为主体的城镇体系规划体系（周一星，1995；顾朝林，1996），并应用于省、市、县等不同等级的行政区域，并使城镇体系规划成为法定规划的有机组成部分。另外，关于城市规模发展方针的政策讨论（陈雯，1996；周一星，2001），城市性质（周一星和张勤，1984）、用地适宜性评价（董黎明和冯长春，1989；董黎明等，1993）的研究等，也均是直接服务于城市。

因此，从中西方对比来看，中国城市地理学研究有选择地引进和吸收西方理论，并主要通过"洋为中用"确立自身的学科地位，实现学科规模和社会影响的再生产，其学科发展带有明显的实用主义印记。

4.4.2　科学主义取向

但是，对论文样本的动态分析同样发现，中国城市地理学近年来强化了另外一种不同风格的研究范式，即针对"科学问题"，强调可实证、量化方法、注重理论和科学价值实现的研究，这些研究的核心是对"科学价值"的遵从，因此也可以称之为"科学主义"。这种趋势在近年的城市地理学研究成果中体现得较为明显。

样本论文的分析发现，20 世纪 80 年代以来"点的研究"的比重相对减少，而"面的研究"的比重相对增加；理论方法研究的论文比重相对减少，而案例研究的比重则逐步上升。在研究区域上，以美国、原苏联、英国等外国城市为对象的研究在 20 世纪 90 年代之后迅速减少，代之是以北京、上海、广州、南京等大城市及其所在省区为对象的研究增加。也就是说，中国城市地理学研究与国家经济建设的热点搏动总体同步，但同时更注重了微观、可实证的研究主体，而对于数据获取较为困难的外国城市及国内偏远地区则减少了关注。

样本论文分析亦发现，20 世纪 80 年代以来使用数量方法的研究具有明显增多的趋势，并且有更多论文开始使用计量模型和 GIS 等空间技术，计量研究类论文比重亦明显增加。这些方法中，既包括 20 世纪 80 年代即开始应用的相关分析、因子/主成分分析、聚类分析、重力模型等简单的计量，也有如分形、生态足迹、神经网络、GIS/RS 技术以及城市建模等新的技术方法。这说明在中国城市地理学研究中，强调定量和计量手段的科学研究正在悄然成为一种潮流。

另外，一方面，20 世纪 90 年代以来的城市地理学研究更关注西方理论指向下的"科学问题"，如城市内部结构、社会区、郊区化等，另一方面，关于规划、战略、政策等"非科学"的实务探讨则明显呈减少趋势。

4.4.3　实用主义 VS 科学主义

从以上的分析可以发现，中国城市地理学研究中出现了两种不同的范式：一是"引进—消化—吸收—应用—创新"的实用主义模式，另一种则是"理论—假设—检证—理论"的科学主义模式（刘云刚和许学强，2010）。本质上，前者体现的是本土的实用价值观，而后者则是欧洲中心的普适价值观。对于这两种不同的价值取向，每个学者可依其喜好而择其一。但对于整个学科而言该当如何评判？

首先，从学科属性上讲，城市地理学作为一门社会科学，它既有追求通用知识的义务，也有满足社会需求的责任，科学与实用相辅相成，二者皆有其存在的理由。但是，对于中国城市地理学来讲，它的生长点在中国。从根本上看，中国城市地理学发展的动力并不是来自西方。中国城市地理学之所以能有今天，是因为其功用更好地解释了中国的城市现象，推动了中国城市建设。因此，如果要从实用和科学二者中选择的话，首先应该是"洋为中用"的实用主义，它应是中国城市地理学研究坚持的第一准则。回顾西方城市地理学的发展史，其实亦是其知识成果不断迎合所在时代、所在社会的需求的结果（约翰斯顿，1999）。同理，中国城市地理学的发展也需以其"功用"的发挥为前提。其知识成果，或是知识，或是理论，或是法则，需要首先为本土的城市发展及其解释作出贡献。无论方法、形式如何，中国城市地理学研究的价值取向必须首先要立足国情、以国内问题为导向，这是一个基本出发点。

其次，样本论文分析表明，20 世纪 90 年代以来中国城市地理学研究中鲜有新的话题，多数研究是过去的重复。这说明对科学问题的狭隘理解已成为限制中国城市地理学研究创新的障碍。世界上并不存在统一的城市化模式，现实的中国城市发展研究课题或许有些已经超出了西方的"科学问题"范畴，有些则是西方"过时"的问题（汤茂林等，2007）。中国是一个城乡分割的二元社会，有许多不同于西方的话题值得探讨。如城市的本质究竟是"二、三产业的集聚"还是"社会等级的划分"？城市化是否一定以农业现代化为前提？中国的单位计划体制和全球化分别对城市发展产生了和正在产生何种影响？等等。有些问题可能是西方未曾遇到或者想所未想的。因此，应以科学的态度来看待"科学问题"。西方城市地理学的研究"前沿"不应直接转换为中国城市地理学的研究前沿，西方的城市理论和问题视角也不应默认为是中国城市地理研究的天然框架和前提。科学本质强调的是"逻辑严密、基于客观事实论证"的方法论，而并非研究话题。因此，"科学问题"并非一定要遵从既有的西方观念和分析视角。需在借鉴西方城市研究理论、方法的基础上，从本土视角出发提炼"科学问题"。只有这样才能使研究成果真正有"功用"，才能推动中国城市地理学的良性发展。

其实，在西方地理学中，城市地理学本是最多使用数量方法的分支之一，但这并不意味着，中国城市地理学研究必须也大量运用类似的数量方法。样本论文的分析显示，目前中国城市地理学中使用量化方法的研究在增多。但是，这些方法多数源自西方学者，有的来自城市研究之外的一些别的学科，有些方法只有极少数学者能够精通或运用。许多研究只是试图将某些"科学方法"直接套用于中国的研究问题和数据之上，而不论其是否真正适用。"科学方法"不一定是西方的方法，也不一定必须是定量方法。在国内，由于数据和知识的局限，许多"科学方法"并不能够很好地运用。在这些前提条件没有根本改善的情况下，过

51

度地追求方法的新颖并不可取。中国的城市地理学研究需要依托中国的实际，需要科学地学习和借鉴西方的"科学方法"。只有适合中国当前的数据基础和研究问题的方法才是最好的方法。

4.4.4　区域研究取向

中国城市地理学正面临着一个千载难逢的发展机遇，但是处于实用主义和科学主义之下的中国城市地理学是一种二元结构（刘云刚和许学强，2008）。显然，学科发展必须有一个共同的取向、共同的标准。如何既能实现科学价值又能推动社会发展？笔者认为，今后中国城市地理学必须重视区域研究，这样才能保持中国城市地理学的独立性并促使其价值的实现。

在西方地理学二百年的发展史中，区域地理学一直是系统地理学的基础、所需事实的提供者（Bunge，1966）（图 4-8）。在中国，一方面，区域地理学的发展只有断断续续几十年的历史，还未及形成深厚的积淀。另一方面，在二元结构下，城市地理学主要指向西方系统地理学的前沿领域，对自身现象的发掘和整理则明显不足。由于缺少了区域地理学这个"标准集装箱"，中国的研究成果大多只能充当西方地理学的"理论注释"或佐证"资料"。因此，中国城市地理学的发展，首要是区域地理学这个桥梁的发展。只有吸收区域地理学和系统地理学两方面的成果，并形成相互促进的局面，中国城市地理学才能更有进步。

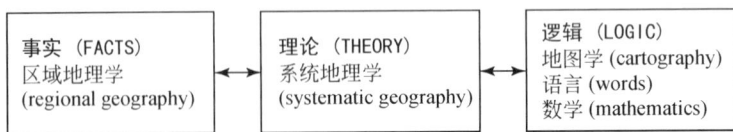

图 4-8　区域地理学在现代地理科学体系中的地位
资料来源：Bunge，1966

从现实情况来看，中国国土广袤而区域地理知识的积累不足，城市地理学和"城市的地理"都需要发展。由于追随英美城市地理学的"前沿"，中国放弃了"城市的地理学"研究，这是一个谬误。现在需要一批基于规范的区域调查方法来进行城市和区域的地理学研究，将区域和城市的综合信息加工成可为城市地理学利用的地理事实；另外，更重要的是，需要更多的城市地理学者以区域研究为基础，重视区域调查，重视区域研究方法的运用，强调基于区域调查来获取数据的研究规范。如果仅依赖统计或问卷，中国城市地理学早晚会成为社会学或经济学的一个微小分支而失去其影响力。英国地理学家约翰斯顿说过，"我们可以不需要区域地理学，但我们需要地理学中的区域"（Johnston，1990），这是一个非常形象的概括，希望能够成为今后中国城市地理学发展的借鉴。

4.5 结　语

20世纪70年代中期尤其是改革开放以来，中国城市地理学研究伴随着人文地理学的复兴而进入兴盛时期。一系列城市地理学教材和著作相继问世，城市地理学相关研究机构、教学单位和学术组织不断涌现，城市地理学研究人员群体规模也随之壮大起来。在此基础上，本章通过统计的方法对20世纪80年代以来的城市地理学研究动态进行了梳理，探讨其论文数量变化、研究视角方法、研究领域主题、研究对象地域、主要研究单位和研究者等的变化特征，从一个侧面对中国城市地理学的发展轨迹进行了考察。作为一个规模迅速增长的学术共同体，中国城市地理学需要对其自身不断进行审视，这将为中国城市地理学的发展取向提供素材。

从所选城市地理学论文统计分析来看，中国城市地理学自20世纪80年代以来论文数量及其份额快速增长，越来越多的研究单位和研究人员加入到了城市地理学的学术阵营；研究的方法日益多样化，定量、计量模型等分析方法运用日益普遍；研究视角从侧重于宏观转变为宏微观并重，案例研究日趋得到重视；在研究主题上，城市化、城市体系、城市空间结构成为相对稳定的研究主题，同时更为深入的功能研究也有加强的趋势。在研究人员方面，核心作者人数及其论文增多但其所占比重有所下降，说明中国城市地理学研究群体已发生了代际更替，但对具体论文的分析也标明，核心作者依然是学科发展知识贡献的主要力量。展望未来，中国城市地理学发展可能更多面临的是研究规范的统一问题，是价值取向的规范问题。在百花齐放的今天，如何评价日益多样化的城市地理学研究，以及如何再定义城市地理学的学术共同体，这都是亟须讨论的课题。

从西方地理学的发展史来看，第二次世界大战后科学范式转变的意义重大。它使西方地理学研究"插上了科学的翅膀"，"使作为经验科学的地理学形成了富有严密逻辑、基于客观事实论证的实证科学"（Harvey，1969）。而今，中国城市地理学也开始了类似的追求科学范式的历程，但它有着不同的现实背景。中国城市地理学的科学追求，一是由于现实的需求使然，当前如火如荼的区域和城市建设需要科学、规范的知识成果，需要相对客观的认知判断来作为决策依据；二是由于西方第二次世界大战后的科学地理学导入中国。新一代城市地理学者中许多曾经去西方国家学习，他们接受了"科学问题"、"科学规范"并将其带回中国，助推了"科学研究"的再生产。

　　因此，在此基础上中国城市地理学的研究出现了双重规范，这应视为一个亟须应对的问题。一方面是"科学规范"和"科学价值"取向下的"科学研究"，另一方面是致力于解决本土问题的"实用研究"。二者有异曲同工之点，但也有分歧之处。中国城市地理学研究的传统是实用主义，"洋为中用"是其基本立场。而采用西方的科学分析框架，寻求与西方在同一平台上的对话，势必会导致中国城市地理学研究"功用"和服务对象发生变化。长期来看，或许这意味着中国城市地理学两个学派的诞生，或者说是一种二元结构的形成。但无论如何，这并不是一个我们希望看到的理想景象。作为一门社会科学，中国城市地理学需要重视理论建设，但也必须回应所在时代、所在社会的实践需求。需要积极学习西方的科学理论和科学规范，也要努力创造对本土建设有"功用"的实用成果。因此，中国城市地理学研究的科学主义，应是基于本土视角和本土需求之上的规范取向，应是科学和实用的结合，而不是单纯的"西方科学化"。本文认为，建立和保持中国城市地理学的独立价值，首先必须重视基于区域研究、基于区域调查的研究规范的形成，使其作为城市地理学研究的一部分，这是中国城市地理学理论创新和社会知识贡献的源泉。

第 5 章 经验主义及其在城市地理学中的应用

5.1 引　言

当代地理学思想与社会以及哲学之间存在着错综复杂的联系（皮特，2007），源自于人文地理学的城市地理学思想方法保持着明显的经验主义传统。从 19 世纪发展起来尚处于萌芽时期的人文地理学就采用的是经验主义方法，强调地理学是一门解释性的学科。19 世纪上半叶，配合殖民扩张，地理学的主要工作集中于旅行和探险，如洪堡、李希霍芬等地理学家的研究工作（皮特，2007）。当时的地理学家受达尔文主义的影响，强调人地关系的重点是环境对人类演化造成的影响。这些研究显示出经验主义与地理学之间的渊源关系。该时期的地理学的理论与生活中的现实事件、现象、实践有着更为直接的联系。其理论具有与生俱来的归纳性，也就是说，其构建源自经验资料。现代早期的地理学的任务是积累地理知识的资料，因此，这一阶段的地理学局限于对复杂现象的定性描述，如洪堡的思想（Botting，1973）。

传统的地理学基本上采用的都是经验主义的方法，如李希霍芬的方志学研究、赫特纳的传统区域研究纲要、哈特向的"论题地理学"、拉采尔的环境决定论等都是依据野外考察活动的经验而归纳出其重要学术结论（詹姆斯，1982）。其实在洪堡之前，康德似已把地理学和天文学看成两门独立学问，并且对两者都进行了探索（哈特向，1996）。作为一个哲学家，康德对地理学的兴趣限于地球有人居住的那一部分，"和我们有关联的，我们生活经验的舞台"（哈特向，1963）。杨吾扬指出，经验主义方法是指坚持科学只能关心世界的客观事物并寻求其本来的真实面目，而人们的价值观和意图的规范问题被排除在科学研究之外（杨吾扬，1989）。"经验的"是指对拟进行试验的数据的收集，而术语"经验主义"则是一种思想学派，认为事实会为自己说话，而无需理解并进行解释（顾朝林等，2004）。

因此，总体而言，地理学与经验主义具有深厚的渊源关系。作为地理学重要的分支之一，人文地理学的大量研究工作来源于经验主义，它们假设现实可以用中立的态度加以观察和描述。就方法论而言，经验主义方法论是人文地理学研究的传统模式，主要体现在两个方面：一是重观察。通过调查及实地研究，进行经验判断与评论，进而得出结论。二是强调归纳与综合。人文地理学家常常从观察人文地理现象的某个方面开始，通过分析研究资料，以求发现具有普遍意义的模式。从哲学基础而言，经验主义的哲学基础包括以下三个内容：其认识论是我们通过经验来认识；其本体论是我们所经验的事物就是存在的事物；其方法论是直接要求提出所经验过的事实（Johnston et al.，2000）。

5.2　经验主义的起源与特征

5.2.1　经验主义的起源

长期以来，人类认识世界大体存在两种对立的认知途径。一是经验主义（empiricism）的认识论，它强调感官的认知作用；二是理性主义（rationalism），它强调用逻辑推理来提供知识的可靠性。20世纪末兴起的相对主义（relativism）对科学研究中个人观念和社会影响提出了更加苛刻的批评。城市地理学的发展大致也体现了这样的过程，对科学认知过程的主观、客观因素有明确的认识，反映了这门学科的日趋成熟。在哲学领域中，经验主义大致是"尝试它并且看见"，它是实用而不是抽象的知识的理论，并且断言知识出现于经验而不是揭示。在科学哲学上，经验主义强调与证据紧密相关的科学的那些方面是"经验主义"一词本意原指古希腊医生根据自己的经验，拒绝一味接受当代的宗教教条，而是依照所观察到的现象作为分析的依据①。

经验主义来源于17世纪英国人洛克的系统性阐述（罗素，2003）。洛克主张，人的心志原本是空白的表格，后来有经验注记其上。经验主义否定了人拥有与生俱来的观点或不用借由经验就可以获得的知识。值得注意的是，经验主义并不主张人们可以从实务中自动地取得知识。根据经验主义者的观点，经由感受得到的经验，必须经过适当归纳或演绎，才能铸成知识。经验主义的代表人物有亚里士多德、托马斯·霍布斯、弗朗西斯·培根、约翰·洛克、乔治·贝克莱和大卫·休谟。与经验主义相对的是欧洲的理性主义，其代表人物是笛卡儿。

5.2.2　经验主义的特征

经验主义被认为是实证科学的基础，主要包括感觉优先原则、经验的客观性

56

原则和经验证实原则等三个方面，相对于理性主义，其基本观点是包括以下几个方面。①在关于知识的来源问题上，经验主义者认为，我们所有的一切知识都是从感觉获得，而否认"天赋观念"；在经验论者看来，一切观念都是思维从感官经验的感性内容中归纳、概括、抽象出来的；全部观念都可以还原为感觉和感觉的不同结合形式，凡在理性中的东西，都存在于感官经验的感性内容中；凡是在感性内容中找不到的东西，或者是错误的，或者是超出人的理性之外的；思维的理解作用，只能是基于感觉的观念去表现对象。②在关于认识的方法或逻辑问题上，经验主义认为，从知识起源于经验这一原则出发，形成由个别的感性经验上升为普遍必然性认识的"归纳法"。③在关于认识的可靠性问题上，经验主义认为，经验的知识具有毋庸置疑的确实性和真理性。④人的知识能力囿于一定的范围和界线。

经验主义者十分注重经验知识，这是指能够被人们亲身观察到并做出描述的具体事实。这也常被看做是唯物主义认识论的基础，认为经验事实是客观的，它们独立于人们的主观意识而存在。因此，经验主义者认为，只要人们不带成见地进行观察，那么由此提供的经验知识可以不受任何理论或先入之见而保持中立，绝对可靠。经验主义者这种将观察看做是单纯的生理反应过程，好像是摄像机镜头的物理成像，似乎过于简单和片面。极端经验主义甚至认为，一切知识都来自于经验，它只强调感性经验而否认理性思维。在他们看来，理性认识是抽象和间接的认识，思想越抽象则越空虚、越不可靠，也越远离真理。所以，他们反对抽象思维，否认研究对象存在普遍概念和普遍性的学术命题。

5.2.3 经验主义的两类学派

纵观经验主义的发展历史，基本上可以区分为两类学派：温和的经验主义与激进的经验主义。前者认为，所有的意识观念均来源于知觉，但同时也承认意识的机能（诸如记忆、想象和语言的官能）是内在的能力。相比之下，后者的观点则更为激进，公开宣称不仅意念的内容而且意念的整个过程都不可能存在内部能力，而只能是习得的。

自 16 世纪起，经验主义与理性主义的争论以一种温和的方式再次爆发。培根依据实验科学，强调感性经验在认识中的作用（培根，1986）。同时，他并没有把人的认识局限在感性经验上，而是承认了理性认识的必要性。他认为，只有把感性和理性结合起来，运用科学实验和客观分析，才能克服认识上的混乱，推动知识的进步（培根，1986）。继培根之后，洛克通过对以笛卡儿、莱布尼茨等为代表的天赋观念论的批判，竭力肯定了经验主义的原则。洛克指出，人的适应

57

是先天就有的，人的心灵本来像是一张白纸，在它上面并没有任何天赋的标记或理念的图式。至于各种观念和知识是怎样写在这张白纸上，进入人的心灵之中的问题，洛克（2007）在其《人类理解论》一书中给出了答案："我们的全部知识是建立在经验上面；知识归根到底都是导源于经验的。"在具体论证这一原理时，洛克采取了类似于近代心理学的方式。他把一切知识归结为观念，而一切观念又可被分析为简单观念，并断言：简单观念是不可再分的，是构成知识的固定不变的、最单纯的要素。所有的简单观念，都来自外部感官或内省，也就是说，都来自外部经验或内部经验。人的内心处理这些简单观念的能力主要有三种：一是把若干简单观念结合成为一个复合的观念；二是把两个观念并列起来加以考察，形成关系观念；三是把一些观念与其他一切同时存在的观念分开，即进行抽样，由此形成一般观念（罗素，2003）。至此，作为经验主义集大成者，洛克完成了经验主义认识论的体系，从而与理性主义展开了长期的、不屈不挠的对抗。

激进的经验主义认为，一切知识都来源于经验，都可以追溯其起源。激进的经验主义者唯一强调感觉经验而否认理性思维。所以，他们持极端唯名论的观点，根本否认抽象，否认有普遍概念和普遍命题。例如，穆勒认为，逻辑和数学的命题也是从经验中来的，其所以为真理也只是因为它们在经验中总被发现是这样的，因而它们并不是严格意义上的必然的真理，甚而有可能为将来的经验所修正。

5.3 经验主义归纳法

5.3.1 归纳法

经验主义借归纳法得出结论，因此又被称为归纳主义。"经验+归纳"是经验主义方法论的精髓。归纳法，它是从一般性较小的前提出发，推出一般性较大的结论的推理，即将特殊陈述上升为一般陈述（或定律定理原理）的方法。经验科学来源于观察和实验，把大量的原始记录归并为很少的定律定理，形成秩序井然的知识体系，这就是经验科学形成的过程。

归纳法分为完全归纳法和不完全归纳法。其中，完全归纳法的应用范围很小，因为对绝大多数事物，可观察的现象往往都是无穷的。所以，实用的归纳法必然是不完全归纳法。其又分两种，即简单枚举法和科学归纳法。简单枚举法是不可靠的，只能得到或然性真理，因此，科学归纳法是科学方法讨论的中心。所谓科学归纳法又叫排除式归纳法，这种归纳法不一定要增加原始陈述，而是排除那些可应用于特定事例的可能假说。培根的"三表法"和穆勒的"五法"都是这种类型。在"三表法"中，培根的功绩在于把归纳同观察、分析、实验紧密结合在一起，从而使归纳法不再是简单枚举的归纳法，而成为科学的归纳法。在这个意义上，培根被公认为归纳法的创始人。

5.3.2 培根"三表法"

培根的"三表法"由三大步骤组成，核心就是"本质和具有表、差异表、程度表"。第一步，收集材料。准备一部充足、完善的自然的和实验的历史（培根，1986）。这是全部工作的基础。培根将其归纳法区别于简单枚举归纳法。第二步，运用"三表法"来整理材料。培根提出的三种例证表：①"具有表"，把具有所要考察的某种性质的一些例证列在一起；②"接近中的缺乏表"，在这里列举出与上表中的例证情形近似可是却没有出现所要考察的某种性质的一些例证；③"程度表"或称"比较表"，在这里列举出按不同程度出现的所要考察的某些性质的一些例证（培根，1986）。第三步，进行真正的归纳。

培根所谓真正的归纳又分为三个小步骤：①排除法，即排除和拒绝这样一些性质：这些性质是在有给定的性质存在的例证中不存在的；或在给定性质不存在的例证中存在的；或者在这些例证中给定性质减少而它却增加，或给定性质增加而它却减少的。在进行这种排除的过程中已经为真正的归纳打下了基础。②根据三表所列示的事例，做一次正面地解释自然的尝试，就是通过排除之后得出正面的结论。③纠正解释偏差的帮助。培根列举了九种帮助，如"具有优先权的例证"、"归纳法的改正"、"按题目的性质改变研究方法"等（培根，1986）。这九种"帮助"旨在校正以上程序中的失误，以求得尽可能准确的结论。

5.3.3 穆勒"五法"

19 世纪英国逻辑学家穆勒在培根"三表法"基础上，对归纳法做了第一次系统地阐述，提出了著名的探索因果联系的归纳方法，即穆勒"五法"（Mill，1905）。中国人文地理学家金其铭曾将之引入人地关系的分析方法中（金其铭和董新，1994）。

穆勒"五法"包括：①契合法。这种方法是异中求同，所以又称求同法，主要是考察几个出现某一被研究现象的不同场合，如果各个不同场合除一个条件相同外，其他条件都不同，那么，这个相同条件就是某被研究现象的原因。②差异法。这种方法是同中求异，所以又称之为求异法，主要是比较某现象出现的场合和不出现的场合，如果这两个场合除一点不同外，其他情况都相同，那么这个不同点就是这个现象的原因。③契合差异并用法，又称之为求同、求异并用法。它的内容是如果某被考究现象出现的各个场合（正事例组）只有一个共同的因素，而这个被考察现象不出现的各个场合（负事例组）都没有这个共同因素，那么，这个共同的因素就是某被考察现象的原因。④共变法。主要是在其他条件不变的情况下，如果某一现象发生变化另一现象也随之发生相应变化，那么，前一现象就是后一现象的原因。⑤剩余法。主要是如果某一复合现象已确定是由某种复合原因引起的，把其中已确认有因果联系的部分减去，那么，剩余部分也必有因果联系（Mill, 1905）。

5.4　人文地理学的经验主义传统

5.4.1　基于经验主义的人文地理学发展

约翰斯顿指出，既然学科由研究什么来界定，并且大多数关注于经验性事实有关的那些特定论题，所以毫不奇怪，大多数学科都是随着经验主义的实践而产生的，人文地理学亦不例外（约翰斯顿，2001）。传统的地理学基本上采用的都是经验主义的方法，尤其是地方志。

在19世纪晚期和20世纪早期，人文地理学的大部分发展都是建立在地方材料的收集和描述上，这些材料被认为是极其有用的，尤其是对当时的资本主义世界经济增长和殖民扩张而言。在需要将信息用于贸易活动与殖民势力服务时，地理学由此迅速发展起来。与此密切相关的是为获取新材料而进行的远征，以及将这些材料作百科全书式的描述（Freeman, 1961）。因此，人文地理学在开始时参与填补空白地图上的细部，尤其是绘制地图本身，它整个是经验主义的，收集信息将其表示为事实，它的特殊方法论涉及资料的制图学表示法。德国地理学家赫特纳是近代地理学区域学派创始人，叙述了地理学的研究方法、概念和思想构成（赫特纳，1983），同时，他把李希霍芬的方志学概念引进地理学中（詹姆斯和马丁，1989）。

自19世纪哲学思潮兴起，随着经验主义思潮的发展，尤其是事实收集涉及的地球表面的自然环境和人类活动两方面研究的逐步深入，人文地理学逐渐形成两大学派。

其一是环境决定论。这种哲学有一种与实证主义近似的认识论，但对其陈述的证实却无固定指标，也没有明晰的方法论，因此，是一种对假设不作科学评价的推测，因此很快就信誉扫地了（约翰斯顿，2001）。德国地理学家拉采尔被认为是地理学界地理环境决定论的创始人（赵荣等，2006）。1900～1939 年，美国地理学大多受到拉采尔环境决定论的影响（Semple，1911）。到 20 世纪早、中期，针对环境决定论的反对声音开始逐步加大（Buttimer，1971）。另一学派是区域学派，它也发端于经验主义传统中收集资料的意图，并且在某种程度上也是对环境决定论过分的一种反应（约翰斯顿，2001）。从 20 世纪 20 年代开始，许多美国地理学家开始从研究人地关系转向了重视区域研究。大多数的研究都是对一个特定地理区域进行基础的描绘，而非规律性的总结。地图的对照显示出某些现象的分布是重叠的，这就产生了地球表面的各种地方，即区域。法国地理学者保罗德拉·布拉什认为，每一个地方都有其自己的个性，只有在实地才能经验和鉴别出来。其方法论涉及野外资料和其他资料的收集，并以制图形式表示出来，以便显示出每一地方的个性和各种特点。地理学者的任务就是鉴别不同的区域并确定它们的边界。这基本上也是一种经验主义方法，因为它收集和提供地方间差异证据的各种事实，这一课题就是后来众所周知的区域分异（Hartshorne，1939）。区域分异论的代表人物之一是哈特向，他宣称，地理学家的任务就是用空间来描述和分析现象的相互作用并加以综合。哈特向非常强调经验主义的方法，在赫特纳的基础上，哈特向进一步提出了"论题地理学"的观点（哈特向，1996）。

5.4.2 基于经验主义的人文地理学研究方法

在近代地理学出现学科系统划分后，人文地理学在相当长的时间内依然采用的是经验主义的方法。归纳法是经验主义的方法论基础，归纳法是由许多特殊的例证进入普遍的陈述的程序，由"特殊"到"一般"，从已知推论未知，从过去推论未来。就科学研究具体方法而言，体现在观察、归纳方法，包括区域考察、社会调查、文献查阅研究等方法。

人文地理学研究的基本途径就是通过调查，收集各地区的基础资料，进行整理、归纳，采用地理学的研究思路进行表述，进而解释各地区的差异，揭示地理要素之间的相互关系（周尚意，2010）。例如，卡尔·索尔对文化景观的研究（Sauer，1952）、哈特向的区域地理学研究（哈特向，1996）。有学者认为，地理学也可以是通过演绎发展理论的科学，但是地理学的演绎分析依然是以经验为基础的，而经验的获得与野外工作有密切的关系（周旗，2003）。

5.4.3　人文地理学经验主义方法的不足

经验主义在人文地理学中应用的最大不足在于很难提出假设，发展理论。但是，约翰斯顿又指出，人文地理学的经验主义都具有理论基础，因为没有知识理论就不可能按照约定的概念来将观察结果加以分类（约翰斯顿，2001）。同时，从科学发展的内在逻辑上看，经验主义存在局限性和片面性，把一个个有关的肯定的和否定的经验事实收集起来，很难提出假设，发展理论。而且，经验主义的应用容易受到研究者的主观影响，包括研究者的行为、能力的影响。

5.5　经验主义在城市地理学中的应用案例

5.5.1　城市社会空间结构模式的归纳

城市地理学具有深厚的经验主义传统，经验主义一直从本质上影响到现在的城市地理学研究和实践。例如，城市内部地域结构是城市地理学的主要内容之一，其研究即始于经验主义的应用。19 世纪 20 年代开始，美国芝加哥学派以美国大城市为例，对城市社会空间结构作了大量描述性分析，将现实的城市社会空间结构归纳为抽象的空间模式，而其中最具影响力的就是代表北美城市社会空间分异的三大古典模式（冯健，2004）。也可以说，芝加哥学派成就了经验主义研究方法论。后来，城市地理学者利用统计资料或问卷调查资料，通过因子分析法，用归纳法对城市内部社会空间结构进行分层、分类（许学强等，1989）。

5.5.2　少数民族聚居区的经验主义研究

约翰斯顿对少数民族聚居区的研究是经验主义在城市地理学中应用的典型案例（Poulsen et al.，2002）。周尚意曾以此为例，说明了经验主义在城市社会空间分析中的运用过程（周尚意，2010）。约翰斯顿通过经验主义的方法建立了少数民族聚居区的八种空间图形模型（Poulsen et al.，2002）。他们提出度量城市种族隔离的新的维度和指标，以便改进传统上使用空间的、社会固有的族群集中地的相对度量方法。具体而言，他们采用了族群占当地人口的百分比的阈值分析方法，分析每个族群在不同阈值的居住空间单元、本族群的居住人口在全市人口的比例，进而绘制出居住密度分布曲线。同时，从居住隔离与共享程度分类来看，他们人为地划分出主体族群为主区、不排外的主体族群区、族群混合区、族群隔离区、族群极度极化区五种类型的居住区。根据归纳出的八种少数民族聚居区和八种空间图形模型，他们概况出了族群居住空间隔离、混合与城市类型的关系（周尚意，2010）。

5.5.3 城市规划与设计中的经验主义

经验主义在城市规划、城市设计领域被广泛应用。雅各布斯采用经验主义的方法论，讲述和强调了城市多样性的重要，其结论就来源于对城市生活的观察、人员的访谈、城市问题相关文章的阅读等渠道（雅各布斯，2005）。琼琅认为，城市设计理论氛围有两个阵营：经验主义和理性主义（Lang，1994），前者由革新者组成，其中许多人并不是建筑师，他们推崇风景如画的城市，强调那些小镇上的社区和中世纪变化丰富的小城市才是其设计未来的范本；而后者的成员基本上是建筑师，他们希望通过好的技术手段来解决工业化带来的城市问题，创造一个花园中的城市。

5.6 结　语

经验主义在城市地理学中的应用呈现出多元化、多领域的特征，除了以上城市内部地域空间结构、社会区研究、因子生态分析等内容以外，还应用到小区域研究、女权经验主义等领域。在小区域研究中，以法国人文地理学的小区域研究最为典型（周尚意，2007）。传统地理学中对大区域和小区域的研究都使用了经验主义的方法，但是小区域研究在认识论和方法上与直接经验的联系更密切。从赫特纳思想延伸而来的区域学派，其哲学基础就是经验主义方法论。而该方法论一直贯穿于法国人文地理学派的小区域研究中。哈特向认为，受维达尔的研究所激励，许多法国地理学家采用经验主义的方法论，致力于在野外收集各个地方的一手资料（Harshorne，1939）。这些研究逐渐将区域的描述系统化，每个区域都是按照千篇一律的框架进行描述，先是自然要素，而后是人文现象，这种表现方法正是延续经验主义哲学应用的具体体现。另外，女权经验主义是女性主义地理学呈多元发展时期重要的三个层面之一（Harding，1986）。早期的女性主义地理学非常重视妇女在经济、政治和社会变化中所扮演的重要角色，保留了明显的经验主义研究传统。

随着基于经验主义的哲学思潮的发展，美国地理学家从重视人地相关转向区域研究或区域差异，对 20 世纪早期的地理学家来说这个转变具有重大意义，地理学研究拓展了新的内容和孕育了新的哲学思潮。经验主义的认识论、本体论和方法论都以"事实"的收集、条理化和表达为基础的。人文地理学研究中的实证主义、人本主义、结构主义等思潮都是从其经验主义渊源中产生和发展的。从经验主义方法论出发，现代地理学经历了"环境决定论"、"区域差异"、"空间分析"到"社会理论"等历程，形成了新马克思主义、人本主义、结构主义和批判现实主义等不同流派。尽管如此，从康德、洪堡、李希霍芬到拉采尔、哈特向、哈维等学者的地理学研究以及现代人文地理的哲学思潮表明，经验主义自始至终都在影响着人文地理学的发展。也有学者认为，现代地理学在许多学科的分支上都有很大的发展，但是以经验主义方法为基础的区域地理学至今没有本质的变化（周尚意，2010）。综合以上分析，经验主义作为方法论，为人文地理学的理论和实践研究提供了重要的哲学基础。它与随后发展起来的实证主义，构成人文地理学方法论中的两大哲学工具。经验主义对人文地理学的发展具有巨大的功绩，促进了20世纪以描述为特征的人文地理学的发展，对人文地理学的城市研究、史学研究产生了重要影响。

当然，经验主义也存在着许多不足之处。人的经验观察并不等同于摄像机的机械成像，而是一种对感官反应的图像加以识别的过程。这种识别首先取决于观察者的理论素养、知识训练和实践经验。如果观察者的知识状况和专业背景不同，那么对于图像的识别方式也就有所不同，因此，观察到的东西或结果也会大不相同。并且，经验观察看到的只是事物的表面现象，并非事物的本质以及不同事物之间的因果关系。再者，对客观事实的观察和认识可以分为不同的层次或深度，因此，研究不同现象和问题的理论和方法也是多层次的。由此可见，即使我们想保持完全客观的经验观察，也渗透着主观判断和理论的因素，而对经验事实的本质进行了解和解释更加离不开理论的逻辑思辨（陈淳，2010）。因此，随着对经验主义在人文地理学应用的不足，及其对经验主义等传统研究方法的反思，20世纪后半个世纪，地理学突破以描述为特征的区域地理学，不断进行改革和创新，首先产生的是计量革命和理论革命，随后实证主义、行为主义、结构主义、后现代主义等思潮不断涌现。

第6章 实证主义之下的城市地理学

6.1 引　言

毫无疑问，西方城市地理学的兴起与实证主义密切相关。正是由于实证方法的应用，西方城市地理学才超越了第二次世界大战前的聚落地理学而成为一门具有影响力的独立学科。20世纪70年代后，城市地理学开始聚焦于各种社会问题，如公民权利与公共参与、社会公平、空间的社会生产等。伴随着这些问题的探讨，结构主义、马克思主义等社会思潮开始在城市地理学中凸显，这在某种程度上冲淡了实证主义的方法论意义。但正如约翰斯顿所言，实证主义在地理学中受到一些批评，但这些批评多数是指向"数量化"本身，而不是对实证主义的根本否定（Johnston，1986b）。广义的实证主义自从进入城市地理学就再没有离去，对客观事实的逻辑推导和假设验证已成为当代城市地理学研究中一项公认准则。

本章重点是对实证主义进入城市地理学的过程及其应用特征进行探究。自20世纪80年代以来，中国城市地理学师承西方，伴随着学科发展实证主义的色彩亦日渐浓厚。从西方到东方，实证主义跨越时空如马克思主义一样，开始融入中国学者的思维习惯。关于西方实证主义及其在人文地理学中的理解，相关读物已经汗牛充栋，列举一些比较经典的，如读者可先看约翰斯顿的《地理学和地理学家》（约翰斯顿，1999）及其后的《哲学与人文地理学》（约翰斯顿，2001），这两本书都是面向西方大学生的通用教材，其中对实证主义有较"原味"的论述；此外，同作者主编的《人文地理学词典》（约翰斯顿等，2004），可作为中国学者更广泛地理解包括城市地理学在内的西方人文地理学及实证主义发展历程的工具书；更深入理解的话，则可进一步参看哈维的《地理学中的解释》（哈维，2001）以及哈维和蔡运龙（1990）对其的解读。对中西方城市地理学的对照理解，可以参看许学强等（2009）以及Pacione（2009），这两本教科书中有诸多关于实证主义的论述和实例介绍。

6.2　实证主义进入城市地理学

6.2.1　实证主义

实证主义发端于科学理性，因此主要适用于自然科学的研究成果。它的本质是将经验加以概括，把经验上认识的现象特征作法则式陈述。按照约翰斯顿的解释（Johnston，1986b），结合笔者的理解，实证主义主要包含四层要义：第一，经验表述。即必须以"眼见为实"的经验观察作为说理基础。这种观察必须是可重复的，它的普遍性必须通过通行的方法得以检验。第二，理论命题。即必须将观察到的经验现象表达得更广义，形成一个可推广的普遍命题。这一命题可以提供普遍的解释（具有关联性），能够指导现实以及用于对其他类似现象的演绎。第三，证实原则（或证伪）。即必须运用普遍可理解的方法和论据证明命题的真实性，提供客观有效的假设验证（或证伪）过程。第四，科学规范。即实证过程必须有一致的步骤，遵循客观标准，排除人为偏见。实证主义追求客观规律和精确结论，它强调结果（规律）的客观性、可重复性和实用性。

严格的实证主义一般需满足三个要素——"因果假定"、"实在论假定"和"社会工程假定"。其内在逻辑是对普遍规律的承认和探索，即认为科学的发展是一元的，其结构是演绎的，强调理性和可检验性。实证主义以传统自然科学的归纳和演绎逻辑为基础，以个别与一般的二元对立统一关系为原则，寻求各研究领域的统一规范性法则，试图将世界和自然纳入一种"合理"的秩序中，科学方法的一致性、自然主义、经验主义和价值中立是其基本特征。实证主义的基本观点是，一切关于事实的知识都是以经验的实证材料为依据的。

6.2.2　实证主义进入社会科学

从上述实证主义的论述可以看出，实证主义的两个重要端点都立足于实际。对模型的假设必须基于客观世界或先验性认知，对模型的检验也必须还原到客观世界当中。因此，实证主义脱胎于经验主义，并且可以析出社会的意义。从起源上讲，实证主义产生于对宗教和形而上学的反叛，本身即是一种社会思想。从伽利略粉碎了教会思想统治到爱因斯坦提出"相对论"，实证主义在发展过程中分化出社会实证主义、经验批判主义、逻辑实证主义等不同流派。在自然科学领域，人们潜心于寻找一般规律，以及不遗余力地对"规律"进行证伪；同时，实证主义也日渐渗透到社会科学领域，演绎推理和假设实证的逻辑思维日益成为主流，相应产生了经济学、社会学和人类学三者的分化，其对一般规律的追求欲望和对实证逻辑的接受程度依次降低。

相比自然科学，社会科学对实证主义的接受并不完全。它所包含的科学主义意识形态以及自由中立价值观并不被所有的社会学者认同（Giddens，1974）。19世纪初叶，法国哲学家和社会学家孔德接受了达尔文的观点，提出用实证方法研究社会世界。其后，马克思提出了社会进化的唯物史观，进一步推动实证主义应用于社会科学（Bryant，1985）。孔德等认为，科学判断是客观的，社会过程可以用与自然科学同样的方式加以表述，以表达规律或类型规律的普遍性（实在论假定）；而实证主义能够提供对一切问题的理性解决方法，所产生的知识具有技术特征，因而提供了社会工程基础（社会工程假定）。因此，实证主义可以加强社会科学的理性（中立、逻辑）和技术特征（追求普遍规律），有利于其更好地应用于实践政策。吉登斯把这种社会科学的"实证主义态度"进一步概括为三点，即相信社会科学的研究对象是可证实的、研究内容是有规律的、研究结果是可应用的。基于这一"态度"，即可以把社会科学的研究如自然科学一样建筑在证实原理上，运用分类—假设—推导—结论—验证—总结—反馈的方法阐明社会命题及建立该命题的真实性。

但是，即便如此，社会科学的实证过程仍有别于自然科学。如自然科学中强调可重复性（强证实），而社会科学中则往往强调统计学意义上命题的可能性（弱证实）；如分类是实证科学的首要步骤，通过分类可对规律进行分解，但大多数社会科学的规律都表现为功能性规律，即多个现象之间的相互关系，在统计学上表现为组间关系；社会科学中的假设往往是从一组选取的给定条件（或已知规律）中演绎出潜在的新功能性规律，而检验往往是通过积累特定的证据来产生规律的过程；在社会科学中，常用来发展假设的手段是模型，它提供了映像的规范构造，其目的是深化描述和检验假设。这种假设的证实由于其结构化的方法和背景化的关联，而使得社会科学的实证事实上成为一个渐进和积累的过程（图6-1）。经过检验的规律可以应用于社会实践，当然实践反过来也可以丰富和促进规律的发展。

6.2.3 实证主义进入城市地理学

城市地理学接纳实证主义方法论相对较晚。这主要是由于早期的城市地理学主要以区域为研究对象，其认识论建立在例外论的基础上。早期地理学对城市的研究主要从人地关系的角度，研究城市建筑的形式、当地的自然条件、建筑和街

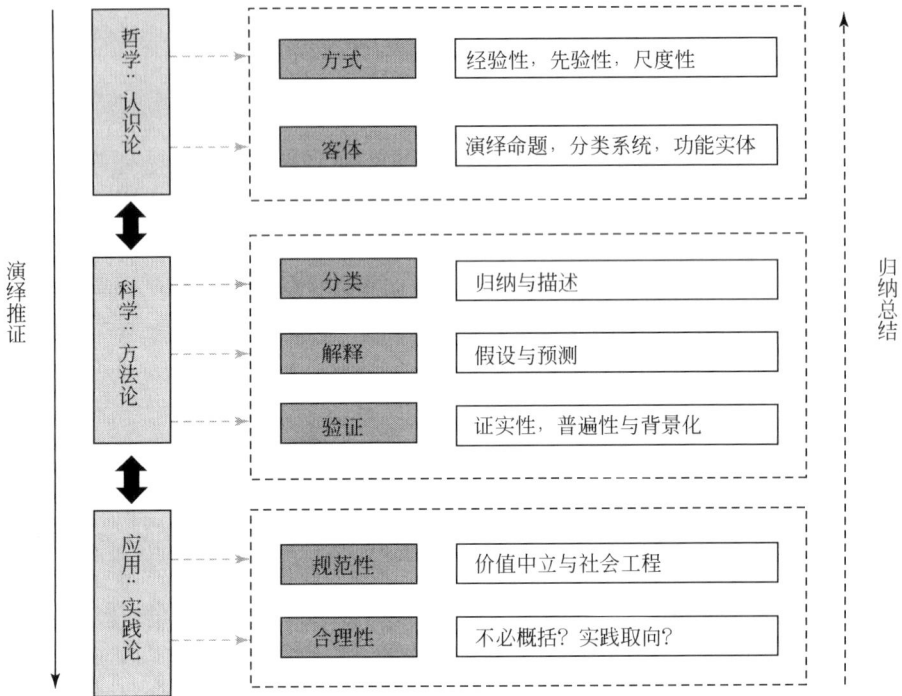

图 6-1　社会科学中的实证主义

道的组合形式、屋顶式样等，没有独立的理论和方法。20 世纪 20 年代，美国芝加哥大学开始从生态学的角度来研究城市，社会学家帕克、沃斯、伯吉斯对城市的住宅区、工业区及中心商业区的形成和变迁进行调查，对人口的分布过程进行分析，在此基础上归纳了城市结构的同心圆模式。20 世纪 30 年代克里斯泰勒对城市中心地的等级分布进行深入研究，揭示了城市规模等级、空间分布、职能层次的规律，创立了中心地理论。但是，这些零星的研究一直持续到第二次世界大战后，在舍弗尔对例外论进行批判之后，借由计量革命，城市地理学者才开始正式接受理性的原则，"承认规律的最终存在"，并由此走上"科学化"的道路。邦戈、贝里等在 1949 年提出"社会区分析"，20 世纪 50 年代一帮年轻学者利用计算机技术优势在华盛顿大学掀起"计量革命"，并以华盛顿大学和剑桥大学为据点，向北美和西欧大力推行"科学方法"，其中尤其是贝里成功利用统计手法证实了克里斯塔勒的中心地学说（Johnston，1991），自此城市地理学开始大量引入其他学科的理论假设，在研究视角上由过去的城市形态研究转向对类型和过程的分析；在研究内容上，由过去对形态及其形成因素的综合转向对其类型及其形成机制的分析；在研究方法上，由以描述为主的综合科学转为以解释和和预测为主的分析科学；以几何学视角来解析地表，以空间为核心概念，建立了现代城市地理学，并使城市地理学逐渐成为地理学的重要组成部分（Hartshorne，1966；Golledge and Amedeo，1968）。

在城市地理学与实证主义结合的过程中，美国的华盛顿大学地理系成为旗帜。在当时华大地理系领导者阿尔曼和加里森教授的带领下，华盛顿大学地理学积极导入大型计算机及数学、统计分析技术，致力于应用化研究，围绕大型项目的组织实施，培养了一批掌握实证分析方法的大师，如贝里、迪西、莫利尔、托布勒、邦戈等。这些实证主义的传道者在华盛顿大学取得博士学位后奔赴世界各地，带动了全球城市地理学的体系化和向实证科学转变（Berry and Marble，1968；Morrill，1984）。

6.3 实证主义下的城市地理学转变：理论与模型指向

实证主义的核心是对普遍性客观规律的逻辑推导和假设检验，因而，各种基于抽象假定的理论模型成为城市地理学实证主义的努力方向。实证主义下的城市地理学理论按照研究视角，可划分为探讨城镇体系的中心地理论、位序–规模法则，探讨城市间关系的空间相互作用模型，探讨城市自身发展的城市阶段模型、世界城市假说，探讨城市内部结构的同心圆模型等。

6.3.1 城镇体系与中心地理论

将城镇体系空间格局模型化的中心地理论是实证主义在城市地理学中应用的最典型成果。在这一理论中，不同的城镇被抽象为具有一定属性的点，其等级结构则被概括为规模位序模型。中心地理论最初源自两位德国学者——克里斯塔勒和廖什，但贝里采用实证的方法真正"证实"了这一模型并将其推广应用。中心地理论的初始假设是：企业家设置服务设施以使营业额最大，因而需要尽可能接近其顾客；顾客购买货物和获得服务都在可得到的最近出路，以使其消费行为费用最小化；不同类型的设施需要不同水平的营业额；运动费用与移动距离线性相关。需求的变化导致一定范围的市场圈产生，该范围内需求随距离供给中心的加大而减小（即需求圆锥体），而供给则需要一定的门槛人口。因而，为了达到两者效用的均衡，设施和聚落最终均匀分布于人口密度均一的地区内，并最终产生一种聚落等级结构（约翰斯顿，1991）。克里斯塔勒主要通过对德国南部地区的经验观测进行归纳得到结果，廖什主要从经济假设推导出发，最终都得到了六边形的空间结构。不过，克里斯塔勒是遵循"利润最大化"的原则，从最高级货物的最大销售距离出发，自上而下地建立其中心地体系；而廖什遵循"超额利润最低化"原则，从最低货物的最小必需销售距离出发，自下而上地建立其中心地体系。其结果，克里斯塔勒的假设产生了规模分布的等级结构，而廖什则推导出人口规模连续分布的结构——前者对应于后来的首位度、四城市指数、不均衡指数，而后者则对应于齐普夫模型。

6.3.2　城市规模分布的位序–规模法则

由于中心地理论建立在关于空间的规律性假设基础上，因而这一模型提供了很多关于空间格局的可检验假设，激发了大量的经验研究和演绎模型。其中，最典型的即是描述城市规模分布的位序–规模法则。中心地理论中，城市规模越小其数量越多；而在现实中，许多国家的城市规模分布也确实体现了这一准则。这一经验与理论的结合于是被进一步概括为位序–规模的定律：一个国家的城市体系中，人口第 N 位的城市拥有最大规模城市 N 分之一的人口。这一规律在不同的国家城市样本中被表达为不同的模型，如奥尔巴克方程、罗特卡方程、齐普夫模型、贝克曼模型、戴维斯模型等。1960 年贝里进一步选择 38 个国家的城市资料进行全面分析，提出了首位分布（规模等级有缺失）、对数正态分布（位序–规模分布）和过渡类型三种城市规模分布类型，证明了等级分布与连续分布的共同存在，同时也探讨了城市位序–规模与一国经济发展水平的相关性（Berry，1960，1964）。由于经验性解释认为，首位分布常常对应的是发展中国家和曾经的殖民地国家，因而位序–规模法则也常被作为对国家发达程度的某种衡量标准（许学强等，2009）。

6.3.3　城市间关系与空间相互作用模型

在城市地理学中，城市间的相互作用机制和模式是典型的实证领域。这方面的研究起源是工业区位论。工业区位论最早由韦伯和胡佛提出，其基础假定是：一切制造业者都希望把他们的工厂安置在生产成本和到市场的分配费用最小的地方。其中，生产成本主要由运输费用和人力成本构成，并受集聚效应的影响。为确定最优区位，先通过区位三角形得到原料地和目标市场之间的运费最低点，再通过围绕该点的等费线与劳动力成本比较选择合理的区位，最后加入集聚因素。这种区位三角形的分析方法被推广到城市的形成与职能发展的解释中，即城市形成和发展的区位三角形，而这种对空间距离摩擦的关注和由点及面的分析思路则成为空间作用分析的基础。

城市地理学中的空间相互作用，不仅指区域内，也指区域间，不仅指人流、物流等有形要素，也指资金、信息、文化等无形要素的传播和流动（Ullman，1956）。由于各类资源在地表分布的非均质性，以及人口分布的非均质性，区域内及区域间自然产生相互各异的物质需求。而城市是各种物质流动的网络节点，因而空间相互作用天然地以城市为中心。城市间空间相互作用的结果表现为城市等级体系，而作用方式的描述和解释则形成各种空间作用模型（Wilson，1967）。

1956 年，美国交通地理学家厄尔曼首先指出，空间相互作用源于三个基本因素，即互补性、可移动性和中介机会。而空间相互作用的大小和频度则受到距离摩擦的影响，表现为距离越远相互作用越弱的距离衰减法则。托布勒的"地理学第一定律"（Tobler，1970）——"所有事物都相互关联，但其关系却随相互距离的增大而逐渐疏远"讲的也是同一原理。进一步考虑城市规模和空间距离的双重影响，参照牛顿的万有引力定律，则形成了空间相互作用的重力法则——城市间的相互作用与其人口规模（或其他表示城市质量的变量）成正比，与其空间距离成反比。赖利 1931 年将其应用于零售业，提出"零售业重力法则"；康弗斯于 1949 年进一步深化，将其发展为断裂点模型，即 $BP = D_{ij} / [1 + (P_j / P_i)^{1/2}]$，用以确定两城市间相互作用的分水岭。此外，重力模型在交通、信息、旅游等其他领域也有诸多变换形式的应用。将重力模型中的一对城市换做一个城市与体系内的所有城市的相互作用，则成为描述城市间相互作用的潜力模型。潜力模型中的城市质量，除人口规模外，同样也可使用其他指标如工业产值、农业产值、劳动力、就业人数、收入、商品营业额、土地地价等，从而使模型进一步推广至不同的情境。

基于空间相互作用的基本假设，哈格斯特朗（Hägerstrand，1967）在静态比较的基础上，进一步引入时间变量探讨空间相互作用的机制，并建立了空间扩散动态模型；而另一方面，基于拓扑学和 GIS 的发展，探讨空间相互作用复杂性的图论、分形扩散限制聚集模型等也开始应用。

6.3.4 城市发展的阶段模型

城市的发展除了相互作用之外，其本身的运动有何规律？学者们循着自身的经验，建立了许多假说，可统称为城市化的相关理论。首先是关于城市化的相关因素，如农业剩余、农业劳动力剩余、工业化、第三产业以及经济发展水平等，尤其是经济发展水平（以人均 GNP 为代表）与城市化的相关关系是常被提及的一个假设。诺瑟姆（Northam，1979）在此基础上进一步提出了城市化进程的 S 型曲线即"诺瑟姆曲线"，指出一个国家的城市化进程大体包含三个阶段：城市化起步期、加速期和成熟期。当城市化水平大约超过 30% 时，城市化进入加速阶段；而当城市化水平大约进入 70% 时，城市化进入成熟阶段。随后，彼得·霍尔（Hall，1966）从城乡人口流动的角度进一步提出城市化的六个阶段，即流失中的集中、绝对集中、相对集中、相对分散、绝对分散和流失中的分散，分别对应了当时欧美国家出现的城市化、郊区化和逆城市化过程。20 世纪 90 年代后欧美大城市中心区人口重新开始恢复增长，于是关于城市化的发展阶段又有了城市化、郊区化、逆城市化到再城市化的四阶段学说。当然，这些学说都是基于欧美国家的经验演绎。

6.3.5　全球竞争与世界城市假说

随着全球化的推进，关于城市体系与城市发展的认知也日益超出了国家的视野。一些学者开始注意到城市在全球产业和劳动地域分工中的突出作用，其理论归结即世界城市假说（Hall，1966；Sassen，1991；Douglass et al. ，1993；Taylor et al. ，2002a，2002b；Clark，1996；Friedmann，2005；Massey，2007）。相关的研究最近仍在继续，如泰勒等（Taylor et al. ，2002a，2002b）通过构建 316 个城市与 100 个企业的矩阵衡量了城市的"服务价值"和城市间关系的强弱，戴鲁德等分别对全球 234 个城市的等级序列进行了测量及对世界各主要区域的城市等级进行了对比（Derudder，2003，2007），道格拉斯、藤田昌久分别对亚太地区和东京都市区进行了实证检验（Douglass，2000；Fujita，2009）。这些实证研究同样旨在证实世界存在一个以世界城市为顶点的"全球城市网络"，进而将其作为依据来制定各城市的竞争策略，应用于各城市的城市功能和性质研究。

6.3.6　城市内部结构的同心圆模型

地理学家关于城市内部结构的关注主要源于杜能（杜能，1986）对城市土地利用结构的研究，并逐渐从农业利用扩展到其他产业、城市及社会分区。杜能模型的核心是级差地租，即在纯利润最大化的假设下，农民将在其土地上生产能够提供"最高"地租的农产品；假设不同产品的运费率不同，则在只考虑距离这一个空间变量时，地租将以不同的斜率从市场点向外下降，最终形成了围绕市场区的不同农产品种植圈层。阿朗索（Alonso，1964）对模型进行了改进和推广，用其解释城市内部低价、土地利用强度的变化，其核心概念是通达性和运输成本，推导出围绕市中心的土地利用带状分布，后来亦被很多学者所证实（Firey，1947）。另外，以伯吉斯（Burgess，1925b）等为代表的芝加哥学派，从社会生态学的角度，基于不同收入人群的分布，同样得到了城市的同心圆结构。霍伊特（Hoyt，1939）、哈里斯等（Harris and Ullman，1945）等学者扩展了伯吉斯的假设，分别提出了扇形模型和多中心模型，凯尔斯勒（Kearsley，1983）和怀特（White，1987）在此基础上进行了进一步扩展。此外，舍贝里（Sjoberg，1960）从结构功能主义的角度，基于社会结构和技术提出了前工业化社会的社会与空间秩序模型，将商业活动放在城市中心并用一系列从穷到富的居住区围绕其周围；戴维斯（Davies，1981）则基于对南非城市的研究，提出了城市隔离模型。诸如此类，基于实证的城市空间结构模型不断推陈出新，现今仍在继续。

6.4 实证主义进入中国城市地理学

20 世纪 80 年代后，中国地理学者开始大量引介西方城市地理学的理论成果，随之实证主义"科学范式"在中国地理学界逐步普及。另外，也有部分学者从中国自身的城市问题出发，继续通过经验研究提炼地理概念。因此，当今中国城市地理学的实证研究中既有西方实证主义的身影，同时也有自身经验摸索的痕迹，由此形成"西方概念/理论—假设—证实—解释"的"证实性"研究和"本土现象—归纳—实证—解释/对策"的"实证性"研究，也可称之为内生型与外生型实证研究（刘云刚和许学强，2008）。前者强调"证"而后者强调"实"，而二者结合即是中国城市地理学的实证主义。

6.4.1 西方理论的证实研究

20 世纪 80 年代后中国开始介绍引入西方城市地理学的研究成果，其后开始的基于中国现象的实证研究，大部分是对西方理论的验证和评价，或是对方法的引介和应用，或是在此基础上的推演和扩展。如城市体系研究方面，许学强（1982）、周一星等（1986）、顾朝林（1990b）等对中国城市的等级体系和位序-规模法则进行了实证，陈彦光等（1998，1999，2002，2003）推导了这一定律与其他模型之间的联系，并以河南等地区为例进行了检验；在城市化研究方面，周一星等（1988，1991，1997）以西方的城市职能概念为基础，对中国城市的工业职能和综合职能进行了推演；周一星（1996）、柴彦威（1995，2000）、冯健（2004）等引入郊区化概念，对中国城市的郊区化现象进行了实证；在城市空间结构研究方面，许学强等（1989）引入了因子生态方法对中国城市社会空间进行了划分，顾朝林等（1997a，2003）、冯健等（2003a）、周春山（2006）、李志刚等（2008）对中国城市社会分区和极化特征进行了刻画；柴彦威等（1997，

2005）引入时间地理学方法对中国城市行为空间进行了分析；闫小培等（1993，2000）对中国城市的 CBD 结构进行了实证等。上述研究基本上都属于对已有西方理论的实证检验和继承性创新，其研究主体是"证"，同时兼顾了对中国城市发展现象的解释和应用。

6.4.2 本土现象的实证研究

从本土现象出发，通过实证归纳提炼概念并进行理论化的研究，典型的如关于城市化发展动力的讨论，许学强等（1988b）实证了中国经济转型对中国城市化的影响；薛凤旋和杨春（1995，1997）、宁越敏（2004）实证了外资对中国城市化的影响；崔功豪等（1999）实证了地方政府、农民群体等地方力量对城市化的推动作用，并提出了"自下而上的城市化"概念；宁越敏（1998）提出了政府、企业和个人三个行为主体互动的城市化动力框架；陈波翀等（2004）实证了三次产业对中国城市化的影响等。又如在城市空间结构的研究中，柴彦威等（1996）以中国特有的单位为基础来划分城市内部空间结构。又如对于中国的开发区现象的实证研究（王兴平和崔功豪，2003；王慧等，2006）、对大城市边缘区现象的实证研究（顾朝林，1989，1993；崔功豪，1990；曹广忠等，2009）、对"城中村"现象的实证研究（闫小培等，2004；李立勋，2005）、对资源型城市的实证研究（沈镭和程静，1998，1999；焦华富和陆林，1999；刘云刚，2000，2006，2009）等也属此类。这类研究重在"实"证本土现象并将其概念化，往往缺乏模型的抽象和理论化的表述，但这类研究通常具有较强的现实意义和政策针对性。

6.4.3 "证"和"实"的矛盾：尚待解决的问题

中国的城市地理学者当前已基本接受了"以严密的逻辑、基于客观事实进行论证"的实证主义规范和证实原则，但"实证"多体现为一种"形式"和"方法"，作为实证基础的经验性研究积累明显不足，这对中国城市地理学自身理论的生产产生了制约。在实证主义三要素中，逻辑推理只是沟通认识与客观世界的桥梁，其两个重要的端点都立足于实际——对模型的假设和抽象必须基于对客观世界的认知，对模型的证实和检验也必须通过面向实践的经验还原。因此，实证主义必须依赖经验的积累。如熊彼特所指出的，不理解统计数据是如何编排的，就不可能理解统计数据；不能理解使用的方法和这些方法的认识论背景，也同样不可能从这些数字中得到信息（冯平，2006）。以此衡量，当前中国城市地理学的实证研究多数应是介乎"证"与"实"之间，仍属于实证主义的习得和孕育阶段。

那么，如何形成真正的实证呢？哈维认为：一要有科学的方法；二要建立法则和抽象命题；三应打破地理学的孤立主义；四应借助模型建构（Harvey，1969）。哈维指出，地理学为相邻学科的方法论所影响，这种影响一般来源于自然科学（以物理学为范示）、社会科学和历史学，地理学方法论必须考虑与科学哲学的关系、与地理学实践的关系和与其他学科解释形式的关系。蔡运龙认为可以通过两种方式发展地理学理论：一是阐述基本定律并发展相宜运算（逻辑推理）；二是将建构模型的技术直接应用于地理问题（蔡运龙，1990）。但是，这些工作都依赖于对现实世界的理解和判断即经验积累。因此，对于中国的实证主义地理学者来说，在两个方面是需要加强的：一是通过更多的野外工作积累经验，以提炼更好的假设；二是研究建立更有效的分析问题的科学方法，以提炼更具指导性的理论。

6.5 实证主义下的城市地理学展望

实证主义作为近代地理学科学化和理论化的起点，具有重要而深远的影响。即使现在，实证主义仍是包括地理学在内的众多学科的理论范式和思想基础。因此，城市地理学的发展也必须依托实证主义，中国亦不例外。

实证主义的主要范式是归纳删除法和逻辑实证论（沈清松，2004）。归纳删除法强调"无预设的观察—分析与比较—探究现象中的规律—用实验检验结论"，逻辑实证论则推崇"假设—命题—检验"的演绎逻辑，提出科学命题的真伪验证原则。这两种范式已成为包括中国在内的城市地理学研究的共同操守。

一般而言，实证研究遵循"明确研究问题—说明研究假设—决定所收集数据的类型—资料收集—资料梳理和分析—陈述结论"的严谨的科学过程。其中，用量化的方法进行资料收集、假设检验和归纳解释是实证主义的核心。模型是实证主义逻辑的重要表现形式，是对真实事物理想化和结构化的表达（约翰斯顿，2004）。蔡运龙（1990）从哲学角度将地理学的解释模型归纳为四类："因果模型、时间模型、功能模型和系统分析。"房艳刚和刘继生（2007）则从技术角度将地理学的主要模型归纳为六类："自组织模型、细胞自动机模型、分形模型、生态学模型、神经网络及地理信息系统和可视化技术。"应该说，两者从两个不同层次对实证主义的模型进行了划分。在此基础上，实证研究的进展，取决于形式之外的经验积累与分析方法的精进。

75

6.5.1　精确的定量统计

不管数量化分析面临怎样的批判，这种逻辑无疑仍是最为严谨的实证形式，也能够提供"解释—预测"的最大说服力，如今统计方法和数学模型已经深入人心，并不断被丰富和完善，需要改进的只是方法和过程衔接上的问题。西方城市地理学并没有抛弃定量研究，而只是使用计量方法时更加小心翼翼。如克利福德（Clifford，2008）对地理模型的总结和智能体模型的介绍，约翰斯顿等（Johnston，2008）对计量革命的讨论等都从理论和哲学层面重新评价了定量研究；而具体的定量研究创新也从未中断。例如，麦克尼尔等（Mikkonen and Luoma，1999）对重力模型参数变化的研究、特比阿德等（Tapiador and Mezo，2009）运用 GIS 技术和定量指标对西班牙选举运动的研究、维尔德尔等（Wildner et al.，2002）对医疗地理中问卷设计的总结等，都是近期定量研究的代表。中国没有经历所谓的计量革命，故有些量化的表达和分析尚不够彻底，尤其是缺乏相对严谨的从"假设抽象"到"实证检验"的科学化逻辑。如对时空结合的数据分析、对空间自相关问题的处理、对类似马可夫过程的时间序列的建模、结合 GIS 技术的行为地理和时间地理建模、非参数的回归分析、新的地理模型和计量模型的建立等，都会因为其更科学的形式和更好的解释力而成为未来实证主义城市地理学发展的重点。

6.5.2　系统的仿真模拟

实证主义研究日益面临着城市系统的复杂性，因而需要系统的分析方法。在实证分析中，任何系统都必须被简化，只有如此才能把现实的一部分从其外围环境中分离出来。这是实证主义认识论的一个基础，即必须对世界加以简化进行研究，最终再进行整合还原以恢复其复杂性。仿真是探索复杂性问题的一个重要方法。目前，随着计算机技术和 GIS 技术的发展，对很多空间过程的复杂性模拟已经可以通过仿真实现，如元胞自动机、多智能体技术等在用地模拟中的应用。由于这种研究思路遵循"描述与归纳—探索性模拟—预测"的实证逻辑，必然会在未来的城市地理学研究中得到较快的发展。并且，这些技术可以重新拓展中心地理论等经典的城市地理模型。

6.5.3 综合的政策模型

全球化背景下的城市转型与城市化过程、城市间竞争、巨型城市区域、城乡互动等仍然是未来一段时期城市地理学的关注重点，对有关政策效果的实证检验仍会对城市地理学的实证研究提出要求。面对城市交通问题、拆迁补偿、老龄社会、环境管治、住房建设等现实问题，基于经验研究的城市问题决策系统模型化，直至综合的城市化政策过程模拟，都是实证主义城市地理学研究的发展方向。作为社会科学的城市地理学，不仅需要理论创新，也必须回应所在时代、所在社会的实践需求。因此，结合 GIS、大型计算机及多种复杂性分析技术的政策模型，也是今后实证主义城市地理学的重要方向。

6.6　结语：超越实证主义

1984 年，哈维在一篇题为"论地理学的历史和当前状况：一种历史唯物主义纲领"的论文中强调，地理学必须是"人民的地理学"，是一项政治事业，其基本目标是以历史的地理的眼光关注从资本主义向社会主义的社会转型（胡大平，2004）。他认为地理学知识是一种社会情境的产物，而"城市生活"的实质是一系列社会关系，它们反映着已经形成且遍布社会（社会是一个整体）的那些关系，因此必须从资本积累的动力机制来理解资本主义的空间过程。实证主义的目标是描述和解释"自然的"现象，而不涉及价值判断，因此，必须超越实证主义。

西方城市地理学的发展经历了从宏观到微观、从空间到社会的转型。在计量革命时期，城市地理学者关注宏观城市体系的变化，以空间距离作为核心的变量。随着城市化的发展，城市本身的发展路径和内部的各种社会问题日渐突出，这也带来了人们对实证主义局限性的反思以及超越实证主义后的思想多元化。应该看到，中国城市地理学也必然会经历类似的阶段，如对城市社会问题、政治问题的研究将成为热点。在这种背景下，实证主义必然会面对挑战，也会经历转型。

不过，任何研究或主义都有其产生的土壤环境，因而不能强求中国城市地理学一定完全模仿西方实证主义的全套理念和范式。城市地理学作为一门社会科学，有其自身的发展需求和发展环境。从中西方城市地理学实证研究的比较中可以发现，西方实证研究往往十分注重理论背景、研究假设、模型的构建、数据采集、处理和分析结果的解读，很多时候还会结合定性研究方法。因此，实证研究不等于完全的定量研究。定性方法和定量方法各有长短，在可能的情况综合运用多种方法而不是排斥性地只采用一种方法更为可取。实证研究最关注的是论证过程和结论，其核心是从现实问题到研究结论的推导思路，而不是实验操作步骤说明，因而研究没必要罗列大量运算过程和一些不重要的中间结果。在具体的实证分析过程中，需要注重方法本身的内在要求——模型的适用范围、基本假设、理论基础、基本原理与逻辑关系、如何检验等。中国的城市地理学研究只有适合中国的实际情况，只有依托中国当前的数据基础和知识基础，才能真正将实证主义融于自身。

第 7 章　行为主义及其在城市地理学的应用

7.1　行为主义的兴起与行为主义地理学的内涵

7.1.1　行为主义的兴起

20 世纪 60 年代，由于不满计量地理过分简化空间问题及未考虑人们是如何在某种空间场景下作出空间行为决策的过程，行为主义学派开始逐步形成。行为主义将心理学的相关理论及概念引入地理学，试图了解人们的思想、感观对其环境的认知及对空间行为决策的形成及行动后果。行为主义较注重空间过程的成因及后果，不强调空间形态的建构，用计量方法来证实小规模人群的空间行为通则，重视个人态度、认知及偏好对其空间行为产生的影响。在对实证主义的空间分析方法进行修正的过程中，行为主义学派成为该时期人文地理学的重要流派之一，对欧美地理学产生深远的影响，甚至掀起地理学的"行为革命"，与 60 年代的"计量革命"相对应（张文奎，1985）。

1969 年美国地理学家奥尔逊和哈维的《地理学的行为问题：专论集》一书的出版标志着现代行为主义地理学的诞生（海山，1997）。由于传统的区位论和中心地理论过于绝对的公理化特征暴露出与真实世界不符、对真实世界的预测能力低等缺点；同时，地理学固有的理论被认为是几何学和空间统计性质的空间形态法则（Harvey，1981），地理学长期以来未能形成一个深入理解空间结构形成原因的理论。因此，西方地理学在这个时期经历了对学科发展的反思阶段，核心关注的议题为地理学应以何种面貌出现，用何种方法更好地解释空间现象、探究人与环境的关系？与此同时，在地理环境决定论、芝加哥学派的声音逐渐降低以及科学技术和经济生产急速发展的背景下，人的主体性又一次被普遍强调，并被标榜成人与环境关系中的主要方面。人文地理学传统理论假设所有个人的行为特征是相同的，用微观经济学的一系列无差异约束曲线和效用最大化曲线代表，所有的个人对空间的理解也是相同的，所以行为结果仅取决于区位机会（Golledge，1981b）。从 20 世纪 60 年代中期开始，一些研究打破了这种简单假设，而取代以新的假定：个人对空间信息加以有选择性的理解、学习、组织后进行行为决策，所产生的行为结果不仅取决于区位机会还取决于个人对空间的认知（Olsson，1981）。城市空间结构和城市活动系统等人工空间现象的解释变量中，认知的特点与个体差异性便成为解释空间现象的一个新维度。个人的决策不再是用相同的效用曲线和约束曲线表示。在此背景下，以过程为导向的行为主义地理学研究揭开了序幕。

7.1.2　行为主义地理学的内涵

行为主义地理学，有时称感应（知觉）行为地理学，有时也称为知觉地理学和行为地理学。严格说来，它们是有区别的，广义的行为地理学应当包含感应（知觉）地理学和狭义的行为地理学。感应地理学是研究人们对不同地理学环境反应的特性、形成发展规律的科学。知觉地理学只研究人的环境知觉。行为地理学是研究人们对地理环境发生知觉后作出判断、评价，然后决定自己行为的科学（顾朝林等，2008）。一般而言，行为主义地理学，即行为主义在地理学中的表现，主要是指在考虑自然地理环境与社会地理环境条件下，强调从人的主体性角度理解行为和其所处空间关系的地理学方法论，研究内容包括认知地图、决策过程、时间地理学等多个领域（柴彦威，2005）。行为主义地理学研究的行为是指以环境知觉为基础的人的内在生理和心理变化的外在反应，这种行为是在对外在环境信息进行知觉、评价（包括判断和选择）后作出决策而引起的，它包括知觉—认识—筛选—决策—行为的整个过程（沃姆斯利和刘易斯，1988）。

行为主义地理学采用行为主义方法来研究人地关系，认为空间行为可以通过认知过程进行解释（Gold，1980），主要包含以下四个方面的内涵：①人们的感知环境与真实世界可能存在较大差异，因此空间具有双重属性——客观环境和行为环境。前者是指可通过直接方式进行度量的真实环境，而后者主要是指只能通过间接手段进行研究的存在于人们头脑中的认知环境，不管这种行为环境如何扭曲，它都是人们进行行为决策的基础。②行为研究必须认识到个体不仅对真实的物理和社会环境进行回应，同时也对其进行重塑。行为并不仅仅是一系列事件的最终结果，同时它也是新的开端，行为与空间应该是一个互动的关系。③行为主义地理学更倾向于以个体作为分析单元，而不是社会群体。④行为主义地理学将心理学、社会学、人类学等多学科的理论及方法应用到行为研究中，是一门跨学科、多元化的地理学方法。

7.2　行为主义地理学的研究特点

人文地理学中的分析研究，包括大量的人类空间行为研究，最初都是基于实证主义的传统。行为研究从本质上来讲并没有带来一场巨大的变革，使人文地理学研究脱开空间科学的焦点。事实上，行为主义地理学的研究属于归纳性研究，目的是从运行中的行为过程里提出一般性的阐述，其研究领域很大程度上受空间科学学派的影响（约翰斯顿，1999）。当各种常规的研究对人的行为进行某种假设，然后根据这些原理推演其空间模式时，行为地理研究者则寻求以归纳的方法修订这些假设，找出行为规律，以用来预测或解释空间模式。从整体来看，行为主义地理学强调探讨有关人类特别是个体人的行为模型，同时探讨环境的概念，这个环境不是指客观的物理环境，而是人的决策及其行为发生的场所环境或现象环境；侧重对人类行为与物质环境的过程性解释，而不是结构性解释，旨在于展示心理、社会以及其他方面的人类决策与行为理论的空间特征，研究的侧重点由汇总人群转变为分散的个人与小团体，研究资料大多来源于问卷调查、访谈等而不是统计资料（Timmermans and Golledge，1990）。

从结果来看，行为主义地理学的大多数工作是在空间科学所设定的框架中以实证主义风格进行行为模式分析，通过统计分析和数学模型来解释行为的某一方面的多样性。早期的行为主义地理学尝试建立基于个人决策过程来理解空间现象的模型，从而取代区位论、中心地理论甚至是微观经济学的汇总规范模型，这成为行为主义地理学初期研究的理论上的目标。然而，由于人类决策行为十分复杂，建立模型的理论目标面临着许多棘手问题。西方行为主义地理初期研究，在广度和深度上尚未达到面面俱到，大多是通过认知、偏好、选择等逐个环节来分别研究，分别突破以期最终清楚了解个人决策的全过程。

7.2.1　侧重认知过程

研究空间中人类决策背后的认知模式，对主观性因素纳入理论模型具有重要意义，认知模式的研究，从认知地图到空间知识学习过程，构成了行为主义地理学的核心部分（Couclelis and Golledge，1983）。对于认知的本质，存在两种不同的假定，一种是认知过程是环境给个体施加刺激后的客观产物，这种假定意味着研究认知的目的即是寻找个体受到环境刺激时存在的不变的、决定性的规则，而这种规则不仅仅是"空间移动最小努力"等经济原则。古尔德指出人在环境面前的认知受最优行为规则控制，既包括最经济行为，也包括最满意行为，后者追

81

求个体某种"满意"变量的最大化，并从对非洲农户在恶劣气候条件下的种植决策的研究中提出了"零和博弈规则"，即追求风险损失的最小化规则（Gould，1963）。哈维指出个人面临的选择集是有限的，即使遵循最大满意原则，结果仍可能非最优（Harvey，1981）。马布尔的渐进性行为、普雷得的行为矩阵也属于同样的尝试（Golledge，1981b）。

第二种假定是，认知过程是深受个人经验、情感、心理、理解力影响的主观过程，认为人在环境中行为是通过大脑中映现得到的环境意象而形成的，如能深入大脑"黑箱"中探明人脑中主观的意象世界，便可以理解哪些因素指导了实际行为的发生。从这种主观体验性出发，能够解释统计学和经济学模型所无法解释的"残差"部分，也就是那些非最优规则指导的行为。其代表性研究包括早期的认知地图研究以及空间学习理论。研究者认为，在移动行为之前个体对不同地点有不同等级的偏好，由此连成的偏好趋势面被他们称为"认知地图"，并发现人脑认知地图中存在距离扭曲（相对真实空间的欧氏距离而言），所以真实环境并非原封不动地印在人脑中，而是不同层次的心理歪曲后的认知地图在指导实际行为。以戈里奇为首提出的空间知识学习理论发现除扭曲之外还存在一种等级性的空间信息储存结构，并且是在个体不断成长及不断熟悉环境过程中由简单到复杂渐渐形成的。戈里奇提出的"锚点"模型是行为主义地理学认知领域的著名模型之一，它描述了个体在陌生空间（如一个新城市）中，首先会全力寻找"主要节点"（如住房、工作地）的位置。此后围绕主要节点、次要节点和其间的通路被加以认识（如上班路线、家周围的各种设施），最终形成带有等级的认知结构（Golledge，1978）。类似的，1960 年林奇在《城市意象》中的手绘图研究指出城市空间中的标志节点会最先被认知。与"空间中的全知人"不同，学习理论假设个人依赖城市各要素的方位、距离、方向与其他要素空间关系（及拓扑关系），指导移动行为，且对拓扑关系的掌握一开始是模糊的，随着空间实践而不断清晰化、正确化。

7.2.2 侧重偏好与选择

认知方面的研究虽然揭示了行为决策背后的一些心理机制，但多停留在"就认知论认知"的层次，认知心理过程与外表行为动机两者也无法完全等同，除非清楚最终决策之前的偏好选择机制，否则直接用认知来解释预测人类空间行为仍然困难。此时，在地理学计量革命土壤中兴起的对经济计量学和心理测量技术的借鉴，催生出了大量实证模型研究（Timmermans and Golledge，1990）。这些理论与模型假定个人会形成对环境的认知特征，尽管这些认知会有很多的共性，但是也有一些异质的特征。例如，我们可以用同样的方式感知到一些地方，但是被感知的属性的重要性却可能存在很大差异。因此，每一个人的选择集合都是不同的，都只是所有选项的一部分。一个人会将他认为重要的属性附上主观效用，并且根据一定的规则或者启发式原则将这些部分效用联合形成总体效用，最终形成一个偏好结构，即不同选项在偏好空间中的位置。偏好在这样的空间中根据个人的、制度的或者社会的约束被评价和排序。在这种情况下，大多数模型都是关于单一选择行为的，而少数则通过出行链和活动安排等概念扩展到多商品选择和多区位选择的问题。个人偏好–选择模型中大致有汇总和非汇总两类，非汇总模型与传统模型（引力模型和系统动力学模型）及汇总统计模型的不同点在于模型均基于微观个人出发进行推演，虽然利用大样本调查数据，但不依赖于回归方程系数解释，而通过对个人偏好评价机制过程进行演绎来理解空间行为何以产生。

总之，借助精密的模型方法和复杂的研究设计，直接用于模拟消费地、居住地选择等空间行为选择偏好和决策上，而偏好评价之前的认知"黑箱"不纳入模型的表达中，这是早期偏好–选择研究的一大特点。应用较广的效用计量模型和多维态度模型均扎根于区域与城市规划、交通规划、市场分析等领域，对所发展出的偏好–选择模型的应用和预测性要求较强。早期偏好–选择模型研究的缺陷在于效用函数的假定过于绝对，模拟决策规则的非汇总模型则无法处理多目的行为，未充分考虑个人属性差异性。但更大的质疑在于，把通过显示偏好计算出来的偏好尺度与最终表现出的行为相等同，忽略了主观认知的偏好与实际行为之间可能存在的不一致性和所受制约（Blommestein et al，1979）。

7.3　行为主义地理学的衰退

按照行为主义地理学最初努力方向的共识，即将先前的纯粹的空间归类和空间现象描述式的研究朝着理论深化和模型精细化转向，若能将认知与偏好–选择成功地统合，便可实现基于微观个人过程的解释框架。但统一框架尚未出现，却出现了针对行为主义地理学理论基础的争论。邦廷等指出，认知和意象的研究过于偏向心理，未能与外表行为的解释建立关联，因此始终未能产生像微观经济学效用曲线那样牢固的理论演绎，后续研究受到局限（Bunting and Guelke，1979）。这并不是否定在如居住迁移、购物行为特定领域产生的成就，但早期研究采用的基本假设必须加以重新审视，这些假设包括：①认知意象可以测量；②认知先于行为；③认知意象与行为之间有函数式的因果关系（Desbarats，1983）。

除了行为主义地理学家自身外，批判还来自于 20 世纪 70 ~ 80 年代出现的人本主义和结构马克思主义的地理学派。人本主义学者批评行为主义地理学只是把空间现象机械地对应于个人心理特质来解释，基于空间方位、距离等科学概念而试图推导出适用于所有人的普遍模型，因而仍然属于传统区位论的套路。他们所提倡的场所意义和现象学研究，把个人价值意义放在首位（Ley，1981）。结构马克思主义的观点集中于行为主义地理学完全依靠主观偏好决策过程来解释空间现象是不合理的，忽视了其他可能的外界制约因素，忽略了心理偏好与最终表现出的行为之间的不一致性（Cox，1981）。

在上述要害性的批判下，行为主义地理学研究一度衰退，研究者纷纷向各自原先的传统研究复归（如商业地理、城市地理、政治地理）。然而，行为主义地理学的衰退，不应单纯看做"主义"之间的混战，更不是缘于个别学者的误解或中伤，根本原因在于西方人文科学对人类中心性的普遍关注，必然触及主观性与客观世界关系的哲学问题。行为主义地理学既然致力于"有人"的地理学，研究主体和被研究的对象之间不具有截然分开的边界，必然触发关于是否能够找到关于人的"终极真理"的深层思考，思考的结果就是对是否可能构建出统一的行为过程理论框架产生怀疑。考克斯曾从认识论角度提醒行为主义地理学对把认知、偏好、选择的主观过程纳入科学实证主义框架，把主观个人和客观环境（社会）截然对立的处理可能是片面的（Cox，1981）。不仅如此，即便是三大"主义"之争，实际上也是在寻找主观与客观关系的新的诠释，同样说明了对"人"研究的复杂性和曲折性。在这种研究大环境下，行为主义地理学遭遇的起伏在所难免。

7.4 行为主义地理学的复兴

构建统一的行为过程模型失败，并不能否认行为主义地理学的存在意义，相反加深了行为主义地理学应作为地理学研究方法论，即行为论的地理学研究方法而不是一门独立学科的认识（Golledge，1981）。到20世纪80年代，人文地理学呈现理论多元化趋势，相对主义和后现代主义的兴起，实证主义与人本主义、结构主义之间的对峙开始缓和。人本主义虽然能挖掘人与外部环境的深层关系，但需要借助小样本描述，难以得出普遍理论模式，结构主义过度强调社会结构，容易忽略个人能动性。总之，在不同思潮互相渗透的背景下，实证分析式的行为论研究仍具有强大的生命力。不仅如此，认知研究和偏好-选择研究之间分离增大，使行为主义地理学从个人行为全过程理论化的过高目标中解脱出来，产生了更多直接用于解决地理学现实问题的成果（柴彦威等，2008）。

7.4.1 制约导向和社会关联的趋势增强

在西方经历了能源和经济危机的大背景下，20 世纪 80 年代西方人文地理学的研究内容开始转移到以分析解决现实社会的生活问题为主攻方向，尤其涉及环境污染、贫穷与饥饿、种族歧视与生活福利等问题。此时，行为主义地理学研究解决社会问题、付诸实践的指向性也不断增强，逐渐把偏好选择过程视为所处社会制约之下的结果，将行为的发生放到更大的社会结构背景加以考察。早在 20 世纪 60 年代，行为主义地理学家就已区分了实际空间与行动空间（Kirk，1963），后者是个人感知到的、影响行为决策的那一部分环境。这个框架的价值在于两个空间之间的差异部分可以理解为决策选择集具有局限性，因此为非理性行为给出了一种解释框架。德巴拉茨在此基础上把个人决策所面临的选择集划分为四个阶段，并认为在预期阻力、社会规范等制约因素的作用下，个人将不可接受的选择被逐次排除，最终剩下的选择即是实际行动（Desbarats，1983）。德巴拉茨的理论充分考虑了外界制约导致意愿与行动之间不一致，因此能够揭示个人面对环境条件的变动时的反应机制，如约翰斯顿将其用于核泄漏灾害撤离行为研究（Johnston，1985）。

1993 年，戈里奇在"地理学与残障者"中探讨了盲人探路行为（Golledge，1993），指出以往的空间行为理论，几乎全部是用智力健全人（特别是男性）的立场来定义。他提出了两个"地理学"的必要——研究残障者的地理学与服务残障者的地理学，前者的任务是探明盲人脑中感知的"世界"与正常人的有什么区别；后者的任务则是将这些区别加以应用，帮助研制出面向残障者出行的社会援助。与之类似，汉森等透过男女通勤行为差异，揭示了性别化社会、就业结构的转型趋势（Hanson and Pratt，1991），艾特肯研究了社区邻里变动对迁居的影响（Aitken，1990），而时间地理学把个人决策过程视为时空制约和社会物理制约下的被动过程，从消极方面入手的分析空间决策机制的方法，对如何改善生活福利具有重大启示。由此可见行为主义地理学已经具有解决社会问题的导向性，开始在行为决策产生过程中设想社会文化制约的存在，相比完全基于主观心理因素的认知研究和选择模型又跨进了一步。

7.4.2 跨学科研究的兴盛

20 世纪 80 年代中期，相对主义、后现代主义思潮开始涌现，在这种多元化背景下，行为主义地理学研究开始向空间行为分析以外的领域拓展和渗透，与人

85

文地理学内多个分支，如社会地理、文化地理和景观生态领域产生了关联，其结果是萌发出生态学、社会弱势群体、女性、生命周期等崭新视角，使行为主义地理学不断活跃化。

随着心理学由人工实验室研究转向日常生活行为研究，以及对大尺度空间认知的关心度增加，以环境心理学为首的心理学分支与认知过程的地理学研究联合开始增多。认知心理学者对认知地图形成过程提出异议，认为认知地图（包括传统的手绘图、偏好趋势面）只是众多"认知模式"中的一种，不足以用来解释外表行为。认知研究者引进了心理学的认知模式（schemata）概念而使研究得到扩充，认知模式是带有预期目的性的个人主动筛选信息的过程，现实中的人是既受环境影响又影响环境的目的型动物（Kitchin，1996）。

20世纪90年代兴起的地理信息科学依靠其计算机技术的优势，为行为主义地理学展开了更广阔的研究前景。GIS是通过计算机对地图进行建模和可视化表达，因此GIS与早期对空间知识学习过程的研究产生了呼应。GIS将空间知识由位置、距离等绝对概念扩充为相邻、相交、结节、包含、靠近等拓扑概念，对研究个人的认知地图性质和空间知识结构带来很大启发，认知地图被比做"内化于人脑中的GIS"，并可进一步探明大脑中空间知识的体系。通过考察使用者如何使用GIS操作界面，还可以探索使用者的空间知识形成过程的特点。

7.5　行为主义地理学研究案例

7.5.1　戈里奇：锚点理论及儿童寻路行为

行为主义地理学早期的核心研究领域为空间认知和空间知识的获取，戈里奇作为西方行为主义地理学的领军人物，提出较为经典的锚点理论。戈里奇认为空间环境中的位置、路径和区域的等级顺序是基于它们对个人的相对重要性而定的。最初的位置（如家、工作地点或购物地点）在相互作用过程中非常重要，它们"锚定"了个人的空间信息集，通过连接主要节点或锚点的分布空间来决定路径的搜寻。所有节点和路径信息按照等级组织起来形成骨架结构，在这之上又结合了其他的节点、路径和区域信息。家、工作和购物地点成为最初重要的节点和主要锚点，在此基础上其他等级的点开始发展，其他的锚点包括了环境中经常被识别、知道和利用的地方（Golledge et al.，1990）。

锚点指的是那些被普遍选择的一般性节点，其为环境中重要事物的认知标志（如城市之间互相区分的一般性标志），以及与任何个人活动模式有关的主要特殊点。当相互作用沿着路径在主要节点之间发生时，产生溢出或扩散效应，形成邻里、社区、区域以及其他地区概念。锚点周围的邻里首先被认知，相互作用通过节点-路径网络继续发展，增强个体的环境意象，同时把基本知识结构的内容和次序形式化。如果锚点被错误确定（如位置错误），那么它们支配的相关区域以及区域内低等级的节点也将产生相似的扭曲。库克雷斯等（Couclelis et al.，1987）定义了三种类型的扭曲，被称做构造板块、放大镜、磁铁，这三种模型在认知地图中经常可以被观察到：①在构造板块模型中，主要锚点的错位造成其他点位置的方向改变，多数情况下后者方向和锚点一致。②在放大镜模型中，锚点和近处位置的距离被夸大，远处位置的距离被过小估计，这样的扭曲有时被称做"鱼眼镜头"变形。③磁铁模型指出吸引力随着距离增大而递减，因此近处的物体无论位置怎样，都会受到锚点的强烈吸引，而远处的物体受到的磁力就减弱。在后者的情形下，位移产生的可能性变小，位移的方向更多取决于邻近的锚点相对吸引程度。

而关于空间知识获取的典型实证文章是有关儿童空间知识获取的，阐述儿童对于熟悉的环境，如对其邻里的了解情况。这些研究重点关注的任务是对于以图像形式展现的路线，其距离的正确判断；寻路与返回过程中相关的重要空间元素。在很大程度上，任务局限于小尺度空间与短距离路线，通常在各种封闭环境中进行。戈里奇等认为大部分实证研究基于三个关键假定：①在寻路任务中，相对空间中的非决策地点，人们倾向于在决策地点记录更多信息；②在识别地点、寻路与理解布局图，以及感知、连接、匹配与概括的自发过程中，人们分别提取、存储、使用并重组那些从环境中获取的信息；③任何既存的环境是由一组客体或要素构成的，它们都有各自的性质、价值或优越性，个体之间有所差异（Golledge et al.，1985）。

并且基于以上的假定，可以推出以下一系列假设：①环境线索或环境的其他特性，如果紧邻选择点，将最有可能被感知与识别。②任何给定的路线将依据选择点进行分段。③在选择点提取的信息数量、种类以及准确性，随着在选择点所需要进行的行为特性改变而改变。④通过回想环境特征所形成的信息，与选择点的重要性有关，而选择点与特征所存在或接近的特殊片段紧密联系。⑤路线片段与路线自身在长期记忆中会连接起来，并能应用到其他任务中。⑥普遍化与扩散效应将必然导致环境的等级表征。⑦在认知、行为与期望的区域，连续的表征试验、连续的跟踪试验的频率将会不断下降，行为也变得程式化。⑧年幼儿童难以把特定路线中获取的信息，合并成一个结构整体；而倾向于把路线作为分离的事物，保留在记忆中，因而他们难以完成抽象的推理任务，如走捷径或结构再现。⑨部分不满 10 岁的儿童以及更多青少年儿童，能正确指向封闭的地方（尤其是位于熟悉的环境中，如住宅邻里或校园），表明任务环境中的抽象表征，已经被编码和存储在记忆中。

基于以上假定并致力于检验上述假设，研究者在加利福尼亚州戈利塔市一个中等密度的住宅邻里区，进行了一项实证研究（Golledge et al.，1985）。这一地区的特点完全与居住有关，因此简化了识别、分类以及使用环境暗示信息的任务。许多经验特征与住宅、街道或者十字街道的特性有关。邻里中没有明显的重要暗示帮助定位，当沿着特定路线进行穿越邻里的连续试验时，空间知识也必须通过连续的方式获取。邻里的基本提示结构，来自大量邻里儿童的提示列表以及示意图，通过地方学校和跟踪小组把上述这些联系起来。特性或提示被提及的频率被认为是其是否包含在普遍识别的邻里暗示集合中的标准。研究者利用 9～11 岁的男女儿童，对路线难度进行预测试，兼有前向和倒转模式的导向。几次预测试的数据均表明，路线的信息依然是片面的或不连续的。研究者对一个 11 岁的男孩进行了连续 5 天的多重试验的测试。男孩在前向和倒转模式中寻路，每次寻路任务完成以后，在路线起始处的移动实验室就会产生详尽的任务报告。任务报告的一部分，是要求这个男孩描述导向策略，并列出回想到的路线的突出特征；并且要求他口头说出一组方向，能使另一个男孩成功地通过路线；接下来的任务是在一张空白纸上画地图，标明起始点和终点的相对关系和绝对位置；最后，播放向前穿越路线的完整录像带，要求这个男孩识别并记住所有特殊暗示、场所和特性，以及在特定位置采取哪些行为。对于依次将会出现何种情况，及要求采取哪些行为的期望，也进行探查。这一多重试验的测试，提供了大量资料。

到第 10 个试验，主体对路线就显得很熟悉，一直用同样的方法分段，行走有了信心，相对而言没有产生错误。在导向任务或任务报告阶段，几乎没有产生新信息，从而试验终止。在所展示的路线的特征和特性方面，示意图与口头描述匹配很好。研究者重新参照第一个关于信息和选择点的假定，依据沿着整个路线的场所的暗示和特性认识，构建出其复合表征。通过对整个路线的暗示和特征认知的累积频率图的分析发现，关于该图的检验表明，对于前向和倒转试验，无论数据是分开标志还是汇总，参照频率最高的点所表征的位置，均尽量接近选择点——尤其接近十字路口或拐角处。在前向与倒转模式之间，暗示或特性的频率的绝对水平有一些区别，但在这样的图像表征中，选择点的至关重要性显得很清晰。似乎需要进行复杂活动（如方向转变或跨越街道）的选择点，相比只要求类似的单个行为的点，就有显示更多暗示和特征的潜力。在其他区位或暗示地段，不要求采取主要的行为或选择，对其也就较少知晓、较少提及，在口述或示意图的表征模式中，也就不易正确表征。历经连续数天的数据检验，通过与起始点和目的地密切相关的初始信息，以及随后出现的第二、三位和其他更低级的节点，展现了沿路暗示的渐进分化。缺乏任何特定行为，而非维持当前状态的暗示，在知识程度方面持续走低。

一般而言，从这些实验中很明显可以得出下述结论：①起始和目的地节点，明确定义了任务环境；②其间第二、三位和其他更低级的节点，确定了在连续试验中出现的选择点，并且那些要求多重行为的点，规定了重要的中间锚点；③较低级的节点邻近较高级的节点，有助于定义在选择点的关于行为或潜在行为的期望；④有些暗示是试验的或插入的细节，只是作为外围的或补充的强调信息，它们（如一只吠犬）的存在与否，不会显著影响对其邻近处的认识水平。

对口头报告、反馈的录像带以及示意图等进行检验，所获取的路线认识，其组成成分的片段和次序，通过这些检验得以明确。要把路线恰当分段，并按正确的次序连接，个体必须对起始点、目的地和沿路主要的选择点有充分的认识。关于路线上场所的认识需要发展，路线的各部分也需要连接或程序化。这些认识随着连续的试验而产生，而早期试验中由于缺乏这样的认识，导致不能产生路线片段的正确序列。因而在这些早期试验中片段次序被破坏，十字路口或街道十字路口的方向变换被倒转，区段被不恰当的方式弯曲。而相应的手绘图系列则表明前向和倒转试验所形成的手绘图的完善程度。这些图也展示出在初始试验中，一些邻近主要节点、被明确标示的路线片段，以及代表早期结构的剩余部分、不完全或缺失的片段。在连续试验中对细节的描述不断详细，但也有片段产生差别的扭曲、逆转和缺失。但最后的地图，经过各个方向的五次试验，在路线片段方面，以及选择点及其近处的暗示和特性的细节方面，均已相当完整。

与手绘图这一手法的适用性相关，存在一些有趣的现象。这些产生信息的试验序列之间具有显著的差异性。对于许多第二、三等级的节点，主体尚未能在其手绘图中增加这些细节，就已经进入试验序列。然而，在以沿路地点的录像带为基础进行的口头描述和讨论中，这些暗示和片段的信息通常出现得更早。统计检验证实了这些模糊的观念。试验5（最后一次导向试验）中录像和实地体验之间的差异性，对全部变量而言都很显著。录像资料与试验2（第一次导向试验）中的实地体验之间没有显著差异性。可以看出在实验室中观看路线五次，相比在现场展示一次，最终对导向产生的影响是相同的。在导向任务中所观察到的这一差别，是很重要的发现，尤其鉴于其他的实验结果，因为这表明通过两种学习体验，获得了不同的认识类型。同样，实地考察时沿路不同地点的暗示，能够比在手绘图上更早地被识别。因此，在试验的最后，对于手绘图、口头报告、录像带或幻灯识别等而言，其信息的类型和数量是等同的；而在初始阶段，从其中每个方法中得到的结果具有显著差异性。

显然，当主体几乎没有对环境的先期认识，或者对于手绘图这一表征形式的显示或实践很少，要总结上述情形下个人的现有认识结构，唯一的方法是了解使用手绘图的技巧。空间过程中产生的误差，可以分为两类——行为误差与期望误差：①行为误差包括导向或程序错误，使得儿童偏离已建立的路线。②期望误差或模糊误差，未必直接导致行为错误，但显示了对于特殊选择点的不完全认识。模糊误差包括：对特定区位分配特殊的不存在的暗示，替换路线片段之间的暗示，不承认场所序列，以及不能把寻路任务中的暗示和采取的行为相结合。并且研究发现，随着试验的进行，行为或期望误差、总体误差的数目均下降。许多误差在第三天以后完全消失。如果我们绘出潜在选择点的误差频率，据此检测误差产生地点，将会发现误差产生的高峰在路线的中间区位，在这里需要采取多重行为。在路线起始或结束的位置，以及其他主要锚点的邻近位置，相对而言误差很少。相反，在其他次要节点的误差一直持续到试验 5，并且也是最后记录的误差。显然，误差产生的可能性，与暗示或路线片段在任务总体情况中的相对重要性有关。

7.5.2 王德：南京东路消费者的空间选择行为与决策

消费者的行为与决策一直以来都是行为主义地理学研究的核心内容。目前中国正处于从生产城市向消费城市的转型时期，商业空间与消费行为的巨大变化需要从微观层面上对居民消费行为及其决策过程进行深入研究，以透视城市生活方式的变革及城市空间重构，从而为消费行为的空间引导、商业街规划及建立可持续的消费模式提供科学的理论依据。

消费者的行为决策涉及众多的心理过程和思维过程，而对于人们大脑中复杂而不可见的运算过程，研究者无法一一解读，因此，可行的办法就是从决策过程中部分可见的表现或可解读的认知心理入手，结合已发生的消费者空间选择行为，来解释消费行为的决策过程。同济大学王德研究组采用空间行为模型及行为模拟等定量研究方法，对南京东路消费者的空间选择行为及决策进行了一系列的深入调查与细致研究（王德等，2004；朱玮等，2006，2008），突显了行为研究方法在商业街规划与改造中的有效性。研究中以地块作为分析单元，将南京东路大致划分为 22 个地块，从空间角度探讨消费者的行为特征，包括人流量、停留次数、消费金额、人均消费金额等要素的空间分布的基本特征，并按照消费者的活动顺序将不同地块划分为入口地块、回游地块以及结束地块等，采用马尔可夫链模型以及嵌套分对数模型等解释消费者的空间选择行为及决策过程，并在南京东路"金三角"地区大规模开发以及假设河南中路以东段步行化两种空间结构改变的情形下，预测消费者回游轨迹的变化。

　　研究表明，地块中商店的营业面积、是否位于步行街、是否设有百货商店对消费者的人数产生显著的影响，而对人均消费额没有明显作用。一方面鉴于人均消费决定因素的复杂性，另一方面相关分析显示反映商业街经济效果的总消费额更密切地相关于消费者人数而非人均消费额，因此在接下来的分析中着重探讨了起始地块、回游地块、结束地块等不同消费者活动阶段的人流分布情况。结果发现，位于起始消费阶段的消费者不但较其他阶段更集中分布于某些地块，且该阶段的人均消费额远远高出回游及结束阶段的人均消费额。此外，对南京东路消费者的回游流动特点也作了分析并归纳为以下四点：①相邻地块回游较为频繁，远距离地块间较少；②步行街内部回游频繁，其他地区较少；③西部频繁，东部较少；④大型百货店之间回游较频繁，最大的回游流出现在新世界商城、第一百货西楼、第一百货东楼方向上。另外，"金三角"地区开发将对消费者选择行为产生显著的影响，它将加剧该地区内的商业竞争，改变局部的回游轨迹，却也同时削弱了几乎所有消费者选择行为的确定性。步行街的完全化将很大程度上消除原先存在的消费者折返行为以及跨越行为，使河南中路以东商家受光顾的机会增加。

　　由此可见，研究消费者的空间选择行为规律及决策过程可以为合理的商业空间规划服务；同时，采用恰当的行为模型，也可开展更多的应用研究，如基于空间要素对地块开发潜力的评价，对新增商业项目后的人流量预测，依据人流预测评价设施配置，引导合理流向和交通组织，对步行街再改造和地下空间、交通基础设施改变后的影响力评价，以及建立初步的模拟系统拟定优化的开发模式、时序等。这些研究都可为政府的规划、商家的决策以及消费者的选择提供参考。

7.6 结　语

　　最初起源于西方地理学计量革命浪潮中的行为主义地理学，在经历了近 40 年的发展后已经大大突破了最初的空间科学式的研究范式。西方行为主义地理学在不断反思并重新认识自身意义的循环中不断成熟，从最初的回答"行为在哪里发生"的区位论套路发展到关注人类行为与环境的互动关系，而最终回归到日常生活空间和现实社会中。可见，西方行为主义地理学的最新转向符合学科与社会发展的潮流。当代西方行为主义地理学研究中的认知和决策两大领域仍然表现出"两强分立"的特点，但其整合的可能性仍然存在，例如阿润茨等整合认知地图与行为选择的尝试（Arentze and Timmermans，2005）。互动的交换主义和供给视角、日常生活视角以及模型不断精确化的活动分析法等都体现出从主观选择和外在制约两方面来把握行为与空间相互关系的努力。

　　中国行为主义地理学的研究从 20 世纪 80 年代开始得到发展，消费变革与购物行为、就业市场与通勤行为、住房选择与迁居行为等逐渐成为当代城市研究的热点。此外，传统的行为主义地理学研究通过显示偏好法研究个人行为与城市空间之间的偏好和制约关系，主要目的是理解人的空间行为；而现代的行为主义地理学则需要更进一步通过假设偏好法把个人行为的理想空间挖掘出来，研究个体理想的行为空间与理想的城市空间之间的相互关系，并且从个人行为的角度出发为所谓的理想城市空间构建提供建议。尽管目前中国行为主义地理学的研究还远远落后于西方国家，但中国的行为主义地理学研究即将进入空前繁荣的时期。这主要是由于一方面，行为研究的创新空间较大，行为主义地理学研究的广度和深度还会不断扩展；另一方面，基于中国的现实背景，未来的 30 年将从快速的经济发展向以人为本、关注人的全面发展转变，面向个人生活质量的社会转型过程中将更需要基于个体行为的城市地理学研究方法，未来的行为主义地理学研究核心必将更加转向"空间中的行为"和日常行为，同时借鉴多学科视角和先进技术手段，从主观选择和外在制约两方面来把握行为与空间的互动关系，并将行为研究应用到城市规划、交通规划、旅游规划、社区规划等规划领域，提升研究的学术创新与规划应用价值。

第8章 结构主义地理学与城市研究

8.1 引　言

如果我们按照各种抽象且相互关联的"主义"来为哲学或者方法论贴明标签，这本是一项不明智甚至徒劳的举动。就思想而言，它们之间并无清晰的领地划分规则，而所有的标签实际是后人撰写，用以总结前人成果，往往存在简化和分类的倾向。而当一个哲学思想或者方法论进入地理学，往往要迂回式地途经其他学科的重重转述，真正步入地理学应用的时候，已经距其在哲学系统的原意相去甚远。本章所述的结构主义（structuralism）便是一个典型。

从作为语言学家的现代结构主义之父索绪尔（Ferdinand de Saussre），到因把结构主义和马克思主义结合而极负盛名的哲学家阿尔都塞（Louis Althusser），以及早期受阿尔都塞影响的以研究城市问题著称的城市社会学者卡斯特尔，再到带有卡斯特尔痕迹的并继承另一支源于皮亚杰的结构主义的地理学者哈维……结构主义地理学经过语言学—哲学—社会学—地理学的一系列脉络，才得以步入实证研究。如同面对一座连绵的山脉，我们很难厘清相距甚远的不同山丘之间的联系。不过，如果我们聚焦超越其他之上的几个山峰，却能够发现这些顶峰式人物之间的关联、对望甚至对抗，从而相对容易地描绘结构主义地理学的图景。于是，本章采取代表性学者这种"站点式"解说，以向读者展其概貌。毕竟，衡量一座山脉总是以其最高峰为标尺的，对一种学说而言亦是。

为此，后文将首先对结构主义理论进行分析，对结构主义之下的马克思主义及其地理学运用进行介绍，以此将话题指向结构马克思主义地理学，而对其介绍则主要围绕列斐伏尔、卡斯特尔和哈维三位的城市空间与城市问题理论展开，这三位代表结构主义在城市地理研究中的集大成者。以此为基础，我们将进一步展开案例研究，通过对颇具代表性的尼尔·布伦纳（Neil Brenner）和吴缚龙（Fulong Wu）等几位学者的研究进行分析，阐述结构主义地理学思想在当今城市地理研究中的实践方式与方法。最后，我们将对结构主义的地理学应用进行总结与评价，尤其关注其对中国城市研究的重要意义。

8.2 作为方法论的结构主义

什么是结构主义？为什么结构主义会将其认识论指向对结构的强调？为回答这些问题，我们首先需要对结构主义的起源与发展进行解读。

8.2.1 结构的开端：索绪尔语言学中的结构

瑞典语言学家索绪尔最先从颠覆人与语言的从属关系入手，向我们展示"结构"那强大的决定性作用。在索绪尔之前，单词常常被视为语言的构成要素，被预先赋予各项事物，且能够被人类思维独立把握，是"人说语言"。但在索绪尔那里，语言被表述为一个功能系统，是一个表达手段的系统，它为现实分析提供了必要的概念框架、同时提供描述现实的文字工具，没有这个系统，人将无从表达，即所谓"语言说人"。于是，在索绪尔看来，并不是孔子说出了《论语》和老子说出了《道德经》，而是借助《论语》和《道德经》才说出孔子、老子其人以及他们的思想。

同时，通过对所指（signigieds）与能指（signifiers），以及语言（langue）与言语（parole）的区分，索绪尔强调语言学系统具备高于个体的、社会的特征。语言是交流者之间约定俗成的交流代码，由它们之间的联系之网（即相对语义）所定义，是有着散乱言语的个体被动地从社会接受而储存于头脑中的系统。它存在于个人意志之外，为社会每个成员所共有，因此人们才得以交流。所有的概念范畴都在语言系统中被创造，没有任何一个孤立的符号单位（词汇）或个人言语可以独立于这个语言系统之外。此时，我们的主题——结构——在此呈现为索绪尔的"系统"。

重述一次：语言符号是一个系统（结构），人们使用这些语言代码交流。每一个语词和任何人的想法都受到这个系统的规束。这样一种个体被系统所决定的认识倾向，影响了后来人们认识事物的方式，而这一认识也是结构主义的基本原则。

从这一原则出发，可以认为：世界是由各种关系而不是事物构成的，在任何既定情境里，一种因素的本质就其本身而言是没有意义的，它的意义事实上是由它和既定情境中的其他因素之间的关系决定的。要对整体有所认识，必须由整体出发切分出要素，而这些要素是彼此联系的[①]。

---

① 对此，布尔迪厄的总结颇为贴切：结构主义的重要贡献就是将现代数学与物理的思考模式运用到社会世界，而且不以实质，而是以关系来指明真实（1968）。

在索绪尔前后持此类型观点的还有"现代社会学之父"涂尔干（Emile Durkheim），2009 年逝去的把结构主义运用于人类学的列维·斯特劳斯（Claude Lévi-Strauss）等。尽管他们身处不同研究领域，但仍有诸多共同特点：强调整体性、整体优于部分、结构的封闭性、用共时态反对历时态等。

8.2.2　作为人文主义反面的结构主义

若深入了解一个事物，有效手段之一是同时了解它的反面。对结构主义而言，这个反面便是人本主义（人文主义）（Humanism）。就哲学史而言，同样是基于对实证主义的批判，学者们却走入两种截然不同的路径：结构主义和人本主义。事实上，结构主义也几乎是在对存在主义和人本主义的批判中逐渐崛起的。

20 世纪 50～60 年代，让·保罗·萨特试图将马克思主义中的人道主义融合进他的存在主义，用以加固他的"存在主义是一种人道主义"的观点（萨特，2005）。在马克思的"物质生活的生产方式决定人类社会、政治和精神生活进程与人类通过自己的劳动和反抗改变历史"的双重辩证的张力中，萨特强调和继承了后者。在萨特看来，人在特定的环境下创造历史，人类个体是最具体的实体；这使得人有了一种"超系统"和"超结构"的能力：人类不全是由其所处的（地理）条件决定，而是首先由他们超越特定条件的能力塑造。萨特说，人是"绝对自由的"，"人就是自由"，"人永远拥有选择的自主权或否定选择的自主权"，所以能够"不断地成为他自己"，从而始终肯定人的某种潜能。

存在主义这种非常人文主义的、以人为中心的、人类创造历史的观点，实为结构主义之对立面。例如，斯特劳斯就曾直接激烈批评萨特，认为即便是关于人的科学，其最终目标也"不是建构人，而是解构人"，主张抛弃主体，认为历史不是一个发展过程，而只是一连串的结构。阿尔都塞也直接否认主体（人）创造历史，强调历史是"无主体过程"的，人和历史主体同时死于社会生产关系的客观互动。米歇尔·福柯（2001）则以另一种方式宣告"人之死"，他说"人终将被抹去，如同大海边沙滩地上的一张脸"，认为被现代知识型构出的实证性的人已消解在研究文化中结构不变式的人种学和关注无意识的精神分析之中。所以，在结构主义者看来，社会（以及其他）结构不涉及行为主体，主体（人）对结构无能为力。结构的规定性超越人的能动性，结构如同一张巨网，人被局限于那些横纵交错的结点中，可以有些许位移，却永远无法逃脱。

结构主义与人本主义的观念之争同时也是方法论之争，这一争论可以一直延伸到几乎所有社会学科（包括地理学）。而对结构主义地理学而言，这张结构之网往往被换成政治、经济、社会制度之网，而那些被结构囚禁的结点则化为一个

95

个空间事件，但这些空间事件自身并不能阐释自身。要解读这些空间现象，首先就要了解它们背后的结构。

8.3　结构主义、马克思主义与地理学

尽管我们在某些地理学著作中看到明显的结构主义印记，但事实上，地理学者们很少直接从索绪尔、斯特劳斯或阿尔都塞那里直接获得有关结构的观念，反而更多取材于人类学（Godelier，1978）、符号学（Greimas，1966）或国家学说（Poulantzas，1978）。事实上，多数城市地理学者在运用结构主义时所具有的明显特征是：通过对马克思主义经典的直接解读，获取用以分析结构的方法和范畴（Gregory，1978；皮特，2007）。为此，本部分旨在说明结构主义如何通过结构马克思主义最终进入地理学。

8.3.1　马克思主义中的结构逻辑

毫无疑问，对任何追随者而言，马克思主义均可化为深具方法论意义的宝藏。如同前述，存在主义者萨特曾经把马克思主义视为人道主义的源泉，而几乎相反地，也有很多人把它视为当然的结构主义。典型如阿尔都塞，直接撰文《马克思主义和人道主义》（阿尔都塞，2004），用以说明马克思主义哲学的前提便是与一切哲学人本学和哲学人道主义的决裂。但是，为真正理解马克思主义中的结构观，我们必须绕过这些雾气弥漫的争论，直接回到马克思。

在马克思的唯物史观那里，历史的纵向结构由生产力与生产关系的互动所决定。伴随着生产力的发展，人类经历原始社会、奴隶社会、封建社会、资本主义社会和社会主义社会，并最终走向共产主义。有人将马克思的历史唯物主义归结为经济决定论，因为他将一切社会活动都归结到经济这个一维平面：世界由经济及铁一般逻辑的历史决定，经济学理论等同于自然法则。经济规律或历史规律便构成那无处不在并无从反抗的结构。而组成社会关系的生产关系，必须适应生产力的发展（尽管也存在反作用），人类不过是社会产品，是历史巨手中微不足道的卒子，是用以完成历史进程的工具。曾被启蒙运动从上帝的压迫之中解救出来的人，又被卷入历史那冷酷而不可逆转的车轮之下。这亦对应于结构主义，即信奉结构的力量远大于人的力量。

另外，马克思始终强调整体性、强调事物的"总体的特别结构"，以及事物内部各方面的"同时存在"和"相互依存"关系。在马克思政治经济学那里，物质资料的生产、交换以及与产品分配一一对应，构成不同人类发展阶段的不同

整体和内部结构。而剩余价值的秘密、资本主义制度下生产社会性和私人占有资本形式之间的矛盾，更是根植于社会结构中，于是两极分化等社会矛盾和经济危机也就内在于资本主义这个大的制度结构之中。

如此看来，马克思主义的确有着一副非常结构主义的面孔。于是，马克思主义地理学也就成为结构主义地理学的绝佳代表。

8.3.2 马克思主义与地理学之契合

哈维说过，每一个研究马克思的人，都会被迫使着去写书来总结自己的阅读体验，于是他在研读过《资本论》后不可抑制地写下《资本的界限》（Harvey，1982）。无独有偶，列斐伏尔（2008）的《空间与政治》中收集的几乎就是他关于马克思、恩格斯早期作品的读后感。初始的马克思主义必定是博大的，并且这博大中至少有些什么，极其适用于地理或城市研究，同时这博大中必定还缺少些什么，以为后继者留下继续延伸的空间。

我们将以一个个案来说明马克思主义与地理学之间遥相关联的可能性。在黑格尔和马克思那里，无处不在的矛盾推动了事物的发展。哈维便将马克思建构理论的秘诀归为寻找一个矛盾中相互对立的双方，由此不断对它进行内、外区分，从而转移矛盾，完成阐释逻辑的演进。以马克思的资本理论为例，马克思从物质化的商品说起，商品同时禀有使用价值和交换价值两种相互对立的属性，这种内在于商品的对立完成了它对于普通商品（使用价值）和货币（交换价值的纯粹体现）的分离。但货币又有它自己的内在矛盾，而这个矛盾当且仅当货币以某种特殊方式流通——也就是进行资本循环的时候才能够解决。而在资本循环的过程中，资本家与工人之间的阶级矛盾又被彰显，并最终因其不可解决造成了资本主义的危机。这是马克思的阐释思路，哈维几乎将其原封不动地拿来用于他的《资本的界限》一书的前七章。而在后面的章节，哈维延续了这一方式，但把时代特色放入其中。资本主义的危机——过剩的资本和劳动力可以以这种新的流通方式解决：把它们存入未来，而非现在使用。例如进行房地产开发、道路桥梁建设等固定资产的投资以解决当前资本和劳动力盈余问题。然而矛盾并没有结束，因为一旦"价值"被投放到固定资产，便打断了原先持续性的资本循环，而流动是资本的本性。那么怎么办呢？信贷制度应运而生。如此连同"固定"的不动产也可以作为抵押以再次获取资本"流动"的能力。但新出现的金融系统也有其内在矛盾，那就是作为信贷的货币的创造与它的货币基础（作为衡量价值的货币的使用）有着根本性矛盾，由此导致新的危机形式，如通货膨胀和金融海啸。

哈维以他的敏锐，把马克思的框架带进他的时代，甚至带进我们的时代——

97

他在某种程度上已经预言了次贷危机、金融海啸。他后来的作品《资本的城市化》、《新帝国主义》（哈维，2009）延续了他的资本分析框架，并逐步建立起一整套"辩证历史唯物主义地理学"理论。

受恩格斯影响，马克思的思维中带有强烈的实证色彩。比起真正的思辨哲学家，马克思远不算抽象，他探讨的总是物质的具体样态（如物品）或特殊形式（如商品）。这使得马克思主义理论充满与现实/历史相结合的潜质。并且，资本的生产、流通与危机总要在某个特定场所进行——某个空间或者整个城市甚至全球，这使得马克思主义与城市地理学或城市研究充满先天性的可联合之处。另外，相比注重现象的传统地理学，马克思主义具有明显的理论深度，有着不可多得的对隐藏在现象之下的机制的强大采掘力。而它对弱势群体的关怀倾向和对现实的强烈批判，则成为激进地理学的最重要养料。

8.3.3 马克思主义的"空间"缺位

然而，马克思主义与地理学的纠结并不仅仅在于马克思留给地理学的遗产，还在于马克思为后继者所留下的理论"空缺"，而这一空缺恰为地理学研究的核心对象——空间。

马克思强调了那个强大而无情的历史车轮——流动的、充满结构意味的时间。尽管马克思的《资本论》分析中涉及了土地和环境，但针对空间与城市则着墨甚少。即便是在后来者眼中，与弹性的时间相比，空间也一直被视为固定的、僵死的、受社会与政治左右的——它不过是社会变化和历史演进的容器或道具而已（Foucault，1980）。似乎，空间本身既无改变、也无改变的力量，真正变化的是空间中的社会和历史（时间）。

改变这一观念的，正是地理学者以及其他充满空间意识的学者，他们把空间补充进马克思主义的分析框架，从而完成了群体性的"地理学想象"。在列斐伏尔那里，历史"实践"就是社会机制强行编制的空间程序，而我们的时代则早已从关注空间中的事物和空间中的生产，变为空间的生产（如基础设施建设）本身。作为"空间化的马克思"的哈维，他发现了资本主义"时空压缩"的奥秘和"空间修复"中空间逻辑作为既定结构的那种不可逃脱的力量。索亚则提出社会-空间辩证法和空间正义论，认为一种生产方式的结构和矛盾会同时表现在它们的社会关系和空间关系上，从而从地理空间的维度对社会进行批判，将马克思的历史唯物主义改造成为历史-地理唯物主义。

有关这些学者的论述，我们会在下一部分具体呈现。但他们具有一个共同特点，就是以曾被忽略的空间为视角，去分析各种现实事件背后的政治经济制度那张结构之网。值得特别说明的是，与先前学者（包括马克思）善于将事物进行二元对立化不同，马克思主义地理学者将空间纳入分析框架时并没有将它和时间对立起来，而是将时间和空间或者空间关系和社会关系转变为事物的二元性，甚至将二元关系多元化，从而保证了其阐释的弹性和包容性。

8.4 结构马克思主义地理下的空间和城市

上一部分说明了结构主义怎样借由马克思主义进入地理学的历程。的确，结构主义地理学中影响最为持久和强大的一支，当属马克思主义地理学。尽管后来除了哈维以外，很多受马克思主义影响甚深的人最终放弃了自己的"马克思主义地理学者"的头衔，更鲜有地理学者直接称自己为"结构主义地理学者"。但结构马克思主义和结构主义至少留给地理学两点遗产：其一，对现象的规律性看法，认为某个社会形态的各经济、政治、意识形态层次中，其支配层次是由经济决定，并且每种社会形态的每一个层次，都有其对应的"时间"和"空间"；其二，对现象进行阐释的态度，即"事实"并不能"为自己辩护"，所有的经验研究都要求有敏锐的理论敏感（约翰斯顿等，2004）。但在具体剖析社会现象方面，最一般的理论工具则是政治经济分析。

下面，我们将抽取一些代表性人物的思想片断，以介绍地理学者如何利用结构主义、马克思主义或政治经济分析，阐释资本主义框架下的空间现象和城市问题。

8.4.1 列斐伏尔的空间的生产和空间政治学

列斐伏尔（Henri Lefebvre，1901—1911），法国哲学家、思想家、社会学家，"日常生活批判理论之父"，"现代法国辩证法之父"。将他与地理学紧密联系在一起的，是他的《空间的生产》一书，它奠定了整个后来城市研究"空间转向"的哲学基础，同时涉及社会学、人类学、政治学、地理学、城市理论、建筑批评、文艺评论等不同学科领域。此书在 1974 年法文版发行，而自 1991 年英文版出版以来，一直是西方城市地理学界最热门的理论著述之一，哈维、卡斯特尔和索加便受其影响深远。对于国内学者而言，早在 20 世纪 80 年代，列斐伏尔的日常生活批判理论就已被介绍并引发关注（包亚明，2001），但也直到近年，他的空间生产理论才成为城市研究的重要养料。

列斐伏尔是西方马克思主义的代表之一，尽管马克思的学说多被认为是一种典型的结构主义，但列斐伏尔并不能被称做结构马克思主义者。他强调能动性，

99

加入了人本主义的元素；他甚至是几乎垄断了"结构马克思主义"这一称谓的阿尔都塞的学术劲敌。同样，尽管地理学研究的最重要对象——空间——在列斐伏尔的认识论中呈现出作为本体的核心地位，并且他的著作中充斥着地理现象或城市现象，但他也并不被认为是一位地理学者，他的思想远超过单一学科的范畴。然而，他仍是马克思主义地理学和结构主义地理学最为重要的思想来源之一。在此，我们需要重点介绍他关于空间、空间生产的理论和空间政治学。

空间之于列斐伏尔，有一种类似结构的关键作用，在建立某种总体性、某种逻辑、某种系统的过程中扮演着决定性角色。空间在他那里不再是通常的几何学与传统地理学的概念，而是一个社会关系的重组与社会秩序实践性的建构过程，亦即所谓社会空间——"（社会）空间是（社会的）产物"（Lefebvre，1991）。于是，空间表现为一种社会关系，但它也内含于财产关系（特别是土地产权）之中，同时关联于形塑这块土地的生产力。而在马克思那里，正是不同的生产力和生产关系标志了人类所处的不同社会历史阶段；这一点在列斐伏尔的理论中延伸成社会和历史的"空间性"，每个社会形态都有自己对应的社会空间形态。即每个社会都处于既定的生产模式架构里，内含于这个架构的特殊性质形塑了空间，同时空间不断生产社会关系。人类社会正是在这种社会与空间在历史中的辩证性互动中不断发展前进的。空间生产出的历史历程如下：①绝对空间——自然；②神圣空间——埃及式的神庙与暴君统治的国家；③历史性空间——希腊式城邦、罗马帝国；④抽象空间——资本主义的政治经济空间；⑤矛盾性空间——当代全球化资本主义与地方化对立的空间；⑥差异性空间——重估差异性的与生活经验的未来空间（Lefebvre，1991）。当然，对人文地理学影响甚深的，是列斐伏尔阐释的资本主义抽象空间和当代矛盾性空间，以及列斐伏尔将空间问题视为城市化—国家化—全球化的"三位一体"，并以此作为理解、批判和想象当代资本主义的理论框架。

列斐伏尔认为资本主义与新资本主义生产了一个抽象空间，在国家与国际的层面上反映为商业世界、货币的权力网络和国家间的政治契约。这个抽象的空间有赖于银行、商业和主要生产中心所构成的巨大网络。空间作为一个整体，进入了现代资本主义的生产模式：它被用来生产剩余价值。土地、阳光、空气都被纳入生产力与生产关系之中。城市结构因其沟通与交换的多重网络，成为生产工具的一部分。城市及其各种设施（如港口、火车站）亦是资本的一部分。资本主义的空间不只是生产资料（如厂房、土地），还是消费对象（如海滨度假区、迪斯尼乐园），也是政治工具（如规划手段、警察管制空间），并且被用做巩固生产力与财产之间的关系（如豪华封闭社区对富人的庇护），同时还可以充当上层建筑的一种形式（如公路系统表面上中立却通过运送原材料和商品为资本主义企业提供便利)。当然,空间还始终具有某些肯定性潜能(如民众基于空间的反抗和创造性);反之亦然,极端例子如对空间的毁灭就被用做最常用的打击手段(如战争中对敌方建筑特别是历史、文化和政治性建筑的毁坏)。因此,空间被列为生产力、生产资料、生产的社会关系的一部分,尤其是生产的社会关系的再生产的一部分。由于每一种社会状态的存活都依赖于对空间的占有和不断再生产,以得到与自己相适应的空间(列斐伏尔列举了原苏联作为反例),于是整个资本主义世界由空间中事物的生产转向空间本身的生产,以确保自己的持续存在(Lefebvre, 1978)。例如,利用生产产品创造利润变得不再那么重要,更重要的是建设铁路运输线与高速公路等为生产提供坦途、运输原料与销售产品的空间物流,这也能创造大量的利润。同时,还要配备相应保障这类空间生产的统治策略,以确保利润的长久性。

由此,列斐伏尔进一步对抽象空间进行批判,对城市规划进行批判,并以此建立他的空间政治学。列斐伏尔认为,资本主义抽象空间类似于城市规划设计者所抽象出的、从技术角度来看的空间,它以某些与绝对空间相关联的空间的缺席(如树木、蓝天等)为特征,把固定的物体转变为图像与拟像,把空间简约化为一种城市化的设计规划的对象,用书画代替物体、代替人、代替身体、代替它们的姿态和行为。建筑师和规划师希图创造视觉上的可读性,但可读性与空间的丰富性却永不相容,它会抹去被无意忽略或者故意忽略的一切(如底层生活空间、城市公平问题)。同时,抽象空间还是一个支配性的、征服性的、控制性的与权威性的空间,它是统治阶级用来实现空间控制的权力工具。这不仅包括奥斯曼式的巴黎改造规划这样的技术策略,也包含了如中国的户籍制度、城乡二元体系这样的体制性策略。在列斐伏尔看来,空间不是被意识形态或政治扭曲了的科学的对象,它自始至终都是政治性的、战略性的(Lefebvre, 2008)。空间的这种特质导致一个重要的结果:现代经济规划倾向于成为空间规划(如同今日中国正在发生的一样)。国家和行政机器已不再只满足于(若它们曾是)以抽象形式干预资本投资,国家与其官僚和政治机构持续干预空间,以空间作为工具,干预经济领域的不同层面和所有机构(Lefebvre, 1991)。在此,我们似乎看到了中国地方政府热衷于编制规划、打造"城市群"、建设工业园区的影子。

尽管通过上述逻辑,我们看到了用一种结构眼光分析一切单个行为背后经济、制度、空间背景的倾向,即所谓对总体性的阐述,但列斐伏尔并不认为它抹杀了局部性和个体能动性。列斐伏尔指出,社会空间总要结合社会行动,不仅是集体也是个体的行动。因为"空间的生产,开端于身体的生产",所有以身体为最基本空间单位的实践会发生并奏效,反抗政治权力把持下的空间的规训(如中国农民工的迁徙导致户籍制度的逐渐解体,某些城中村在旧城拆迁中保留下来)。

101

这一点，即对个体性的同样强调，是列斐伏尔与典型的结构主义者的最大不同。

列斐伏尔从哲学的层面将空间进行三分，并以此统帅了社会、政治、经济各方面。形而上的叙述固然晦涩难懂，但列斐伏尔把空间置于一切事物本体地位的看法离我们的经验认识相去不远。例如，当我们谈到一个国家是公有制还是私有制时，实际是在说它的土地，亦即它的空间的一种所有权状况，但这样一种预设直接地决定了空间这一最原始也最具战略性的资源的使用（关涉经济制度）和分配（更多关涉政治制度），故土地公有、私有这一区分得以成为简单定义国家基本性质和类别的方式之一。

8.4.2 哈维的资本权力和逻辑

从《社会正义与城市》（Harvey，1988）开始，哈维开始将其研究方法全面转向马克思主义视角。在这本书中，都市活动、正义和空间是其主题，而其结构的意味则相当浓重。在他的分析中，一切个体和集体的社会行为都和特定地理和空间形式相关联。一个具体的空间形式一旦被创造，就会倾向于制度化（即变成结构），并且在某些方面倾向于决定城市进程的发展（即拥有一种结构的力量）。同时，哈维还继承了马克思主义者所惯有的批判立场，认为资本主义城市的本性就是生产不平等。比如标准的市场惯例和竞争，从不是保障"公平"和"自由"，而是促进资本主义下的地理不平衡（比如穷人住在更边缘的区位会加剧其贫困）；而城市公共领域也从来不是自由部门，而是总在市场竞争和利益最大化行为所塑造的强有力的经济和政治领域之网中（仍是结构的力量）。这种认为不平等起源于生产的社会关系，并更广泛地根植于资产阶级建构的"具体的地理"中的思想，在保留经济（资本）这一在马克思和阿尔都塞那里作为决定性结构力量的同时，又进一步转化为地理学主题中的空间形式的结构性力量。

这种基本的视角使得哈维对资本与空间的关系的审视极具洞察力。在《资本的城市化》（Harvey，1985）中，资本以由它自己所创造的物理地貌形式来表达自己，它创造一种特别的地形或城市地理为使用价值，以加快资本积累。如资本投资建设出适合于原材料和商品运送的城市或区域性交通网络。但哈维的深刻之处在于，他又指出其中的悖论（这种对事物内在矛盾的分析仍源于黑格尔和马克思）：城市建成环境本身的固定性，又为持续的资本主义累积创造阻碍，因为它受固于特殊的空间位置，而这些投资一段时间后不再那么有效（比如地价上升、劳动力成本提高或环境污染），这一空间固着便会成为问题。于是，为了新的发展，不得不在建成环境中所保持的过去资本主义投资的交换价值和破坏这些价值之间，协调出一条微妙的路径，以便开辟新的空间。这便出现了一场永久的斗争，在这种斗争中，资本及时在一个特定时刻建立起一个适合它自己的物理地貌，仅仅是为了不得不破坏它——通常是在危机中，在一个时间的迸发点上。也正是因此，资本主义得以幸存下来（这一点又有着明显的列斐伏尔的痕迹）。

哈维将上述资本主义"内部运作"的逻辑表述为一个著名的专业术语：空间修复。在后来的《新帝国主义》一书中，他进一步将其升级为"时空修复"，同时再次说明"修复"的两层含义：一方面，部分资本在一个较长时段内（取决于其经济和物理寿命），以某种物理形式被完全固定在国土之中或者国土之上，某些社会支出（如公共教育或医疗保险体系）也通过国家投入而变得地域化，在地理上被固定下来；另一方面，时空修复喻指通过时间延迟和地理扩张解决资本主义危机的特殊方法，一次"空间修复"就是通过构建固定社会地域结构，将资本积累的时间障碍转变为空间障碍的过程。比如，通过长期资本项目或社会支出来缓解大量的劳动盈余（可表现为攀升的失业率）和资本盈余（可表现为闲置的生产能力和流动过剩的资金），以推迟资本价值在未来重新进入流通领域的时间；再比如，在新的地点开发市场进行空间转移，以缓解资本主义危机。但是，"修复"并不意味着能够完全摆脱资本主义内在危机，它会带来其他的问题：投资于生产设施和社会支出的确暂时缓和了流动资本过度积累的问题，但大量投资工厂、交通设施、教育系统同样会出现盈余，产生新的过度积累问题；并且，这些大量固定在空间中的资本还会成为在其他空间实现修复的障碍（Jessop，2006）。

值得注意的是，尽管哈维专注于资本主义运行的内部结构性逻辑，但其表述的任何一个过程都具备某种更为广泛的普遍性。在全球化的时代，它们与中国的关系极为紧密。在哈维那里，可以将中国与西方（主要是美国）的转变纳入统一的解释框架，中国吸纳巨额外资使其自身拥有了临时性的"时空修复"潜力，因而缓解了资本主义国家资本过度积累的问题，同时也促成了中国内部市场经济的飞速成长。当然，这也带来类似于资本主义的内在性危机：倘若这些建立在赤字财政基础上、固定在空间中的投资不能及时使它们的价值返回资本累进过程，中国的经济发展将遭受损害。此外，近年始于沿海发达地区的产业升级、产业与劳动力"双转移"等新现象，均深具"空间修复"意味。其他普遍存在的空间现象如旧城改造的急进与冲突、开发区或新城（如大学城）建设、基础设施投资过热、不同尺度的产业转移，都可利用哈维的逻辑来进行解读和分析。

8.4.3 卡斯特尔的集体消费与社会不平等

作为当代最重要的城市理论家之一，卡斯特尔涉及马克思主义城市研究的主要有三部著作：《城市问题：马克思主义方法》（Castells，1977）、《城市、阶级和权力》（Castells，1978）和《城市与民众》（Castells，1983）。从《城市问题：马克思主义方法》开始，卡斯特尔继承了源于阿尔都塞的结构马克思主义的批判性力量，同时其著作也呈现出对芝加哥学派和列斐伏尔思想的强烈批判。在卡斯特尔的结构主义中，每一种生产方式、生产方式的每个阶段甚至生产方式的每个场合，都包含着不同的空间组织方式。空间的社会组织与空间的形式相关，且由经济的、政治–法律的和意识形态三个方面结构上的联合决定（其中经济在塑造空间中占主要地位），同时也由个体和社会组织在与环境的相互作用中的具体活动决定（结构主义者对个体和能动性的重要"让步"）（皮特，2007）。在《城市和民众》中，卡斯特尔从阿尔都塞的结构主义中分裂出来，认为自己曾经的马克思主义立场过于功能主义化，也过分强调城市是一种资本逻辑的产物，旋即转向注重城市问题个案的研究（索加，2006；Castells，1983）。在此，我们将重点叙述他的"集体消费"概念和由此引出的社会、政治问题解读，以及它所具备的强大阐释力。

卡斯特尔认为，城市研究作为一个科学性的学科需要一个适当的理论对象，并且这一理论对象至少不能像芝加哥学派的沃斯强调的"城市主义"那样过度虚幻。卡斯特尔找到的理论对象便是"集体消费"。于是，我们看到同处马克思主义立场的另一种类型的地理学者——与列斐伏尔、哈维，甚至作为起源的马克思都不同，后面几位将生产过程（无论是作为基础的生产力、决定消费的生产，还是生产关系的再生产）置于资本主义及其城市分解框架的核心，而卡斯特尔则强调晚期资本主义城市作为"集体消费"中心的特性[①]，于是资本主义的结构性矛盾不再来源于生产力与生产关系的不匹配或其他，而是源于集体消费短缺所导致的系统冲突。

卡斯特尔把消费品分为两类，即私人消费品和集体消费品。私人消费品指那些可在市场上买到或自己提供的、被个人单独占有和消费的产品，比如日常的吃、穿、用的商品。集体消费品指不能被分割的产品和服务，由于其消费过程的性质和规模，其组织和管理只能是集体供给，比如交通、医疗、住房、闲暇设施等。集体消费品与私人消费品一样对于劳动力再生产（同时也是资本主义整体系统的再生产）而言是不可缺少的。例如，没有充足的医疗卫生设施，就难以保证

---

① 卡斯特尔如此解释城市的主要功能不是生产和交换，而是消费：在发达资本主义阶段，生产和交换不再集中在某一个城市，而是通过发达的交通与通信在不同地区间组织起来；但人口越来越集中于城市，因而消费过程集中化，劳动力再生产越来越依赖于城市中的消费供给，所以消费问题成为发达资本主义城市的核心问题（Castells，1976；蔡禾和何艳玲，2004）。

劳动力的健康；没有必要的文化教育设施，就难以再生产出与生产力发展要求相应的、具有一定知识和技术素质的劳动力。城市之作用，便是通过消费的组织实现劳动力的再生产。此处，卡斯特尔明显借用了马克思经典的资本循环框架，及其同样的悖论：资本主义社会商品生产的本性决定其生产注重商品的交换价值，而非消费者需要的使用价值，资本对消费品生产的投入是为了追求利润回报，而不是满足消费者需求。于是，资本主义社会必然潜藏着劳动力再生产必需商品的供给短缺危机，而这种矛盾在集体消费领域尤其突出。因为如交通、医疗、住房、教育、闲暇设施等集体消费品的生产需要大量的资本投入和相当长的回收期，且其利润较低，因此背离本性逐利的资本家的根本意图，政府必须对其进行干预，以维持资本主义系统的稳定运行。

于是，城市作为一个集体消费的单位，其结构性矛盾被完整表述出来：资本家的利益来源于资本积累，他们只愿意并且希望国家也投资于社会性生产过程（如投资于有助于其扩大再生产的基本建设），而把集体消费投资降到最低限度；而劳动者则要求加大对集体消费的投资，且这种投资对资本主义循环必不可少。可以做出选择的，则是国家或政府。于是便牵扯到政策选择的后续影响，也就是基于集体消费的社会不平等。

基于生产能力的不平等容易理解：人们不同的挣钱的能力决定了他们相异的财富状况，并且这种差距可以不断累积，这也是最初社会人群产生分层的根源。但是，随着政府开始对生产和消费进行干预，资源分配不仅以市场为基础，同时也会根据政府权力行使的政治逻辑来分配。于是一种新的社会分层和社会不平等出现了，即围绕着消费且主要是集体消费的供给形成的社会分层和社会不平等（Saunders，1986）。这种不平等可以在我们身边找到无数例证：例如，对住宅这种消费资料的占有能力带来的不平等，有多套住宅的人或者"城中村"村民可以通过租赁来谋取经济利益，从而获取更多生活机会。再例如"外来工"子女在教育消费上面遭遇的不平等待遇，他们被排除在诸多城市"集体消费"领域之外。又比如，很多城市在中心地段进行旧城改造，投入大量的金钱将这些地方更新成有良好公用设施和绿化环境的新区，但"原住民"由于无力回迁，不得不被迁移到偏远郊区和设施不便的地方。在卡斯特尔那里，集体消费的矛盾和不平等危机将会导致都市社会运动，并且集体消费问题提供了一个使多阶级联合起来反抗的基础（如 2009 年广州番禺垃圾焚烧站规划建设所引发的群体性事件），尽管他并不认为这些运动可以称为结构性社会变迁的行动者（蔡禾和何艳玲，2004）。

作为一位社会学家，卡斯特尔的分析多少超出地理学的传统。但他的框架一直专注于城市，空间也一直占据重要地位。空间不是"社会的反映"，它就是社

105

会本身；空间会依照一个给定的生产方式和具体的发展模式来表达和执行统治阶级的利益；在历史决定的社会里，它们会表达和贯彻国家的权力关系（Castells，1983）。这一思想的阐释力适用于广阔的城市现象。比如，所谓新自由主义下政府对私人部门的授权不过是将集体消费的责任（企业是交了税给政府的）推给资本家（如将封闭社区内道路、治安、文教基础设施建设交给开发商），而市民因此为公共服务双重缴税（McKenzie，2006）。而厦门 PX 事件、广州番禺垃圾焚烧站事件等所导致的市民抗议，正是他们对于自身集体消费权益的捍卫与保护。

8.4.4 多元化研究

除了上述三位思想者，带有结构主义印记或马克思主义印记的地理学家还有很多，典型如多琳·梅西，她的实在论-结构主义-地域观念，指出地理组织如何内在于资本主义生产本身，而她对于英国工业地理和劳动分化的分析也既是理论领域也是案例研究的经典（Massey，1984）；索加的"社会-空间辩证法"认为有组织的空间结构本身代表了对整个生产关系组成成分的辩证限定，这种关系既是社会的又是空间的（如统治-剥削的社会结构与核心-边缘的空间结构相互对应）（Soja，1990）。

透过结构主义尤其是马克思主义视角，空间不仅是一种"容器"，而且空间过程和不可分离地交织在一起。城市屈从于一个更大系统。例如，城市空间在资本主义社会中产生和形成，它本身就会是资本主义体系的一部分，体现资本主义的运作逻辑。这是各种思想的"结构"之处。它们都强调，结构存在内在的、不可避免的矛盾，由此注重对城市变迁和社会冲突的考察，也由此产生对城市现实持批判分析的态度，标示着旗帜鲜明的批判立场。不过，这些思想也因结构决定论而成为其他流派攻击的对象。而今，结构主义本身已鲜被提及，但与地理学相关的空间-资本-权力的分析及其实证却方兴未艾。

8.5 城市地理研究应用举例

尽管上一部分地理学思想中不乏丰富案例，但仍属知识的中上游层面。而下一部分，则将给出一些代表性的具体的分析案例。事实上，从结构主义的角度看来，观察一个个散乱的个案并不足以通达洞察结构之路（斯特劳斯就曾举例说，研究某一个玩具并不能揭示生产它的机器的特性，必须研究机器本身），但我们仍希望，借由这些更具实证色彩的研究个案，读者们可以更好地理解前述所有理论的使用价值。当然，它们并无明显的"结构"痕迹；并且当代学者也很少再直接以"结构主义者"或是"马克思主义者"、"新马克思主义者"自居。尽管如此，马克思主义作为一种分析方法，作为结构主义哲学的一个变种（约翰斯顿，1999），早已经融入了无数学者的城市地理研究中。

8.5.1 布伦纳：全球化、再地域化和尺度重组

20 世纪 70 年代以来，新一波的全球化浪潮将国家作用削弱，世界城市体系得到极大发展，使许多学者侧重于研究社会、经济和政治制度如何脱离地方和地域条件，如地域甚至地理正在瓦解（Ruggie，1993），国界已经变得多余或过时（Ohmae，1995）等，20 世纪 90 年代甚至产生地理学危机——地理是不是已经消亡了？

面对这一争论，布伦纳的反驳策略是将全球化过程放入地域动态演变的历史性框架之中，借用"尺度"这个层次分明但始终动态平衡的结构体系，去容纳各种看似矛盾或冲突的现象和概念，比如全球化与地域化，比如城市与国家。

布伦纳认为，尽管国家之间摩擦不断，但国际秩序始终保持国家作为 17 世纪以来最为重要的资本增长与地理扩张的基本地域组织，尤其在 20 世纪美国全球政治经济霸权影响下，国家尺度作为资本积累与城市化容器的作用达到顶峰（Taylor，1993；Arrighi，1994）。20 世纪 70 年代之前，"去地域化"与"再地域化"主要围绕国家层面的地理架构展开。而 20 世纪 70 年代后，资本全球化最重要的地理影响之一，就是积累、城市化与国家调控不再集中于国家尺度，而是出现了新的次国家与超国家地域空间（Brenner，1999a）。前者如大伦敦区域或者中国珠三角以及近年所设立的多个"国家综合配套改革试验区"，后者如欧盟。

于是，全球化成为一个双面辩证的过程而存在：通过全球化，商品、资本、金钱、人流、信息在地理空间的移动不断扩张、加速（全球化和去地域化）；而那些相对固定静止的空间设施也被不断"创造"、"调整"与"转型"（再地域化）。空间在历史特定的、多尺度的"去地域化"与"再地域化"的辩证中持续不断地建构、解构、重构，成为资本主义社会尺度的组成部分之一（Brenner，1999a，1999b）。布伦纳认为，那些声称地域瓦解的人，显然忽略了这样的事实：所谓"无根基"的全球化，其实是依赖于大规模地方基础设施如铁路、公路、港口、运河、机场、信息网络和国家机器的兴建而出现的。于是，全球化被剥离出一个层级的尺度结构，不只是超国家的，还依然是国家的，更是地域的。

同样的，从不同尺度衡量国家这个空间单元，它也并非已然消亡，因为国家经济和城市体系的"去地域化"并没有影响国家作为资本地域化的形态，只是

令其尺度结构"非国家化"而已（Brenner，1998）。国家地域的重组越来越倾向于在"全球地方化"框架中进行，而不是在国家尺度上来进行；相应的，全球城市或者全球区域对国家而言也愈发重要。比如20世纪90年代荷兰修订国家空间规划政策，明确规定兰斯塔德城市群区域为国家经济增长引擎（Faludi and van der Valk，1994），而金融危机后的中国长三角、珠三角开展发展战略和产业升级，被视做中央政府调整整个国民经济体系的策略之地。

不难看出布伦纳、哈维和列斐伏尔等人之间的一脉相承。哈维的"空间修复"理论主要关注资本主义地域组织暂时性的"结构连贯性"，而较少关注其尺度形态。而布伦纳则把尺度置于举足轻重的地位，将其更新为"尺度修复"，以实现对地域组织的多尺度格局的理论化解释。其实上，在列斐伏尔著作中，已经提出资本的每次"城市空间修复"必须以广泛的"尺度修复"为先决条件（Smith，1995，1997）。此处的尺度主要包括城市区域集群、国家和世界经济等这些包含和超越城市尺度的不同地域组织。这种分析方法认为，空间尺度是社会建构的地理架构。一方面，"去地域化"和"再地域化"所产生的矛盾动力，可以看成是一种历史地理系统（结构），是资本主义的内在本质，支撑起自19世纪中期第一次工业革命之后所有危机引发的转型（Mandel，1975；Soja，1985）。另一方面，"去地域化"与"再地域化"的循环动力由一系列尺度结构来组织。每一种尺度结构都是城市网络与国家地域组织相互作用的产物，它们共同为历史上每一轮资本主义扩展提供相对稳定的地理平台。因此，每当持续性经济危机出现、资本进行转型的同时，支撑它的尺度结构也要作出相应调整，为新一轮资本扩张创造出全新的地理架构（Brenner，1999a）。

当然，布伦纳除了借用这样一个宏大历史性框架来分析当前的全球、地域整体性变化以外，也解读若干具体现象。例如，他借用尺度政治（Smith，1993，1995）分析欧洲各国为争取欧盟在其领土设立办公室的竞争（如欧盟行政中心、欧洲中央银行、欧洲专利局等），以及世界城市和区域同国家政体之间的互动：英国伦敦作为世界城市与国家经济高度分离，尤其是自20世纪70年代中期以来，英国东南部依靠伦敦全球金融中心的地位已逐渐发展成一个以离岸经济为主的世界城市区域，基本脱离国内正在衰败的其他地区，等等。

布伦纳的尺度重组关注"再地域化"过程及其对新自由主义全球化时期社会关系地理结构的影响。而作为透镜的"尺度"如今也已被概念化，成为城市地理学和政治地理分析的基本视角。

8.5.2　吴缚龙：转型城市和累积体制

对中国城市化的解释很多，包括现代化理论、依附理论、发展型政府理论和后社会主义转型理论等，而吴缚龙将中国的城市化置于列斐伏尔、哈维曾专用于资本主义社会的"空间生产"视野下，从空间生产和政治经济的视角进行研究，认为无论中西方的城市，在全球化这个触媒的作用下，都已进入转型时期。在此背景下，中国开始了"新自由主义化"，并出现了"城市主义"的复兴（吴缚龙，2006；Wu，2008）。而这一切之根本，则是资本累积体制的改变。

在社会主义计划体制下，中国的城市不是资本积累的实体，只是国有企业的集群。此时的主要资本积累方式是国家主导的工业化，而资本积累的最核心单元则是单位，单位是居民生活的全部。这种独立于城市之外的空间生产（如"上山下乡"运动的反城市化策略），因其结构性矛盾导致了社会主义城市化不足，在造成资本积累危机（经济发展难以持续）的同时，也造成了国家的合法化危机。但是，计划经济时代也为后来的改革开放奠定了"空间修复"的基础，其中最重要的就是国家的作用（或者说是以国家为核心的经济累积体制）、可开发土地和"被低价"的劳动力。而自 1978 年以来，资本积累模式发生改变。这里的资本积累，指的不仅是跨国公司的国际资本，更主要的是国家资本。这一积累进程把城市空间纳入其扩大再生产的体系中，由此导致城市主义复兴。尤其在全球化的给力之下，中国城市空间已经变成转型的力量。就如列斐伏尔所说，空间不再是经济、社会变化的载体，它本身已成为资本生产循环的一个重要因素或媒介。城市作为一个新兴的转型中的市场，使中国政府将城市化视为经济崛起的重要渠道，城市的特殊性被用作资本累积的手段，同时也是社会转型的媒介（Wu，2002，2008）。

而中国以城市为中心的累积体制与西方资本主义国家类似，亦是依靠城市建成环境来吸纳资本以避免过度积累的危机（Brenner，2003；Theodore，2002）。其中一个体现就是中国房地产市场的兴起。1990 年以来，中国城市房地产开始发展，特别是 1998 年福利分房制度的正式取消，标志了住房成为消费产品进入了中国市场。中国城市的房地产楼盘迅速崛起，典型的有如广州的华南板块。这打破了计划经济时代"单调均一"的积累方式和均质的景观，重新分割以单位为基础的生产与再生产空间，创造了新的等级市场，创造了新的多样性。而郊区崛起的各种豪宅形式，则作为空间生产的逻辑产物，成为住房消费市场上的地标，拉动了整个地产业的发展。居住已超越简单劳动力再生产的意义，而成为经济增长的关键一环。除此之外，各种生产性的基础设施，如机场、深水港、地铁、高架、高速公路、高速铁路、信息港都成为经营城市不可或缺的一部分。正是由于城市被置于积累机制的核心，因此造成了城市之间和城市内部的激烈竞争。将城市建成环境作为吸纳资本媒介的策略甚至还扩大到广大农村地区，如新农村建设的如火如荼。物质建成环境日益成为克服国家领导的工业化积累缺陷的手段（吴缚龙等，2007；吴缚龙，2008）。

这些都可以纳入一个"世界工厂"体制的解释框架之下。依托历史上和计划经济时期形成的制度环境：锦标赛式的官员激励机制、行政区经济、空间管治的地域化、学习型发展模式等，面对一部分"先富起来"的人或地区所带来的地理不平衡，中国得以成功加入全球生产链条。全球化提供国际盈余资本，中国城市则提供可暂时进行"空间修复"的空间和相应制度（如土地制度）。于是在马克思主义的视角之下，中国城市空间以其自身有形的（物质化）与无形的空间（形象与经历）成为其资本过度积累的解决之道以及资本扩大再生产的载体，促进了中国城市的转型；而中国城市的全球化，也并非全然的外部冲击，而被视作内生的结构性转变，即积累体制的转变。

并且，吴缚龙将这一过程以西方经典理论加以阐释的同时，更把中国与世界同步为在过去几十年间无论现实还是学界都颇为流行的一个词汇：新自由主义。我们已知，新自由主义常常被标榜为政府力量的相对收缩与市场领域的不断扩大。而中国现实之诸现象，无不显示出一切经济活动都在政府严控之下。对此，与马润潮先生的看法相同（Ma，2009），吴缚龙的解释是，新自由主义与威权国家并不矛盾。威权国家并不是国家社会主义留下的遗产，相反，强大的政府控制是市场发展的先决条件，同时也是对之前经济发展僵局的回应。如先所述，面对国家资本的累积体制危机，市场被用作医治的良药，而新自由主义化则成为市场化的一种可能性选择。于是，中国的新自由主义，依旧是以市场为导向的积累体制——市场是其主要机制，但是，国家管辖市场。然而国家在经济领域的规制并不意味着减弱而是强化了市场的逻辑。因为市场化过程需要一个强有力的政府，例如，保持城乡二元以确保廉价的劳动力，持有对土地的绝对所有权以保证建设项目的顺利进行，并且在这一切发生之时保持社会和经济领域的基本稳定等（Wu，2008）。在此基础上，近来学界所热议的"中国模式"开始显得生动而清晰："发展才是硬道理"幻化为"世界工厂"体制，而"黑猫白猫，能抓老鼠就是好猫"则极为准确地把握了新自由主义的本质：它是为发展所采用的一系列实用主义的灵活工具（Ong，2007）。

而在市场化转体的同时，国家和政府也完成了自身的转变。国家利用市场在某种程度上摆脱它的福利责任（如住房、医疗、教育等，亦即支付"集体消费"的责任），并把这些责任推向城市和市场。由于市场成为根本性的资源分配机制，原先的再分配型政府也跃迁为企业型政府（这与西方从福利国家到新自由主义国家的经历何其相似！）。这不仅体现在城市营销、战略规划的繁荣，也体现在政府在通过成为市场参与者之后所攫取大量资源（如土地财政之于地方政府）。以城市为中心、以市场为规制手段的累积模式，在为国家提供新的累积空间的同时，也通过将任务从"阶级斗争"转移到"促进经济增长"，从而促成了国家自身的合法化强化（Wu，2008）。

综上，透过城市繁荣表象看到其内部结构性变化，通过中西之差异看出其间的一致性，马克思政治经济学的阐释张力对于剖析中国城市地理令人眼花缭乱的现象可谓"一把能够斩断乱麻的快刀"。

8.6 总结与评价

8.6.1 阐释与过度阐释

在我们整个的叙述中，不难看出结构主义理论呈现出的巨大阐释张力。与人类学强调描述不同，地理学始终致力于寻找地理现象背后的规律或者根据。在结构主义地理学者那里，这种情结更为明显，以至成为一种群体性姿态。他们的分析也常被批判为无中生有的过度阐释。例如，级差地租所导致的居住地分化在马克思主义学者看来是不正常的经济现象，是一种阴谋、一种保持阶级之间社会和空间区分的技术。因为比如坐车到工作地点对资本和劳动力而言都是一种花费，而这种花费可以通过公共制度和社会工作来操作，以便统治阶层得到最大利益（索加，2006）。

他们列举的许多案例的确有过度阐释的嫌疑。然而，人类总是不可避免地呈现出热衷阐释的倾向。正如人们常常说的"史前"并不真正是自然历史或人类历史发生之前，而仅仅是在有正式历史记载之前。一切发生的事情，都要经过记载，也就是重新翻译和阐释才具有意义。当然不同的思想派别有着不同的阐释方式，如结构主义、人本主义的"结构—能动性"之争。但不同的观点更多时候并无涉于真相，更不需道德上的评判。如同唯物唯心，并非认识问题，而更多表现为个人气质和生活姿态问题。

结构主义的曾经繁盛也引起了思想界的反应和反省，但并不是恢复人本主义，而是走向后结构主义和后现代主义（如晚近的哈维、索加和詹姆逊）。典型如吉登斯的结构化理论，便是在试图联合结构—能动性方面所做的努力。

111

8.6.2　关注现实的建构力量

或许一种思潮的持有者的确会有思想和脾性的相似。结构主义者和马克思主义者都强调对现实的关注和行动的建构力量。他们中的很多人如列斐伏尔，甚至是 1968 年法国学生运动的精神领袖式人物。

汉娜·阿伦特（Hannah Arendt）曾这样总结：柏拉图和亚里士多德为西方留下了非政治化的哲学传统，即首先让哲学脱离政治然后再强加给政治；而马克思和黑格尔颠覆了这一传统，直接让哲学政治化，认为政治实践是实现哲学的唯一途径。新马克思主义者们大多继承了这样的品质，始终充满行动的力量。正如萨义德所言，"知识分子的代表是在行动本身，依赖的是一种意识，一种怀疑、投注、不断献身于理性探究和道德判断的意识"（萨义德，2002）。正因如此，马克思主义地理学者对城市问题、地理不平衡、社会空间正义等问题有着敏锐的洞察力，对弱者报以真诚的同情，对现实始终持有最猛烈的批判和抨击。这种批判的力量，或许是看似也密切关注现实，每天忙于各种政府咨询事务的当代中国城市学者所匮乏的。

8.6.3　结构的重要性之于中国

在我们试图全面理解以更好地吸收西方文化的背景下，很难说哪一种思潮相比其他更为重要。然而结构主义的那种结构意识，那种把一切偶然现象、零散问题、集聚变化都放入大的政治、经济、制度背景中去分析的方式，的确对于有着结构性问题的中国十分必要。

追踪现实，我们不难发现太多的体制性问题。而当下的人文地理学研究，也多流于散乱的实证，缺乏理论方面的创造与建树。布迪厄评价说，结构主义是做研究的必要（但非充分）的阶段（布尔迪厄，2004），这在一定程度上是成立的。结构主义地理学所流传下来的传统，那种力图揭示透过面层揭示深刻内在的努力，对于所有人文地理学的后来者都将是一种重要的指引与启迪。

第 9 章　人本主义地理学与城市研究

9.1　人本主义地理学的兴起

20 世纪 60 年代后期，受社会科学理论的概念影响，西方地理学界在分析传统上产生了许多可接受的范式。特别是关于人的特征方面，原有分析传统的标准是揭示理性的、抽象的一元性本质特征。但是，无论是理性的人，还是经济的人，都无法解释每天丰富多彩的、大量的人类经历。因此，在这一时期出现了一种主张，即不仅直接反对技术社会的活动，而且反对围绕对技术的神秘赞扬而建立起来的认知和世界观（Ley and Samuels，1978）。随后，在 20 世纪 70 年代末的西方地理学界，人本主义地理学的认识论和方法论得到重视和发展。

9.1.1　作为空间科学的人文地理学

20 世纪 50 ~ 60 年代是数量革命对人文地理学发展影响深远的年代。人文地理学者更关注对"由人与自然环境组成的全世界系统"（Johnston and Sidaway，2004），尽管系统研究思想开始占有一定的优势，但潜意识里还是会经常在基于一种未阐明的实证主义框架下进行研究。尽管在运用实证主义哲学定义学科时，需要用学科的内容，而不是学科采用的方法，但因为方法是通性的，所以更容易被信服。在寻找自身学科的独立性与科学性的进程中，在以解释替代描述的过程中，人文地理学家将对区位、距离及其之间相互关系的探讨作为学科发展的方向。人文地理学成为研究空间和地方结构的学科，对空间变量的关注以及对空间系统的研究使得人文地理学在社会科学中成为一个独特的专门学科。

人文地理学中的空间变量，依据西方地理学文献所言，在欠发达社会是相对孤立的个体人群与自然环境之间的相互依赖，在社会和"空间上具有差异性的自然"之间产生了一种垂直的相互关系（Johnston and Sidaway，2004），如在不同纬度上的人口分布密度，一般在中低纬度人类赖以生存的自然条件优于高纬度和赤道地区，其人口分布密度也呈现明显的空间差异性。但随着科学技术的发展，社会内部以及社会之间的相互作用伴随复杂的劳动分工而不断增加。因此，现代人类存在的最重要特征是与空间上具有差异性的社会相关，而不是与空间上具有差异性的自然相关。这种居住在不同地方的群体之间的"水平"相互依赖创造了地球表面人类活动的模型，为人文地理学家提供了基本的主体要素（Johnston and Sidaway，2004）。

由此，作为空间科学的人文地理学在借鉴其他学科理论与方法的过程中，开始进入数量化、模型化和结构化的时代。但此时，也出现了对把地理学作为空间科学的反对意见，认为现实社会是三维度世界——空间、时间和事件，而根据空间分裂主义者的观点，地理学仅是空间的科学是错误的；空间应该是被个体的和集体的人所利用的以提升社会目标的一个维度（Sack，1972）。无论空间、时间和事件如何排列，地理学家研究的主题是人类的家园——地球，而地球的主体是人及其生存的环境。因此，地理学研究不可避免地关注空间这一概念，而对空间变量的研究中又不可避免地涉及几何学和结构，或者说从本质上来讲结构是具有空间性的，但又不是简单意义上的地理结构（Gatrell，1983）。

9.1.2　行为地理学对人的关注

20世纪60年代末开始出现一些对地理学数量化和理论化的批判，主要集中在对基于货币成本最小为合理化决策依据的空间组织和行为模型越来越难以理解，对于人们如何决策和行为的假设也似乎过于简单了。因此，人们需要一个基于观察实践的真实性模型，而不是一个假设的决策过程；这些对空间科学方法有目的的修订研究推动地理学走向行为主义空间科学，并逐渐形成了著名的"行为地理学"分支学科（Johnston and Sidaway，2004）。

地理学家最早开始关注和解释人的行为反应是在20世纪50年代末到60年代早期阶段，主要起因是芝加哥大学在对洪水和其他环境灾害研究过程中开始调查人对灾害的反应。在随后的研究中，人作为决策反应的一个因子而受到关注，在决策模型中将人定义为理性人，较之经济人的区别在于人在进行决策时不再片面追求成本最小，而是开始考虑效益最优，寻求一种合理决策的途径。由此，人这一要素开始进入作为空间科学的地理学研究中。依据凯特的观点，首先，人在做决策时是理性的；其次，人可以进行选择；再次，选择是基于人所掌握的知识和信息；最后，这些知识和信息是可以根据预先确定的标准进行评价的（Johnston and Sidaway，2004）。在此基础上，意象地图和时间地理学成为行为地理学中的基于空间背景的主要方法。

9.1.3　对实证主义的批判

　　基于实证主义定位的行为地理学被普遍接受，它通过建立人与环境之间相互关系的一般性原则来解释空间模式。但从 20 世纪 70 年代开始，一些文化和历史地理学家的研究冲击着空间科学的实证主义观点。取而代之的是一些人本主义的方法，关注决策者和他们的感知世界，否认通过实证主义方法可以对一个客观世界的存在进行研究。

　　实证主义最初是一个科学哲学，其目的是为了将科学从形而上学和宗教中分离出来。从最一般的定义来讲，孔德的实证主义通过五个步骤来定义它所阐明的科学地位：①科学阐述是基于直接的、及时的和对现实经历的经验理解，因此观察优于理论；②科学观察是可重复的，它们的一般性可以通过一元论科学方法得到确实；③通过对理论的正式构建，科学得以进步；④科学规律具有严格的技术功能，因为它可以揭示有效性甚至是必要性，但它强调的不是事件特殊联系的愿望；⑤科学规律将不断整合成为知识和真理的单一体系。孔德的古典模式在 20 世纪 20 ~ 30 年代被一些哲学家、数学家和自然科学家组成的维也纳学术界发展成为 "逻辑实证主义"，它在分析表述——形式科学和经验或综合表述——事实科学之间存在差异性（Johnston et al. , 2000）。现代地理学科的创始人洪堡是反对基于孔德系统的经验主义的，因此，当 20 世纪 50 ~ 60 年代所谓 "新地理学" 数量革命期间地理学被形式化时，许多地理学家已经普遍接受比逻辑外延还要少的激进偏差的理念。哈维的《地理学中的解释》成为这一传统的标志，指出在地理学概念中主要忽略了演绎–法则论的解释，而空间科学的早期研究主要依靠归纳–统计法而非演绎数学方法（Harvey, 1969）。

　　数量革命对基于实证主义平台的四个方法提出批判。首先是经验主义：人文地理学对概念分类和范畴的理论批判促使理论体系的产生，为更深刻地揭示社会生活的时间和空间结构提供理论基础，一开始这些理论体系赞同诸如现实主义这样的基础认识论，但后来非基础的认识论诸如后结构主义占据主动，它增强了对概念和范畴提出批判性质疑的意义，但后结构主义并不是理论主义，它要求对经验材料进行仔细解读以揭示隐含的和假设的意义。其次是排他性：一方面，定性研究方法表现出意义、意图和价值作为基本元素在人文地理学调查中的重要性；另一方面，这种想象的主体在自然科学中的重要性也日益显著，因为一些调查也同样涉及意义、解释和修辞这些困难问题。再次是自主性：现在没有人还坚持认为科学与社会生活无关，只是提供一种 "中立的" 或 "自由价值观" 的知识。最后是普遍性：如果自然科学都能表现出依赖于不同方式的背景，那么研究结果的外延和一般性就成为一种不确定的协商的结果，而不是给定的结果。人文地理学总是被认为是"地方知识"，甚至当人文地理学涉及全球问题时，作为状态知识的所有地理认知意味着承担不同利益作用的不同地位和不同声音都是非常重要的（Johnston et al.，2000）。

9.2　人本主义地理学的特点

作为地理学家没有人会认为在进行地理学研究时将人作为图表上的一个点或者进行统计运算时的一个参数有什么不对。尽管在空间科学的方法下，行为地理学包含了一种新方向，但它基本保留了实证主义流派的研究框架。从20世纪70年代早期以来，出现了一种对包括行为地理学在内的所有实证主义的根本批判，它也讨论对个人作为决策者的关注，但是否认解释和假设的目标是行为方法固有的，它所追求的是对特殊性的赞赏和理解。

尽管没有替代实证主义的想法，却有一批对立面团结在一起形成了如科斯格罗夫所描述的"新地理学"周围，这个对立面用恩特里金的定义就是人本主义地理学。其核心是反对在人文科学的众多研究中将人作为一个客观的、狭义的、机械的和确定性的观点。人本主义地理学家认为他们的方法值得称为"人本主义"，是因为他们所研究人的方面是大部分特殊的"人"的意义、价值、目标和目的（Johnston and Sidaway，2004）。

人本主义地理学是人文地理学中对人类知觉和人的能动性，人类意识和人的创造性赋予中心的和积极作用的一种方法（Johnston et al.，2000）。在20世纪70年代出现于美国地理学研究中。依据段义孚（Tuan，1976）的观点人本主义地理学关注的是人及其条件。因此，人本主义地理学首先不是一门地球科学，然而却是地理学的一个分支，因为它思考这个学科的其他分支感兴趣的现象。以下的话题主要来自人本主义的视角：地理学知识、地域与地方、公共与私密、生计与经济学和宗教。这些话题的基本方法是经由人类的体验、意识和知识。人本主义地理学对科学的贡献在于关注迄今超越科学界定的事实。它与历史地理不同，后者强调人类创造他们自己的历史神话。一个人文地理学家应该具有系统思维或者哲学的训练。他的研究从本质上来讲是通过提升社会的意识水平来达到服务社会的作用。

由于人本主义地理学从其出现来看，多少受到白兰士功能主义思想的影响，但不管怎样，人本主义地理学继承了帕克和芝加哥社会学派的新康德主义和实用主义的思想，其实践的主体目标是为社会地理学中的人文主义哲学思想提供更多的研究方法（Tuan，1976）。

人本主义地理学分担了对实证主义的批判，而且有一段时间作为"一种批判主义形式"的代表，通过地理学家能够从他们的研究和方法中获取更多的隐含在假设和暗示后的自我意识和认知，而不是作为一个在地理学中为后行为主义革命提供一种连贯的和有用的方法论（Entrikin，1976）。

尽管人本主义地理学的起源也是来自对当时在地理学界占主导地位的几何学范式的批判，但它更主张真正的地理学是关于社会结构和地方、空间和景观的经历，而不是人和社会的空间界限（Tuan，1977）。

从20世纪70年代至80年代末的10年间，人本主义地理学从两个主要学科中获取了发展的力量。一个是人文学科，一个是社会科学。前者对人本主义地理学的影响在于通过文本特别关注对地方和景观意义与行为发现的解读，其实践与历史地理学有着密切的关联，关注特殊性和特异性，而不是空间组织的普遍理论，避免形成任何一种定式。当人本主义地理学家认识到人文科学在人的感性方面也可以"理论化"时，他们开始利用文学理论和艺术理论的概念对文化景观作为文本和印象进行解读（Johnston et al.，2000）。后者对人本主义地理学的影响在于理论的自我意识的显现，而这种理论不是基于空间科学，而是基于对人本主义调查而产生的更适度的"基础"理论。其中，人本主义地理学的中心议题之一是通过对基于现象学的一种反省而产生的"理论态度"自身的澄清。经验主义研究通过源于民族方法学和符号交互主义的概念框架进行，它们的解释方法是典型的人种学方法。这类人本主义地理学更关注地方的社会结构和合理性侵入，因此，与当代社会地理学更接近（Johnston et al.，2000）。

人本主义地理学和行为地理学一样关注的都是实证研究而非规范研究，都是试图解释人在世界上是如何活动的，而非比较现实的空间行为与范式理论假设之间的差异，是在社会科学中基于人类学的一种普遍趋势，反映了对外部环境的再适应。从20世纪60年代中叶，随着社会科学的发展及其对科学和技术学科的影响，其研究开始从研究集聚转向研究个人。如果从个人作为决策者的研究角度出发，行为地理学较之人本主义地理学，其主流与实证主义和空间科学的传统联系更紧密。尽管行为地理学的数据来源于个人信息，但研究的是人类总体的空间行为。而人本主义地理学更加侧重的是对人类个体的尊严和人性的理解和认识，因此，很少有人文地理学家转变人本主义地理学家（Johnston et al.，2000）。

行为地理学将人看做是刺激的反应体，通过调查研究不同个体对不同环境的行为反应，目的是提供一个人类第一反应方式的环境或者通过改变外部刺激环境后改变人的行为。人本主义地理学则是将人作为一个不断与环境和一系列社区相互作用的个体，因此，环境与个体总在不断变化；通过研究这种变化而不断理解相互作用，因为这是由个体表征的，而不是一些科学定义的行为模型的案例。通

117

过传播这种理解来揭示人类自身，并通过自我实现的方式发展相互作用，通过其他人提高自己的鉴赏能力。

应该说，人本主义地理学的兴起是得益于对空间科学和实证主义的批判，在数量模型中将人作为一个点要素，忽视了人的主体性和价值，以及行为决策对空间的影响。行为地理学开始关注人的行为对决策的影响，但总体来讲，行为地理学仍然是将人作为一个行为决策的关键性要素，并没有真正将研究的重点放在个体的"人"上，只是将人从点要素变成为一个集合体。人本主义地理学则是从一开始就关注作为个体人的表征。

9.3 人本主义地理学的认识论与方法论

不同的社会发展阶段，不同的国家，可能都有自己人文主义发展的历程和阶段。对于现代人文主义而言，人本主义至少有两种含义：人本主义是 14 世纪下半叶发源于意大利并传播到欧洲其他国家的哲学和文学运动，它构成现代西方文化的一个要素——人文主义；人本主义也指承认人的价值和尊严，把人看作万物的尺度，或以人性、人的有限性和人的利益为主题的任何哲学，认为当代人本主义即是"主体的哲学"。

9.3.1 人的空间本体论

认识论是探讨人类认识的本质、结构，认识与客观实在的关系，认识的前提和基础，认识发生、发展的过程及其规律，认识的真理标准等问题的哲学学说。

抽象空间是"真实的数学空间"，是几何空间，是以点线面来表达抽象关系的几何符号；感性空间则是心理空间、行为和感知空间，点线面符号代表和解释的是一种具体关系。因为没有一个绝对的定义，对于人的空间本体论的确定会因对人的界定及其与空间性理解的延伸而不同，即由存在主义确定的理念集合提供了人的空间本体论（Samuels，1978）。

根据马丁·布伯的空间本体论定义就是"距离与联系"；空间性是人类生活的第一原则，包括与客观世界具有一定距离的初始环境和进入其中的联系。而进入未知的初始环境的能力是组成任何人类存在的本体论基础。空间性不止是人类意识的必要条件，它是人类意识的起源（Samuels，1978）。人类就是在对远处初始环境的认知和相互关系的认识中不断发展着自我意识，证明世界的存在和自身的存在。

因此，人的空间本体论是人文地理学研究的基础，同时也是人本主义地理学认识论的基础。

9.3.2　人本主义地理学的认识论

人本主义地理学对地理现象的反思其目的是为了更好的认知人及其存在环境。因此，从人本主义地理学的最终目的来看，它不属于地球科学。在一定程度上属于人文和社会科学，共同分享为人类世界提供一个精确画面的希望，即人类世界的本质是什么？（Tuan，1976）

人文学科对这个问题的洞察来自通过关注什么是人类在艺术和逻辑思维方面的最高境界。社会学科获得人类世界的知识，可以通过检验社会制度，观察人类创造力以及限制个人自由活动的界限。而人本主义地理学则是通过研究人与自然的相互关系、地理行为以及关于空间和地方的感受和理念，获得对人类世界的认知。当然，与自然的相互关系和地理行为同样也是其他地理学家关注的问题。例如，一个自然地理学家研究人与环境的相互关系，一个区域分析学家研究"空间相互作用法则"。而对于人本主义地理学家而言，研究人的科学方法是试图最小化人类意识和知识的作用。与之相对应，人本主义地理学家则是将尝试理解地理活动和现象如何揭示人类意识的质量作为人本主义地理学特别研究的主题（Tuan，1976）。

因此，处于一个认识论的水平来讲，人本主义地理学是关于重建和辨析知识与人类利益之间关系的方法。所有的社会结构反映了一个社会和时代的价值，人本主义哲学不可抑制地拒绝任何客观性的错误主张，并尝试得出对人进行研究的纯粹理论。这些主张中最著名的当属实证主义，通过它们缺乏的反省性和对价值地位的无自我意识拥护来否认它们自身。因此，人本主义哲学起到了一个竞争对手的作用，批判性地质疑当代实证派理性主义的认识论假设。尽管对地理学科而言，很难忽视实证主义的背景，但人本主义地理学在研究时更加注重"人"作为一个背景而非抽象的要素，更加注重作为个体的人而非集聚的群体，而且人的自发性和活动性不会受到物质的和经济的决定性环境的抑止（Samuels，1978）。

9.3.3　人本主义地理学方法论的核心

人们关于世界是什么和怎么样的根本观点是世界观，用这种观点作指导去认识世界和改造世界，就成了方法论，是我们探求认识事物的一种普遍方法。这种思考所得出的结论是原则性的，是可操控的、有趋向性的理念。认识论与方法论的区别在于它是一种反思，是先验的，而非可操控的。因此，认识论本身的目的是接近认识的真实情况，而非规定认识的途径。方法论则更强调逻辑程序和接近认识的途径。如果认识论是形而上学的话，方法论就是形而下学。

人本主义地理学方法论是与多方面的人本主义认识论相一致的，是一种拒绝对人类主体进行抽象、统计和汇总计算的方法，强调特性、具体以及高度经验化的调查模式。经验主义，通常是激进经验主义，是人类地方的主体根源，具备内部人员感知研究的特点，是使用与病友谈心类调查和需求类田野调查工作的特殊方法论，包括观察、参与者观察、不同形式的访谈等。在研究过程中，它往往忽略了理论研究者的主体性对研究设计方案和结果的影响，这一主体性替代了人本主义者对生活在社会世界中行为者主体性的要求；而田野调查是人本主义方法的第一步，随后是反省-解释和理解（Ley and Samuels，1978）。

要想获得正确的解释和理解，对经历和境况的主体性意义的重新获取非常重要，不仅仅停留在表面，而且要对背景有清晰的认识。首先，要认知一个行为的客观和功能意义；其次，行为是由行为者意旨的表达意义；再次，文献意义，对广泛的时间和地方思潮的反省。文献意义解释了超出行为者自身的影响和背景。实际上，行为者本身并没有意识到这样一种一般性背景，尽管它们的确对其产生了影响。对于研究者自己来讲，不是满足于行为者自己界定的环境的认知，而是将自己陷入一个地方或者一个时间段以揭示研究中所涉及的相关要素。基于这样的考虑，一些其他资源，包括档案资料、文学作品、政府和其他资助的文件，甚至统计数据就组成了人本主义地理学研究的主要数据来源（Ley and Samuels，1978）。

9.3.4　理解地方的主体性意义

人本主义的价值或称为内在的本质价值，既不是具体的客体所赋予的，也不是先验的，人类创造的行为不同于非人类的行为。因此，在自然科学的秩序与本质意义之间存在一个基本的差异，自然科学的秩序服从于事实、理由和证明；而本质意义的秩序则是自由选择和主张。没有人可以通过科学证明来强迫一个人接受一个他不相信的价值。

对于人本主义地理学而言，对地方的理解不要限制在规范的公认的名词解释和定义上。地方会随着历史和文化视角的不同而发生变化，不仅是因为个人回忆的差异，而且会因为人的不同经历而发现或产生不同的地方。因此，为了解释地方的意义就需要解释个人的主体性意义，这个人在地球的某一个地区表现出来的改变、利用或者抵消变化的行为（Gibson，1978）。人本主义地理学者有责任超越狭义的仅仅由观察者所表征的意义。

对环境是人类条件的决定性要素，还是人类存在的一个指标，成为区分法国白兰士地理环境派和北美德克汉姆社会环境派的标志；但两者在个体的人作为一个客体是可以被观察的，他的行为由远离人类意志的抽象概念所决定这一认识上是一致的。对主体性意义解释的方法：依据韦伯的观点，意义有两种类型，一个是给定的具体案例中真实个体所表示的准确意义；另一个是一类人或者某一群体的一般意义。除此之外，还有研究者构想的理论意义作为假设的个体和群体的主体性意义的理想类型（Gibson，1978）。

因此，对地方主体性的认识就是人对地方的能动性作用，以及在此能动性作用下创造与形成的各类现象和空间特征。

9.3.5 文学作品的地理学含意

依据段义孚（Tuan，1978）的观点："文学就是广泛意义上的成文材料……对地理学而言，包括地形学的诗词、区域小说以及专业地理学家的作品"。文学可以给地理学者提供个体的人在过去以及其他文化感知现实中如何生活的证据。社会科学家可以从文学作品中获得很多"思想的经历"，而对社会地理学家而言，主要的挑战是理解需要观察的是什么？专业地理学文献是一种高度专门化类型的环境意识，物质环境或自然在人类世界到底承担着什么作用？因为从专业地理文献中看到更多的是对物质环境或自然的描述和描写，几乎没有对人类场景的关注。但在文学作品里自然环境是随着人的情感和行为而波动的，正如在现实生活中的感受一样。地理学家知道如何描述和处理客观的空间和时间，就像小说作家知道如何将客观现实与主体意识融合在一起一样。到 20 世纪，小说作家和社会科学家一样认为，从主体性研究方法角度，客体和客观现实仅仅是一种精神状态的符号；而从客观性研究方法角度，不仅是精神状态和人物的视点都在小说作品里消失了，甚至自身的叙述结构都不完整，因为结构提醒人们叙述者的存在，实际上是一个操纵者。描述成为如此外在化的并停留于事情表面，以至于在地理描述中完全没有隐喻。在地理学研究中，人本主义模式坚持维多利亚时代小说家的思想，坚持形成一个主体性和客体性的综合体，个体组成的群体可以代表一个社会类型，因为地理学家必须同时考虑到精神时间和历法时间，"观察的观点"和客观现实，因此，在描述一个区域时必将非常清晰地描述自然和社会环境，探讨对一种状态的分析和理解（Tuan，1978）。

文学艺术对地理学家而言有三个主要方面的作用：第一，是与人类经历可能性模式相关的思想经历及其相互关系，它为地理学家在进行社会空间研究时提供了一些暗示；第二，是作为创作作品它揭示了环境感知和文化价值；第三，对于致力于平衡主体性和客体性的目标而言，它是地理综合的样式（Tuan，1978）。

因此，由语言及话语构成的解释框架是学科概念化研究的重要组成。文学或文献将这种基于语言和话语结构的解释框架具体化，并不断延续下去，影响着后续研究者的思维，形成一定的定式。

9.4 人本主义地理学的实践

人本主义一直遭受其方法论薄弱的批评。对现代人本主义方法论而言，最大的挑战是从传统的民族志描述向逻辑严谨案例分析的转变（Smith，1984）。人本主义地理学的实践过程由于其方法论的特殊性，通常采用小样本的参与式观察，与城市地理学研究的结合也多体现在对城市社会问题的分析上，通过观察，运用文本、语言等定性分析，诠释问题产生的背景和机制。

9.4.1 从芝加哥学派到实用主义方法

史密斯（Smith，1984）在对芝加哥学派的民族志方法进行重新思考时，发现对于当代人本主义地理学而言需要实用主义。因为实用主义方法的发展为与人文地理学相关的四个中心议题提供了一定的意义，即结构–能动辩论以及结构化概念、调查的道德问题、经验和行为之间的相互关系、人的思维与现实世界之间的脆弱联系。显然，实用主义立足于一种工具主义而非现实主义，也就是说，实用主义的理论判断依照其减少分析不确定性的实用工具，而不是来自外部客观现实所表现出来的真理。因此，实用主义是一个被忽视了的人本主义哲学。

在芝加哥学派范式里，体验战略是其两个哲学中的一个，也是实用主义的要求，而实用主义可以为城市地理学感兴趣的结构理论提供一种非常重要的方法论支撑。萨耶尔和思里夫特认为：首先，运用实用主义方法可以构建一个实践的"中间层"，它不关注本体论涉及的信仰，而是关注于通过对不完美和不平等世界的智慧干预，人类所获得的"实践层"；其次，实用主义不仅将其立场固定在源自道德选择的真实经历，而且还将针对在分析和政策制定过程中所产生的不道德行为的干预；再次，实用主义是一种行动导向型哲学，研究者对其及所研究的环境之间产生的相互作用负有不可推卸的责任。这些都成为人本主义地理学研究的切入点。

9.4.2 人本主义的顽抗空间模型实践

加利福尼亚州州立大学地理系的戴维逊（Davidson，2008）为了维护和说明人本主义地理学的科学性，尝试针对地方的人本主义模型因子的构建实践，他称之为顽抗空间模型，即通过变量的结合度将地方的人本主义概念添加到主体是如何与地方相遇并在地方生产和关联的模型解释中去。人们通常认为地方是一种结构化的，是可以找寻规律的，但人本主义则认为地方是独特的，是不同的，正如段义孚所言："认识一个地方需要长期居住于此并融于其中，短暂的停留只能从可见的景观上去赞美它，却嗅不到清晨的雾气，听不到城市里从窄巷到广场的回音，感受不到8月自行车轮胎的熔化"。因此，构建顽抗空间概念，以强化对这一差异的地理感觉，特别是强调不是所有的空间都是柔性均质的，存在着与周边很不一样的硬质空间。

顽抗空间模型是由情感、意义和人居环境构成的从高顽抗到高柔性的三轴空间，是一种对人类空间和地方经历的综合表现方法。不同状态下因情感、意义和人居环境的感受不同而表现出不同的空间结构，图9-1所示从左到右依次为神秘空间、黏着空间、趋同空间和疏离空间，每一种空间都是基于对三个要素的人类综合反映。如神秘空间是针对一些旅游地，黏着空间则是母子喜爱的充满亲情的地方，趋同空间则多为郊区的购物中心，所有居民行为趋同，而疏离空间与人居环境不直接相关，其意义轴处于刚性，而感情轴为柔性。

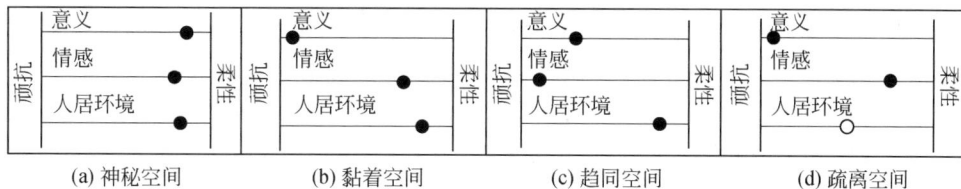

图 9-1 顽抗空间模型

(a) 神秘空间　(b) 黏着空间　(c) 趋同空间　(d) 疏离空间

对于人本主义地理学方法而言，不同状态下的顽抗空间模型实践也仅是一种尝试，且图示的指标意义并不十分明确，但它的意义在于从结构的角度去诠释复杂的人的能动性。

9.5　人本主义地理学的最新动态

进入20世纪90年代以后，人本主义地理学逐渐被后人本主义地理学取代，但对人的能动性和人的自我意识及其行为的关注依然是人文地理学的主题。特别是在近期城市地理学研究进展中，一些研究对人本主义地理学发展产生一定的影响。

9.5.1 后人本主义地理学

20 世纪 80 年代，出现在人文学科和社会学科的两种主流观念对人本主义地理学发展产生一定的影响。一个由汤普森引发的对历史唯物主义核心理论的认可，即人类可以创造历史和地理，但并不如他们所愿，也不一定处于他们所选择的条件下。同时，在社会科学中也产生了一种相似的社会理论，即试图阐明"能动性"（人的行为）和"结构"（资本构成）之间变化的交集，这一阶段处于历史唯物主义和人本主义地理学交汇时期，交汇的节点就是结构理论。另一个是 20 世纪 90 年代"新"文化地理学的建构和各学科间"文化研究"的迅猛发展，但这些对人本主义地理学来讲过于喧闹了。由于很难以此来确定一个特殊的人本主义地理学，因此，现在认为是多样的"后人本主义地理学"更有意义，而且大多数与人本主义地理学发展具有紧密联系的学者都纷纷转向后现代主义和后结构主义。这时出现了对原有理论的三种批判：第一，重新唤醒地理学的历史理念并帮助重写人文主义的历史地理学，特别是科斯格罗夫在追溯欧洲文艺复兴时的人文主义后，发现它是与知识的几何化和现代地理学形式紧密相连。第二，一种强烈的反人文主义挑战人类主体这一人本主义地理学核心概念，特别是后结构主义对人本主义地理学产生了极大的影响，主要指责人本主义的主体是通过一种意识形态虚构的，并且是一种以白人、男性、中产阶级、异性恋主体为范式，因此，不可能发现一个"真实的人文地理学"。为了理解复杂和异质的主体形式，许多地理学者开始进行空间探索，通过发生的过程绘制主体地图。第三，人本主义地理学遭到对人类行为认知肤浅的批判。

人本主义地理学从它对另一个虚构主体的批判中获得知识的力量，即位于空间科学核心的"合理的经济人"的假设。人本主义地理学的许多重构研究都坚持创造性和人类能动的多样性是不受狭窄的工具主义合理性操作的限制，根植于人类行为中的目的和意义是不受特殊经济以及效用最大化极限求解法的限定。人本主义地理学典型地保留着对意图的关注，即使对于在结构理论中由行为的无意识推理创造的概念化空间，人本主义地理学依然假设人类意识是行为产生的根源。后人本主义地理学越来越对与女性地理学产生交集的心理分析理论感兴趣，寻找说明那些期望和幻想的有生命的人类行为的途径（Johnston et al.，2000）。

9.5.2 地方与无地方的本体论

在诺普（Knopp，2006）对地方、无地方和迁移的本体论研究中，借用乔治的观点认为，对于本体论的传统科学方法以及更多存在主义和现象学的方法而言，两者在很大程度上都是一种"基础主义者"的方法。这在传统科学方法情况下容易看到，诸如实证主义、现实主义和理想主义，因为就它们的寻找和什么是适合于作为真正的因果力量的隔离而言，它们对自我的定义非常直接。因此，例如"地方"，被认为是一种真正的、通常拥有因果权力的物质整体，并且其本体论地位是通过检测它的效应而得到证实。这种检测即可能是直接的（例如，实证主义社会科学的"邻里效应"），也可能是间接的（例如，就像先验现实主义一样，通过理论进行沉思和反省）。但是，在现象学和存在主义的方法中，将地方即看做是物质术语，更看做是形而上学的术语，而且涉及一种更宽泛的特殊的人类体验。例如，皮克尔斯赞成一种"人类空间化的地方中心本体论"，因此，在创造知识的范围之内，他描述为话语和存在主义的参量。在这种意义上，地方成为人类存在的一个基本条件，虽然其具有潜在的灵活性和可重新创造性。因此，对地方而言，尽管有非常多的空间在这种方法中都呈现出多样性和流动性的特征，但是皮克尔斯的本体论仍然带有乔治的特点，就像在人类生活中将基准或者因果力看做是一个基本框架一样，在这种意义上，乔治将其看作是一个基础特征，虽然它是在一种与人类能动性的回归关系中形成和再形成的。

无地方的存在本体论甚至不是处理找寻身份体验的好办法。地理学者们大部分已经将无地方看做是地方的对立面，也就是说作为一种缺失或者缺乏，而不是作为一种具体化的体验或者实践，这种体验或实践是任何事的体验或实践，或者提供任何事的实践。但是，如果无地方被设想是有些积极、有些实践性或者是人类能动性的一种具体化形式的话，对于同性恋男性和为身份奋斗的其他人而言，它变得更加可认知。因为，无论是它的感知同性，它的宣称空幻特征，它假设提供的匿名，还是它的世界大一同主义，无地方的体验和实践都能给那些处于如此环境的人释放大量的愉悦和情感/本体论的安全，特别是如果那些人被边缘化或者受到压抑时。因此，尽管思里夫特的"弱本体论"本身具有明显的相互矛盾性（例如，它的反表征性的表征），但也再次提出一种作为实践的无地方设想方式，这种实践与找寻身份体验十分一致。行为者网络理论的根状类推法阐述的是相同的道理，即通过网络的联系和交往组成了意义的流动性和令人困惑的拓扑结构（Knopp，2006）。

9.5.3　酷儿地理学——无主体

后结构主义方法，酷儿理论对性别的研究对地理学的影响在于挑战性别主体的理念以及对权力作为生产结构的而非简单的压迫性工具的理解。换句话讲，挑战人文主义对本质性别身份的理解，同时地理学家也将酷儿空间作为与异性空间相对应的一种空间类型。在对性别空间研究的过程中，一些酷儿地理学家认为没有必要对身份进行合法化，提出了无主体（Oswin，2008）。对酷儿地理学的研究帮助我们更好地了解那些种族化、性别和阶层冲突发生的地方，帮助地理学家更好地了解跨国劳动力流动、移民、散居、公共卫生、全球化、地缘政治和贫困问题。因此，对酷儿地理学的研究不再是简单的对异性空间的批判地理学，而是用它来解构异性/同性二元结构，进而对种族、阶层和性别进行更加深入的研究。

9.5.4　人种学——重新界定中心与边缘

后社会主义变革的人种学利用马西的空间–时间概念，基于鲁滨逊和格雷厄姆的后殖民主义理论，通过对地区研究的批判，重新设想人种学作为预定的模式而非观察模式，是制造模式而非调查模式。人种学作为一种包括承担风险和创造而不是对差异反省的研究方法重新得到正视，全球性地区研究寻求将普遍的西方知识和主张本地化，并努力与大多数国家人民的概念相一致。人种学认为地方不仅是"给定的"而且是需要追溯并从历史的角度重新发现被全球化破坏的原有特征。因此，从地理学的视角来讲，希望保持位置性的意识，不要失去这种空间差异，而基于相遇、风险和对话的人种学可以帮助研究人员确认重新界定"边缘"和"中心"的方法，特别是作为面对实践和话语质疑风险时的一种存在的研究方法对全球学者来讲都是有帮助（Hörschelmann and Stenning，2008）。

9.5.5　其他

在人文地理学研究方面，对人这一主体的研究从一般人群到特殊人群，从群体到个体研究一直是基于一种批判地理学的思想开展着。例如，对酒及酗酒的研究（Jayne et al.，2008），通过政治学、经济学、社会、文化和空间问题的复杂的相互渗透，解释跨国界、国家、区域和地方空间尺度之间的联系性、相似性、差异性和流动性，酗酒研究对人本主义地理学的认识论和本体论关系研究具有一定的意义。

对睡眠的地理学研究（Kraft and Horton，2008）则是从人类生存的客观事实出发来研究占人类生活 1/3 多比例的睡眠，在人类话语中与睡眠相关的词汇很多，这说明在研究人的意识和行为时这是一个非常重要的部分，强调对睡眠的理论、经验和评论研究而不仅仅将其作为一个地理学研究范围的案例。对睡眠的地理学研究则从睡眠与消费、睡眠与健康、睡眠与差异性、睡眠与身体锻炼这四个主题出发，对人、地理和人文地理学产生新的理解和认识，特别是对具体化、意识和影响的认识产生新的理解。对睡眠研究方法实际上是基于经验主义的，如对住宿建筑的社会空间调查和分析，可以间接获得睡眠的社会空间结构，再如通过媒体和文化对儿童睡眠产品和消费的话语研究，可以更清晰地认知儿童期的构建等。因此，对睡眠的地理学研究是对人的本体论和认识论的极大推动，至少可以认知人的日常行为中有一个行为是人每天自愿的从睡眠中醒来。

9.6 中国城市地理学的人本主义实践

从人本主义角度看在中国城市地理学中的应用，用"人本主义"进行检索，在中国知网上可以查询到从 1979 年至今的近 5000 条文献，但用"人本主义地理学"作为关键词检索仅有 2 篇，分别发表于 2001 年和 2002 年，且均为人文地理学研究综述性质的文章。这与西方从认识论到方法论，到模型构建的研究结果来看存在一定的差距，原因在于我们的城市地理学研究一直以来专注于实证研究和定量分析，研究者多为理科教育背景，缺乏社会学的研究训练，并在思想认识上对以语言诠释为主导的人本主义方法带有偏见。但作为一种研究思想，人本主义在广义的中国城市地理学研究中有实践应用，而且随着中国社会的多元成长，定量与定性综合研究方法的推广，深度访谈成为城市地理学获取数据资料的重要途径之一，人本主义地理学方法在中国的应用案例也将逐渐增多。

9.6.1 人本主义思想在城市规划中的应用

在城市规划应用中，有的学者（陈铮斯，2008）认为，城市是人类活动的空间载体，从人本主义方法论体系出发，人们之所以选择在城市生活，是因为城市能够提供人们高度自由选择的生活方式，提供各种活动的场所以及不同社群所依赖的社区。居住区规划始终应当以提高居民生活质量为中心进行。居住区规划的人本主义回归不是回归原始，而是在充分利用人类现代文明的基础上回归自然，实现人与自然、人与人、人与社会之间的和谐发展。通过对北京的实证研究，提出人本主义回归式居住区规划思想，其特点主要表现在：①原始的外部自然环境、纯美的绿色资源结合现代建造技术、现代设备、材料，建设理想的家居模式。②居住区位置与中心城区保持一定的距离和便捷的交通。③务必保持原生地貌特色，倡导绿色生境。④每一居住区能吸纳一定的就业，在工作就业、生活居住方面能独成体系，与中心城有联系但又不很密切，从而缓解中心城拥挤的现状。⑤居住区内部以步行为主要交通方式，注重邻里间的交往。研究者立足于人本主义理论，提出人本主义回归式居住区规划将工作、居住、文化和科技成果结合在了一起。企业与居住地的靠近节省了时间，避免了过量的交通，改变了白天居住区的死气沉沉及夜间商业区和企业区变成无人区的现象，有效防止首都郊区"睡城"的出现；功能的混合使居住区任何时候都有生机，这种生机不仅增加了人与人之间的交往，使居民的日常生活便利，也提供了更多的就业机会和企业利润；高科技手段在住宅中的应用使人们在人本主义氛围中同时享受到现代文明成果带来的舒适与便利。

还有学者（康艳红和张京祥，2006）用"人本主义挽划"理念反思当前出现的一系列备受关注的规划案例和现象，重新认识城市规划"以人为本"的切实重要性，并提出可行的解决措施和建议，以期有助于城市规划、设计坚持正确道路方向。

9.6.2 城市地理学研究中的应用

人本主义地理学方法与城市地理学的结合点在于对城市社会空间的研究，以及利用深度访谈方法进行定量与定性相结合的研究。例如，对广州小北黑人区的研究，即是基于全球化背景下的中国城市社会空间面临重塑，以诸多大城市新近出现的跨国移民社会空间的发展最为突出。研究采用三角检验法，综合利用问卷调查，深度访谈等研究手段，探讨全球化下中国城市所出现的新社会空间的地方响应（李志刚等，2007）。

此外，还有学者（李晟等，2010）从人本主义方法论入手，结合城市社会生活空间结构原理，从城市社会生活空间结构的社区体系与场所体系建构的角度，以提高两个体系生活空间质量为目的，用地点认知理念，尝试性地提出了城市社区营业性场所人本主义布局的四种模式，其中居民消费行为微观空间感知原理下的人本主义布局模式就是突出了个人身份识别所形成的场所布局模式。

总体来讲，人本主义地理学方法在中国城市地理学中的应用还较少，多有人文主义思想的体现，缺少真正意义上的方法探讨。

9.7 对人本主义地理学的再思考

在对人本主义地理学的兴起及其发展进行回顾后，结合人文地理学最新研究进展中一些与人的主体性密切相关的研究分析，我们对人与空间主体性的再认识，方法还是思想以及再物质化的影响等方面对人本主义地理学进行再思考。

9.7.1 人与空间主体性的再认识

人文地理学研究的两个主体：人和地方或空间。本体论研究的是存在，人本主义地理学更加关注的是一种社会构建和人对地方、空间和景观的经历感知，包括外在的和精神的，而不再是人和社会的空间界限。空间和地方由于人的使用而具有一定的社会空间意义。人的主体性是个性的核心，也称自我意识，是指能够自觉、主动地认识和调控自己的心理和行为。主体性越鲜明，对自己的行为指向、目的、方式就越明确。主体性最根本的内容是作为主体的人所表现出来的最突出、最集中的品质。主体性说到底是能动性与受动性的辩证统一，也就是说，主体性只有在与客体的对象性关系中才能表现出来。

在西方文明里人本主义的主题就是所有问题的答案。我们从哪里来？我们是谁？这里是哪里？我们最终会去哪里？对地方的主体性意义的理解，在这一情况下就是人本主义的质询，包括先知、构思和考虑事情的方式（图 9-2）。如何认识社会中的个体？韦伯关注的不仅仅是在一个事件或行为中人的感受是什么？人为什么会有那些想法或者与这个事件及行为相关的感受是什么？（Holt-Jensen，1982）

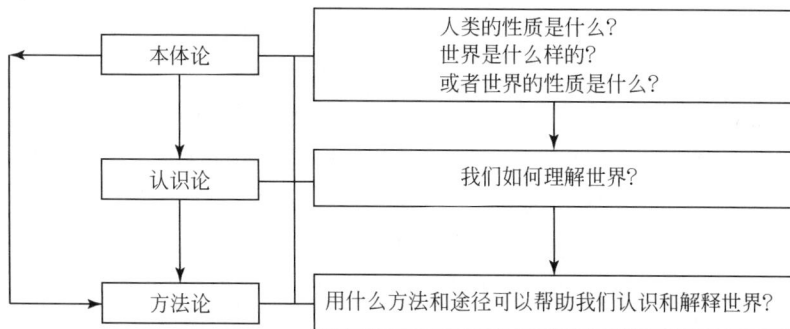

图 9-2 本体论、认识论和方法论的关系

129

因此，对于人本主义地理学而言，人及其生存的空间之间应该是一种交互作用，不存在绝对的主体和客体二分。也就是说从本体论哲学出发，存在的最本质内容是自我主体与对象主体之间的交互关系，即人及其存在空间之间的交互作用。从后现代主义、后结构主义以及后人本主义地理学视角出发，都开始关注自我主体和对象主体之间的交互作用。正如研究者主体与被观察者主体之间的交互作用；正如批判主义地理学通过对酗酒、睡眠、酷儿地理学的研究，探讨地方与无地方之间、主体与无主体之间、自我与他人之间的交互关系；正如当我们研究环境问题时，我们不仅关注环境问题本身，而且关注人作为环境问题的制造者和受害者双重身份的特征及其与环境之间的交互作用。对于具有不同特征的人而言，他的意识、他的行为以及由此产生的影响应该是人本主义地理学关注的内容。

9.7.2 人本主义地理学是方法还是思想?

依据人文地理学对人本主义地理学的界定，人本主义地理学是一种方法，它为人文地理学提供一种基于人的能动性和自我意识的研究方法。在社会科学的研究方法中存在内涵与外延研究的差异，一般来讲内涵研究关注因果关系及其个体能动性，而外延研究关注分类及其代表性和一般性；内涵研究的方法类型多为定性分析，外延研究的方法类型多为统计分析（Sayer，1992）。与此同时，从实证主义出发，一般研究定式表现为：存在的现象—观察现象—寻找问题—历史演变—空间分布—影响分布的原因分析—找出一般规律—解释相似现象（因果律）。在这样的研究定式中，每一个环节都可以采用不同的但却是最为合适的方法，而每一个方法都有可能产生一种地理学研究模式，特别是不同的观察方法和解释方法对地理学研究体系和理论的发展具有极大的影响，也是地理学借鉴其他学科的立意所在。

对于人本主义而言，如果观察的主体是人的能动性及其自我意识，那由此产生的地理学研究就是一种方法研究，以此方法观察现象并解释现象。例如，采用访谈形式对个体进行的调查，而不是采取问卷形式对一类人群进行调查，前者更像是人本主义方法，关注个体人的经历并反省和解释，而不是进行分类统计得出一般特征。但有时我们也会发现，在某些研究中，如对原住民族文化扩散的研究，采取的可能是人种学和扩散理论，但在对现象解释时必然含有人本主义地理学的思想。

综上，人本主义地理学既是一种方法，也是一种地理学的哲学思想。也许作为一种方法，在后现代社会为众多新出现的后现代主义方法所替代，但作为一种哲学思想，它融合在多学科对人的能动性和自我意识的观察、反省与解释中。

9.7.3 再物质化对人本主义地理学的影响

当我们在解读一些基于人本主义地理学的文献时，不时会产生一种想法，即人本主义地理学是唯心的还是唯物的？在大多数人的心里，一旦涉及对人的自我意识及其产生行为的解释多少带有唯心主义的色彩。如何能合理的解释？一些学科，如心理学，通过实验技术，研究人的心理及自我意识带来的外部反应，从而更清晰地认知人的经历及对其周边环境的反应状态。人本主义地理学通常也会借鉴心理学的一些理论和方法来解释人的行为决策。而有些研究是与人的空间主体性相联系的，例如，睡眠地理学，是一个多少有些唯心色彩的研究领域，如何对其进行地理学的研究？即借助人的主体能动性所产生的需求与目的的具体化和再物质化，如通过对人休息睡眠的主体空间——住宿设施的研究得出睡眠的社会空间结构并可能进一步分析一个不同地方、不同个体对睡眠决策的影响。再如对酗酒者的研究，同样可以通过酒吧、酒的生产和消费等具体化来得出一定的社会空间结构。

对于城市地理学的人本主义研究而言，人与空间主体性表现最为显著，主体间交互作用产生的现象表征为人本主义地理学研究提供了再物质化的基础。例如，城市景观的形成与改变是价值体现的再物质化，进而映射着人作为价值体现者的自我存在。因此，可以运用不同文化的、历史的视角，通过对不同个体的经历研究来解释一个地方的意义，不同阶层的人对城市地方的占有、形成和改变均反映了这个阶层的意愿以及对城市地方的不同意义。基于此，可以认为再物质化为人本主义地理学提供了一种普遍联系和综合分析的新方向。

9.8 结 语

人本主义地理学是基于对人文地理学作为空间科学的批判，在 20 世纪 70 年代开始兴起并发展起来的，其核心是对人类知觉和人的能动性、人类意识和人的创造性给予中心和积极作用的一种地理学研究方法。到 20 世纪 90 年代以后，出现了反人本主义的倾向，焦点是对人本主义主体是一种意识形态虚构主体以及对人类行为认知肤浅的批判，人本主义地理学逐渐为后人本主义地理学方法所替代。然而，在人文地理学的众多研究中，对人的意图的关注以及人类意识是行为产生的根源假设，这些典型的人本主义地理学核心理念依然保留着，并不断发展着。因此，从这个角度来讲，认为人本主义地理学较之方法更倾向于是一种地理学思想；而对人本主义地理学而言，人及其生存的空间之间应该是一种交互作用，不存在绝对的主体和客体二分，也就是说从本体论哲学出发，人存在的最本质内容是自我主体与对象主体之间的交互关系，即人及其存在空间之间的交互作用；具体化或再物质化为人本主义地理学提供了一种普遍联系和综合分析的新的方向；由语言及话语构成的解释框架是学科概念化研究的重要组成；文学或文献将这种基于语言和话语结构的解释框架具体化，并不断延续下来，影响着后续研究者的思维。在城市地理学研究中，对于社会和文化空间的研究，以人为研究主体时，多鼓励采取人本主义地理学的研究方法，以更深层次地诠释人与环境之间的互动关系。

第 10 章　后现代主义与城市地理学研究

10.1　后现代思潮及后现代地理学的产生

10.1.1　"后现代"缘起

后现代（post-modern）或后现代主义（post-modernism）这一词首次出现于什么时候？学界对此看法不一。根据 Best 和 Kellner（1991）的追溯探究发现，大约在 1870 年，一位名叫查普曼的英国画家使用了"后现代绘画"这个词，用来描述其比法国印象派更现代、更前卫的艺术作品。另根据美国后现代文学批评家伊哈卜（Ihab Hassan）考证，"后现代"作为一个术语，最早出现于西班牙学者菲德里科·德·奥尼斯 1934 年编辑出版的《西班牙和拉美诗歌选集：1882—1932》中，达德利·菲茨在其《当代拉美诗歌选集》中又沿用了这一术语。1945 年以后，英国著名历史学家阿诺德·汤因比在他的《历史研究》缩写本中也使用了这个术语，意为自 1875 年起西方文明进入了一个过渡型的阶段，他把具有无政府状态和相对主义特征的历史阶段称之为"后现代时期"（盛宁，1997）。

虽然学者们对"后现代"的起源说辞不一，但是存在一个共识："后现代"是在 20 世纪 60 ~ 70 年代才流行起来的。20 世纪 60 年代法国的政治经济急剧变革对后现代思想产生了重大的推动作用。那个年代的法国，戴高乐总统的独断专行日益引起人们不满，政府反对罢工的立法导致工人的反抗，消减小农户的政策也激起农民的抗争。由于经济情况不好，失业人数众多，青年学生面临着毕业即失业的威胁。1968 年各种社会矛盾日益尖锐，以青年学生为前导，法国掀起了五月风暴。这一事件的发生使得很多哲学家和社会学家不得不重新认识当前的世界，亦使后现代日益流行。从更宏观的背景来看，后现代的产生与欧洲 18 世纪启蒙运动进行以后，现代社会凸显出的种种现实弊端密不可分。后现代话语质疑和批判的深层对象就是奉行现代理性的启蒙思想。

启蒙思想推崇理性力量，它包含三个基本因素，即获得关于世界的永恒真理、实现人类的普遍解放这两个理想，以及现实的人兼具认识主体与实践主体身份的自信（张琦伟，2003）。后现代主义激烈质疑真理的优先与特权地位，如福柯认为人类历史的更迭并非是有规律性的，世上并没有一成不变的事物，也没有所谓永恒的真理（Foucalt，1980）。后现代主义也批判启蒙思想认定人类"普遍解放"的基础是人类趋向同一、形成同一的社会发展模式，他们认为差异是真正的存在，倡导多元、差异，反对普遍、整体。利奥塔（Lyotard，1984）在《后现代状况》一书中将"后现代主义"定义为"对元叙事的不信任"，宣称"让我们向同一整体开战；让我们成为那不可表现者的见证人；让我们持续开发各种差异并为维护'差异性'的名誉而努力"。此外，针对启蒙思想坚信无所不能的理性"主体"依其理性能力赋予世界秩序（用康德的话说，就是"人的理性为自然界立法"），后现代主义也批判性地提出，所谓无所不能的理性"主体"是"有限"的人，人总是以有限的方式来认识世界，其认知并不具有确实性和确定性。

10.1.2 后现代主义思潮

关于"后现代主义"的定义，学界目前尚无统一定论。本来，人文社会科学中的概念定义不同于自然科学那样总有一个客观实在的所指，而是带有一定的相对性；并且人们往往一开始对某个概念的理解有些偏差，反复修正和重新界定的结果，反而经常使得这个概念的内涵越来越复杂。"后现代主义"就是这样的一种情况。虽然目前对于"后现代主义"尚无确切的定义，但是我们仍可以从以下几个方面来认识它。

首先是"主义"（-ism）。一般而言，"主义"是指一种对于客观世界、社会生活以及学术问题等所持有的系统的理论和主张（如马克思列宁主义、达尔文主义等），或者指一定的社会制度（如资本主义、社会主义等），或者指一种思想作风（如自由主义、主观主义等）。英文中的"主义"除此之外，还可以笼统地表示某种状态或行为［如 barbarism（野蛮行为）等］，或者根据某种特征所做的抽象归纳［如 Americanism（美国特色）等］。后现代主义可能就是后面这种状况。

什么是"现代主义"呢？"现代"，字典中解释为"现在这个时代"，在西方世界它主要指工业革命以来科技的迅速进步和社会的剧烈变革的这一时代。在这个时代，资本主义价值观（现代理性）得到了确立，包括人们相信科技对于人类总是有用有利的；时间变得可以用金钱来衡量甚至买卖；提倡理性，主张用理性战胜和衡量一切等（盛宁，1997）。

至于"后现代主义"中的"后"字，有人把它理解成为"反"，但并不确切。本质上"后现代主义"是从"现代主义"派生而来，是对过去的一种延续，可以将后现代主义看成是一种增强和加剧，是一种更高、更为超级的现代性（Auge，1995）。"后现代主义"概念的提出虽然是在"现代主义"之后，但"后现代主义"中的"后"字不代表在时间序列上按年代划分的在现代时期之后，后现代与现代不是时间上的线性逻辑，而是西方学界有了对当代资本主义社会的新的看法和认识，即对现代社会的一种反思。

西方学者们认为，资本主义实现"现代化"的过程，同时也是在文化和观念形态上进行自我证明，使得自己的全部活动"合理化"的过程（盛宁，1997）。哈贝马斯界定"现代性"是"保证自己得到完完整整、不多不少的复制"，而资本主义若实现"现代化"，就达到能自圆其说、左右逢源、怎么说都有理的阶段。但是事实上，资本主义的"现代"包含的概念应是一个矛盾的综合体。它既包含人们一般意义上所传达的"现代"的基本意义，它也包含自己的对立面，西方人文学者称其为"美学意义上的现代"。美国印第安纳大学的卡林内斯库（Calinescu，1987）出版的专著《现代的五副面孔》中提出，"现代观"可以分为中产阶级（即资产阶级）的现代观和 19 世纪下半叶出现的广义的先锋派所持的现代观，后者是对前者的激烈的批判。他们所采取批判的方式是从公开的反抗到无政府主义，要打倒一切、销毁一切，是一种对中产阶级现代观的全然拒斥。卡林内斯库的这一观点在西方学界还是相当普遍的，其中以哈贝马斯为突出代表。此外，福柯也曾从"话语建构"意义上来讨论文化分期，"历史在传统形式上起着'记忆'曾经的丰碑的作用，并将它们转变为文献，……而在我们这个时代，历史却将文献变成为丰碑"（Foucalt，1980）。如果把形成文献和话语的过程称为"现代"，那么当下，情况发生了变化，我们需要对原有文献和已有话语进行审视。那么我们将审视这个工作的时代称为"后现代"也就是可以接受的了。利奥塔（Lyotard，1984）在《后现代状况》一书中，讨论知识累积的过程，也就是资本主义对于世界的占有上升为"话语"的过程。然而，现在人们对这种一个又一个体系的"知识"，也即是利奥塔所谓的种种"宏大叙述"产生怀疑，"后现代"时代来临了，语言游戏规则发生了变化。只有认识了这些，我们才能真正理解利奥塔号召"向一切同一性开战"的真正含义。为了实际需要，对现今的认知范式重新审视和反思（迪尔，2004），就需要建构一个新的认识框架，西方知识界命名它为"后现代"。

简单来讲，我们可以把后现代主义理解为一种思潮。它是在哲学、艺术和社会科学领域中的一个近代思潮，强调兼容并蓄等一系列在社会研究、艺术实践和政治强权方面的批评（约翰斯顿，2004）。后现代主义是一个非常庞杂的思想体系，它主要包括雅克·德里达（Jacques Derrida）的后解构主义、米歇儿·福柯

（Michel Foucault）的权利系谱学、吉尔斯·德勒兹（Gilles Deleuze）的差异哲学、让-弗朗索瓦·利奥塔（Jean-Drancois Lyotard）的后现代知识理论、大卫·格里芬（David Ray Griffin）的建设性后现代性主义、马丁·海德格尔（Martin Heidegger）的新解释学等（刘凯等，2007）。不同后现代主义者的观点不尽相同，但还是存在一些基本认同。美国学者弗兰西斯·弗·西博格（Francis F. Seeburger）以后现代主义学者路德维希·维特根斯坦（Ludwig Wittgenstein）的"家族相似"来描述后现代主义，认为应该包括以下一些方面的特征：反本质主义、绝对的相对化、概念的历史化、反基础主义等（冯俊等，2003）。中国学者赵光武等认为后现代主义哲学主要有反本体论、反理性主义、反本质主义、反基础主义等特征（赵光武，2000）。

约翰斯顿（2001）对后现代主义进行了系统总结，他认为，后现代主义主要强调"小型叙事"，认为后现代是一个凡人的时代，是一个只重过程而不重结果的时代。它看重被现代性所忽视的东西，如异质性、不确定性、无序等，而对现代性看中的如原则、整体性、确定性、权威、统一性、规律等都加以拒绝。这是一个倡导一种异质标准的时代，它批判形而上学的绝对客观的真理，认为在形而上学思维方式的影响下，对许多问题的理解都出现偏差。在后现代，各种不同学术范式之间界线消失了，科学只能玩着自己的语言游戏。后现代主义强调事物皆有多元性，有利于防止人们走向绝对化和死板僵化，但有时它过于强调学术的自由化与多元观，容易引发思想无序及无政府状态的出现。

10.1.3 后现代地理学的产生

后现代主义在学界日益兴盛，不可避免地对地理学也产生了巨大影响。据地理学家马润潮（1999）所论，后现代主义对人文地理的影响，始于1984年美国杜克大学比较文学教授詹姆逊在《新左评论》的一篇论文，他在剖析社会及历史变迁时，强力肯定了空间地位的重要性，认为在20世纪60年代以后的西方后现代化社会中，左右我们每天的日常生活、心路历程及文化语言者，是种种的空间而非时间（Jameson，1984）。詹姆逊的文章及以后出版的书经常使用空间术语来表达。他把空间作为后现代的特权领域，尤其要求地理形式。我们从20世纪80年代的后现代社会理论中也能看出，地理学家重新开始关注地理理论中的地方和社会理论中的空间（皮特，2007）。

南加利福尼亚大学地理系的迪尔教授是使后现代主义在地理学影响扩大的重要推动者。迪尔在其任编辑的《社会与空间》杂志上刊登了他的许多在后现代主义影响下的新的地理学论述。他称后现代社会思想是横扫人文地理学的"浪

潮"，认为人文地理学没有宏伟的理论。并且他认为，后现代地理学首次出现于
1986 年《社会与空间》杂志上刊登的两篇文章：一篇是他的《后现代都市主义
及规划》一文，另一篇是索加的《解构洛杉矶：批判的人文地理学的碎片》（皮
特，2007）。

自 20 世纪 80 年代起，地理学者们开始从社会学等社会科学借用很多观念，
积极探索地理学在社会理论中的地位（Soja，1989）。后现代主义强调非传统、
异样化事物（Dear，1988；Dear，1994），它的多元属性，不但促进了地理学者
对"个性"、"地方"的重视和研究，也使得不少地理学家开展了对少数人群问
题的研究，特别是有关族裔或族群的研究（闫小培和林彰平，2004），同时也打
破了以往仅以男性观点为出发点的传统地理学，开创了强调女性观点及男女空间
行为存在差异性的性别研究及女性地理的领域（Griffiths and Whiteford，1988；
Pateman，1988）。一些学者一反以往以芝加哥为蓝本的做法，运用后现代主义观
点，以洛杉矶为实证蓝本对美国后现代城市性作了诠释，把新城市主义思潮推向
了一个新高度，产生了所谓的"洛杉矶学派"（Scott and Soja，1996；Dear and
Flusty，1998）。

总而言之，一方面，在受到了后现代思潮冲击之后，以往追寻大理论、定
律、高度抽象的模式及将复杂的事物过分简化的许多地理学者，也早已放弃了其
自大心态而转变为较能兼容其他观点，展示他们也能改变，也是有学术灵活性的
（马润潮，1999）；但另一方面，虽然后现代地理学以其反智性、反传统与反权威
的眼光对地理学进行了重新审视，但它并未摒弃传统地理研究的对象与方法，更
无意颠覆地理学研究范式，而是更关注传统地理学未曾尝试的方法和不曾触及的
领域，并试图重构后现代主义地理学的理论框架（约翰斯顿，2000；顾朝林等，
2008）。

10.2 后现代地理学的内涵及研究方法

10.2.1 后现代地理学的内涵

后现代地理学可以理解为是受后现代主义思潮影响下地理学的新发展。20
世纪 80 年代以来，地理学的改变首先来自于世界的转变。因此，政治研究、全
球变迁及其因果、空间组织及空间意识形态等课题都日益受到重视。这些新的发
展与 20 世纪 60 年代和 70 年代的研究风格非常不同。地理学正在脱离困扰其一
世代之久的诡异学术争论，并且重新发现真实世界问题的重要性。后现代地理学

137

的表现包括大理论的撤退，以及增加对人与地方复杂性的敏感度；并且注重与社会科学联结，而更加关注到知识的条件、论述的角色及社会情况的文化面向（克拉瓦尔，2007）。后现代地理学否定绝对空间秩序的存在。后现代主义地理学家说："当我们寻找空间秩序的时候，我们才发现，这个世界原来是没有秩序的"，因此研究某一问题在特定时间与特定地点的独特性，成为后现代主义研究的主流（唐晓峰和李平，2000）。

1. 反对形而上学和语言中心主义

传统形而上学是研究超感觉的、经验以外对象的哲学，致力探讨世界的本体、本质。西方现代哲学，绝大多数都把哲学的形而上学作为无意义的哲学问题而加以据斥。

后现代主义在这方面则更加彻底。他们认为现代主义只是用"理性"取代了"信仰"，用"人"取代了"上帝"，模式的多项发生了变化，但模式本身没有改变（张广利，2001）。因此，后现代主义的研究思维中，坚决否认本体论，认为不存在世界的最终本质，也否认"基础"、"原则"等问题，认为"形而上"的东西只是一种假设。所谓的"真实的基础"是不存在的，去发现"发现这种基础是什么，并用强有力的理由去支持这种发现基础的要求"也是没有意义的（李钊文，2007），因而转向关注日常生活和语言交往，在日常生活中提出和解答问题。

同时后现代主义在认识论上反对语言中心主义。传统哲学假设人通过语言来认识，即认为语言可以反映、表述或表达对象，人们也可以通过这种对世界本质、规律的语言表达去认识、了解世界和事物。但后现代主义认为，这是一种"元叙事"、一种"宏大的叙事方式"，现代知识是为了使基础主义合法化而对元叙事的诉诸，是必须打破的。利奥塔认为结构性的"话语"作为一种权力掩盖了词语中超越话语导向之外的意蕴，因此主张集多种含义的"喻象"破坏、纠正、混合话语系统（李钧，2001）。

社会和文化理论的地理学转向，源于后现代主义对社会理论的批判中对空间的强调，就是把关于"元叙事"和"宏大理论"的批判加以地理学式的重铸。空间相对于时间，更鼓励脱离普遍原则，转而对差别、地方性话语等非常敏感（庞蒂，1990）。

2. 反对理性和科学主义

后现代主义对理性主义和科学主义采取批判和解构的态度。哈贝马斯认为，非理性主义是后现代主义的主要特征（李晓蓓和刘开会，2004）。

自启蒙运动诞生以来，所有关于现代性的理论话语都推崇理性，把它看做真理和系统性知识的基础。然而，后现代主义者指出，理性也许并不如最初设计者和后来的捍卫者们所想象的那样正确和牢靠，建立在理性主义基础上的现代性工程只不过是一幢坐落在沙滩上的建筑，随时都有坍塌崩陷的可能（计湘婷，2004）。福柯则相信现代理性是一种压迫性力量，并通过社会制度、话语和实践等方式实行对个人的统治（蒋关军，2005）。

现代社会中，当科学技术理性取代了人的理性，后现代主义对科学主义也进行了批判。如被誉为后现代哲学的先知的维柯就断言，真理不是某种先天存在的严格形式，而是人造物；费耶阿本德认为，所谓科学和非科学的对立是"人为"的；帕斯卡尔认为，真理为真，并不是真理本身，而是我们的"信念"问题（陈金美，1999）。

因此，科学在后现代主义看来也只是信念的一种。后现代哲学家们所谓"解构"理论，就是要人们游戏地对待所有理论，不要相信理论的真理性。罗蒂、德立达等人在描述后现代性时认为，科学、哲学都仅仅是文学，它们与文学一样，只具有描绘的作用，并不能把真理赤裸裸地摆在人们的面前。即使伦理学也不比科学更具有相对性，但也不变得比科学更"科学"（郑祥福，1995）。甚至科学知识是一种"话语"，失去了传统价值而成为商品化的重要领域（朱立元，1997）。

后现代主义转而注重非理性的东西，如情绪、感觉、反省和直观、自主性、创造性、想象力、幻想和沉思等，认为人的存在是变动的、开放的，而理性思维下人却变得僵化。他们回避判断，提供"读物"而非"观察"，提供"阐释"而非"判决"，他们从不进行检验，因为检验需要"证据"，这是一个在后现代参照系内无意义的概念（陈金美，1999）。

在人文地理学研究中，也有学者对"现代性"提出批评。"要求人文地理学也去追求自然科学的目的，结果除少数理论外并没有成功的理论成果，而这些理论不是假设太不切实际，就是有其他的局限性（如有的是实用性差，有的只是经验规律而缺乏理论基础，而有的则过分地将复杂情况简化得远离事实了），应用起来有困难，令人失望"（马润潮，1999）。在人文地理的研究中，关注非理性因素如信仰、爱好、习惯、权利、情感风俗等，对地理学现象和过程的影响（赵光武，2000），以直观、情感为基础，关注被现代所低估的日常生活经验价值，以对于日常生活的文本，对于局部知识，对于细节，对于偶然发生的事物，对于主观断言，对于个人和集团的直接经验等的某种反理论关注来取代现代理论（罗斯诺，1998）。

3. 反对主客二分，重建平等关系

从德国古典哲学起，主体性问题一直在西方哲学认识论中占据中心位置。但自尼采的"上帝已死"，到福柯的"人已死"、德里达的"人的终结"和多迈尔的"主体性的黄昏"，后现代主义进一步反对主客二分，二元对立，提出人或主体不是与独立的客观世界相对立的，拉康提出"消失的主体"概念，认为理论研究应把人当做诸多元素中的一个。后现代主义把人类思维一切错谬的根源，以及人类实践一切错误的根源皆归结为主客二分。因而，在他们看来，要超越现代，就必须跨越主体，消解主客二分，消解主体性（陈金美，1999）。

反"人类中心主义"，从而重建人与自然的关系。人与自然不存在谁优谁劣的问题，温克勒（Winkler，1992）就认为，人类就其本质来说优于其他物种这一观点是毫无根据的，这不过是人类为自己谋利益的一种荒谬的偏见。建设性的后现代主义提出整体有机论，认为所有的原初个体都是有机体，一切事物都是主体，都有内在联系，在人地关系问题上把人与自然的和谐视为重要的原则（刘凯等，2007）。

反"自我中心论"，从而重建人与人的关系。后现代主义批评现代性的个人主义是社会中各种问题的根源（甫玉龙，1996）。个人只有在人们的相互关系中才可被理解，特别是格里芬（2005）等在《后现代精神》中提出，人与人的关系是生态性的，彼此相互依存，个人与整体利益分不开，为他人的利益，为整体利益工作，就是为自己的利益工作。

后现代主义旨在推翻居于中心地位的认识主体，倡导不同观察者和认识者之间的平等交往关系，以交往主体形式取代了中心主体形式，已消解主体性。因此，在社会科学研究中，后现代主义谴责了现代社会中的性别歧视、民族主义、欧洲中心论等具有主体倾向性的关系，主张建立相互尊重、互相负责的新型两性之间、民族与民族、国家与国家之间的关系（许然和司徒尚纪，2005）。

4. 反对确定性，提倡多元化

哈桑认为，"不确定性"是后现代的核心原则之一，是中心和本体论消失的结果，这时人类可以通过一种语言来创造自己及世界。不确定的范畴包括模糊性、间断性、异端、多元论、散漫性、解合法化、反讽、断裂、无声等衍生性含义（朱立元，1997）。

后现代主义相信分化、多样性和不确定性，认为真理并无绝对的标准。在现代性框架中，知识被看做是单一的、累积的和中立的事物，而从后结构主义观点来看，知识是多元的、冲突的和与权力有关的（汤茂林，2009a）。任何一个文本

的无限数量的解释（意义）都是可能的，连时间都被认为是一种语言的功能。以后现代主义的眼光看待地理学研究，地理写作成为一个社会文化过程。地理写作或阅读遭遇文化转换时，语言叙述的含义也会随之发生变化，原因是在我们写作叙述时，其内容选择、评述立场、价值趋向等都受到我们自身社会身份、文化背景的左右（许然和司徒尚纪，2005）。

　　后现代主义建立在对差异性和基本不确定性的较为敏感的基础之上，它对我们解读、表现以及做选择的方式提出了质疑（迪尔，2004），在思考方法上提出多元化，他们认为不存在特定的方法论，没有必须遵守的程序规则，对具体情况作出特殊的理解。后现代主义主张多元知识形式和微观分析，摆脱追求不切实际的宏大理论和法则的倾向，提倡多元知识形式和微观分析（冯俊等，2003）。利奥塔认为既定的社会规范和意识形态出现了"合法性危机"，应消解"元叙事"和"堂皇叙事"，保留语言游戏异质性的"小型叙事"（朱立元，1997）。

　　主张多元性的思想，对人文地理学的研究影响，体现为对多种决定性因素的重视，是地理学体现复杂性、多元性、非线性等自身特点。例如，在经济地理学的研究中，从经济要素向制度、风俗、文化等非经济要素的转向。在城市研究中，理查德·洛德里吉兹提出，"城市生活的主题是差异的主题"（迪尔，2004）。同时，它促使地理学关注小范围空间的地方文化和问题的特殊性，从传统关注大尺度的全球气候变暖及其区域响应、区域可持续发展评价、产业布局等宏观问题转向对于小尺度的像局地小气候变化、微区位选择、城市社区、个人及家庭行为与地理环境等微观问题和微观视角的研究（刘凯等，2007）。

　　总而言之，后现代地理研究看重被现代性所忽视的一切，如不确定性、异质性、无序等，而对现代性所看重的一切，如原则、整体性、确定性、权威、统一性、规律等，都加以拒绝，反对传统权威及僵化的思想（约翰斯顿，2001）。"后现代地理学以反智性、反传统与反权威的眼光对地理学进行了彻底审视"（顾朝林等，2008）。

10.2.2　后现代地理学的主要研究方法

1. 解构

　　解构（deconstruction）是后现代主义地理学的基本研究方法。解构是一种揭露文本结构与其本质之间差异的文本分析方法。德里达主张用解构方法来摇撼对真理的主张，力图解释文本中不一致性，并在一种元素中追踪其对立元素的痕迹，试图以此消解对真实与一致性的主张。有时可以把解构过程看做由两个步骤组成：把构成了文本的对立面先进行翻转，再进行替换（Johnston et al.，1994）。

解构阅读呈现出文本不能只是被解读成单一作者在传达一个明显的信息，而应该被解读为在某个文化或世界观中各种冲突的体现。一个被解构的文本会显示出许多同时存在的各种观点，而这些观点通常会彼此冲突。将一个文本的解构阅读与其传统阅读来相比较的话，也会显示出这当中的许多观点是被压抑与忽视的。

2. 话语分析

话语（discourse）是社会实践的整体，世界正是通过它对自己和他人变得富有意义而易于理解。话语分析是指对人们说（叙述）什么，如何说（叙述），以及所说的话（叙述）带来的社会后果的研究。话语有以下几方面特征：话语的嵌入。话语并非随意浮动的独立结构体，而是本质上暗含在日常活动之中，在其中它们具有重要的解构效力；话语的移植功能。话语形成了想当然的世界的轮廓：它把特定的世界观"移植"并常常暗含地将其普遍化，并把主体放入；话语的情境特征。话语永远提供部分的、有环境制约的知识（Johnston et al.，1994）；运用权力话语理论，地理学家曾对当今的贫穷、妇女、环境等全球问题与全球权力结构的关系。

3. 福柯的考古学与系谱学方法

福柯早期的著作大都冠以"考古学"之名，考古学在这里不是指作为传统历史学分支的考古学，而是一种知识考古学，在此指的是一种研究方法，这种方法以话语为研究对象，旨在揭示支配不同话语的规则。知识考古学的目的就是以纯粹描述的态度，隔离真理和意义，以考察话语是如何出现的，又是如何展开、变形、转换的，最后又导致了什么结果，是"关于话语的话语"。

系谱学是一种研究西方文化现象的世系关系的理论与方法，它和考古学的基本原则是一致的，系谱学更侧重于对现代社会中的权力、知识以及肉体之间关系的诊断。系谱学反对对深度的迷恋和对本质的探索，它致力于表面的分析，关注偶然的事件、细微的轮廓、微妙的转换等这一类零碎的东西。

福柯运用系谱学方法主要分析了权力与知识、权力与性欲等关系，他的系谱学与传统思想家的分析方法有着本质的区别：抛弃了连续的、进步的、有规律的传统历史观，否定了本质主义，体现了对微观权利的充分关注（李钧文，2007）。

4. 索加的三元辩证法

索加的第三空间理论是列斐伏尔思想的延伸，同样试图探讨人类生活的历史性、社会性和空间性的"三元辩证法"。

空间是社会的产物，是"第二自然"的一部分，也是社会行动和关系的传媒与产物；空间-时间结构决定了社会行动及关系是如何在充满斗争、充满矛盾的过程中得以具体化的；具体空间是社会再生产斗争的竞争场所；社会生活的世俗性根植于空间的偶然性；历史和地理是不可分割交织在一起，没有谁比谁更有天生优先权（皮特，2007）。索加认为对空间性的强调将会在历史性和社会性的传统联姻中注入新的思考和解释模式，这将有助于我们思考社会、历史和空间的共时性及其复杂性和相互依赖性（索加，2005）。

索加在对洛杉矶的研究中采用了这种三元辩证法，探讨了三者之间的相互作用，重描了洛杉矶城市空间的地理性历史。

5. 景观的文本分析

景观的文本分析是"新文化地理学"研究的新方法。文本通常指与书面表达相联系的一系列表达习惯，后来逐渐扩展到包括景观、地图、绘画等其他类型的文化产品以及经济、政治和社会制度等方面，从而作为"语言转向"的一部分在社会科学领域广泛传播，吸纳了后现代主义的话语分析成分。

詹姆斯·邓肯和南希·邓肯将源于文学理论中的文本和背景的后结构概念应用于景观中，将景观解释置于后现代主义的研究中。这种对景观的研究使景观的概念更加理论化，并且说明了它是如何形成社会、文化和政治系统的重要组成部分（Johnston et al.，1994）。因此，以后现代主义的眼光看待地理学研究，景观作为文本的无限数量的解释（意义）都是可能的，地理写作成为一个社会文化过程。

10.2.3 后现代研究的地理学视角及代表人物

1. 福柯

福柯是法国哲学家和"思想系统的历史学家"，被认为是一个后现代主义者和后结构主义者。他认为，我们理解当前的一切制度和话语实践，谈论那些重新置于历史之中加以考察的行动时，应该将一切可能的因果逻辑用其自身的错乱来确定其范围（李太斌和沈立新，2004）。福柯研究的核心是权力和它与知识的关系，空间乃权力、知识等话语转化为实际权力关系的关键。

福柯（Foucault，1986）在《不同空间的正文与上下文》中指出，我们身处同时性的时代中，由时间引发出的世界经验，远少于联系着不同点与点之间的混乱网络所形成的世界经验。他提出基地的概念去替代伽利略以来的延伸。基地被两点或两元素间的近似关系所界定；从形式上，可以将这种关系区分为序列、树状与格子的关系。人类的世代相袭是空间带来的，是基地间的不同关系形成的世代相袭。而时间，只是许多元素散布在空间中的不同分配运作之一（福柯，2001）。

福柯又陈述了空间"异位"概念，指出空间异位是现代世界的典型空间形式。它不仅取代了传统的"空间整体、安置空间、延伸空间"，也摆脱了诗人的"内部空间"和现象学家的目的性"区域描述"，将人的注意力聚焦到社会生活空间，也即"外部空间"（索加，2004）。

在外部空间中，福柯（Foucault，1986）将对异位的描述称为差异地学，指出它的原则是：①没有任何文化不参与建构异位；②每个社会可使既存的异位以不同方式运作；③异位可在单独一个地点中并列数个彼此矛盾的空间和基地；④异位通常与时间片段性相关，也就是对所谓的差异时间开放；⑤异位经常预设开关系统，隔离或使便于进入。

福柯认为，"要探讨权力关系得以发挥作用的场所、方式和技术，从而使权力分析成为社会批评和社会斗争的工具"（周和军，2007）。这是福柯权力理论研究的场域，他认为建筑与都市规划、设计物与一般建筑都是了解权力如何运作的最佳验证。建筑自18世纪以来，已变成了为达成经济—政治目标所使用的空间部署的问题，福柯以医院、监狱、学校、工作场所、街道规划、住宅等为例，来诠释空间、权力和知识交织的关系，指出空间在监视、控制等维护纪律、隔离疾病、巩固特权的功能（Wright and Rabinow，1982；Foucault，1986）。

作为"历史学家"，福柯认为一部完全的历史仍有待写成空间的历史，包括从地缘政治学的重大策略到细微的居住策略，包括在制度建筑中的教室和医院的设计，以及其中的经济与政治安排（Wright and Rabinow，1982）。

2. 哈维

哈维作为马克思主义地理学家，对实证主义、马克思主义、后现代主义都做过深入研究，意图融合后现代主义和现代主义，后结构主义和结构主义。有关后现代研究的著作主要有《后现代性的条件》、《希望的空间》等。哈维认为后现代是一种历史条件的政治-经济产物，是新型的情感和思想的结构，力图在政治的、经济的和文化的分析间找到一个结合。他的后现代主义研究把重点放在政治-经济转型的文化效应上，模拟物成了建筑和地方结构的真实。哈维对时空经验进行了更密切的检验，他认为时空经验是资本主义历史-地理发展的动力机制，是文化生产的复杂过程之间的重要的调解纽带（皮特，2007）。

哈维（1990）试图去建构一个关于空间与时间的历史地理学。空间与时间的概念的社会建构是根植在生产模式及其社会关系之中。他质疑时钟权威和地籍图的专制性，个人的空间与时间感受不会自动地与公共感受一致。他在正统的马克思主义基础上强调种族、性别和宗教，以及承认美学和文化行为的重要性（哈维，2003）。

哈维把时空压缩看做是资本主义制度下对"空间随时间消亡"强制力的产物，他说："我之所以用'压缩'一词，是因为这样一个有力的例证：资本主义历史中的典型特征就是生活节奏的加快，它克服了种种障碍，使得世界仿佛向我们坍塌过来"。这种经验特征是时空会聚或时空延展概念中所遗漏的。他认为后现代主义可能属于高度强化的新一轮时空压缩的结果。并且，哈维特别关注时空压缩对反映社会生活的前后一致的习性造成混乱的各种方式（Johnston et al.，1994）。

随后哈维又致力强调地理学不平衡的发展和差异。差别极大的空间和生态环境构成是由社会—生态和政治经济过程建构，反过来也建构了这个过程，包括社会公正的标准（皮特，2007）。哈维（2000）在《希望的空间》中提出用社会-空间关系来连接例如"全球化"和"身体"等话语，重建这些被后现代著作所割裂的关联（哈维，2006）。

3. 迪尔

迪尔是使得后现代主义在地理学界影响扩大加深的重要推动者。迪尔声称，后现代社会思想是横扫人文地理学的"浪潮"，认为人文地理学没有宏伟的理论。

迪尔认为，后现代主义会在如下领域影响地理学：①文化景观和地方形成；②后福特主义的经济景观；③与空间和语言问题相关的哲学和理论论争；④地理写作与制图中的再现问题；⑤后现代性政治，不满意于后现代主义的女性主义地理学，后殖民主义问题；⑥个体与自我边界（即认同问题）的建构；⑦自然与环境问题的重申（皮特，2007）。

在迪尔的《后现代都市状况》（迪尔，2004）中，他解释了后现代超空间（多维空间），认为这是对旧有社会时空结构所做的一种延伸和重组，通过揭露过去、现在以及未来城市主义的复杂往事，强调空间、地点以及位置的重要性。他对后现代思想作了城市的文化人造物、后现代性时代的崛起和思维方式的改革三个维度的论述，强调差异性原则，寻求多样的观察方式进行后现代主义实践。特别在后现代主义作为一种方法的维度上，迪尔认为后现代哲学是一种"对话"，没有人能从这种交流对话中被驱逐出去，而且在这种交流对话中，任何人都不拥有特权地位。后现代主义认为我们对概念所做的分类，在事物本质中并不

145

存在，相反它反映的只是存在于我们心灵中的"建筑"。这些建筑有意无意地蕴涵排外的计谋，并且充满内在矛盾和悖论。解构的任务就是去解释这些矛盾和悖论。后现代主义和解构结合起来展示出一种深刻的文化挑战（迪尔，2004）。

作为城市规划研究者，迪尔（Dear，2000）以洛杉矶和南加利福尼亚为例，通过历史特征的考察揭示了从现代主义向后现代主义城市主义的过渡，指出意向性的改变造就了南加利福尼亚的城市风光——城市规划从公共意愿向相对私人化意向转变，并且勾画了后现代主义城市主义图景。他还讨论后现代网络空间与环境问题，以及后现代的同一性、民主政治性危机和新的世界地缘政治秩序（迪尔，2004）。

迪尔在书中批评了索加的《后现代主义地理学》和哈维的《后现代主义的条件》观点有悖于后现代主义精神，认为他们最终都以现代主义理论彻底重构了城市学说（Dear，2000）。

4. 索加

在吸取列斐伏尔将空间看做"不仅是物质的存在，也是形式的存在，是社会关系的容器"基础上，索加（Soja，1996）则进一步直接地指出，"人类从根本上来说是空间的存在者，总是忙于进行空间与场所、疆域与区域、环境和居所的生产"（索加，2005）。这些学者的理论都已经明确了空间作为文化存在的形式，文化观念在空间的生产过程中，依然起着极为重要的作用。

在"生活空间"的分析方面，列斐伏尔和索加的研究已经呈现出了一个较为清晰的框架。前者认为，空间既有物质属性，又有精神属性，即物质存在的第一空间和主观想象的第二空间，并且试图赋予社会空间一种更加复杂的意义；索加在此基础上提出了包含和超越第一、第二空间的"第三空间"概念，从而开辟了新的视野，因为"我们生活其中的空间维度，从来没有像今天这样深深关牵着实践和政治"。对于索加来说，第三空间正是（尤其是城市中的）人们真实生活在其中的空间，也就是前文所说的"生活空间"。因此，这种感知的、构想的、生活的"空间认识论"，也证实了我们只有在生活空间变迁的视野下，才能够更好地把握文化发展的脉络。

索加提出了所谓空间、社会与历史三位一体，辩证互动的三元辩证法，指出后现代性包含空间的重申，因为现代性的历史观察已经开始自己粉碎。索加大胆主张，不仅要利用列斐伏尔的马克思主义，而且也要利用福柯的后结构主义，以之作为灵感的主要源泉，以此对后现代地理学进行持续不断的理论分析。他发现一种独特的、后现代的、批评性的人文地理学，重申了空间的重要意义。从解释批判性社会思想的智力知识史的意义上说，后现代批判地理学是解构空间的，从强调边缘化的、被压迫的人民的斗争这个意义上来说，它是空间重构的（索加，2004）。

5. 巴尼斯和邓肯

巴尼斯和邓肯使后结构理论聚焦于传统地理学景观概念。提议扩大"文本"概念，是指包括一系列的文化产物，并使社会的、经济的政治的制度作为可能"阅读"的"象征性实践"，包括景观如何在一套文本基础上建构，如何阅读景观，景观是如何充当行为的媒介而影响文本形象形成（皮特，2007）。

巴尼斯和邓肯对地理写作问题进行了深刻反思，对地理事实与地理写作文本之间的关系进行了深入讨论，其核心概念是文本、话语、隐喻三个语汇。由于语言叙述不可能脱离讲述者的文化背景，不可能脱离讲述者的社会身份背景，所以，地理写作是一个社会文化过程，而当地理写作或阅读遭遇文化转换时，语言叙述的含义会产生变化。邓肯一再强调，被我们描述出来的世界，可能与世界的本来面貌相去甚远，原因是我们在写作叙述时，其内容选择、评述立场、价值趋向等都受到我们自身社会身份、文化背景的左右。他指出，在旧文本中不可能认识新世界，因为事例只关心大空间尺度的"公共"行为，而不注意小尺度的家庭行为、儿童抚育行为等。有些学者提出两性关系可以与在文本内而不是文本外呈现。另外，我们在描述世界各地时，却不免带有我们本地的价值观念，所以，与其说是对地理景观的"描述"，不如说是对景观的"解译"。由于这些问题的提出，使地理知识在以语言（口头或书面）的形式传播时产生了很复杂的情形，特别是遭遇不同文化群体时，其意义变异的程度可能更大。地理学家所谈的世界，是他们对世界的"主观再现"，而不是客观反映，而主观再现的凭借手段只有语言，世界是在语言讲述中浮现出来的。

此外，巴尼斯和邓肯等还讨论了地理文献的作者与读者之间的关系。他们参考了当代文学理论、美学理论、心理学理论等，对于地理"作品"的相对性，对于"作品"含义的形成、传播、解构等复杂问题，做了不少分析。在他们的笔下，地理学研究几乎与文学艺术研究没有多大区别。地图，也是一种文化文本，无论绘图手段如何更新，如何电脑化，它依然是人性的表现，是完成一种人际关系的手段。在地图之上，画的是人际秩序，而这种秩序是以社会权力为依托的。没有地图，社会是不可能组建起来的。

6. 卡斯特尔

卡斯特尔被称为网络空间社会学家，《信息时代：经济、社会与文化》三部曲是其代表作，其中《网络社会的兴起》揭示了出全球化网络社会的真相，将技术革命、经济全球化、网络工程，以及传媒文化、时空文化悉尽纳入政治经济学的框架中（陆扬等，2009）。

147

卡斯特尔将网络定义为："网络由一组相互连接的接点构成"。网络社会是高度动态的、开放的社会系统。在以网络为基础而构成的网络社会中，社会生产关系不再是一种实际存在，资本进入了单纯循环的多维空间，劳动力则由一个集中的实体变为差别极大的个体存在，网络社会的社会变革过程超出了社会和技术生产关系的范围，表现在现实中为经济行为的全球化、组织形式的网络化、工作方式的灵活化、职业结构的两极化。卡斯特尔分析了世界城市形成的力量基础，构造了所谓"发展的信息模式"，并认为所谓的世界城市就是他所说的信息城市（谢俊贵，2002）。

同时信息技术正在改变人们生活中的时间和空间，增加了人们工作时间中的生产力，并且消除了空间上的距离（谢俊贵，2001）。为了说明网络时代如何彻底改变了人类生活的时空观念，卡斯特尔提出了"流动空间"和"地方空间"的概念。他认为网络使地域的概念从文化、历史和地理意义中解脱出来，被重组进类似形象拼贴的功能网络里，故而产生一种"流动空间"，替代了传统的"地方空间"。当代社会实践，其主导特征在卡斯特尔看来就是流动：资本流动、信息流动、技术流动、组织互动的流动，以及形象、声音和符号的流动。流动不光是社会组织中的一个因素，而且表现了主导着我们经济、政治和符号生活的过程。这样来看流动空间，根据卡斯特尔给出的定义，它就是通过流动而得以运作的共享时间的社会实践物质组织（陆扬等，2009）。卡斯特尔进而从三个层次分析了他的流动空间：电子交换的回路组成、各个终端和网络中心以及居高临下的管理精英们的空间组织。这一流动空间的第三个层面，他指出精英在网络社会里的支配地位，表现在它的组合能力和它分化大众的能力同步增长，大众虽然人数占据绝对优势，其利益所得却占劣势（梁栋，2001）。

卡斯特尔认同鲍德利亚《符号政治经济学批判》中的观点，即所有的传播形式，都立足于符号的生产和消费，"现实"和符号表征之间，没有什么认真的分别，一切社会中人类都生存并且行动在符号环境之中，故今天的传播系统，其历史意义就不在于催生了人所谓的虚拟真实，而在于建构了"真实虚拟"。卡斯特尔认为，互联网这一新的电子传播系统，其通达全球、整合所有交流媒介以及具有互动潜能的特点，正在形成一种新的"真实虚拟文化"（陆扬等，2009）。

10.3 后现代主义影响下的城市地理学研究

城市作为一个包罗万象的文化现象，自然成为后现代主义思潮渗透、活跃的重要领域。毋庸置疑，后现代主义思潮影响下的城市地理学研究也得到了后现代地理学者们的青睐。众所周知，城市空间结构向来是城市地理学研究的重要内容之一，而后现代地理学的产生标志之一就是索加对洛杉矶城市空间结构的解构。后现代主义思潮影响下的城市地理学研究也就成为后现代地理学蓬勃发展的重要阵地之一。下面就先从与后现代地理学诞生密不可分的后现代城市空间研究与洛杉矶学派开始谈起。

10.3.1 后现代城市空间研究与洛杉矶学派

后现代城市空间研究的先锋人物之一是美国地理学家索加，他对洛杉矶的研究是体现出后现代地理学思想的最早的城市空间研究。该研究的代表著作是他的"空间三部曲"系列：《后现代地理学：重申批判社会理论中的空间》（Soja，1989）、《第三空间：去往洛杉矶和其他真实和想象地方的旅程》（Soja，1996）、《后大都市：城市和区域的批判性研究》（Soja，2000）。索加提出了研究城市的"社会-历史-空间"三元辩证法，尝试用"第三空间"这一灵活的术语来尽可能地把握观念、事件、表象，以及它们的意义在不断变化位移的社会背景。所谓第一空间是以经验描述的事物为基础的；第二空间是用空间概念来构想的；第三空间是真实与想象兼有的空间（索加，2005）。索加提出了后大都市的六个话语：后福特方式工业化大都市（重构都市活动的地缘政治经济）、世界大都市（城市空间的全球化）、扩散型城市（都市形式的重构）、碎形城市（城市两极化和重构的社会马赛克）、监禁群岛（后大都市中的空间监控）、模拟城市（都市想象的重构）（索加，2004）。索加认为，后大都市的出现与资本、劳动和文化的全球化与地方化、全球或世界城市新秩序的形成有关，后大都市是一种新的国际都市，生发出以前从未存在过的经济上、政治上、文化上异质的城市空间；非中心化与再中心化使现代大都市既内聚又外扩，后大都市被区域性地重构为一个扩散都市；后大都市在极端富裕下两极分化、不平等、民族与种族隔离，是破碎的城市，也展现出"杂交"与文化政治的图景；后大都市被精密的技术设计所监控，被控制而非管理；后大都市被电子重构，数码空间使日常生活具有超现实性（索加，2006）。

而另一位后现代城市空间研究的代表人物是美国南加州大学地理系的迪尔。他认为洛杉矶的城市空间结构具有全球化-地方化联结、社会极化特征，并且在城市发展的区域化过程中是该城市的腹地组成了城市的各个中心，这种无中心的城市结构与美国芝加哥学派的城市空间结构模型截然不同。他在"南加利福尼亚城市主义"这一术语基础上发展出来"后现代城市主义"这一术语，把后现代城市无中心的空间模式定义为"基诺资本主义"，并以此作为城市分析的基础，其中四个重要的主题是：世界城市（全球化）、双元城市（极化）、改变空间（破碎化与文化杂交）、虚拟城市（赛博空间）（Dear and Flusty，1998）。

在 20 世纪 80 年代，以索加、迪尔为代表的一批南加州学者们通过对洛杉矶地区的研究，认为洛杉矶代表了一种更普遍的城市动力机制，被称为"洛杉矶学派"。相对于本杰明把巴黎称为 19 世纪的首都，斯考特和索加把洛杉矶称为"20 世纪的首都"。洛杉矶学派的诞生在某种程度上也标志着更个美国发生了广泛的社会−地理学转变。辛扎提认为，洛杉矶学派的理论探索关注更普遍的城市过程问题，关注"重构"，包括去工业化和再工业化、信息经济的诞生、民族—国家的衰弱、新民族主义的出现，以及太平洋带状地区的升起等。这种增值逻辑常常涉及多个理论框架，重叠并共存于对新兴的全球（地方）秩序的解释中（Dear and Flusty，1998）。

近年来，国内学者也做过一些后现代城市空间研究。如张京祥和崔功豪（1998）对后现代主义纷繁复杂的城市空间结构模式，进行了较为客观、全面的论述，剖析了其人文主义的精神内涵；卢丹梅（2004）分析了后现代主义城市空间的特性（空间性、多元拼贴性、边缘性、生态性、文脉性），重新认识与评价了后现代空间的价值；张鸿雁（2008）提出了"嵌入性"城市定位论来建构中式后城市主义。

10.3.2   后现代思潮影响下的城市社会地理学研究

后现代地理学家索加在解构洛杉矶城市空间时提出了"社会−历史−空间"的三元辩证法，该方法论深刻地影响到了城市社会地理学研究，成为该学科的研究基础。社会地理学家们认为：城市反映了一种社会空间辩证法，它是一个双向过程，人们在改变城市空间的同时又被他们所居住和生活得城市空间所改变；城市展示出多种多样、各具特征的邻里单元的镶嵌体；城市结构反映了它们周围的经济、人口、文化和政治背景，因此，北美城市在一定程度上表现出了与欧洲城市不同的特征（诺克斯和平奇，2005）。具体来说，以后现代方法论为基础的社会地理学从城市社会空间分异、城市空间和制度框架、住房供给与城市环境生产、城市生活方式及其社会性、少数群体空间隔离与集聚、邻里/社区及其地方社会结构、城市认知与行为、城市中的特殊群体、居住迁移与社区变化、城市冲突等多个方面进行了深入研究。

在国内，王兴中（2000，2003，2004）提出所谓"新社会地理学"，从"社会−文化进程"来揭示社会空间结构系统的过程演变，从"社会公正与保护"来构建社会空间结构系统的客观现实。前者是指以区位（或地点）社会时空过程的解剖替代传统的区域景观结构构成分析方法，通过对众多区位（或地点）的社会−文化进程分类，找出在全球化浪潮影响下，不同区域多种行为空间模式形成的多元区域文化世界与对应变化中的社会文化空间系统。后者是强调必须重视对地点的价值建造研究与地点道德观构建研究，以期解构建造社会空间的"本体"，因为不同区位（或区域）的人群受其在社会–文化进程经历中所形成的生活期望值（观）与哲学（思想）价值观的影响而行为多变，从而构建了世界或区域不同的社会空间结构及其水平，只有在"社会公正与保护"的理念下，不同区位（或区域）多样的价值观才能和谐共处，构成一个等级健全、类型多样、互相依存的社会空间体系结构。同时，他还提出了新社会地理学下的理论框架，包括城市社会空间结构原理和城市社会–生活空间结构原理两大框架，以及营业性（城市）场所（的社会–文化）微区位论，其理念核心是：必须在一定发展阶段的宏观与社会条件下，把握（城市）社会空间系统构成的基础上，从提高（城市）社区空间生活质量入手，探求与营业性场所具有和谐关系的"微观"社会空间区位因素与宏观"感应认知"区位因素的关系规律。

此外，李志刚等（2006）通过对与中国城市正处于经济转型和全球化的双重影响下的"后社会主义城市"的社会空间分异研究的综述，探讨了这一类城市在新的政治经济背景下新的社会极化对城市社会空间的影响，以及市场的出现和福利体系的重构造成了普遍的社会空间分异程度的增加。

10.3.3 文化转向与后现代城市文化景观空间研究

鲍曼（Bauman，1992）说，后现代性对不同的人意味着不同的事物：也许意味着建筑，炫耀"秩序"，指示哪些适合哪些需要被严格排除来保护钢、玻璃、水泥的功能逻辑；意味着一种想象，反抗于绘画与雕塑、风格与流派、走廊与大街、艺术和其他事物的区别；意味着一种生活，像电视连续剧和纪录片，忽略区别虚幻与事实的担忧；意味着一种许可，可以做任何想做的事；意味着一个建议，不要对任何事太认真；也许意味着事物变化的速度和心情接换的节奏，以至没有僵化于事物的时间；意味着注意力，立刻向各个方向散去，以至不能长时间停驻于任何事物，凑近看一看；意味着购物中心，充满各种只为购买的乐趣而存在的商品；意味着追逐任何事物的自由和难以置信的不确定性，关于什么值得追逐以及应该以什么名义追逐（Clarke，2006）。后现代的这种精神状态和生活方式，使各种符号大量涌现在社会的各个角落，通过广告、媒体得到渲染和强化。在这个"人造"世界中，一切都是生产出来的特殊话语，世界的意义都是由人造话语所决定的。为了对这一新的生活世界的变化进行解释，许多人文地理学借用文化分析方法，来揭示地理知识、地理讲述、地理研究在个性化时代的独特表现。正因为此，约翰斯顿在《地理学与地理学家》一书中称这一时期的人文地理学的发展为"文化转向"（唐晓峰和李平，2000）。

文化转向催生了"新文化地理学"，呈现出两个特点。第一个特点是景观分析视角发生了转变。新文化地理学不再侧重景观的形态研究，而是试图将景观的概念与其历史发展联系起来；注重分析景观的符号学意义，研究景观是由哪些符号构成了可供阅读的文本；传统文化地理学对景观的研究集中在乡村地区，而新文化地理学则更多地研究城市的文化景观；新文化地理学的景观研究具有很强的文化政治倾向。第二个特点是重视文化的空间性，认为文化是通过空间组成的。新文化地理学将文化视为空间过程的媒介，强调文化渗透在生活的每个过程中，并决定着我们生活的空间性实践（周尚意，2004）。新文化地理学使文化地理学从过去对文化开展空间研究或（地理）空间分析（如划分文化区）转向现在对（地理）空间开展文化研究，从而城市文化研究也成为该学科活跃的新领域，研究内容包括城市居民的价值观、道德变化、物质文化和消费文化的发展、公共空间、景观的美学化、文化的景观化、遗产开发、媒体世界、民族问题和分众与分化现象、环境和生态意识等等（唐晓峰等，2008）。

在国内，李蕾蕾（2004）将传统人文地理学和新文化地理学结合，利用五个复数概念——属性（attributes）、空间（spaces）、时间（times）、方法（approaches）和世界（worlds）——构建了 ASTAW 框架。属性可以是这个世界上任何人感兴趣或关心的事物，既包括社会或人文现象也包括自然现象；空间因与"地方"、"区域"、"地图"等概念相关而成为地理学引以为豪的标志性核心概念，它可以是抽象的哲学概念，也可以是具体的物质实体，还可以是几何学上的空间关系；时间是社会和事物或者属性存在的另一个向度，时间也具有尺度和类型，时间的尺度和性质的引入使人文地理学研究从静态走向动态；方法论维度的引入使得对同一问题和研究对象通过采用不同的方法论或研究视角，而产生不同的研究结果；世界既包括科学主义的物质世界和地理学家的地球世界，还包括人们头脑中的感知世界。通过该概念框架的排列组合关系，可以涵盖新文化地理学的多元视角、方法和研究议题。除了对理论研究框架的思考，国内学者们对于城市文化理论（包亚明，2008，2004；朱竑等，2008）以及城市消费空间（张京祥和邓化媛，2009；包亚明，2001）也展开了深入研究。

10.4　后现代城市地理学研究案例

10.4.1　蒙特利尔收入分布研究

希尔莫和查理昂利用蒙特利尔 1996 年人口普查区的定居地中值收入数据，

对芝加哥学派的基本模型进行了验证（Shearmur and Charron，2004）。结果显示：
①对于同中心模型，中值收入显示出自 CBD 随距离系统地变化：每增加一分钟
通勤时间，中值收入增加 139 加拿大元。对该模型的批判是方差解释度只有
78.9%，但是可以理解为该同中心模型意味着只指出某些规律而非规律的全部。
这样来看，它明显就成功了。②对于扇形模型，属不同扇区的人口普查区的中值
收入存在显著不同。方差解释度为 26.9%，同样证明了，扇形模型的适用性，可
以用来部分地描述收入空间分布。③以 CBD 为中心把同中心模型与扇形模型结
合，方差解释度为 42.4%。相互作用区间十分显著。这意味，只有距离的模型不
适用于每一个扇区。不仅中值收入水平变化，距离方差也变化。因此，需要对每
一个扇区的中值收入与自 CBD 距离的模型进行单独评价。结果证实了霍伊特和
雅提斯关于房地产价值的观点。④绘制全部模型的残差图可以观察到明确的集群
和某些社区呈多核心分布。在 CBD 的西北方有一个很高的正残差人口普查区组
群，是距离中心区很近的蒙特利尔最富有的地区。该地的北面有另一个高残差人
口普查区组群，也是高收入社区。这两个组群之间有一个负残差（低收入）人
口普查区组群，是贫穷、高度移民的社区。该岛的最西边有一个高收入普查区组
群，与高级郊区分布一致，绅士化社区也在城市中心的东北边有清晰显示。

从上述结果可以看出，方差中不能通过同中心模型和扇形模型解释的部分可
以通过多核心解释，这些核心与特定社区的社会经济、文化、物质特征是一致
的。芝加哥学派提出的三个基本的城市空间模型在蒙特利尔依然存在，对于中值
收入的区域分布也提供了很好的解释，然而，该理论不能解释中值收入方差的所
有部分，并且其他理论也可能解释分布情况。作者认为，后现代城市分析家对芝
加哥学派和定量方法的批判提供了一种约束：方法有局限性，不是对城市世界的
所有解释。另外，后现代对芝加哥学派的批评还针对于模式和进程是否存在这一
假设前提。后现代方法认为每一个区域和城市自有其个性，不能用普遍法则来描
述其发展模式和进程。但是，也有学者认为"后现代批评最多是复兴区域地理的
一个案例。从各个角度描述洛杉矶每一面的专论读起来让人着迷，但是除了索加
的观点，并没有给我们对其他城市的启发"。

根据希尔莫和查理昂两人的观点，洛杉矶后现代城市分析家承认洛杉矶学派
不会代替芝加哥学派。因为，艾丁顿和米克质疑洛杉矶学派是否存在，迪尔和弗
拉斯提则不希望给洛杉矶学派下定义，因为这是排外的、霸权的、制度化的思想
模式的体现，与后现代思想是相左的。如芝加哥学派一样的"思想学派"已经
陈旧了。而洛杉矶后现代城市分析家认同芝加哥学派方法（尤其是 20 世纪 60 年
代的计量运动）只是众多方法中的一种，应该和所有其他方法一样保持相互平等
的地位参与到后现代"多声音"话语中。

153

10.4.2 后现代城市主义理论研究

迪尔和弗拉斯提（Dear and Flusty，1998）通过回顾芝加哥学派、洛杉矶学派、南加州城市主义的城市分析方法与观点，提出了一种批判性的再阐释——后现代城市主义，意在有助于形成一套新的比较城市研究的框架。

他们首先总结了芝加哥学派的基本观点，认为该学派是以一种古典的现代主义的视角来认识工业大都市。然后以新生的后现代洛杉矶学派的证据来反驳芝加哥学派的观点。文章中列举出三种不同视角下关于洛杉矶景观的描绘图景：班汉用海滨、山麓、平原三个基本元素以及连接要素高速公路来描述洛杉矶的景观地图；苏伊斯曼认为决定城市形态结构的不是高速公路而是城市大道；索加从政治经济与后现代文化连接的角度来解释洛杉矶的破碎化和社会异化。然而，作者认为后现代的敏感性将会放弃这种剥离的城市文本表述。接下来，他们检视了同时代南加州城市主义的看法，仔细阐述了南加州城市主义的若干主题：边缘城市、私托帮、异邦文化、主题公园城市、设防城市、禁止空间、重构的历史地理学、积累与管理的福特制与后福特制、全球化、自然政治。他们将以上这些观点综合在一起，把社会、空间两个维度融合在一起建立了分析城市过程的模板，绘制出"原始后现代"城市过程的示意图（图10-1）。这种城市过程受全球重构的驱动，其人口在社会与文化上是异质的，但在政治与经济上是极化的；正当穷人被移交到监狱城市时，其居民却被教育、说服去进行幻景消费；其建成环境反映出这些

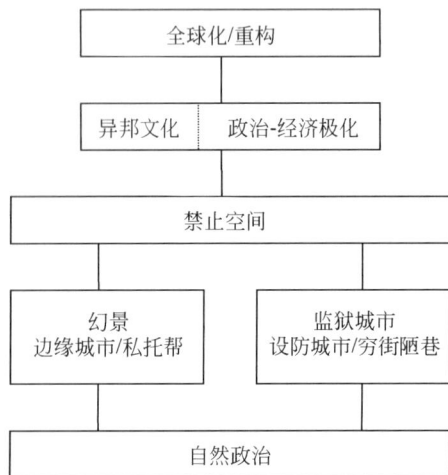

图10-1　原始后现代城市主义概念

资料来源：Dear and Flusty，1998

过程，由边缘城市、私托帮等组成；其自然环境亦反映这些过程，在濒临不宜居临界点的同时却提供了对政治活动的关注。而这套把这套综合分析法则预示了原始的后现代城市主义的诞生。

之后，他们又将这些观察证据重构为后现代城市问题（表 10-1）。他们认为需要从时间和空间来解释这种社会演化。这种演化是一种长期与短期过程的组合，受不同尺度（宏观、中观、微观）人类活动的影响。时空结构是从生态上把人类机构放在在生产、消费、强制关系中的结果。不需强调这些要素的重要顺序，而需强调他们的相互依赖性，所有这些要素都是解释后现代人文地理所不可或缺的。他们虽然使用新词汇来描述后现代城市主义，但也是建立在现有的城市主义和认识论基础上，毕竟现代与后现代是有重叠的。

表 10-1　后现代城市主义要素

全球大农场（global latifundia）
乳牛化（holsteinization）
捕食主义（praedatorianism）
弹性主义（flexism）
新世界两极型异常（new world bipolar disorder）
虚拟地主（cybergeoisie）
原始过剩（protosurps）
模仿传染（memetic contagion）
基诺资本主义（KENO capitalism）
城市态（citistat）
似社区（commudities）
类虚拟城市（cyburbia）
类城堡（citidel）
里野（in-beyond）
类虚拟郊区（cyberia）
盲目乐观统治（pollyannarchy）
假情报信息高速公路（disinformation superhighway）

资料来源：Dear and Flusty, 1998

在城市模式与过程的理论中，他们假设，城市主义由人文生态与非人文生态的工具控制组成。空间的占据与利用以及商品的生产和分布都依赖于按人类中心论对自然过程极其产品的重新配置。随着全球整体消费的范围和尺度的增加，制

155

度行为把复杂的生态转变为生产的单作工厂，把自然简化为一个"全球大农场"。这个过程既包括同质化干预，如加利福尼亚的农业仰赖于单一作物的茫茫大地，也包括为抗衡自然反馈维持这种干预的强制禁令，如在空中喷洒农药消除果蝇。人类作为自然的一部分也服从于类似的动力系统。"乳牛化"是把人们作为消费者而单一化的过程，目的是促进欲望丰收，包括把社区分解为互相隔离的农场单元和个体，从而用依附顾客的消费者工厂取代互相支持的社会网络。用"捕食主义"的手段来压制抵抗，如捕食者角色的看守者按不同程度的合法性制定的强制禁令。

全球大农场、乳牛化和捕食主义就像全球政治经济，而其上的动力系统是"弹性主义"，经济–文化生产与消费的一种模式，其特点是资源流以近乎转瞬即逝的速度发送与再传播。弹性主义的流动性导致更便宜、更快的交通系统和远程通信系统、资本市场的全球化、可以进行短时生产循环的即时生产过程。它们带来了高速移动的资本流和商品流，以策略制胜的地理固定的劳动力市场、商品。全球化和高速允许资本逃避对地方社会经济的长期承诺，于是形成弹性主义的社会动力系统：在福特制下，开发可以远离生产地劳动力，而弹性主义甚至可能不需要指定地方的劳动力。同时，地区低薪和资本集中用国家和超国家链取代了本地企业，使消费资本和清单挑选更加远离本地控制。这些变化的不对称性导致新世界的"两极型异常"。统揽全球大农场的社会秩序喜欢集中权力，然而听命于这种社会秩序的人们却发现自己越来越居于弱势，在全球化中争斗，只得接受那缩了水的赔偿金。"虚拟地主"居住在全球大农场的大宅里，提供独立的、尚未自动化的命令与控制功能。他们是大股东、稀疏企业的核心雇员和自由作家（如CEO、分包商企业家、名流）。他们命令、控制、享受着产品与信息的全球交换带来的硕果，进行全球协调功能，拥有类似的意识形态，因此，乳牛化相对严重。而原始过剩则是全球大农场的佃农。他们是越来越边缘化的过剩劳动力，在弹性生产过程需要时提供即时服务，但却远离生产的全球系统。他们是临时工、服务工、新兴的国内或国际流动工人阶级、追赶流动投资的移民。他们因反对无家可归条例、福利国侵蚀、广泛的社区不宽容性而四处漂泊、乞讨。他们面临随时解雇的威胁，倾向于集结成群寻求支持。然而这些族群不是排他的，在成员关系与空间上是有重叠的，形成被边缘化的本土人群和外围移民，相对不太乳牛化。这些原始过剩的族群在社会文化上的碰撞与互相交错产生出野生的"模仿传染"。通过这个过程，一个人或族群的文化要素影响到另一个。在洛杉矶见证模仿传染的就是杂交机构和文化间的碰撞。模仿传染影响到新的特质、文化、政治联盟的产生。这些社会配置反过来又迫使现有制度和结构改变，传播与现有模型不可相比的认知概念。模仿传染产生的无秩序多元化与乳牛化过程的操纵性之间的对立证明了弹性主义的中心文化矛盾。

伴随全球命令对地方经济和文化施加的弹性负担，福特制的空间逻辑让位给一种新的更加不和谐的国际地理秩序。芝加哥学派的逻辑已经让位给一种看上去偶然的、并列的土地利用景观。全世界的农业土地生产、输出单一作物来代替本地消费的多样化作物。同样的流水线生产同一品牌的汽车，部件生产和组装远离欧洲大陆。昂贵的公寓出现在贫民窟中，豪宅建在无家可归者的营地上。破碎、拼贴的多文化体现了地理上的杂乱，而在超空间上却是整合的单一作物，在地方变化的适应与抵抗中进行混合。于是，景观不像基诺游戏牌。牌本身在游戏过程中，有些被方格网标记，有些未被标记，很随机。管理标记的这个过程最终决定了哪个玩家可以获胜。同样的，城市土地的随机发展被视为伴随弹性主义投资过程的结果，而创造出"基诺资本主义"的景观。

特大都市散布的网络可以被视为一种整合的城市系统，或称为"城市态"。这种集合性的世界城市发源于殖民地和后殖民地时期竞争的城市网络，成为地理中心，吸取外围的劳动力和材料。它既是地理实体意义上的城市场所存在，也是通信系统创造出来的虚拟空间，可以跨越物理空间进行协调。两个领域互相强化产生（再生）着新世界的两极型异常。

实态上，城市态由命令与控制中心"似社区"和内部的外围"里野"组成。虚态上，城市态由"类虚拟城市"和"类虚拟郊区"组成。前者是指艺术状态传播、按用付费的保险费、依赖成本和技术上复杂的借口进行互动服务的集合；后者是指基本通信（包括电话和电报）的电子边缘地区，通过假情报信息高速公路互相交织和影响。

似社区是商品化的社区，为了满足虚拟地主的生境偏好并从中获利而生。它们通常由经过仔细修剪的居住和商业生态组成，由私托帮自我管理，通过禁令持续对抗着内外部的亡命之徒。它们有游憩、文化、安全、教育设施，通常位于难以进入的场地，比如山顶或城市边缘，远离原始过剩的人群。个人的似社区通过远程整合形成似社区，互动的收费公路包含了城市态超空间电子阴影中的高地租地区。远程整合已完全完成时就形成了"类城堡"，这是商业似社区，由公司高塔组成，在这里进行着全球大农场生产、分布的控制与协调。

城市态的内部外围和廉价劳动力位于"里野"，它包含原始过剩亲合集群的移动的社会环境。它可以看做是不同经济、文化、街道影响下的不同利益群体的拼凑物，但是没有谁能够处于支配地位，也不能脱离。里野零碎的多样性使它成为野生模仿传染的温床。

城市态中的政治关系趋向于多元无政府状态，不愿容忍里野、似社区在互动和适应中产生的"差异"。这种无处不在的政治关系形式就是"盲目乐观统治"，是一种过分夸张的乐观主义，自鸣得意，欣赏权力的差异与不对称性。因此，盲目乐观统治是多元无政府状态的病态，剥夺人们向新世界两级型异常的控制利益挑战的权力。盲目乐观统治体现在选举政治或是全称统一的竞选活动上。

贯穿城市态的管线就是"假情报信息高速公路"。它是若干虚拟地主机构所拥有的信息—薄锡板—商业大众媒体。假信息高速公路传播乳牛化意识形态，创造出希望和梦想，并且使商品的符号价值上涨。同时，它还封闭了似社区和里野的感官，使其无法从日常生活直接观察世界。它策划着模仿传染，引领模仿传染的航向，鼓励人们加入全球大农场。假信息高速公路像一张训诫控制网，与捕食看守者的强制机制截然不同，然而，两者却越趋重叠。

随着虚拟地主越趋远离大政府、大企业、大劳动力的福特制三和弦并建立起自己的小国，国家的社会支持功能愈发瓦解。全球劳工移民正在涌向低薪区位的里野，全球消费资本正在涌向城堡，从而导致了权力的不对称性，原始过剩们愈发讨厌遵守社会契约。而这种不安分反过来又引发了暴力行为，使城市态和虚拟地主与里野的原始过剩发生对抗，从而需要压制原始过剩。于是，捕食看守者作为国家警察权力的残余应运而生，监视似社区，压制里野。

他们认为，现有的城市模型已经不能指引当代的城市主义，而本文相比以往研究则是一种认识论上的彻底断裂，指明了一种后现代城市过程，在这个过程中，城市外围在全球化资本主义的背景下形成了中心。后现代城市过程仍是资本主义的，但是其本质正在经历变化，尤其是远程通信革命、改变的劳动本质、全球化带来的影响。

当代城市主义的产生背景是：在弹性主义驱动下的快速变化的全球经济中，地方及地方间物质与信息（符号）流进行交叉。景观和人们被同质化，从而促进大规模的生产和消费。高速移动的资本和商品流在地理上固定了劳动力市场、社区和国家，并且造成全球分叉的极化状态。这一系统的受益者就是虚拟地主，一直被边缘化的原始过剩的数量不断增加。在新的全球秩序下，社会经济极化、突然的大量移民人口通过模仿传染而产生出大量的文化杂交现象。城市不再是人口和经济活动的集中地，而是城市态中的破碎斑块，集合性的世界城市。从实态上说，城市态由似社区（商品化的社区）和里野（永久被边缘化的地区）组成。从虚态上说，城市态由类虚拟城市（连接到电子世界核心）和类虚拟郊区（未能进入电子世界核心）组成。社会秩序的维持机器包括：意识形态组织、城市态的赞同工厂——假信息高速公路、捕食看守者、国家警察权力机构的私有化残余。基诺资本主义描述了后现代城市状况的空间表征。城市化的发生似乎有些随机性，资本似乎是随机地注入土地。其实，它不是一个真正的随机过程，而是以前那种引导城市发展的传统的中心驱动的集聚经济不再适用了。传统的城市形态——芝加哥模式失灵了，因为面向消费的景观没有常规中心，像拼贴画一般，然而假信息高速公路却形成了电子邻近、表面上的统一。洛杉矶可能就是后现代大都市的成熟形态；拉斯维加斯可以看做是年轻形态。于是，城市特征表现为剧烈的破碎化和专业化。在全球城市中，犯罪、堕落、暴力无处不在，暂不提地理政治转变，只说民族、国家已然让位给微观民族主义和跨国黑手党。

最后，他们总结出城市比较分析的四个主题，包括世界城市、双元城市、改变空间、虚拟城市。对于世界城市，关注全球化与地方化的联系和特大城市的出现；对于双元城市，关注社会极化过程是如何转变为城市空间结构的；对于改变空间，关注常规社区的瓦解与新文化空间的升起，特别关注文化杂交；对于虚拟城市，关注信息革命对城市的影响。作者强调，这四个主题在后现代城市主义中均占一席之地，但没有一个主题可以完全解释城市现象，必须综合考虑。

10.4.3 城市近现代风貌型消费空间阐释性研究

张京祥和邓化媛（2009）运用空间生产理论，对近年来国内许多城市出现的近现代风貌型消费空间塑造进行了分析，并以上海新天地等近现代风貌型消费空间实例对这类消费空间生产本质进行了批判。

他们指出，近代风貌区是一种被符号化的消费空间。在这种空间里人们不仅在自觉地消费商品、服务，也在不自觉地消费着这种被商家主观创造出的"文化"，消费着一种被符号化了的空间。开发者运用传统建筑的形象与空间布局，代表地方文化的文字、符号、意义象征等真实的地方素材，然后加上符合商业潮流的形象、符号、故事、体验等商业素材，构成了一个符合完整逻辑的"类迪斯尼空间"，从而使特定商品的生活和文化建构意义得到彰显，建立了消费欲求的新渠道。

随后，他们对近现代风貌型消费空间生产从下列三个方面进行了批判：

1）近现代风貌消费空间事实上不过是一种资本的空间再生产过程，然而其高明之处是将"近现代风貌区"这一纯粹的物质空间（过去甚至是城市衰败、问题地区和保护的"包袱"）赋予了特定的文化内涵，并以此作为商业消费的卖点符号。在这一点上，开发上海新天地的瑞安集团无疑是极其聪明的——开发商极具远见地看到了"新天地"历史建筑就是这样一件有商业价值以及增值潜力的"商品"，在政府、开发商、设计师等多方面的努力下，对新天地进行了商业化改造与开发，并取得了"多赢"。表面上看是瑞安集团为了城市传统文化的保护而"主动"牺牲了利益、向公众让度出了容积率，但事实上不仅新天地本身日后成为了高赢利性的商业空间，而且新天地不过是瑞安集团在太平桥地区巨大

159

开发项目中的一部分，它直接带动了其周边开发的房地产项目，大大增值并创造了当时上海住宅均价的新高，更重要的是，瑞安集团通过这一"文化创造"的贡献，又以极其优惠的价格从政府手中在新天地附近获得了更多的开发用地。

2）近现代风貌型消费空间生产是非历史保护的波普化行为。保护什么样的遗产完全由那些拥有选择权的人（当权者或商家）按自己所认识的历史来决定，该过程可能将历史建筑与环境从相对中立的艺术品变为一种商业化的"遗产"。"新天地"的主要设计师本杰明·伍德谈及改造的方式时就毫不隐讳："我喜爱有历史的建筑，但是我也很实际：如果一个建筑或者一个区，它有经济上开发的可行性，它就能够被保护下来，会变得热闹而重新散发活力；如果它在经济开发上不可行，它就会死掉就不再有活力。所以最重要的是它是否有经济操作的可行性。"因此，虽然开发商声称新天地是保护了一个最"典型"的石库门区域，事实上它主要是一个按照当年法国建筑师设计的图纸，以现代建筑材料和工艺"复制"出来的等比例模型，而且在这一过程中还掺杂了商家对整体街区构成环境、建筑细节的大量"再创作"，甚至是直接对历史原真性、原真建筑的破坏。因此，它根本就谈不上是对近现代历史风貌的保护。既然无法论及真正意义上的保护，那么诸如上海新天地等近现代风貌消费空间本质上就是后现代波普艺术（PopArt）的体现。也就是鲍德里亚称之为的"日常生活审美化"——艺术品所隐含的高雅含义和价值屈从于生产过程和市场逻辑，并与消费合谋，成为文化消费品介入到日常生活之中。工业化大生产使得"各种形式的美就像服从供应与需求者以及基本市场规律的任何其他商品一样，可以被社会性地传播……甚至连自然最终也变得像廉价艺术"。因此诸如"新天地系列"就可在中国大地上跨越地域文化和历史遗存的限制，而被诸多城市广泛复制。

3）以近现代风貌为旗号的消费空间塑造，成功地推动了城市消费空间的重构，然而它通过对特定消费群体的划分和吸引，也进一步加剧了城市社会的不平等和文化层的断裂，正如瑞安集团董事长罗康瑞对"新天地"定位的精准阐释："上海必须创造优良的生活环境，以吸收、培养、留住最优秀的国内外人才。一个国际金融及商业中心，亦应该在市中心建设各种活动场所让本地及外籍专业人士有个聚会场所，不但提供时尚餐馆、咖啡室及酒吧，亦开设画廊及创作室"。如今，上海的"新天地"汇聚了118家来自法国、美国、英国、意大利、日本等各种风情、时尚消费空间，上海小资阶层已深入骨髓的消费观念是"新天地"成功的保障。南京1912的17栋民国风格建筑也被开发成为中产阶级服务的时尚休闲商业区。从本质上看，近现代风貌消费空间的塑造迎合了城市精英阶层的消费需求，并将之巧妙地演绎成城市整体社会文化的追求。通过这种消费空间的塑造，不仅在物质形态上直接推动了旧城区的改造和贫困人口的外迁，而且通过在特定地区的空间再生产，重新制造了一个被"转换"过的社会空间，并将之马赛克式地镶嵌在城市原有的空间机理之上。这种消费空间塑造的过程，实际上就是一个隐喻的强行推动空间绅士化的过程，在其背后我们往往容易忽略了各种加剧社会不平等的行为和作用。

　　总而言之，近现代风貌区这种被符号化了的消费空间实际上是在商业利益的驱动下，针对特定人群，借助特定文化氛围的创造而形成的，其本质上是一种赢利型的空间生产行为，并不涉及真正意义上的历史街区与建筑保护，而且也扮演着强行推动绅士化过程的角色。

第11章 信息革命与城市地理学研究

11.1 引　言

20 世纪 60 年代末以来，以微电子技术为核心的新技术范式出现，使得生产过程创新和信息处理成为主要内容。90 年代后，计算机网络化趋势与数字技术飞速发展，技术本身以及商业应用领域的根本变革，促使社会经济活动发生了巨大的革命性变化。毫无疑问，以信息技术进步为主的信息革命已经成为了推动当前国家、区域与城市社会经济发展及其转型的最重要的动力，并持久、深刻地冲击和改变着工业革命以来人类对社会形成的长期认识。因此，在信息技术的影响下，研究地球表层自然要素与人文要素相互作用及其形成演化的地理学也面临着新的机遇和挑战，城市地理学也不例外。

11.2　信息革命的本质及其地理学意义

11.2.1　信息革命的本质与特征

信息革命是指信息加工和传递成本剧降的计算机、通信和软件等信息技术的迅速进步（Keohane and Nye，2001）以及由此带来的社会、经济与技术的变化（Graham and Marvin，1996）。在信息技术的作用下，世界正变得越来越依赖于电子通信，人类社会也开始从工业化时代进入到了信息时代。

信息技术的不断发展反映了对距离的不断超越。同时，由于信息活动的日益重要，它还表现为物理因素在发展中作用的相对下降。就信息技术本身而言，"网络不承认几何学，从根本上是反空间的"（米切尔，1995），或是无限场所（Ogden，1994）。1984 年，美国小说家威廉·金森（William Ginson）在他的著名科幻小说《精神人》中最早提出了赛博空间，并将其定义为由计算机生成的景观，即连接世界上所有人、计算机和各种信息源的全球计算机网络的虚拟空间。类似的概念还有信息空间、数字空间等。赛博空间是一个与传统地理空间截然不同的虚拟场所（Wilson，1967），它的虚拟、瞬时和互动特性是变革性的，明显区别于以实体、距离和边界所定义的传统地理空间，已经没有场所感，或者说场所感已经变得意义不大。可以说，这些网络信息空间在本质上没有中心，甚至是反中心的。但是，对于某个特定虚拟社区的归属感可能是存在的。

赛博空间开辟了一个崭新的后地理和后历史的阶段。借助网络计算机，我们可以用"超跳"的方式穿过地理空间的物理的和社会的维度，进入与我们相平行的世界；我们也可以"超跳"地穿越历史（蒋录全等，2002）。西方学者创立了赛博地理网站（Dodge and Kitchin，2000），试图对赛博空间进行研究，进而提出了赛博地理学的概念。包括从物理基础设施，信息流动，新的赛博空间社区的人口统计到对这些新的数字空间的感知及可视化研究等一系列地理现象。但是，困难的是，这个所谓的数字空间（信息空间）不像地理空间，它在形态上是很难用几何图式所表达或描绘出来的。尽管如此，赛博地理学还是为我们提供了一个理解赛博空间的外观及其与社会相互作用的分析工具。

在 20 世纪 80 年代及 90 年代初期，西方研究信息技术方面的文献充满着技术决定论的气氛。这些观点大多坚持电子社区、流空间的替代性，空间意义已不大重要，并认为社会将沿着纯粹的技术轨迹而进步。例如，布赖恩（O'Brien，1992）的"地理终结"和凯恩克罗斯（Cairncross，1997）的"距离死亡"的争论，这不仅是西方学术界的惊叹，更多地表现了一股人类对技术所表现出来的"恐惧感"。在这样的技术决定论的思想范式下，信息技术对空间表现为一种绝对的征服。到了 90 年代末期，随着越来越多不同领域的学者对信息技术及其影响的研究，人们也开始注意到了信息革命并非是对传统工业革命的彻底颠覆，而是一个改造、强化、更新、提升的复杂过程。如今，信息技术的进步已经将社会推到了一个移动互联网服务的崭新阶段，移动信息技术的使用，正使得这一变化过程更加复杂。

11.2.2 信息社会的时空观

信息网络所产生的赛博空间正成为影响地理空间结构的一个重要空间现象。在此基础上建立起来的高度流动性和弹性概念，以及社会经济活动在多空间维度的展开，已经使古老的以空间和差异性为研究对象的地理学与城市地理学发生了革命性的变化。随着信息流动的发达，时间、空间及其相互关系都会发生新的变化。地理实体空间对于人类的约束作用将会减小，人类活动空间将发生巨大变化，空间距离将不成为人类各种活动的主要障碍，时空观念正在发生转变。

新的空间组织和空间形态不断出现，传统的空间结构理论将社会经济发展限定在特定的地理空间概念中，这一封闭式的思维理念是与信息时代的开放式思维

163

理念相背离的。西方一些学者认为，信息通信网络的空间本质是分散化，但这需要做具体的分析。纵观整个人类发展过程，技术革命是以减少空间限制的交通和通信系统中的进步为特征的，其发展确实带来了社会经济活动空间范围和自主性的加强。但是，在技术发展的不同阶段，其对空间的影响程度及影响方式也不同。到了20世纪90年代以后，西方学者逐渐抛弃了技术决定论思想，开始冷静分析信息技术与空间作用之间的关系。对于地理空间而言，它被分割和边界所定义，也有着明确的地理中心。一旦信息技术加速应用，其与地理空间之间的相互影响和重塑力量越来越强。

虚拟空间的出现打破了原有的时空关系格局，对传统的地理空间正产生着极大的冲击。纯粹的空间以及地表事物的空间，如区域、腹地、空间等概念都需要加以新的理解与定义。在传统的地理空间关系中，地理邻近、集聚经济是个非常重要的概念，空间关系的表达也由于功能上的等级联系而表现出圈层扩散的格局。而在赛博空间的影响下，地理空间被压缩，其"流动性"也增强，空间已经超越了原有场所空间的历史性含义，最大限度地克服了水平和垂直方向上的空间和距离摩擦，从而表现为某些特定空间互动作用的不断强化。

哈维指出，时间与空间是社会建构的概念（Harvey，1989）。卡斯特尔则认为在网络社会中空间组织了时间（Castells，1996）。新的时空观表现在以下方面：①传统时空尺度的多维拓展。许多学者已经指出了时间和空间的多尺度性。他们强调不再是一个时间和空间尺度，而是多个。"数字化的生活将越来越不需要仰赖特定的时间和地点，现在甚至连传送'地点'都开始有了实现的可能。"（尼葛洛庞帝，1997）。基于网络环境的时间和空间有着无限的扩展性和多样性。②从区域时空到全球时空。远程通信和航空网络缩小了时空距离，从而最大可能将全球联系在一起，"地球村"在技术上将不再是梦想。哈维的时空压缩概念也体现了资本与技术进步关系所导致的时空变化结果。③从时空同步到时空异步。从电话、电报的产生到如今的因特网、移动电话等，时空关系表现为从时空同步到时空异步的共存。④时空统一与时空分离。信息网络的影响，使得某一时间的活动可以跨越多层空间进行，原本统一的时空关系也出现了分离。对时空关系的理解不再是简单的线性关系，而是日益复杂的非线性关系。例如借助于因特网的BBS（电子布告栏系统），人们可以在不同时间、不同地点实现互动交流，此时的时空关系既可能是统一的，也可能是分离的。当然，我们在欢呼信息技术为我们带来新时空观的同时，也不能忽视技术异化所带来的消极的时空影响，尤其是由于虚拟空间所带来的时空感的丧失（甄峰，2004）。

11.2.3　信息革命的地理学意义

空间结构是地理学研究的核心主题。在传统的观点中，区域和空间都是有着一个相对具体的位置，且在时间上是确定的。正如美国地理学家哈特向在其名著《地理学的性质》一书中所指出的，一个"区域"是一个具有具体位置的地区，在某种方式上与其他地区有差别，并限于这个差别所研究的范围之内（哈特向，1996）。英国学者约翰斯顿（Johnston，1990）也指出，地理空间是在不同时期、不同文化，以不同方式来看待和评价的，这意味着此类行为解释是空间和时间上特定的。与地方感的概念以及个人和群体的空间构建联系在一起的，是领土性概念。吉登斯（Giddens，1984）对地方性概念进行了阐释，他认为，地方性是指利用空间来提供相互作用的场所，这种相互作用的场所反过来对说明它的背景是极其重要的……。地方性的标志通常是根据它的物理属性，要么是它的物质特征，更常见的是这些特征与人造物的结合。这些概念都表明了场所空间在社会经济生活中的重要性，也反映了社会—空间之间的某种辩证关系。

由于时间和空间概念被重新定义，使得以空间问题为核心内容的地理学面临着根本性的变革，地理学处于剧烈的变化之中。早在 20 世纪 60 年代，西方学者就开始了对信息地理学赫普沃斯（Hepworth，1989）的研究，当时主要是对信息流的空间结构及其影响进行分析。随后电信地理学（Staple，1996）、虚拟地理学（Batty，1997）也出现了。前者主要以远程通信网络为对象，研究其空间结构及其空间效应、通信政策等；后者则主要分析虚拟现实技术与传统地理空间的相互影响。80 年代末期以后，随着信息网络的影响逐渐加强，国内一些学者开始涉足电信地理学及信息网络空间研究。

在信息技术的影响下，传统的地理信息系统也开始与遥感、互联网、GPS 技术紧密结合，出现了 WEBGIS 技术，成为了地理学研究重要的工具和技术手段。研究手段的进步也促使地理学开始关注地理网络空间并将其作为重要的研究内容。人地关系、空间、地域和景观等都将发生较大变化。

11.3　信息革命中的城市地理学转型

城市地理学主要研究城市地域空间组织及其变化规律，在信息革命的影响下，城市地理学研究范式也发生了巨大的变化。

11.3.1 信息技术范式转型

加拿大 DMR 研究小组于 1987 年首先提出了信息时代正在经历第一次范式转变的观点（泰普科特和卡斯顿，1999）。这个新技术范式有两个基本特征：核心技术集中于信息处理；创新主要在于生产过程，而不是在产品（Castells，1989）。很多技术决定论者借助于这一新的范式对资本主义生产方式转变与未来的社会形态进行了推想，如卡斯特尔（Castells，1989）的信息发展模式和信息城市设想。

进入 20 世纪 90 年代以后，计算机网络化趋势与数字技术的飞速发展将全球社会经济发展推向了一个更加开放型和网络化的、动态和标准化的、建立在交替性要素基础上的信息时代。新的信息技术范式由此而生，这种范式的转变包括技术本身以及商业应用上的一切根本性的变革。如弗里曼和佩雷斯提出了"技术-经济范式"，在这一范式中，信息是其核心（Boiseau et al.，1999）。同时，新的范式更强调全球经济和数字经济之间的动态关系。然而，社会经济的发展并不是沿着技术发展的轨迹而进行的。因此，一些学者又对这一带有浓厚技术决定论色彩的新技术范式进行了批判和补充。克林（Kling，2000）所提出的社会技术网络方法就主张从广泛的社会经济背景下去分析信息技术对社会经济生活的影响。

格雷厄姆和马文（Graham and Marvin，1996）总结了城市与远程通信关系研究的四个范式，即技术决定论、乌托邦-未来主义、政治经济学方法、技术的社会和政治建设。他们建立了三个分析层面：城市场所的固定和远程通信及电子空间所支持的流动性之间在功能和物质上的紧张关系；城市场所和电子空间塑造的社会努力；城市与远程通信中社会表达、辨识和理解问题（甄峰，2004）。

11.3.2 城市地理学研究转型

信息技术的广泛应用也为城市地理学研究带来了新的方法与技术尝试。结合 GIS 技术的进步，借助于网络技术和虚拟现实技术，城市地理学可以去处理更为复杂的数据系统，为城市地域空间演化等空间分析与模拟仿真提供了新的技术支撑。林珲等（2003）认为，虚拟地理环境可以让地理学语言变得更为贴近地理信息的使用者，并为当今可持续发展的公众参与提供一种新的交流平台。虚拟地理环境是区域自然环境和社会经济环境的虚拟模型，它在强调地理信息使用者身临其境之感受的同时，还追求超越现实的理解。在对信息时代的空间结构研究中，利用虚拟现实技术对虚拟空间和地理空间的形态与空间演化进行动态分析与模拟，是一个重要的研究方法。赛博空间制图也为我们提供了一个理解赛博空间的外观及其与社会的相互作用的工具。为了弥补数据方面的不足，社会学调查方法也逐渐被引入到这方面的研究中，如甄峰等（2009）对信息技术影响下的南京城市居民出行特征的研究。在对网络信息空间进行研究中，互联网域名、带宽、主机等指标常常被用来分析信息空间的规模与等级变化。

从理论上讲，卡斯特尔（Castells，1989）提出的流空间为城市网络的形成与发展提供了新的研究背景。近年来，不同于传统的中心地模型，城市网络范式已经在城市体系的理论解释中赢得了越来越大的作用。支撑中心地模型的组织逻辑是一个地域逻辑，它强调市场区的引力控制。而在城市网络模型中，出现了另一种逻辑，涉及长距离的竞争和合作，而不考虑距离的障碍。尽管交通成本和规模经济是塑造城市地区和功能的空间组织的主要动力，在网络逻辑中，其他类型的经济出现在前面：垂直或水平整合的经济和网络外部性，这类似于那些俱乐部产品的出现（Camagni，1993）。城市网络范式理论认为，通过网络中的参与，城市利用了在合作活动中互补关系和协调中的规模经济。

11.4 信息技术与城市地理学的关联研究

信息技术对城市与区域发展的巨大影响引起了越来越多的地理学家的关注和重视。从地理学的视角研究信息时代城市与区域发展及其空间结构的变化，为地理学研究提供新的对象与思维，对于重构和丰富地理科学理论具有重要意义。比如，在产业方面，由于服务业成为信息时代城市发展的主要动力，所以服务业成为了当前产业发展研究的热点。对网络信息空间与地理空间之间的关系也成了研究关注的核心问题之一，并促使了新的分支学科出现。同时，借助于新的互联网技术，在地理学教学及研究成果的空间表达上也出现了新的特征。

另外，中国已经进入了信息化建设的全面快速发展时期。大规模信息基础设施的建设已经初步完成，信息技术已经全面渗透到居民个人、企业经营及政府管理活动中。2010年，中国互联网络信息中心（CNNIC）发布的《第26次中国互联网络发展状况统计报告》指出，全国网民规模达4.2亿人，互联网普及率持续上升增至31.8%。其中，手机网民成为拉动中国总体网民规模攀升的主要动力，增幅为18.6%。可见，移动互联网的快速应用正在将我们的城市区域带入一个高速流动的空间之中。近十几年，国内学者在这方面逐渐积累了越来越多的实证研究成果。

11.4.1 信息技术与城市空间的关联研究

国内外学术界对新的信息技术影响下的城市与区域空间关系进行了多方面的探讨，研究文献涉及地理、经济、规划、信息、计算机等各个学科领域，包括区位研究、空间的分散与集中、均衡与非均衡、城市形态、新空间极化现象等方面内容。对城市地域空间结构产生影响的核心动力还是由于信息技术支撑下的零距离、无摩擦等概念快速渗入到我们的生产与生活中，传统空间结构理论所依赖的"距离衰减"和"收益递减"规律已经面临着严峻的挑战，要素空间相互作用机制与表现形式都发生了相应的变化并产生出新的地域空间格局。

卡斯特尔（Castells，1985，1989）设想了一个由计算机网络所创造的新生产与管理空间，即流空间，之后又结合地理空间进行了适当的修正，提出了流空间的三个层次。哈维（Harvey，1989）提出了"时空压缩"，为地理学意义上的网络空间关系提供了有益的思考方向。"地理空间"和"网络空间"之间的融合演变过程就是"地理网络空间"（巴凯斯和路紫，2000）或"复合式空间"（张楠楠和顾朝林，2002），是一种新型的地理研究空间，其外在表现即为流空间。在这种空间形式中，实体空间并未消失，而是被吸纳进网络。甄峰（2004）针对信息时代新空间形态提出了实空间、虚空间及灰空间的三元空间假设。汪明峰（2005）则认为，地理空间提供了界定原则，从而塑造了网络空间的结构。

虽然信息革命使得信息跨越地理空间传输的边际成本为零，并可能通过远程工作或远程学习等形式部分地替代了交通流。但是，地理邻近性仍然是非常重要的，尤其是对于社会学方面因素而言。互联网及其网络空间没有以地理淡化为特征，激起地区组织的剧变（Pache，1990），而是作为面对面交流的补充，传统区位因素仍然发挥作用，如空间邻近性和聚集性。同时，信息技术的发展及其应用并不是完全按照技术轨迹运行的，它还受着特定的社会经济及制度环境的塑造。同样，信息技术对空间的影响也是在这样的背景之下发生作用的。尽管从现在看来，我们对信息技术可能产生的影响还不清楚，但是，可以肯定的是，信息技术的进步加速了知识、技术、人才、资金等的时空交换，促进了产业重构和空间重组，进而改变着传统的空间格局。

马丁曾指出，新的信息技术可以使企业减少交易成本、提高生产率，因而培育了灵活生产模式（Martin，1995）。信息技术驱动的空间重组是一个复杂的过程，不同部门所受到新的信息技术的空间影响也是不同的（Batty，1997），企业是社会经济空间布局中的主要角色。正如迪肯（Dicken，1998）所说，"技术自身并不能导致某种特别的变化"，只是"提供可能性或促成发生的介质"，它使企业空间重组成为可能。信息技术的发展对企业造成深刻影响，特别是跨国企业，一是从全球的角度组织其生产运营（谭成文等，2001），生产链组织方便，带来新的企业组织方式，即越来越短的产品生命周期和大规模定制生产方式将可能重塑企业的空间组织；二是"时空压缩"导致企业间联系更加紧密，即信息技术对企业空间组织的巨大影响是通过时间成本的缩减来实现的（刘卫东和甄峰，2004）。

关于城市和信息技术密集互动的共同演化发展正在地理学、建筑学、文化研究、通信研究、科学和技术研究、城市社会学研究中迅速成长。20 世纪 80 年代城市将消失的假设已经被抛弃。而大多数信息技术应用在大都市区的现象却越来越清楚。如今，注意力日益被导向探索城市经济、社会和文化如何与先进的计算机基于的远程通信网络的成长互动（Graham，1998）。随着城市地区跨越世界，合理地结合进一个全球相连的、行星状的大都市区系统，它们产生于传统的城市区域并与城市和城市体系内新的复杂性程度相关联（Graham and Marvin，1996）。研究现在集中于城市经济能被在线电子流所维持的程度、场所和虚拟社区的互动方式、根植于传统公共空间的城市文化和运行于虚拟空间通过计算机所接近的赛博文化之间的互动（庞帝，1997；Graham and Marvin，1996）。如关于物质城市和虚拟城市，弗里德曼（Friedman，2000）认为二者将共存并且虚拟城市服务于物质城市，将可能以智能方式扩展城市区域。一个相互依赖的物质和虚拟空间产生了，这个模式对于信息社会中城镇的发展会产生影响。交织的物质和虚拟空间的类型与方式将决定未来的城市生活（Holger，1999）。

当今信息通信技术的发展趋势，即无线通信、GPS、GIS 技术的结合所带来的从有线连接到无线接入的重大进步，更是将空间置于一个剧烈转型的过程之中。远程通信所促发的城市功能的分散，很可能被其他增长的面对面功能所取代，如高级金融和商业服务、命令和控制功能（如主要公司的总部或政府）、创造性的文化活动和旅游。所以，可以乐观地说，信息技术不会使地理空间和集聚经济消失。尽管从现在看来，我们对信息技术可能产生的影响还不清楚，但是，可以肯定的是，信息技术的进步加速了知识、技术、人才、资金等的时空交换，促进了产业重构和空间重组，进而改变着传统的空间格局。信息技术对区域系统的作用导致了物质空间处于一种碎化与整合、集中与分散、连续与跳跃的矛盾统一状态。同时，正如扎波夫（Zuboff，1988）所指出的，信息与通信技术不同于早期的技术，因为除了将信息转化到行动的自动化过程，它自身还能产生一个新的信息流。

169

11.4.2　信息技术与互联网城市崛起

互联网作为新的信息技术，已成为主要的信息传输方式之一，对重构全球的物理和虚拟空间起重要作用。实证研究中，城市地理研究学者通过分析互联网的网络结构（O'Kelly and Grubesic，2002）、城市之间的互联网连接带宽（Grubesic，2003）、互联网注册域名（汪明峰，2004）等信息网络基础设施资料，研究了互联网的信息源、信息流路径及特征（汪明峰和宁越敏，2006；孙中伟等，2009）。一些学者（Castells，1996；Graham，1999；Malecki，2002；Sassen，1991）认为，互联网发展与原有全球城市体系相关，全球性城市对其有支配作用。有学者提出质疑，信息社会中的全球城市体系是一种新的网络（Zook，2001），一些新的网络化城市正在崛起之中（Townsend，2001）。

一方面，与以往的通信手段一样，互联网活动在地理分布上也具有明显的"城市偏好"（Gorman，2002；Arnum and Conti，1998）和空间集聚性（Richardson and Gillespie，2000）。但互联网是对"面对面交流"的补充，而不是替代（Gasper and Glaeser，1998；Kolko，2000），互联网布局仍有区位因素的考虑（Leamer and Storper，2001）。另一方面，城市体系和职能、城市经济特征、创新环境和企业家精神、通信基础设施建设等因素（汪明峰等，2007）决定城市互联网发展水平和空间形态，进而加剧互联网城市之间的差异，导致地区之间的空间极化趋势。从全球范围来讲，原有的城市体系在互联网中仍起着重要作用，具有门户位置的城市、一些具有区域中心地理位置的城市往往成为互联网中的重要节点（汪明峰和宁越敏，2004）。

与此同时，正如卡斯特尔（1996）所指出的：以网络中的价值为标准，有价值的城市和区域连接上价值创造与财富获取的全球网络，快速增长；没有价值或不再有价值的一切事物和人口便脱离网络，日趋边缘化。即网络的双重逻辑：包容或者排斥（卡斯特尔，2000）。互联网正重构城市和区域的竞争优势，原有的全球城市体系已在剧烈的变动之中，不稳定状态也会给一些城市和地区提供新的机会（汪明峰等，2007）。信息时代的全球支配性功能与过程的组织由全球性城市转变为网络（Castells，1996），全球性城市只充当其中重要的节点，更多的城市加入快速变动的全球互联网，降低了全球网络的集中度。这种新的通信技术重构起来的互联网城市和全球城市网络均在浮现之中（汪明峰，2004）。

由于中国互联网的发展主要是接受外来创新，新的技术扩散依赖于传统的技术系统以及管理体制特点，中国互联网发展之初空间格局趋于均衡（汪明峰和宁越敏，2006；孙中伟等，2009），节点可达性基本遵循原有的城市等级体系。之后，骨干网络大都采取非均衡布局方式，以期获得更好经济效益。从互联网骨干网络拓扑结构入手，汪明峰和宁越敏（2004）对中国互联网进行了初步的地理学分析，着重考察了基于这种新的信息基础设施架构之上的中国城市体系格局。结果表明：中国中心城市的不平衡发展，即沿海与内地的中心城市之间的明显发展差异，在网络布局中也得到体现。由互联网重构起来的中国网络城市和城市网络均在浮现之中：北京、上海、广州之间的互联网连接组成中国互联网中心城市，通过核心效应把网络中的流动汇聚在一起（Konishi，2000），使网络最终呈现出"轴–辐"式的组织结构（Kelly et al.，1998）。武汉、南京、沈阳和成都是区域性网络的中心（汪明峰和宁越敏，2004）。而地理区位因素仍在其中起着重要的作用。

11.4.3 信息技术与城市–区域规划

信息技术正全方位地渗透城市–区域规划领域，它的影响主要有三个方面：规划技术手段的更新、对规划内容的新要求、规划管理的技术要求。信息技术在空间信息的获取、处理、管理和分析中的应用，使得城市–区域规划技术手段的革新不断出现突破，体现信息化、网络化、数字化、智能化、虚拟化等特点。数字城市规划通过综合运用计算机辅助设计（CAD）及计算机技术、虚拟仿真技术、3S［地理信息系统（GIS）、遥感（RS）、全球定位系统（GPS）］技术、决策支持系统（DSS）技术、网络技术、多媒体技术等逐步显现。

首先，CAD 技术成为规划设计与制图的常规手段，与此相关的计算机动画技术的应用得到普及，计算机三维造型、外观渲染、景观模拟、规划成果多媒体制作得到不同程度的应用。然后，虚拟现实技术以沉浸性、交互性、构想性等特性，优越于 CAD 及计算机动画，能产生一种虚拟的环境，使人能沉浸在其中，并可以与它发生交互作用（钮心毅，2002），信息可视化便于规划人员与公众交流。再者，以 GIS、RS 和 GPS 为核心的空间信息技术对空间数据的获取、分发与分析处理能力大大增强，使建立以海量数据驱动的城市规划模型成为可能（覃驭楚等，2006）。最后，决策支持系统技术逐步引入规划编制工作，有效减少规划主观性，更好地解决规划中的实践问题（孙娟和崔功豪，2002）。

由于城市规模扩大，城市变化加快，城市规划管理工作越来越复杂，以 GIS 为核心的信息技术带来了快捷有效的信息获取手段、信息分析方法、信息处理和决策模式，提高了规划管理效率和技术水平，实现了规划管理信息化、业务流程自动化、图文传递网络化、办案办文协同化、跟踪督办现代化、决策分析科学化。为满足管理信息化的技术要求，空间决策支持系统（扈震和王勇，2006），基于岗位角色的用户权限安全性管理方案（谢士杰和冯学智，2003）、城市规划管理信息系统（张云龙等，2006）、业务化地理信息系统（严荣华等，2005）便应运而生。南京、常州、重庆、广州等地较早实现规划管理信息化，并收获效益，可以预见，管理信息化在城市的普及是必然趋势。

11.5 结 语

信息技术的惊人进步深刻改变着我们的社会和经济生活方式，重新塑造了我们的生活场景，但并没有导致"地理学的终结"。相反，在信息革命的作用下，城市地理学研究范式发生了新的转型，也出现了新的研究内容与重点。某种程度上可以说，信息革命正在引发一场城市地理学研究的革命性变化。

信息技术带来的变革已经渗透、融入到城市地理研究领域的方方面面，而信息技术本身也处于日新月异的变化中，如以计算机、手机和无线信息机等为终端的互联网、通信网、广电网正式"三网融合"，以及基于射频识别技术（RFID）、通信技术（泛在联网）、网络技术、云计算的物联网的出现。因此，对企业区位、产业结构、要素流动、区域间相互作用、空间组织与空间结构的影响也产生新的变化：大小企业越来越依赖计算机网络的联系；服务产业、创意产业、智慧产业成为城市经济的新动力；物体可以通过物联网主动进行数据交换实现流动；电子商务等商业模式的创新；功能边界的模糊，导致居住地和工作地之间的差别缩小；信息技术空间的均衡与非均衡发展、扩散差异等。

尽管西方对信息革命与城市地理学研究已经有了近 30 年历史，但是这个议题在国内外仍然是一个前沿学术研究领域。然而，2005 年以来，西方主流的城市与区域研究杂志上刊发的相关论文数量却有所下降。就国内来讲，从研究内容方面来看，主要集中于信息化对空间结构及空间组织的影响方面，出现了大批的学术成果，丰富了国内的城市地理学研究。但是，目前的研究对网络虚空间的内部层面的探讨和关注不足，在信息化对人们日常生活的效应上缺乏诠释，对城市间的信息流方面的研究较少，对城市内部及城乡之间关系的相关研究还显得不够，这都将是与信息相关的城市地理学研究的方向。

第 12 章 芝加哥学派及其在城市地理学的应用

12.1 引 言

芝加哥学派代表了 20 世纪前 30 年在美国活跃的一批城市研究学者，在城市地理学和城市社会学领域都产生了深远的影响，其重视实证、关注城市的研究传统至今依然对城市地理学者具有重要的指导意义。

本章将首先对芝加哥学派兴起的现实和理论背景进行介绍，分析芝加哥学派主要思想和研究方法的社会与方法论根源，指出芝加哥学派关注城市的研究传统和重视实证的研究方法是植根于当时美国工业城市发展现实和欧美学术思想之中。其次，介绍芝加哥学派的主要研究方法，分析芝加哥研究方法在定性研究和定量研究两方面的贡献。再次，关注芝加哥学派的主要贡献之一的人类生态学，介绍人类生态学分析框架中的主要概念及其对于城市的认识和解释。最后，介绍芝加哥学派与城市地理学研究相结合的两个应用案例，一个是作为芝加哥学派城市研究的重要成果的同心圆模型，展示了怎样应用人类生态学的侵入演替模型分析城市过程，构建对城市空间结构的解释；另一个是中国学者对中国城市的实证研究，是以中国城市为基础对于同心圆模型的修正，虽然其中的一些方法已经超出了芝加哥学派的范畴，但是这个案例体现了很多芝加哥学派的思想和研究方法在当今城市地理学中的应用。

12.2 芝加哥学派的起源与发展

芝加哥学派主要是指从 1915 年到 20 世纪 30 年代中期的以罗伯特·帕克（Robert Park）为代表的芝加哥大学社会学系的一批学者（库隆，2000；Harvey，1997）。它也是美国的第一个主要的社会学学派，主导了美国 20 世纪初期的社会学研究领域（Plummer，1997）。芝加哥学派以其对于芝加哥城市的实证研究著称，关注芝加哥的地方社区、社会问题、城市结构与形态等。其城市研究对于地理学的思想产生了卓著的影响（Harvey，1988），主要贡献是在于研究城市社区和城市形态的人类生态学以及在此理论基础上产生的同心圆模型。

12.2.1　芝加哥学派的起源

1. 快速城市化下的现实背景

芝加哥学派的兴起及其研究倾向与当时美国城市特别是芝加哥的发展密不可分。在当时，芝加哥是一个高速增长的新兴城市，经济、文化和技术的快速发展带动了城市结构的变化。1840 年芝加哥仍然只是一个小镇，但是到 1890 年芝加哥大学成立的时候它已经发展成为拥有 100 万以上人口的美国第二大城市，1880～1910 年城市人口每 10 年翻一番（Diner，1997）。高速的工业化和城市化过程使之成为资本主义工业发展的产物和象征，芝加哥逐渐作为一个商业和工业城市而闻名于世。由于历史短，它没有实体、社会、经济和政治意义上的历史圈层，真实地展现了一个现代工业城市原始增长的动态过程（Hunter，1997），极具美国现代都市的特征。可以说，这样一个剧烈变化的城市地域，为城市研究提供了一个良好的研究场所，尤其是从传统城镇向大都市转型中的各种新现象和新问题，为芝加哥学派提供了大量的研究主题。

由于优势的交通区位和经济的快速发展，芝加哥吸引了大量的移民涌入城市，也就决定了它是一个独特的多元文化的城市（Diner，1997）。来自美国各地和世界各国的人占到了城市人口的 50% 左右，他们不同的背景和多元的文化，使芝加哥确确实实成为一个文化的熔炉（Plummer，1997），不同种族的邻里围绕着工厂和就业岗位集聚。文化的冲突和邻里的变化在芝加哥市的城市变化中成为重要的城市现象，也带来了严重的社会问题，引起了芝加哥学派学者的广泛关注，成为芝加哥学派研究的一个亮点。

城市化带来了生活方式的现代化，创造了先所未有的机会和体验，但同时也造成了比较严重的社会问题。首先，在城市爆炸式增长的背景下，原有的村庄和城镇建设已经不能适应工业发展和人口增长的要求，城市的建设和管理都遇到了前所未有的挑战。其次，城市贫富分化严重，许多贫民和工人阶级面临着失业、恶劣的工作条件和居住条件，都市中存在着大量的贫民窟。再次，传统价值面临严重的危机，犯罪、堕落、社会冲突等问题层出不穷。而产生这些问题的深刻的"颠覆性的"社会力量与城市的扩展、物质空间环境的增大是相应发展的（Burgess，1925a，1925b）。在城市快速发展和社会问题爆发的背景下，城市空间快速变化，不同群体和不同地区之间的差异增大，社会原有的道德秩序受到破坏，原有的发展模式和管理方式无法适应城市的需求。从现实出发对于社会问题的刻画以及解释成为了迫在眉睫的任务。

2. 多元化的理论根源

从理论和方法渊源上看,芝加哥学派受到了来自美国本土和欧洲大陆的双重影响,集中体现在实用主义、进步主义和欧洲联系三个方面(Plummer,1997)。第一,芝加哥学派的重要基础是实用主义的社会哲学(Joas,1997)。实用主义是美国哲学和社会思想的核心,强调独特性和真实存在(Plummer,1997)。实用主义观点认为个人和社会既不是对立的,也不是相互独立的。社会是个人的社会,个人是社会中的人(Dewey,1972)。这也就决定了芝加哥学派将社会作为一个整体进行研究的特点。芝加哥学派的学者通过大量独特的实证研究实践了实用主义的观点。第二,19世纪末的芝加哥作为美国社会改革的中心得到了很高的赞誉,到19世纪末20世纪初,这里成为了美国进步政治运动的领军城市(Diner,1997)。而这种进步改革的思想对于芝加哥学派产生了重大的影响。芝加哥学派的学术贡献与这些改革的努力密切相关,正如阿尔比恩·斯莫尔(Albion Small)所希望的,社会学将会最终为改善社会而服务,而芝加哥学派是一个很好的开端(Diner,1997)。因此,芝加哥学派的主要的研究主题在于现代城市的社会现象和社会问题,专注于城市过程和群体冲突的深入探讨。第三,芝加哥学派的学者受到了欧洲,特别是德国的学术思想的影响。因为在芝加哥之前,欧洲一直是作为社会学的主导。芝加哥学派的很多知名学者,如斯莫尔、托马斯、帕克、沃斯都曾在欧洲学习或生活过。德国很多学科的学术思想对于芝加哥学派的形成和发展都产生了极大的影响。

在这样的情况下,芝加哥学派逐渐兴起。他们对于芝加哥市的城市发展和各种社会问题颇为关注,进行了大量的实证研究;通过观察社会现实,他们借鉴生态学的基本原理建立了人类生态学的理论框架。

12.2.2 芝加哥学派发展阶段

从1892年芝加哥大学社会学系创建开始,芝加哥学派经历了三个发展阶段。第一阶段的主要学者包括斯莫尔、托马斯等,这一阶段是芝加哥学派发展的早期,主要是开创和推进实证调查研究方法,提出关注城市发展的研究思想(Harvey,1997)。第二阶段是芝加哥学派发展的"黄金时期",通常所说的芝加哥学派就是指这一时期的学者和学术活动。这一阶段是1918~1933年(Cavan,1997;Plummer,1997),开始的标志是托马斯和弗罗里安·兹纳涅茨基(Florian Znaniecki)的实证研究《欧洲和美国的波兰农民》出版(Cavan,1997),代表着芝加哥学派实证研究的正式开始。这一时期,帕克是整个学派研究的灵魂人物，他提出了人类生态学的基础概念和框架，并参与和指导了大量的芝加哥城市研究。以帕克、伯吉斯、麦肯齐为代表的一批学者从不同侧面对芝加哥城市的社会现象和社会问题进行了实证探讨，并且出版了大量的经典著作，如《城市社会学》、《隔坨区》、《黄金海岸与贫民窟》等，对后来的社会学和地理学的发展都产生了深远的影响。其中《城市社会学》一书为芝加哥学派奠定了在城市研究领域的领军地位。这一时期也是人类生态学研究最为丰富的时期，主要表现为三种类型：一是以竞争、支配和演替过程及其对人口与土地利用空间分布影响为核心的研究；二是对自然区的物质特征和其居民的社会、经济、人口统计特征进行详细描述的研究；三是对特殊社会现象的生态学背景进行研究（柴彦威和尚嫣然，2005；Berry and Kasarda，1977）。20 世纪 30 年代之后，芝加哥学派失去了领导地位，逐渐衰落。

12.3 芝加哥学派的研究方法

芝加哥学派的研究方法非常多元化，提倡将数据融入理论框架或者将理论框架和实证数据结合进行研究（Bulmer，1986）。主要的研究方法包括个人材料和案例研究、分类学、访谈和统计（Burgess，1945）。

其创始人之一的斯莫尔十分强调实地调查和直接观察，虽然他本人没有直接从事大量的实证研究，但是却推动了整个芝加哥学派的研究发展，这种思想之后成为了芝加哥学派的学术传统和基本方法（郑文彬，2000）。他还重视社会学研究的客观性，提出应以经验研究为依据。事实上，他的这些观点在后来芝加哥学派的发展中都得到了印证和发展。在三十多年的时间中芝加哥学派的学者对新兴和快速发展的芝加哥城市及其社会问题进行了大量的实证研究。

1918～1920 年托马斯和兹纳涅茨基的经验研究著作《欧洲和美国的波兰农民》出版，开创了芝加哥学派这一时期的实证研究，正式确立了芝加哥学派在美国和国际的主导地位（Bulmer，1998），标志着社会学黄金时期的开始（Cavan，1997）。这项研究集中地表现了芝加哥学派经验研究的方法和手段，作者不仅收集了报纸、档案资料等历史文档，还创造性地使用了私人信件、移民申请、生活史等个人资料（Madge，1997；郑文彬，2000）。芝加哥学派致力于实证研究的共同特征可以说大部分归功于托马斯（Bulmer，1998）。

这种研究方法在后来学者的研究中不断得到体现，同时研究领域也得到了拓展，研究内容涉及社区、城市形态、犯罪、移民、贫困等。在帕克成为芝加哥学派的领袖之后，实证研究进一步得到了强化。帕克特别关注城市背景下的社会过程，主张将城市作为实验室，强调重视"第一手的观察"和理解行动者的主观视角。他提出了大量的概念和观点，并组织了大规模的城市研究。1918～1933年，芝加哥学派定性研究的应用大大加强。例如内尔斯·安德森（Nels Anderson）在研究芝加哥的无家可归者时，用了近一年的时间住在一个无家可归者较多的地区的旅馆，观察这个地方发生的事情和地方景观，以非正式的方式访问了大量的无家可归者，并融入他们的部分生活从内部切身的感受和体验（Chapoulie，1998）。在这种研究中，为了了解市民内心的感受和体验，认识真实的城市社会过程，与行为者进行深入的交流和沟通就成为了芝加哥学派研究的重要手段之一。正如伯吉斯所指出的，交流对于社会科学的研究是异常重要的，因为观察到的行为不能反映一个人的动机，而动机往往是通过交流形成的，通过交流可以知道一个人的感觉、态度和观点（Burgess，1945）。从这个意义上讲，访谈和案例研究就是研究人类行为的有力工具。伯吉斯对于犯罪的研究使用了生活史的研究方法，对于家庭的研究则通过案例研究分析家庭成员之间的相互作用（Fisher and Strass，1997）。而分类学的方法是指将个人案例分为不同的类别，帕克致力于发展分类学的思想，并以此为基础形成了他关于群体相互作用周期的理论（Bulmer，1998），这种方法在安德森、沃斯等人的研究中都有体现（Burgess，1945）。

芝加哥学派的另一个研究路径是定量研究，伯吉斯和威廉·奥格本（William F. Ogburn）对于这一方法的开创和发展作出了巨大的贡献。在人类生态学的研究中最重要的定量技术是统计制图，这一方法将不同的现象绘制在地图上并检验他们的相互关系，对于表示生态学变量的影响非常重要。这种方法将不同社会问题（如酗酒、谋杀、自杀、贫穷等）发生的地点绘制在地图上，之后根据统计数据计算发生率（Cavan，1997）。通过对这些地图的比较可以确定不同类型行为集中发生的区域。伯吉斯亲自从事了大量的数据收集和分析工作，认为统计和案例研究应该得到同样的重视。在他之后，芝加哥学派的定量研究也有了一定的发展，特别是在奥格本的努力下，定量研究的方法和深度都大大加强。

12.4　芝加哥学派的主要思想

芝加哥学派的研究重视从生态学的角度研究社会群体和社会过程，他们认为人类行为是集体性的，可以通过类似社会过程、社会态度、社会价值、道德观念、文化等概念来分析（Burgess，1945）。而芝加哥学派的思想和理论体系中，对于地理学影响最显著也是最为深远的，是城市和社区的人类生态学研究。

12.4.1　人类生态学的起源

在最广义的层面上来说，人类生态学是研究人与环境的关系的视角和方法。其思想基础是认为城市作为一个实体环境会影响人类行为和关系。狭义的人类生态学是指理解城市区域内空间形态形成的过程和模式，以及不同人群和功能要素在有限的区域内分布的方式等问题的学科（Flanagan，1990）。

人类生态学起源于帕克关于城市社区内安排人口和社会机构的各种力量的解释，并通过修改植物和动物生态学的框架去分析人类社区，代表了社会学中一个新的领域。当时美国的大城市正经历着大量外来人口涌入和大规模工业化，一方面经济快速发展、现代化城市生活方式确立，另一方面也导致了土地利用的激烈变化和严重的社会问题。这些社会现象引起了芝加哥学派学者的关注，通过借助植物和动物生态学中关于竞争、共生、入侵、自然区、社区等概念，帕克、麦肯齐、伯吉斯等定义了社会研究有关的人类生态学概念。他们认为人类社会存在着相似的表现形式和发展规律，可以用生态学原理来分析和解释城市机制。人作为社会的动物，其行为具有集体性，需要相互依赖也存在着相互竞争。因而，人类生态学家认为在人类社会也存在支配因素和竞争原则支配的空间结构，只是这种生态关系比植物和动物生态学更为复杂和有独特的特点。

帕克认为，人类生态学试图解释生物平衡和社会均衡得以维持的过程，以及当它们被破坏时从一个秩序向另外一个相对稳定的秩序转换的过程（Park，1936）。因此，人类生态学重视研究时空间中社区之间的位置关系以及社区内部的个体或组织的区位对人类组织和人类行为的影响（McKenzie，1924）。它借助自然科学的术语和概念研究人类社会的框架，集中地体现在芝加哥学派对于城市和社区的研究中。

12.4.2　人类生态学的核心概念

人类生态学关注人类在其生存环境中的选择力、分配力和调节力的影响作用下形成的在空间和时间上的联系，尤其重视时间和空间上的区位对人类组织与人类行为活动的影响。人与人之间的空间关系是竞争和选择的结果，而且这种关系由于改变原有竞争关系或者促进人口流动等新的扰动因素的加入而变化，人类组织和人性本身也会因适应空间关系的改变而改变（McKenzie，1924）。在这一过程中，竞争、共生、适应、侵入、演替、同化等概念是理解人类生态学思想的基础。

1. 竞争与共生

自然界的生物之间相互联系、相互依存构成"生命网"（Park，1936）。"生命网"中的各个组成部分互不可缺，任何环节的破坏都可能影响整体的完整性。这种生物之间的联系表明每一个物种都不能离开其他的物种独立存在，这种现象就是"共生"。共生代表着一群生物不仅生活在一起，而且互相之间具有复杂的与其生境紧密相连的相互联系和结构关系。帕克认为，这种共生关系在人类社会同样存在，表现为不同个体或者群体之间的相互依赖、协同合作的关系。而共生是构成社区的基础，芝加哥学派的学者认为，社区是由同一个地域上集聚的具有共生关系的人群组成的群体，同时他们也要对这一地区的资源进行竞争（Park，1936）。

同植物和动物生态学一样，人类生态学关注基于竞争的社会秩序。而竞争对于社区形成具有深刻的影响。人类的行为是由竞争原则决定的，也就是说支配群体将会占据最有利的区位，进而通过支配和竞争的相互作用影响这个社区的结构和平衡。一方面，竞争会影响人类社区的规模；另一方面，竞争会影响人类社区的稳定程度，对于建立和重塑生物平衡和社会均衡具有重要的意义。人口压力和环境条件的变化会扰动生物平衡和社会均衡，同时会强化竞争。在强化的竞争中，人的活动就会加强，每一个个体都会在竞争关系中找到自己适合的生境。对空间的争夺导致了不同群体之间不断的冲突和适应。

而且人类社会中竞争由于受到文化和习俗的制约而更为复杂。人类社会存在着相互依赖的两个方面，即生物水平的基于竞争的共生社会和文化水平的基于交流和共识的文化社会。文化结构由共生结构支撑，在生物水平上的运动中出现的新兴力量在文化水平上以更稳定和理想的形式存在。而又由于人与人之间的联系的复杂性，导致人类社会呈现出生态秩序、政治秩序、经济秩序和道德秩序四个方面的社会秩序，它们彼此之间存在由低到高的等级关系。在生物层次上，竞争是没有限制的，但是在文化层次上，个人竞争的自由受到惯例、协议、法律的限制（Park，1936）。虽然人类社会的竞争和结构要受到习俗和制度的制约，但是这种限制只是复杂了社会过程，而没有改变其生态基础，生态竞争的效果仍然在城市中具有重要的作用。

在竞争和共生的基础上，芝加哥学派的学者进一步总结出了社区发展中的七种生态过程，以分析和解释城市空间过程。

2. 集中与分散

集中就是一个地方或者地区的人口数量增加的趋势（McKenzie，1925）。早期，地区的粮食供给条件是集中的限制条件，进入现代之后，工业化成为人口集中的重要原因。集中导致商业和工业的重要交通节点成为区域的人口中心，这就可以解释大量的门户区位、交通枢纽快速发展的原因。集中力的作用使得大量人口向这些位置流动，形成就业、居住的集中分布。而这种集中程度是由相对竞争力制约的，因而集中程度是衡量一个地区资源和区位优势的重要指标。而地区专门化是在交通与通信技术不断完善的前提下竞争的自然结果，专门化会产生两个重要影响：一是通过区域内部和区域之间的交换导致地区之间产生经济依赖；二是通过专门化生产和专业分工导致人口的区域选择（McKenzie，1925）。专门化通过这两种作用进一步的增强集中程度。

而与集中相反的一种力量是分散，分散一般是指城市人口由中心地区向外迁居的趋势，或者是就业或居住的分散趋势（陈坤宏，1994）。任何能够创造较高的流动性、减少集中程度的因素都能够导致分散化。而分散已经成为大都市区高度集中化的一种必然趋势。这种分散往往是交通和通信技术快速发展的结果，使得人们可以在距离城市中心区很远的地方享受到城市的便利条件，也使得各种产业能够享受郊区低廉的生产成本。

3. 中心化与去中心化

中心化作为一种生态过程，主要是指人口为了满足共同的利益需求向特定的区位集聚的趋势（McKenzie，1925），而这些地点往往是城市的中心区。中心化可以看做是集中化的一种暂时的形式，是向心力和离心力交替作用的结果，反映了边缘与中心的相互作用。边缘与中心的距离是由中心提供的服务的专业化程度以及交通通信条件所决定的。所以，中心化程度是衡量一个地区文化经济条件的重要指标。

而中心并非是一成不变的，中心的形成、解组和重构与区域竞争有关。中心只是大量竞争的核心之间不稳定均衡的暂时状态。一旦新的影响因素加入或者原有的影响因素出现变化，现有中心的竞争力和吸引力减弱，新的中心就会在竞争中形成。而大都市区中还存在着去中心化的趋势。去中心化意味着中心的规模减小，导致多个核心并存，而每一个核心的重要性相对于原有的中心都比较小（McKenzie，1925）。

4. 隔离

隔离是指社区内居民由于种族、宗教、职业、生活习惯、文化水平，或者财富差异等原因，相类似的群体集中在一个特定的区域内居住，彼此分开，关系疏远，有的甚至存在歧视或者敌对的态度（陈坤宏，1994），城市中典型的隔离区包括贫民窟、少数民族聚居区等。隔离是各种选择力共同作用的结果，而经济隔离是最基础也是最为常见的形式（McKenzie，1925）。在比较小的尺度上，居民的会显示出较为同质的特征；随着尺度的增加，异质性越来越强，表现出不同类型居民的聚居状态。而隔离往往代表着文化差异的增加，每一个隔离区之间由于没有相互交往，能够较好的保存其原有的文化特征。

5. 侵入与演替

侵入是群体之间相互代替的过程，意味着一个隔离区域对另一个隔离区域的侵占，往往是低等级群体代替高等级群体（McKenzie，1925）。社区范围内的侵入现象多种多样，一般可以划分为两类：一类是由土地利用形式而引起，另一类只是由于土地占有者的更迭而引起。前一类是指土地利用类型的变化，如居住区转变为商业区；后一类则包括所侵入地区内的各种变化，如经济结构在居住区分布上的影响和表现。侵入现象发生的过程可以划分为发生阶段、发展阶段和高峰阶段（McKenzie，1924）。发生阶段同侵入的开始地点有关，也同该地区内原有居民对侵入者的排斥或吸引有关，还同当地的地价、房租、地租有关。一般来说，侵入会从人口流动性大、居民的社区感不强，对于外来人口没有较强的排斥的地区开始。因此在城市中外来人口一般是先到城市中心区附近或者其他人口流动频繁的地区居住，之后在向外迁居，开始侵入其他群体的居住区。

一种侵入若发展成为一个新的地区，不论这种侵入以何种形式表现出来，在其发展过程中必定发生一个演替和选择的过程（McKenzie，1924）。演替是指区域的人口类型或者土地利用类型的完全改变（McKenzie，1925）。演替过程是由侵入者的性质以及侵入地区的性质决定的。这一过程的初期阶段表现为竞争的尖锐化和公开的冲突。随着侵入过程的发展，相互竞争的力量开始逐步地分类并结合，形成集团对峙。

当生态组织结构中占支配地位的类型形成后，并且能够阻挡其他形式的侵入，这种侵入过程就达到了高峰阶段（McKenzie，1924）。竞争就逐渐趋于缓和，社会控制开始出现，其他用地形式的侵入暂时可以防止。

181

6. 自然区

一系列生态过程共同作用所导致的一般效果是，发达的社区形成具有明确界限的分区，每个分区都具有自身特有的选择性和文化特征（McKenzie，1924）。自然区是帕克在分析城市社区时提出的中心概念，他提出自然区是自然群体的生境（Park，1925b），不同的自然区之间在人口属性上具有差异。每一个自然区都是生态力量作用的结果，具有自己独特的文化和道德秩序，展现出其居民的质量和属性，与居民的利益、兴趣等一致，具有群体的地方感情（Park，1925a，1925b）。交流和社会接触对于道德秩序和社区的形成具有重要的影响。这样，自然区便有一种选择力量，将适合需要的人口因素吸引到自身来，同时又排斥那些不适合的因素，这样逐渐对一个城市的人口按照生物学和文化的原则进行细分（McKenzie，1924）。而自然区之间由于道德秩序的差异是相互隔离的，隔离的过程使得城市成为小世界组成的马赛克，互相之间接触但是不相互渗透。但是，在侵入、演替过程中的群体之间是没有共同的生活方式的，也就是说他们之间不会形成相对稳定的自然区，通过生存竞争，他们要互相争夺生存空间，以达到新的平衡。

182

12.4.3 人类生态学视角下的城市

芝加哥学派运用生态学的观点分析城市问题，形成了自己对于城市和城市过程的观点与理解。人类生态学希望将在城市内部存在的各种指导人和社会组织有序分布的力量分离出来，并且描述这些力量共同作用下产生的人和社会组织的典型集聚。

人类生态学认为城市是一个社会有机体，是作为人类属性的产物而存在的（Park，1925a）。因此，每一个文化地区都有特有的文化类型，城市植根于居民的风俗中。城市既有其物质的组织形式，又有其道德的组织形式，两种形式相互作用、相互影响和相互调节。随着时间的推移，城市的每个部分都会一定程度上具有当地居民的特点和品格，转化为有自身情感、传统、历史的小地区，邻里逐渐形成。而从城市整体而言，其组织、环境特性、秩序特点是由城市人口规模决定的，是由这些人口在地区内集中与分散的形式决定的。人口在城市内部的集中与分散分布又是由竞争和劳动分工决定的。

从竞争的角度看，城市发展中对于有限空间资源的竞争是核心。竞争导致城市范围内的各种要素、土地利用类型和不同人群分布在城市中不同的区域内（Flanagan，1990）。竞争的结果导致了各种自然区的形成，自然区往往具有同质的土地利用和同质的人口。不同的自然区之间相互吸引或者排斥，导致了与劳动分工的功能分异相符合的城市空间分异。如中央商务区、高级居住区、贫民窟、隔坨区、移民社区等。而劳动分工导致了首属关系的崩溃或者转化，使原来的基于家族纽带、地方感情的社会组织以及基于文化、家族、社会阶层的组织日益瓦解，取而代之的是基于职业利益和行业利益的新型组织（Park，1925a）。劳动分工的效果在于它增进了各种职业间的相互依赖，个人也就越来越依赖于他所隶属的社区。

城市社区的空间结构在竞争和劳动分工的间接作用下由支配原则进行支配，而城市中心区作为城市中地价最高的区域在城市中占据支配地位，其位置和变化决定了城市整体的空间结构（McKenzie，1924）。在支配区域的控制下，通过竞争，只有那些最有竞争优势的群体才能进入城市中心区，因为形成了中央商务区中大量商业和服务业的集聚。由于中心区的支配地位和侵入作用，使得中心区附近的区域常常处于剧烈的变化和演替过程中，因此，中心区外围往往是不稳定的过渡区域。从中心区向外，不同竞争力的群体通过竞争关系得到适合的区位，并逐渐适应自己所属的社区，形成城市生态秩序。但是，城市本身不是一成不变的，由于侵入和演替的作用，城市的不同社区之间又通过扩张和生存竞争不断地变化。

但是生态学模型的假设是对于空间的经济竞争最终会决定区域的利用，没有考虑政府通过规划施加的影响，也没有考虑情感可能的角色（Flanagan，1990），存在一定的问题。

12.5　芝加哥学派的城市地理学研究

芝加哥学派本身致力于芝加哥城市和社会问题的研究和探索，进行了大量的实证研究和应用探索，其研究成果不仅对于城市理论的建立作出了卓越的贡献，更重要的是留下了大量的关于城市研究的案例和实证成果，对于了解城市结构和城市过程具有重要的意义。他们从城市作为有机功能整体的角度对城市进行解析，重视对事实的描述，对于城市地理学的思想有重要的影响。而芝加哥学派的相关研究在城市地理学的应用主要表现为同心圆模型及其后期修正，大量学者通过同心圆模型的启示，对不同的城市进行实证和理论分析，探讨城市内部空间结构及其动力机制成为城市地理学研究的一个主要研究内容。

12.5.1 城市内部空间结构的同心圆模型

芝加哥学派的思想在城市地理学的应用中最引人注目的研究就是同心圆模型。这一模型是伯吉斯在对 20 世纪 20 年代美国急剧城市化背景下的芝加哥市进行实证研究后提出的，被誉为城市社会空间的三大古典模型之一，至今仍有广泛的影响，对我们认识城市结构和城市过程具有重要的意义。这一模型是生物竞争、新陈代谢等生态学观点在城市社会研究中的典型应用，利用生态学的基本观点解释了城市发展过程中的动力机制和空间结果。

1. 城市发展的侵入—演替说

伯吉斯认为，城市发展的可以看做是一种社会组织和解组的过程，这种过程类似于有机体新城代谢中的合成代谢和分解代谢（Burgess，1925a，1925b）。新陈代谢是各种塑造城市环境的力量的核心。一般来说作为城市新陈代谢组成部分的社会组织和解组过程是互补存在的，是社会秩序动态平衡中相互依赖共同作用的两个过程，通过这两个过程的相互影响城市向前发展。而人口流动是衡量新城代谢状态最好的指标（Burgess，1925a，1925b）。

人口流动对城市空间的塑造有两个基本的力量——向心和离心。这两种力量相互对立又互为补充。向心力使得经济、文化和政治生活的中心都会在城市中心区集中，他认为正是这种力量使得芝加哥市从一个村镇和移民区的集合体重构为一个由中央商务区支配的向心性离心体系，地方社区不断地被副中心整合，而副中心又被中央商务区支配着（Burgess，1925a，1925b）。从人口流动的角度看，在城市发展的过程中，总体来讲外来人口是向心集聚的，而本地人口是离心扩散的，其中向心力是主要力量。另外在城市发展过程中，还存在着其他的力量与向心和离心力共同作用。首先是分配过程，这一过程按照居住地和职业将个人和群体进行分选，这种分化形成的经济和文化集聚就形成了城市的形式与特征。其次是劳动分工，表现出不同的经济背景与职业选择在城市内部的分化现象。再次，与劳动分工相对应的是社会分化为不同的阶级和组织，不同的阶级和团体之间有差异化的生活方式和兴趣，因而其生活环境也有差异（Burgess，1925a，1925b）。因而，力量共同作用的过程就表现为侵入和演替。

伯吉斯认为，城市扩张的主要趋势是每一个内部圈层都会通过向外入侵的方式扩张，这种扩张就是演替（Burgess，1925a，1925b）。城市发展的动力在于外来人口进入到城市中心区开始的侵入过程，外来人口的侵入导致了新陈代谢作用下的一系列连锁反应，如迁移、离心、隔离，形成了不断地侵入-演替过程，进而影响到整个城市区域。在人口快速城市化的城市地域中，一方面，大量外来人口涌入城市，他们进入城市由于求职和生活便利的需要，往往会居住在城市中心区附近，靠近工作岗位居住；另一方面，市中心区的原住人口由于忍受不了外来人口入侵而引起的住房拥挤和环境恶化等压力而纷纷向外迁移，导致中心区的住房空置，这些住房大部分或全部逐渐地被外来人口所占据，而外迁的中心区人口侵入到下一个圈层，引发进一步的迁居过程。因此，随着城市化的进展和城市地域的向外拓展，在城市地域上就出现了一种类似于新陈代谢的人口迁移现象：新到的外来人口侵入城市，取代市中心区的原有人口；而他们又被更加后来的侵入人口所取代；原住居民和早期迁入的居民不断向外迁居正是在这种不断发展的侵入—演替过程中，不同社会群体出现居住上的空间分化，形成一些专门化的社区或隔离区，从而决定了城市的居住空间结构（柴彦威，2000）。

2. 模型的假设

同心圆模型的提出是在芝加哥城市研究的基础上进行抽象后提出的，是建立在一定的假设基础上的。第一，模型是建立在人口快速增长和空间快速扩张的城市基础上，城市人口的增加主要是有外来移民引起的，而在城市内部的人口具有差异化的文化和社会属性。第二，城市的经济基础是商业和工业，具有典型的商业—工业城市特征。第三，城市土地私有，并且对于私人产权的使用没有城市规划加以限制，土地所有者可以自由开发，因而城市空间关系是建立在经济竞争的基础上的。第四，城市在任意方向上交通都十分便利。第五，单中心城市，城市中心是主要的就业中心，没有其他的工业集中区；城市中心的空间有限而且有很高的价值，空间竞争异常激烈，而城市边缘则相反。第六，没有土地利用的历史继承性（Pacione，2005）。

3. 同心圆模型

通过新陈代谢和相互作用，典型的城市扩张过程可以用一系列的同心圆进行表示，表明城市范围内连续的区域和在扩张过程中分化的地区类型。伯吉斯认为，理想的城市结构表现了从中央商务区向外放射性扩张的趋势，形成五个同心圆地带（图 12-1）。

最内部是中央商务区，这里商业与社会活动会聚之处，外来人口进城后多居住在中央商务区附近以便找到工作。围绕着中央商务区的是过渡地带，这里以旧住宅为主，与小型工厂、批发商业及一些仓库混杂在一起，随中央商务区的不断扩大而成为过渡地带，既有新来移民在这里聚居，也有黑人居住区、唐人街、犹太人聚居区等隔离居住形式。第三个区域是工人居住区，有面积比较大的工厂分

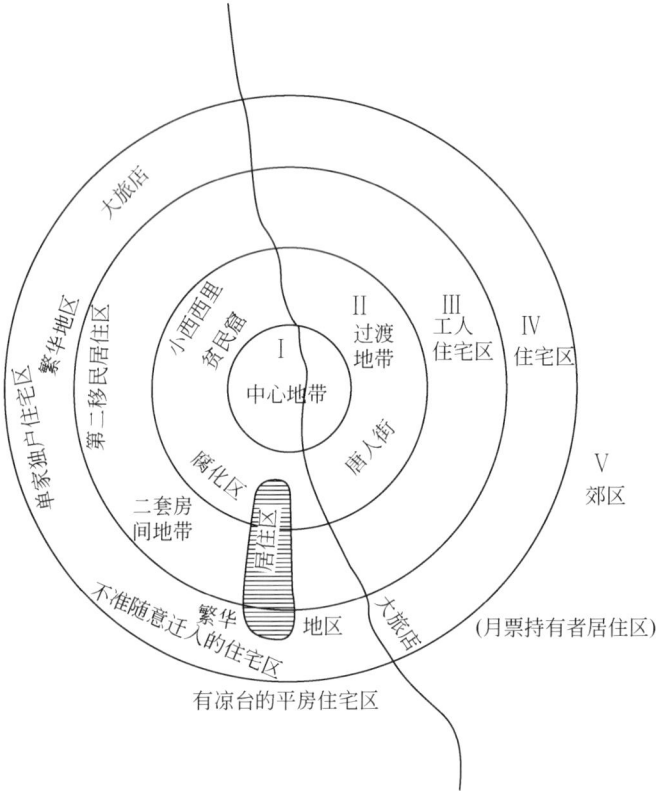

图 12-1　城市空间结构的同心圆模型
资料来源：帕克等，1987

布，居住在这里的工人主要是从过渡地带迁移而来，但是又希望住在工厂附近，因而形成了职住接近的居住形式。工人居住区之外是中产阶级居住区，这里分布着高等级居民的公寓住宅或者独栋住宅的封闭居住区，这里的居民是从工人阶级中成长起来的中产阶级及从前三个地点迁移而来的中产阶级。最外层是通勤者住宅区，这里是郊区居住区或者卫星城，离中央商务区有 30～60min 的汽车通勤时间，以别墅式的低密度住宅区为标志。可以看出，同心圆模型假设低收入居民和外来移民带来的负环境效应导致富有的居民选择向外迁居，形成城市的圈层扩张，而在每一个环带内部小区域的隔离主要建立在语言、文化和种族的基础上。在这些环带中人口流动性最大的地方往往是社会问题丛生的区域，这里的各种力量的相互作用最为激烈，社会组织和解组的过程最为明显。

4. 同心圆模型的评价

同心圆模型的提出是第一次将城市扩张作为一种过程进行研究（Burgess，1925a，1925b）。将生物竞争、新陈代谢的观点运用于城市社会研究，通过大量的社会调查等实证研究方法，动态地研究了城市社区的形成与演变过程，提出了一些符合实际的理论解释（柴彦威，2000）。

第一，伯吉斯将城市的社会发展和物理实体增长的相互作用进行分析，认为在城市发展过程中存在个人和社会组织按照职业和居住进行分选的动态分配过程（Burgess，1925a，1925b）。他认为这种"过程"赋予了城市形态和性质。因此，同心圆模型实际上不仅仅是一张关于城市结构的同心圆结构图，更多表现得是一个成长的模型——从"侵入—演替"的角度动态研究城市发展。他提供了一个理解工业或者商业城市发展的重要的基础概念，提出了社会力量的集聚导致了在距离城市中心不同距离的区位上的土地利用形式的差异。其研究成果在发表之后就引起了广泛的争论和探讨。之后，大量关于城市的动态模型开始出现，包括霍伊特的扇形模型、哈里森和厄尔曼的多中心模型等，实质上都是对于伯吉斯模型的理论修正和讨论。

第二，伯吉斯利用图形化的方法，鲜明地展示了城市扩张过程中各个同心圆的分化状况，从整体上把握了城市空间结构特征，有利于读者直观的了解城市发展的动态格局，将人类生态学中各种抽象的概念与地理学的地图表示结合，为城市社会学和城市地理学对于城市空间结构的研究都打下了良好的基础，因此其意义已经远远超出了同心圆模型本身。

第三，同心圆模型通过向心和离心两个过程解释了城市人口变迁和活动的迁移，明确把社会过程与空间模式联系起来，侵入—演替—支配的概念为解释因为大量低收入家庭迁入而快速增长的城市中的邻里变化过程提供了有用的解释性框架。

但是，同心圆模型也存在一些问题。同心圆模型是一个理想化的或者说是建构的模型，是以芝加哥为基础建立在诸多假设之上的抽象的城市结构。因此，对于同心圆模型最广泛的质疑在于其普遍性，即城市由于各种原因实际上不能呈现出理想的同心圆结构。即使是芝加哥市，虽然其形态已经很接近同心圆，但是仍然存在不规则性。不同类型的城市在其发展中都呈现出了其特有的空间结构特征，这种地方不规则性往往会阻止同心圆结构的形成。每一个城市有其独特的地形地貌、交通等特征，这些特征的作用在伯吉斯的模型中没有得到体现，他忽视了交通线路作为重要的城市发展因素在城市结构中的影响，也没有考虑城市中不同区域的不均质性在城市整体区域中的影响。另外作为芝加哥生态学研究的典

187

范，他同样忽略了人类除生物学属性以外的文化属性等的作用，只是试图通过生态学的框架解释文化和社会现象的分布，暗含着种生态和社会现象之间存在联系的假设，但是他们又没能说明生态属性与文化属性的关系（Quinn，1940）。最重要的是这一模型忽视了人的行为中情感和符号化因素的作用，没有意识到社会价值常常可以超越冷漠的经济竞争而成为社会空间构成的基础（诺克斯和平奇，2005）。

12.5.2　北京城市空间结构研究

城市内部空间结构研究是中国城市地理学研究的重要方向之一。大量学者从人口、用地、空间分异等不同方面，通过实地调查、统计分析、因子分析等不同方法，对中国城市的空间结构进行了深入的研究。其研究方法已经远远超出了芝加哥学派的范式，但是在图示化表现、原因解释等方面仍然表现出了一定的芝加哥学派的影响，很多的空间结构模型依然是建立在同心圆模型的基础上。本案例将以顾朝林等在北京进行的一系列城市空间结构研究为案例，反映当代中国城市在快速发展和人口增长背景下的城市结构与城市过程，具有典型的芝加哥学派研究的特点。

1. 城市空间增长过程

从计划经济向市场经济转型的过程中，城市中的流动性增加，资本、土地、劳动力等将发挥更大的作用，城市开始快速发展。大都市地区的空间增长过程表现为城市蔓延、郊区城市化和远郊卫星城建设三个方面（顾朝林和陈振光，1994）。以北京为例，首先，在外来人口大量涌入城市的情况下，城市的居住、就业空间不断扩展，城市空间蔓延；其次，城市沿着以工业走廊和居住走廊的方式表现出轴向扩展的特征；再次，在郊区城市要素逐渐增长，一方面表现为郊区城市化，另一方面远郊区的发展开始出现并也出现集中化的趋势（顾朝林，1999）。

北京的城市空间结构受到了经济的、历史的、社会的、文化的不同层次、不同类型因素的影响。顾朝林等通过研究将这些因素概括为六个方面（顾朝林和克斯特洛德，1997a）；一是历史因素，包括中国传统社会空间结构以及近现代西方文明和西方文化入侵的影响，这两方面主要表现为老北京城的空间结构遗留、历史遗迹以及近现代建设的外国人居住区、使馆区等。二是薄弱的社会经济基础上的工业化发展通过工业产业和配套居住区的布局使北京的社会空间结构向郊区扩散。三是控制城乡人口迁移的城市化道路。四是原苏联城市规划模式的影响，表现出城市中心的突出、辐射状的路网、功能分区和卫星城建设。五是国家主义下的行政中心优先，在工业、住房和基础设施方面给予北京重要的支持。六是其他政策的支持。

从影响因素出发，顾朝林等认为，北京的城市空间结构及其转变过程有三个时期。1271～1949 年，北京展示了传统的社会空间结构特征。老北京城分为内外两部分，空间布局表现为中心点和南北中央轴线特征，具有明显的社会和种族分异。1949～1978 年，北京呈现社会主义过渡时期的社会空间结构特征。这一时期一方面进行旧城改造，另一方面城市向边缘区扩展，形成了老城区和新的近郊区的工业—居住区，整个城市沿着主要道路向城市边缘区和近郊区蔓延。1978年之后北京市显示出变革的城市社会空间结构。城市中正在形成新的社会空间结构，包括中央商务区、外国人居住区、研究与开发基地以及高质量的居住区、新制造区等。总体来说，北京的空间结构从同心圆结构向沿高速公路发展的带形走廊结构转变，社会结构越来越具有同心圆–扇形模式。老城区为相对贫困的老北京人和流动人口居住，城市边缘区具有扇形特征，包括城西的中等收入聚居区、东北高收入聚居区和东南低收入聚居区，在近郊区是低收入农民和流动人口居住带（顾朝林和克斯特洛德，1997b；顾朝林，2002）。

转型期初期，城市增长的主要动力还是向心力的作用，表现为集中化和中心化的趋势。城市向心增长表现为城市建成区各类用地的转化，即中心商业区衰退、内城用地更新与改造、流动人口棚户区出现三种形式（顾朝林，1999）。转型期，地价开始发挥作用，经济因素的空间竞争逐渐在城市中出现，出现了明显地有计划地进行旧城改造的倾向。一方面流动人口涌入城市，外来民工多以地缘、亲缘为基础，形成空间聚居的趋势，在聚居社区内部形成一定的共同利益和团结意识，并显示出与其他社区的隔离趋势。另一方面，城市内部也出现了分散化的趋势，郊区化开始出现。以居住空间为例，郊区别墅区开始出现，占据了城市中的优势区位。

2. 城市社会区结构

顾朝林等进一步选用 1998 年行政区的统计资料对北京城区进行了社会区分析（顾朝林等，2003）。首先进行主成分分析，得出土地利用强度、家庭状况、社会经济状况和种族状况四个主成分因子，并对每一个因子绘制因子空间分布图。之后，再利用聚类分析的方法，根据各街道的因子得分进行社会区划分。北京的社会区可以分为九类，分别是远郊中等密度中等收入区、远郊高流动人口制造业区、近郊中密度低收入区、内城高密度区、远郊低密度低收入区、内城最高密度区、远郊少数民族与流动人口集聚区、内城高收入区、内城少数民族与流动

189

人口集聚区。城市中不同类型的社会区反映了城市中人口密度分布状况、居民类型状况等特征。

按照城市道路环带、扇形空间对北京进行空间结构模型检验（顾朝林等，2003）。研究表明，土地利用强度分布呈同心圆模型，家庭分布形态具有扇形结构的特征；社会经济状态因子分布形态既表现了同心圆的特征，也具有扇形结构的特点；种族因子的空间分布形成了一种多核空间结构。

3. 流动人口的生态效应

顾朝林等在描述城市整体空间结构的基础上，又深入分析了城市社区与流动人口聚落的生态关系（刘贵利和顾朝林，2000）。流动人口向城市迅速集聚，逐渐形成带有浓厚地方色彩的异质社区，其文化对大城市原有人文生态结构的渗透不断延续，通过复杂的生态竞争过程，最终形成社区同化与社区隔离两种存在形式。这一分析体现了芝加哥学派对于外来人口进入城市带来的侵入过程和人口流动性改变城市结构的思想的借鉴。作者指出，流动人口聚落在大城市的形成和发展经历了侵入—竞争—同化三个生态阶段，最终形成同化生态系统和异化生态系统两种趋势。异化生态系统体现在流动人口和当地人口激烈竞争进程的竞争区；异化生态系统体现在流动人口服从于当地居民特征的同质同化区和以流动人口占上风为特征的异质同化区。流动人口进入城市后对城市具有侵入、竞争、同化和分隔的影响，促进了整个城市的新陈代谢，促进城市空间结构的发展和演变。

12.6 结　　语

芝加哥学派的思想和研究方法在城市地理学界和城市社会学界具有重要的指导意义。哈维认为，芝加哥学派重视描述的学术传统对于地理学的思想有重要的影响（Harvey，1988）。虽然后期对于城市描述的方法与手段有了进一步的发展和演变，芝加哥学派的简单描述也逐渐为社会地区研究、因子生态分析等技术所代替，但是其将城市进行整体叙述和"自然区"研究的主导思想依旧引导者了后来的城市地理学研究。

同心圆模型被认为是芝加哥学派对于城市社区研究作出的最有影响力和最持久的贡献之一，可以说，同心圆模型是20世纪人类生态学城市研究的中心范式（Schwirian et al.，1990）。虽然存在诸多的质疑和争论，但是任何人也不能否认同心圆模型在城市地理学界的里程碑意义。另外，其图形化、模式化的研究方法对后期的城市空间结构研究起到了指导性的作用，将城市社会学的社会学分析和地理学的图形化分析结合，准确而形象地表示了城市结构与社会变迁的关系。

　　中国城市正经历着快速发展与空间重构，城市中大量外来人口涌入，城市内部迁居加剧，城市居住空间、工业空间、商业空间等都发生着巨大的变化，社会问题开始出现。在这样的情况下，对于中国城市内部结构和机制进行深入细致的描述和分析成为城市地理学的重要研究方向。芝加哥学派的研究方法和问题意识依旧值得中国城市地理学者借鉴，深入到城市社区内部的细致调查与实证研究工作依然是城市地理学者的必备。

第 13 章 时间地理学及其在城市地理学中的应用

13.1 引　言

时间地理学源于瑞典著名人文地理学家托斯坦·哈格斯特朗（Torsten Hägerstrand）对计量革命时期区域科学研究范式的反思。哈格斯特朗批判区域科学研究中对人的基本假设的机械化、对个体差异性的忽视，通过"时空间"、"生命路径"、"制约"等概念及符号系统构建了时间地理学的最初理论框架。可以说，时间地理学的诞生是 20 世纪 60 年代末地理学家对计量革命进行批判与反思、从认识论与方法论上另辟蹊径的重要探索，是第二次世界大战后人文地理学研究范式转型的重要里程碑。哈格斯特朗提出的时空间概念以及将时间与空间相结合的观点，突破了以往将时间内涵在历史地理学研究的范式；注重微观个体研究的思想，开拓了个人日常行为分析的方法论基础。

本章将对时间地理学思想起源、理论观点、发展脉络进行系统介绍。重点从对人的基本假设、时空观、行为观等方面阐述时间地理学的思想与理论基础，通过追溯其发展脉络了解时间地理学对城市与区域规划及社会理论领域的影响、GIS 技术的发展对时间地理学模型化与工具化的推动。最后，列举三个时间地理学思想与方法在城市地理学及规划领域的应用案例，它们是时间地理学在日本、美国、中国城市研究中的应用代表，同时折射出时间地理学不同发展阶段的特点。

13.2 时间地理学的起源与理论架构

13.2.1 时间地理学的起源

时间地理学的基本构想源于 20 世纪 40 年代哈格斯特朗在人口迁移研究中产生的一些地理学疑问（Lenntorp，2004）。首先，哈格斯特朗认识到传统地图学对现实世界表达的不足，这是一种静态的、时间截面的表达，而对现实世界中的过程的表达需要动态的、随时间演变的新的地图表达方式（Gren，2001）。其次，在人口迁移研究中对个体差异性的忽视。时间地理学形成于 20 世纪 60 年代末期到 70 年代初。20 世纪 60 年代起，地理学以及外部学科逐渐开始对计量革命进行彻底反思与激烈批判；人文主义、行为主义、结构主义与后现代化主义等观念不断涌现，西方人文地理学不断多元化发展（马润潮，1999）。哈格斯特朗也在这场批判与反思中逐渐构建了时间地理学的理论体系与表示系统。此外，进入 20 世纪 60 年代后，瑞典等高福利国家中社会发展目标由经济增长转向生活质量的提高，而时间地理学方法对区域规划中如何实现时空间中社会资源与福利公平配置的有效性，使其得到政府的高度重视与支持（柴彦威和龚华，2000）。另外，自 1971 年起哈格斯特朗担任瑞典人文与社会科学研究学会资助下的个人研究机构教授，这使得他开始有时间和资源实现个人研究兴趣的转移，即从以往对时空汇总行为的大尺度研究转向对较短时期个体运动的细致剖析。

13.2.2　时间地理学的理论构架

1970 年，哈格斯特朗在"区域科学中的人"（*What about People in Regional Science?*）一文中，重新审视区域科学中对人的基本假设，系统阐述了时间地理学的基本概念和理论框架（Hägerstrand，1970）。以对人的基本假设以及汇总方法对于理论构建的误区等为问题意识和出发点，哈格斯特朗提倡对现代城市社会中的生活质量（或称宜居性）的关注，并应从时间和空间相关联的角度对微观个体的行为机制进行研究。

1. 强调微观个体

哈格斯特朗认为区域科学应当更多关注有关生活质量的问题，不仅因为关于生活质量的问题在 20 世纪 60 年代的欧洲是一个非常实际、应用导向的问题，更重要的是区域科学应当是关于人的科学，而不应仅是关于区位的科学。并且，在理论层面也应当强调个体的重要性，因为对人的基本假设的不同会直接影响理论构建以及宏观层面的汇总规律。他认为在个体的微观情景和宏观尺度的汇总结果之间存在着根本的直接联系；如果不清楚个体所处的微观情景便无法得到真实的宏观汇总规律。他指出在区域科学研究中对个体进行汇总时，就像处理金钱和商品一样，将人口视为大量的可以自由交换、任意划分的粒子的做法是不正确的。正如在进行人口分析时，通常将人口机械地划分为劳动力、通勤者、迁移者、购物者、观光者、电视机观众、机构的成员等而对各种细分人群孤立地分析。实际上，与其说总人口是个体的合集，还不如说时各个子群体的合集。这从根本上无法在汇总过程中关注到单一的个体。总之，哈格斯特朗强调在理论构建过程中研究个体的重要性，汇总模型中并不能忽略个体的特性。强调微观个体作为分析单元，使得时间地理学奠定了交通地理研究中非汇总模型的理论基础。

2. 时空观

传统的地理学研究注重空间的观念，但是对时间的考虑只存在于历史的分析中。时间地理学首次将时间和空间在微观层面上结合起来，从微观个体的角度去认识人的行动及其过程的先后继承性，去把握不同个体行为活动在不间断的时空间中的同一性。

哈格斯特朗对于社会生活中的人提出了八条根本性的命题：①人是不可分的；②每个人的生命是有限的；③人在某个时间同时完成多项任务的能力是有限的；④每完成一个任务都需要花费一定的时间；⑤人在空间中的运动需要花费时间；⑥空间的承载能力是有限的；⑦任何领地空间都存在一个有限的外边界；⑧现状必然受到过去的状况的制约（Hägerstrand，1975）。

时间地理学中的时间和空间是一种资源，这种资源不仅有限，而且不可转移。尽管有时一个人能够同时承担多个角色，但更常见的是个体在从事某个角色的时候是不可以同时从事另一个角色的，并且每个角色都需要在某个时间、某个地点持续一定的时间。这就意味着每个人从事的不同角色将形成不可变更次序的活动序列。于是，空间中的某一点一定是与更早之前的某一点相关联的，现状必然受到过去的状况的制约。所以，在考虑人的行为的时候，时间与空间不能够分离开来处理。因此，时间地理学将传统的空间资源配置和空间秩序动态扩展至时空间资源配置和时空间秩序动态，特别是强调了时间秩序的动态性（柴彦威和龚华，2000）。

哈格斯特朗发展出了一套在时空间中表达微观个体的、连续运动轨迹及行为机制的概念体系和符号系统，即在三维的时空间坐标中用二维坐标表示空间，第三维坐标表示时间，将微观个体的在时空间中的运动轨迹表示为时空路径。个人路径不随时间发生移动时在时空间轴上可以表示为垂直线，而发生移动时则表示为斜线，斜线的斜率表示个体在时空间中的运动速度。个人在参与生产、消费和社会活动时需要停留在某些具有永久性的停留点上，由于这些停留点包含一定的设施并具备一定的职能因此可称之为驻所，如家、单位、邮局等都是驻所。如果说时空路径是个体在给定时间范围内，在众多可能性中的一个实际、已经发生的路径，那么时空棱柱则刻画了个体在该时间范围内一定的时空预算下所有可能发生的路径的集合。时空棱柱的形态综合反映出发地点、移动速度、活动计划以及活动目的地所施加的组合制约等构成的时空行为决策的微观情境性。本质上说，时空棱柱是对制约个体运动轨迹的各种制约的图示化表达，直接反映出行为轨迹背后的微观机制，它不仅能够用在个体层面，也是一个非常有用的分析工具。

于是，在时间地理学理论体系中，社会被理解为由诸多个体路径所编制的网络，其中穿插了一系列时空中的驻点、活动束和领地。于是，时间地理学关于社会模型便可在三个层面开展。在个体层面，路径是由个体在各种制约下由时空中的运动轨迹和停留点所组成，对路径的描绘能够直观地揭示和比较不同群体的行为特征。在驻点层面，借助时空棱柱的形态可以分析活动的时间分配和空间分布，以了解城市节奏和活动系统。在社会结构层面，分析特定群体的时间供给和需求、了解如何通过将个体计划在时间和空间上进行分配来实现社会系统的能力（Thrift，1977）。

时间地理学的图示化表达方式非常简单、直接地表达了哈格斯特朗的时空观以及对人类活动的理解，并且对社会科学各领域产生了巨大的影响（Corbett，2002）。它启迪了社会理论领域对"社会生活的时空情境性"的理解，空间从此被认为是社会实践的重要部分（Giddens，1986）；它被广泛应用于城市与区域规划领域，通过对时空可达性的测度与模拟，为城市公共服务设施的时空优化配置提供新思路（Lenntorp，1978；Burns，1979；Dijst，1999a）；它革新了交通研究中对于可达性的理解与测度，相比于传统的基于距离的可达性测度，时空可达性更为接近现实（Miller，1991；Kwan et al.，2003a；Kwan and Weber，2003）；由于时间地理学模型对于个体差异的高度敏感性，它为社会公平研究提供了新的视角和工具，被应用于刻画性别差异、种族差异等（Kwan，1999a；Kwan，2004a；Kwan，2004b）。

3. 强调制约的行为观

时间地理学除了强调时空的整体性，对于个体在时空间中的行为而言，更为重要的是制约。即便能够对个体真实发生的时空路径进行汇总描述，依然无法真正理解系统作为一个整体的运行机制。因此，哈格斯特朗指出，更有意义的是探寻那些决定路径空间形态的制约时空机制。他提出三类制约——能力制约、组合制约、权威制约。

能力制约是由于个人的生理构成以及其所使用的工具而受到的个体行为的制约。例如，人需要固定间隔、一定时间的睡眠，以及必需的用餐。由于活动的连续性，这些需求决定了其他活动的时间界限。其他能力制约有着明显的距离指向，个体移动或传达的工具，以及他如何与休息居所相联系的方式等决定了可达圈层的半径。哈格斯特朗用时空棱柱在三维时空中表示个体可能的移动范围。组合制约规定了个体为了完成某项活动，如生产、消费及社会交往等，而其他人或某种工具、材料等在某时、某地同时存在并持续一段时间。几条路径的组合称

195

为活动束。例如，在工厂中，工人、机器以及原材料等形成活动束以实现产品的加工和生产。在办公室里，人们也要形成活动束以传达信息。在商店中，销售员和顾客形成活动束来买卖商品。在教室里，学生和老师形成活动束以传达知识和信息。另一种值得一提的活动束，是无线电通信技术如电话、广播、电视等，使人们形成"同时异地"存在的活动束。但是，这样的活动束尽管没有出行时间的损耗，但是它占用了其他活动的时间。尽管电话能够节约时间，但是它打断了其他的活动。权威制约来源于哈格斯特朗称为"领地"的概念。领地可以定义为一个时空复合体，其中的事物及事件的发生受到特定个体或者团体的控制。领地的存在是为了限制过多的人进入，以保护自然资源或人造资源，并且使得活动组织更加有效率。在三维的时空间中，领地表现为柱体。领地当中或者非其成员不得进入，或者是获得了邀请才能够进入，抑或在支付了一定费用或者通过某种仪式或斗争之后才能够进入。领地呈现出一定的等级性。

时间地理学对于人的行为的基本态度是强调制约以及围绕人的外部客观条件，这从根本上不同于强调个人"选择"与"能动性"的行为主义理论。哈格斯特朗认为，人的行为常常是随意选择的，不能以过去的行为观察为基础来说明和预测将来的行为，而是应当认识那些围绕行为个体的制约条件，并尽可能阐明产生这些制约的主体（Miller，2004；Neutens et al.，2010a）。另外，如果纯粹认为活动是价值选择的结果而过分强调行为的心理学机制，则难以对行为结果进行调控。因此，时间地理学选择了注重"制约"的分析，不仅关注那些可以观察到的外部行为，而且试图去分析那些没有发生的计划行为以及行为发生以后企图改善的期望行为。改善物质环境来减少制约个体行为的不利因素并提高个体选择的能力，是城市与区域规划的重要决策依据之一。

13.3 时间地理学的发展历程

13.3.1 20世纪60~70年代时间地理学的形成及其在规划中的应用

20世纪60~70年代的时间地理学，作为区域科学的批判，提出理解人与人之间，以及人与物质环境之间互动关系的另一种世界观，也提供了理解个体如何形成并影响社会并且同时又如何受到社会制约的新思维。并且，时间地理学对于时空间中个体行为的图示化表达确实令人耳目一新，吸引了大批地理学者应用时间地理学的概念模型和符号体系描述和表现生活，早期的应用研究围绕村落、服务设施、家庭及女性等内容开展（柴彦威，1998）。这个时期，制约、路径、企划等概念构成时间地理学的理论基础，侧重于对行为的制约机制、路径的汇总以及企划的形成进行分析（Thrift，1977）。

时间地理学从产生开始就与追求所有居民"生活质量"提高的社会发展目标密切相关，并且有着很强的规划应用导向。第二次世界大战以后，瑞典面临着大规模的城市化，社会规划和公共部门开始得以快速发展，大量资金投入到住房、通信、教育、医疗设施方面。哈格斯特朗及隆德学派在20世纪60~70年代开始参与瑞典的区域和地方规划，对交通道路建设、公共交通线路设置、商店区位选择与商业规划、学校选址规划等进行研究。他将时间地理学思想介绍给瑞典的区域规划学界，认为个体在时空间中的位置以及个体所能获得的公共资源的可达性应当是城市规划中必须考虑的问题，而规划与政策制定的出发点应在于如何调整物质环境来减少制约个体行为的不利因素，从而提高个体选择的能力（Öberg，2005）；并且，提出在汇总平均的基础上，需要充分考虑个体差异，不仅关注正常人，还需关注儿童、老年人等弱势群体（Öberg，2005）。时间地理学思想与方法被规划界广为接受，并为交通地理学中非汇总模型的发展奠定了理论基础（Lenntorp，1999）。

基于时空制约的模拟模型成为对规划和政策（时间政策、空间政策、交通政策）评估的有力工具，而PESASP（Program Evaluating the Set of Alternative Sample Paths）便是经典模型之一，是为制定交通规划方案而开发的计算机模拟模型。其基本思想是在时间地理学框架下通过对时空棱柱及其在二维平面上的投影区域——潜在活动空间（potential path area，PPA）的测度来揭示不同社会经济属性的个体在特定的时空配置下所有活动选择机会的集合，并以此作为指标通过不断调整公共资源的时间以及空间配置来改善个体的可达性。它运用个体活动信息和区域空间资料，假设居民在规定的通勤时间内，步行或利用公共汽车在上班或回家的途中去幼儿园接送小孩，计算不同居住区居民就业的可达性。在模拟试验中，通过新设公共汽车路线或重新配置幼儿园等空间调整措施来改善居民出行和设施利用的时空制约，从而实现可达性的提高（Lenntorp，1978）。

然而，早期隆德地理学派的试验性及描述性研究，由于过分强调物质性及制约，也遭受到学科内部不同流派的尖锐批判。人本主义批判时间地理学方法太物质、机械化，微观个体被视为一个物体而非一个正在思考、经历着的对未来有情感和期望的个人（Buttimer，1976）。女性主义地理学者认为时间地理学对于空间和身体的内在男性主义视角，对两性身体差异的考虑比较欠缺（Rose，1993）。结构化理论认为时间地理学对于人类行动者的概念不正确，它强调在结构化了的时空情景中人类的物质存在性，但本质上却默许了个体的构成与他所面临的日常生活的社会背景是相互独立的；并且，时间地理学倾向于重述行动与结构的二元

197

论，即"停留点"、"领地"等都被视为是既定的，被视为是那些未经解释的制度形成和变迁过程的后果；此外，时间地理学对权力理论的论述不充分（Giddens，1984；Harvey，1989）。实际上，上述批判的核心在于早期的时间地理学过于关注物质环境对于个体行为的影响，而没有很好地理解个人在日常活动中所承担的社会角色是如何形成并通过何种方式表现出来的（Lenntorp，1999）。因此，有人认为早期时间地理学属于行为地理学，有着实证主义风格，并误解为"物理主义方法"是时间地理学研究的主干（约翰斯顿，1999）。然而，正是这些批判推动了哈格斯特朗对时间地理学思考的重心，推动了 20 世纪 80 年代以来时间地理学方法论的转型以及时间地理学的社会理论化。

13.3.2　20 世纪 80 年代时间地理学的转型与社会理论化

20 世纪 80 年代以来，时间地理学从早期公式化的表达、对制约本身的分析逐渐转向对人类生活的关联性以及社会生活"现状本身"的更为广泛的思考。哈格斯特朗对时间地理学的重新定位源于对人本主义认为时间地理学早期研究过于物质化、客观主义（Buttimer，1976）的回应。他认为单纯研究路径很难揭露相关联的事情背后的"目的和意义"，企划产生路径，相交的路径形成状况和"情境"，这样便给予人的情感、愿望等更多的考虑（Hägerstrand，1982）。这一阶段时间地理学分析的重点逐步转向对人类内心世界的意义、观点、情感、感受的关注，而这些维度与早期时间地理学对于对象为基础的、对物质世界的强调截然不同（Lenntorp，1999）。这一时期时间地理学强调日常生活的时空情境性，并由此逐渐形成了社会科学领域的情境理论。

哈格斯特朗强调了情境理论与合成理论根本区别。合成理论是被主流自然科学乃至社会科学广为应用的研究范式，即根据事先预想的分类类别对世界按照既有的、孤立的或者抽象的概念进行安排以及解释。然而，针对存在于科学预测与现实世界"有目的行为的意外后果"的不可预测性的矛盾，哈格斯特朗反对这种以分类为基础的研究范式，而提倡通过综合的、系统的、整体的方法来认识现实世界。他以"西洋景"① 的隐喻阐述了与科学分类法所截然不同的研究方法——情境理论（Hägerstrand，1984）。他指出在现实世界一个给定界限的地域中，每个行为都发生于一定空间和时间，而那些"在场"与"不在场"的人或事

---

① 哈格斯特朗用西洋景来隐喻了情境，不仅包括置身于其中的行为个体以及其日常活动中的相遇（形成的活动束），也包括个体与物质实体如工具、机器等的结合来完成某个任务，还包括那些周围的自然生物以及人造物。

物对该行为势必发挥着作用，他们或者相互竞争乃至排斥以求生存，或者相互合作，从而对该行为起到推动抑或阻碍的作用，从而决定了该行为的直接后果。因此，可以将现实世界看作为一个由各种相遇地点（驻点）形成的有着紧密纹理的结构，而不是由抽象的区域或者汇总的类别变量构成的系统。而该行为的次生后果同样也取决于一系列新的在场与不在场的人或事物。哈格斯特朗提出的情境研究方法，本质上是要捕捉住特定环境与社会背景中的人与事物的地方性，来表达特定的时空情境中"在场"和"不在场"的事物之间的关联性与整体性（Gregson，1986；Hägerstrand，1984），从而才能从根本上把握现实行为的发展趋势，并进行预测和规划。从探讨情境的意义上看，哈格斯特朗的研究在哲学层面是属于人本主义的（约翰斯顿，1999），并且一定程度上情境理论推动了地理学区域传统的复兴。

时间地理学被瑞典以外的国际地理学界所广泛了解，很大程度上归功于非瑞典籍地理学家普雷德与思里夫特的学术影响①。此外，吉登斯在结构化理论中对于时空以及个体行为者日常实践的思考，使得时间地理学被更广泛的社会科学领域所了解。准确地说，吉登斯吸收了时间地理学关于日常生活时空情境性的核心思想以及对于微观个体日常行为的图示化表达，在行动者日常实践中的例行化相遇的基础上发展了场所的概念。这些例行化的场所被视为影响人类能动性与社会结构相互作用的地理媒介，是理解结构的形成以及结构化过程的关键。事实上，场所与区域化的概念构成了联系吉登斯对时空的概念化与超越哈格斯特朗的时间地理学背后的实证主义的桥梁，使人们把哈格斯特朗的工作更多的是看作现实主义的研究而不是人本主义的研究（马润潮，1999；约翰斯顿，1999）。此外，结构化理论与时间地理学的结合对于情境理论的构建也做出了有益的尝试（Lenntorp，1999）。

人文地理学者，尤其是以普雷德、思里夫特、格利高里等为代表的时间地理学者，认为时间地理学与结构化理论在日常生活的时空情境性上存在理论共鸣，并提倡将二者结合对社会系统以及地方性进行解释。普雷德试图将时间地理学与结构化理论进行结合，将个体的生命路径与宏观的社会再生产进行整合，从而提出对地方的全新阐释，即地方作为历史性地可能性过程（Pred，1981；Pred，1983；Pred，1984b；Pred，1985）。他认为个体的社会化过程与社会和空间的再生产过程是一个硬币的两面，也就是社会关系的宏观结构与日常生活的微观结构相互交织。人们在日常生活中无意识地再生产了社会，反过来说在社会化过程中

---

① 他们都于 20 世纪 70 年代早期来到瑞典隆德大学受到哈格斯特朗的学术熏陶。

199

又生产出了个体，从这个意义上说个体及既是社会的生产者又是社会的产物。并且，他将此观点应用于通过分析 19 世纪重商主义时期（商业资本主义、工业化的浪潮推动着城市的形成）商人的日常生活、知识的获取以及波士顿港口城市的发展（Pred，1984a）。

总之，这一时期外部的批判以及内部的反思对于时间地理学发展有着重大意义，然而对于企划是如何形成的、权力关系和社会关系是如何形成并维持等问题的探讨和回应，实际上已经不是超出了地理学研究的主要领地而进入了社会理论的核心。时间地理学注重现实物质性的本体论认识及其对个体行为的表示方法逐渐使之成为一种世界观、一种研究方法、成为理论构建的基础（Lenntorp，1999）。可以说，时间地理学与社会科学领域的对话成为人文地理学社会化以及社会理论空间化的媒介之一。

13.3.3　20 世纪 90 年代以来时间地理学的复兴及"新时间地理学"的萌动

进入 20 世纪 90 年代后，大规模、高精度的个体时空行为数据以及具有地理编码的数字化地图的可获得性、计算机运算能力的提高、与 GIS 的结合等推动了时间地理学的在地理和规划领域应用的工具化，可以说推动了时间地理学的复兴（Miller，2003）。时间地理学从理论思想、概念模型逐渐在 GIS 环境中成为模拟模型、可视化模块，被广泛应用于行为模式的探索式分析、规划与政策评估、交通行为建模等方面。

大规模高精度个体时空行为数据的采集为时间地理学的工具化提供必要条件以及应用需求。传统个体行为的时空数据采集的主要途径是时空活动日志调查，具有时空定位不准确、时间尺度段、调查成本高等缺点（柴彦威等，2009）。而在 GIS 环境下进行的基于位置识别技术（location-aware technologies，LAT）［包括有全球定位系统（global positioning system，GPS）和基于无线通信网络的无线电传播方法］以及基于位置的服务（location-based service，LBS）的微观个体时空行为数据采集方法克服了传统日志调查法的缺陷，使得大规模、高精度、长时段的微观个体行为数据的采集成为可能（Wolf，2000），这在时间地理学建立之初是无法想象的（柴彦威等，2010a，2010b）。早期运用时间地理学框架进行的模拟和分析，往往由于数据限制从而以抽象、简化的代表性个体数据进行模拟，而 GIS 为基于时间地理学框架对大规模、高精度的现实个体时空行为数据进行可视化和地理计算提供了良好的平台，推动了时间地理学的工具化与广泛应用。此外，高精度的具有地理编码的空间数据库的可获得性，也是基于时间地理学框架的地理地算得以开展的必要条件之一。

将时间地理学分析框架与 GIS 的可视化和地理计算功能进行结合推动了时间地理学在交通、女性地理学、城市规划等领域的广泛应用，推动了时间地理学的复兴。

1. 基于 GIS 时空可达性测度及其应用

时空可达性的概念源于时间地理学中的时空制约和时空棱柱，是考虑了个体所受的时空制约后的可达性。本质上，时空可达性就是对个体在城市空间生存所承受的时空制约的测度，反映了个体利用城市空间的自由度或者能力，按哈格斯特朗的理解也是对生活质量的一种考量。

时空可达性的算法很大程度上是基于 20 世纪 70 年代时间地理学对可达性的分析和模拟框架（Lenntorp，1976；Burns，1979），即通过构建潜在路径范围或称潜在活动空间——时空棱柱在平面上的投影区域，来测度个体在一定时间预算和活动分布制约下可能到达的最大空间范围[①]（Lenntorp，1976；Burns，1979；Dijst，1999b；Dijst and Vidakovic，2000；Dijst et al.，2002；Ritsema van Eck et al.，2005）。首先，按照活动时间以及空间的灵活性将活动分为固定活动和非固定活动。有的固定活动是指活动的时间安排相对固定、不可调整，而其他固定活动指活动地点固定不可调整。于是，在个体活动序列中先后两个固定活动之间的时间间隔内查询个体所能到达的空间范围，即潜在活动范围。

从几何形态上看，潜在活动空间可以分为三类：圆形、直线和椭圆。当个体的出行起始并终止于同一地点，他的潜在活动空间是圆形的；当个体在有限的时间间隔内仅能完成从一活动地点到另一活动地点的出行，而从事其他活动时潜在活动空间便是直线；如果在有限的时间间隔内个体除了完成从一活动地点到另一活动地点的移动，还有时间完成其他活动，那么其潜在活动空间便构成椭圆（Ritsema van Eck et al.，2005；Dijst et al.，2002）。然而，由于现实世界的复杂性，潜在活动空间的理想化、规则的形态并不存在，而呈现非常不规则的形态（Weber and Kwan，2003）。Miller（1991）首先将时空棱柱的概念引入 GIS，并将其应用于约束下的个体时空可达性研究。（Kwan，1998）首次在 GIS 中实现个体可达性的测度以来，越来越多的研究者将时间地理学的概念引入 GIS，关于时空可达性的算法不断更新，在行为测量中逐渐考虑活动设施开放时间、实时路况

---

① Lenntorp 构架的潜在路径范围的测度首先将活动分为固定活动和弹性活动。固定活动是个体活动计划中活动地点和活动时间相对固定的活动。潜在路径范围则是个体在一个固定活动结束之后，并在下一个固定活动开始之前的时间间隔中物理上所能够到达的范围。

（运动速度）、精确的路网（如单行、转弯限制、限速、交通堵塞）等因素（Weber and Kwan，2002；Weber and Kwan，2003；Kim and Kwan，2003；Miller，1999；Weber，2003），使得个体可达性的测度越来越接近现实。

从算法上看，目前时空可达性的测度主要有两种主要的方法。一类是基于 lenntorp 的算法，在 GIS 中进行复杂时空查询①，找到非固定活动发生的潜在选择集合。Kwan 基于 GIS 路网发展了这一算法。另一类是基于 Burn（1979）和 Miller（1999）的算法，将经济学中的效用模型与时间地理学模型进行结合，认为时空制约下的选择集中，每个潜在的活动机会对个体而言存在不同的效用值。由于算法的不同，时空可达性的测度指标也多样化，可以是潜在的活动路径数量、对潜在活动空间几何特征的测度（如面积、体积）及其替代指标（如其中的路网长度）、潜在活动机会数目及其面积等（Kwan et al.，2003b），也可以是选择集中的最大效用、累积效用或者随机效用等。根据研究问题和目标的不同，需要在选择不同的时空可达性算法（Neutens et al.，2010a，2010b，2010c；Neutens et al.，2011）。

相比于传统的基于距离衰减规律的地点可达性的定义，时空可达性对于理解 20 世纪中期以来信息化、新技术革命及城市空间重构背景下日趋复杂的个体生活经历，对于理解城市形态、移动性、与个体可达性之间的关系有着独特的优势。首先，时空可达性对于个体间的差异更为敏感（Kwan，1998），这是因为本质上时空可达性的定义源于时空棱柱，而它本质上反映了个体属性的差异。其次，时空可达性能够综合考虑活动模式的复杂性，同时考虑活动起止时间、持续时间、空间、类型等多个维度，并且能够处理目的出行链等复杂行为模式。最后，传统的基于距离的、汇总的可达性测度方法往往计算结果会受到汇总空间单元的影响，而基于个体的时空可达性的测度方法并不会受到汇总单元的影响（Weber and Kwan，2003）。

时空可达性对个体差异的敏感性对于揭示社会及空间公平问题更为有效。时空可达性反映了社会、空间对个体行为能力的制约与生存压力，如个体制约越小自由度大则生活质量越高。根据哈格斯特朗的观点，社会福利的提高在于减少人们所面临的时空间制约以提高人的自由度。因此，时空可达性被用于评估城市公共服务设施供给的时间和空间配置对不同人群活动计划实现的影响的差异性，进而揭示社会公平问题（Neutens et al.，2010a，2010b）。此外，随着

---

① 在两个固定活动的时间间隔内查询个体使用特定交通工具所能到达的空间范围，并通过空间叠加筛选出可能的活动地点集合。

交通政策从供给导向到需求导向的转型，时间地理学以及时空可达性模型引起交通研究者的关注，被用于分析个体出行选择以及构建汇总的交通系统模型（Miller，2004）。时空可达性被用于揭示与交通相关的社会排斥（Miller，2006），引入到可达性剥夺的测度指标体系中，研究残障人群、儿童、低收入女性及低收入家庭以及其他面临社会排斥风险的边缘人群（Casas，2007；Casas et al.，2009；Neutens et al.，2011）。由于能够刻画女性日常生活所受的时空制约以克服传统基于距离的可达性测度方法对于性别差异的忽视，时空可达性对于揭示日常活动时空模式以及到城市设施的性别差异也更为合适（Kwan and Weber，2003；Kwan，1999a）。

对于时间地理学中实体及其关系的定义的缺失，限制了时空可达性测度中错误和不确定性的分析，并且也不利于对不同时间地理学分析进行比较以及标准化计算工具的发展。因此，米勒研究出一套时间地理学的分析测量理论，对时间地理学中的基本实体及其关系进行公式化表述（包括时空路径、时空棱柱、驻点、活动束等）（Miller，2005a）。

目前，时空可达性测算方法仍在不断更新和扩展，不断尝试将联合行动下的多目的行为决策以及行为决策的不确定性以及行为决策主体的空间认知等复杂因素纳入其中（Neutens et al.，2010a；Schwanen et al.，2008b；Schwanen and de Jong，2008）。此外，面向应用的时空可达性计算模块也在逐渐完善，为时间地理学在规划和政策评估方面应用的工具化奠定基础（Neutens et al.，2010c）。

2. 基于 GIS 的个体时空行为模式的地理可视化

基于 GIS 的地理可视化方法为对复杂的人类活动-移动模式进行探索性分析提供了有力工具。它能够提供动态和交互性的分析环境，使用者能够自主的修改观察视角、参数、查询条件，灵活的观察和分析时空行为模式；GIS 中对城市环境的刻画非常逼真；基于 GIS 的三维可视化能够应对数据的复杂性，同时分析多个维度的变量（个体在时空中的运动包含多重维度，如空间区位、起始时间、持续时间、活动次序、活动类型等）。并且，基于 GIS 的人类活动模式三维地理可视化也是借助 GIS 地理计算功能测度时空可达性的第一步（Kwan，2000c）。将时间地理学框架应用于对人类活动模式的三维地理可视化中可以有效地将时间和空间维度结合起来进行综合考虑，能有效分析时间和空间的互动对个体行为模式的影响。

在 GIS 环境中对个体时空路径可视化的核心是将活动和出行的时间信息（比如活动开始时刻）作为 Z 值，而空间信息用传统二维平面中的 X 和 Y 坐标表示，于是时空间中的人类活动点便可以用三维坐标序列表示，并且基于活动序列中的一系列停留点构建简单的线性模型便可以勾勒出个体的时空活动路径（Kwan and Lee，2004；赵莹等，2009）。如果基于 GPS 获取的时空行为数据，由于采样点的时间和空间精度相对较高，便可以勾勒出个体移动的真实轨迹而非抽象的直线距离（Kwan，2004b）。个体时空路径能够直观、综合的表达活动的时间和空间特征，但是当样本量相对较大时，时空路径相互重叠不利于发现规律。于是，对简单时空路径进行一些特殊处理能够有助于进行群体之间的比较。比如，标准化的时空路径，将特定群体的时空路径中的家的地点位移到二维平面坐标中的原点，将所有时空路径中家、工作活动以及二者之间的出行投影到一个"职住平面"（沿 X 轴的垂直平面）上，有助于分析特定群体工作活动和非工作活动之间的关系，并且通过旋转视图，还能方便的隐藏所有工作活动，而仅分析非工作活动的时空模式（Kwan，1999b）。此外，Shaw 等在时空 GIS 系统中尝试对时空路径进行聚类以挖掘大样本人类活动的时空模式（Shaw et al.，2008）。基于基因序列分析的序列比对方法也开始被应用于人类时空行为模式的挖掘并应用与旅游时空行为中（Shoval and Isaacson，2007），但与时空路径聚类方法不同，其对于空间的考虑过于简化，仅仅表达为若干空间类型。

对于大样本的时空行为数据往往需要进行群体之间或活动之间的比较，那么活动趋势面分析则是一种有效的方式。活动趋势面的构建是借助密度分布函数（如 kernel estimation）对空间中离散的活动点计算连续的密度值，在对密度值作出趋势面图（二维表示空间平面、另一维表示活动密度）。通过对同一群体不同活动密度趋势面及其与家、工作地、商业设施等实体空间密度趋势面的空间关系，有助于理解不同活动的空间分布格局，并且通过比较不同群体同一活动的密度趋势面，可以有效揭示不同群体对城市空间利用的差异（Kwan，1999b）。

时空活动密度趋势面是另一种同时包含时间和空间维度的更为复杂的汇总表现方式。在三维图中，空间被抽象成为一维，表示相对空间（离家的距离），时间为另一维，而第三维表示活动密度。时空活动密度趋势面中可以很容易识别出特定群体特定活动的时空分布模式，比如在全职工作的女性的非工作活动的高密度区往往集中在正午和下午五点距家 6km 以内的范围。此外，还可以通过将不同群体同一活动的时空活动密度值进行栅格数据的代数运算，从而直观表示活动密度的时空差异。

理论框架发展出一套标准化的、能够分析大规模时空行为数据的计算与分析工具。新技术对微观时空数据采集方式的更新，以及时间地理学对个体时空行为分析工具的应用，为将来模拟城市行为空间和空间行为、可视化城市活动移动系统、进行空间行为规划提供了必要条件，也必将对未来城市规划提出新的挑战。

3. "新"时间地理学的萌动

20 世纪 70 年代哈格斯特朗构建的时间地理学框架，虽然考虑到了信息通信技术对人类行为模式的影响，但其关于行为和制约的概念框架和表示体系仍然主要针对现实空间或物质空间中人与人之间、人与物质环境之间的互动。现代信息通信技术的迅猛发展对人类日常活动模式产生了极大的影响，日常活动开始出现"碎片化"[①]、"多任务"以及个人社会网络的崛起（Schwanen et al. , 2008a）。它们对人类活动时间安排（即所谓的"时间替代"）及其所引发的空间后果的影响从"时间替代"扩展到"时空间替代"；人类活动能力得以扩展，传统时空制约面临松动（Kwan，2002b）。总之，信息通信技术很大程度上改变了活动、空间、时间之间的关系，使得城市空间与人类行为之间的关系更加复杂化，一定程度上对哈格斯特朗 70 年代所提出的对人的基本假设和时空制约带来挑战。

信息通信技术的应用挑战了时间地理学对人的生存状况的基本假设。首先，信息通信技术使用使得人类活动能力大大拓展，一定程度挑战了"人是不可分的"假设，挑战了时间地理学中传统的物质"在场"和"不在场"的二元对立，如借助信息通信技术人们实现了在虚拟空间中无形的"在场"，但事实上在物质空间中并不同时在场。其次，一定程度上挑战了"人在某个时间同时完成多项任务的能力是有限的"假设，因为信息通信技术使得人们在某地点同时进行多种任务和活动成为可能，尤其是手机以及其他无线通信设备的使用。再次，信息通信技术使得人们在物质空间中的移动速度加快，甚至完成不同活动之间的转换并不需要空间移动，一定程度上挑战了关于"人在空间中的运动需要花费时间"的假说（Schwanen and Kwan，2008）。借助信息通信技术人类活动不一定需要在特定的时间和空间完成，活动"碎片化"一定程度上使得物质环境对于人类行为所施加能力制约开始松动（Couclelis，2009a，2009b）。信息通信技术的使用导致物质活动中的组合制约得以松动，一些固定的联合活动弹性化，如临时更改约会地点、延迟约会时间等（Schwanen and Kwan，2008）。

尽管如此，信息通信技术并没有完全消除时空制约，并且伴随着新的时空制约。新的能力制约，比如要求使用者需要具备操作计算机及其他通信设备的信息和能力、要求具备必要的设备和资源来连接到网络等。此外，虚拟空间同样存在权威制约，比如一些网站的访问要求会员身份、飞机上不准使用手机、电脑进行网络连接等。由于实体活动和虚拟活动的交互作用的复杂性，组合制约的类型也

---

① 比如人们能够在不同地点完成同样的活动，或者在同一地点完成不同的活动。

由最初哈格斯特朗所提出的"同时在场"（synchronous physical presence，SP），扩展到"异步在场"（asynchronous physical presence，AP）、"同步不在场"（synchronous tele-presence，ST）和"异步不在场"（asynchronous tele-presence，AT）（Yu and Shaw，2007）。

因此，对时间地理学的概念框架和表示系统进行修正和扩展，使其将虚拟空间（或信息空间）中的活动也纳入其中成为"新"时间地理学的核心。物质空间和虚拟空间存在交集相互影响。物质空间中人们通过交通来进行移动，而虚拟空间中则通过信息通信技术实现信息流动；物质空间为虚拟活动的实现提供了必要的连接渠道（即信息和通信设施），同时虚拟活动会对实体活动反馈信息从而影响物质空间的行为决策和活动模式（Yu and Shaw，2007）。米勒（Miller，2005b）通过引入网站接入点（即 ICTs 入口）以及消息窗口（即通信事件）概念，从数理上定义了实体空间与虚拟空间中的活动及其互动的必要条件（Miller，2005b）。Adams 基于人类拓展能力的概念，构建人类活动拓展性的图示模型（Adams，1995），并在 GIS 平台中对人类实体空间活动和虚拟空间活动及其之间的交互关系进行三维可视。Kwan 在 GIS 环境中对实体空间和虚拟空间中人类活动的空间多尺度和时间复杂性进行三维可视化（Kwan，2000a），通过构建多元化、多分枝的时空路径来表现虚拟空间中复杂的人类互动模式（Yu and Shaw，2007）。Shaw 等重新定义了实体-虚拟混合空间中的时空路径、时空棱柱、活动束和驻点以及企划等概念，并开发了时空 GIS 对混合空间中的人类活动及其互动进行分析（Yu and Shaw，2007；Shaw and Yu，2009）。

目前，对于虚拟行为与实体空间的关系仍然没有确定的答案，尽管否定了简单的"技术决定论"和"替代/发生"二元论，对于信息通信技术究竟对时空制约是弱化还是强化，以及对不同人群带来不同的影响等仍然还有待探讨和更多实证研究。

13.4　时间地理学在城市地理学中的应用案例

13.4.1　城市资源时空配置的政策评估

基于时间地理学时空制约的时空可达性模型为模拟和评估城市空间政策、交通政策和时间政策提供了有效工具。时空可达性从根本上揭示了个体对城市空间利用的自由度，是对生活质量的衡量。并且，由于不同个体的社会角色不同、时间预算和活动安排，以及空间移动能力等存在差异，时空可达性模型对个体间差异高度敏感，于是对于揭示和衡量城市政策的调整对于不同社会群体生活质量的影响以及社会公平非常适合。

1. 案例一：日本入托服务设施的供给与已婚女性回归劳动力市场

神谷浩夫将时间地理学方法有效地应用于对 20 世纪 90 年代日本托儿所的供给状况对女性就业影响的研究中（Hiroo，1999）。日本大多数女性会由于生育和照料孩子而退出劳动力市场，因此女性劳动力的年龄分布呈现出典型的"M"形状，即年轻未婚女性就业率较高，而后由于生育和照顾孩子女性就业率下降，孩子成人后部分女性再次参加就业而就业率随年龄逐步上升，最后到达退休年龄后就业率又显著下降。然而，面临人口老龄化加剧、生育率下降的趋势，日本劳动力市场对女性劳动力的需求却不断增加。年轻母亲回归劳动力市场的最大制约是照顾幼童的家庭任务。面临这一社会趋势，如何提高日本入托服务设施的供给水平以减小照顾幼童对已婚女性就业的制约，成为日本城市地理学和规划学界的关注焦点。

在日本主要的入托服务设施有两类，一类是由不同层级的公办托儿所，另一类是由一些私立儿童日托服务中心、一些附属于大型写字楼或医院的托儿所、由志愿者经营的托儿所，以及由邻居提供的家庭照顾等。一般来说，大多数的托儿所服务的时间是标准的八小时工作时间，仅有少数的托儿所有延长的服务时间，通常从早七点到晚七点。一方面，由于日本生育率的不断下降，1965～1990 年期间托儿所的数量有所下降，但另一方面，由于女性就业人数的不断增加、家庭规模的缩小、弹性就业以及多样化的生活方式，日本健康与福利部门不得不通过提供多样化的日托服务来满足变化的需求。从 1970 年起除了提供标准的八小时日托服务之外，还提供对婴儿照料的补贴、延长日托服务时间以及夜间照料等。至 1990 年，提供婴儿照顾的托儿所占 19.1%，提供延时服务的托儿所仅占 3.6%，提供夜间照顾的数量则更为稀少，仅 33 个。由于女性就业率的持续上升，日本大都市区的入托服务仍然是供不应求。由志愿者经营的附属于大型写字楼和医院的入托服务中心数量不断增加。从入托服务中心所依附的产业部门看，多是医疗部门、批发和零售企业等对女性劳动力需求球较大的行业，在工作场所附近提供入托服务甚至提供专门接送小孩的班车服务。

神谷浩夫选择大都市区的郊区镇和非大都市地区的普通镇为案例地区①，对

---

① 大都市地区的郊区镇：名古屋大都市区郊区镇（Nissin Town）、东京大都市区的郊区镇（Kawagoe City）；非大都市地区的普通小镇：长野市的一个普通小镇（Shmosuwa Town）。

家中有学龄前儿童并且有就业母亲的家庭进行活动日志调查，分析已婚女性由于照顾孩子责任所施加于其他日常活动的制约。基于个体行为分析日本城市居民的日常活动模式，从可达性与服务时间的角度对那些公共的入托服务机构的效果进行评估。总体上，大都市区的郊区地区白领、高收入家庭比例较高，女性就业比例相对较低。此外，大都市区的郊区镇入托服务设施无论数量还是服务时间和服务门槛供给水平都明显高于非大都市区的普通小镇。然而，尽管普通镇上的入托服务设施的供给水平比较低，但女性就业率反而较高，这是由于非大都市区地区通常家庭规模较大、多代同堂，其他的家庭成员可以帮助就业母亲照看小孩。

神谷还从三个调查区中抽取了五种不同类型的典型家庭，借助时间地理学的表示方法和分析视角，绘制出不同类型家庭成员之间的一日活动模式及其相互制约关系。①核心家庭中母亲通过将孩子送到托儿所来完成兼职工作；②扩展家庭中由家庭其他成员承担孩子照料任务而母亲全职工作；③核心家庭中母亲利用托儿所提供的延时照顾服务来实现全职工作；④核心家庭中母亲通过将孩子托付给非家庭成员的其他朋友照顾来参加工作；⑤核心家庭中母亲通过将孩子送到志愿性质的托儿机构来参加工作。

首先，在非大都市区的郊区城镇，核心家庭与非核心家庭中照顾孩子对母亲就业的制约存在差异。由于非大都市区的郊区镇入托服务设施的数量较少、服务时间相对固定、能够提供延时照顾的设施数量少，并且对入托儿童的年龄制约更为严格，因此照顾孩子对核心家庭中的母亲参与就业的制约最大。在案例家庭中，男家长到大都市区外围工作，女家长需要照顾三个孩子，由于本地的托儿所仅能够在早上八点半至下午四点提供入托服务，那么这个母亲便只能在仅有的这段时间内从事兼职工作。而对于非大都市区郊区的扩展家庭，三代同堂，照顾孩子的任务由爷爷承担，年轻母亲便能够参加全职工作，并且下班回家后有时间从事休闲活动。

在大都市区的郊区情况有所不同，三代同堂的扩展家庭并不多见，更多是核心家庭，没有祖父母帮助年轻母亲承担孩子照料的责任，她们必须依靠托儿所延长照料时间、委托朋友提前接小孩或依靠其他志愿性托儿所来帮助完成照顾幼童的任务以实现就业。在案例家庭中，男家长和女家长各使用一部小汽车，双方均拥有全职工作。女家长每天早上需要开车先将两个幼年孩子送到地铁站附近的托儿所，然后到换乘地铁去城市中心上班。正是由于地铁站与托儿所距离非常近，并且托儿所能够延长照看小孩的时间，女家长才能够在城市中心全职工作。如果地铁站附近没有托儿所，即使女家长直接开车去上班，并把孩子送往城市中心工作地附近的托儿所，但由于交通拥堵会增加通勤时间，她也无法按时工作。更何况城市中心的公办托儿所并不接收郊区的孩子。另外，小汽车的使用也更有利于女家长接送两个幼童去托儿所。其他两个案例情况也类似，由于公办托儿所营业时间的制约，女家长不得不通过委托朋友提前接孩子回家，或者选择营业时间更长并且入托门槛更低但费用也相对较高的由志愿者群体所经营的照看中心来帮助承担照料孩子的任务，以实现自己的全职工作。此外，在三个案例地区，除了托儿所供给水平不同以外，在已婚女性就业机会、通勤时间要求以及是否使用小汽车出行、是否是三代同堂的扩展家庭等方面也存在显著差异。

通过时间地理学方法对有学龄前孩童的已婚女性在工作日的活动路径的分析发现托儿所营业时间以及接送小孩的家庭责任对已婚女性就业形成了的制约。为帮助已婚女性减少照顾孩子对就业的制约，神谷提出两个政策建议：其一，实现男女家长时间的弹性化，并延长公办托儿所营业时间；其二，从规划角度看，在地铁站附近建设一些托儿所、将工作岗位从城市中心区迁往郊区的居住地附近等都将有利于已婚女性就业。

综上，在上述研究中，时间地理学对于个体日常活动模式的图式化表达以及对行为制约机制的分析框架，非常有效地帮助城市地理学者与规划学者识别特定群体对城市空间的需求，从而有助于对现实城市资源的空间配置进行评估与优化调整，以实现生活质量的提高。

209

2. 案例二：模拟城市空间与交通政策调整对生活质量及环境的影响

Dijst 等（2002）将基于时空制约的 MASTIC 模型①应用于荷兰交通政策研究。为了验证城市形态对居民交通出行行为的影响，以及评估空间和交通政策对个体生活质量以及环境的影响，作者基于活动日志与出行日志调查数据，在MASTIC 模型中模拟了五个场景，代表五种不同的空间和交通政策，以此比较五种场景下对不同家庭结构的居民日常活动和出行的影响（Ritsema van Eck et al.，2005）。五种家庭结构分别是：仅有一位成员就业且没有小孩的家庭、仅有一位成员就业有小孩的家庭、双职工且没有小孩的家庭、双职工有小孩的家庭、退休且没有小孩的家庭。首先考虑居住密度的影响，场景一将现有的居住密度提高，场景二将居住密度降低，分别模拟高密度和低密度。同时考虑服务设施（如商店、学校等）的空间配置的影响，"集中配置"场景是将案例区内的服务设施集中分布在公共交通节点，"分散场景"将公共服务设施分散分布在整个案例区。最后模拟不使用小汽车出行的场景，假设案例区内街道不可以停车、有小汽车的

---

① 是早期的 PESASP 及其改进版本 MASTIC，通过两个固定活动之间的距离、固定活动之间的时间预算、主要交通方式的速度以及出行时间比等变量对潜在活动空间进行刻画。

居民需将小汽车集中停放在多层的停车库中、或者在区外集中停车等。被调查居民的活动计划和出行任务是根据出行日志调查获得的真实数据，每个样本都有固定的活动安排和计划，比如在固定的时间工作、接送小孩以及完成购物。在MASTIC 模型中，个体的活动地点以及活动的顺序都可以调整，但活动类型、时间预算等是固定的，于是统计在所有活动计划中能够实现的活动计划百分比，也就是在不同的空间配置场景中，多大程度上个体能够维持并实现其活动计划。另外，计算个体使用小汽车出行的平均长度作为对环境影响的指标，计算个体小汽车出行的平均时间作为个体出行时间效率的衡量。

以居住密度为例，模拟结果显示无论使用小汽车、公交还是步行和自行车，高密度明显提高了居民能够实现的活动计划的比例，汇总起来高密度场景下80% 的活动计划都能够实现，而低密度场景下仅有 67% 的活动得以实现。此外，从小汽车出行的平均距离和平均时间来看，低密度场景下小汽车平均出行距离和时间显著大于高密度场景下的距离和时间值。因此，高密度对于提高生活质量和降低交通对环境的影响有着正面的作用。此外，Dijst 等还在此模型下模拟了在同样的空间配置下，个体要完成既定的活动计划但使用小汽车和公交不同的交通方式对服务设施利用频率的影响，从而分析公共交通的可行性（Dijst et al.，2002）。

13.4.2　性别差异的地理可视化与地理计算

Kwan 将基于 GIS 的三维可视化技术与时空可达性的地理计算方法应用于分析非工作活动时空模式的性别差异（Kwan，1999b）以及女性从事非工作活动对其就业后果的影响（Kwan，1999a）。案例数据源于 1995 年美国俄亥俄州哥伦布市居民出行日志调查。调查中除了包含所有出行和活动信息外，还包含被调查者对每个活动的时间和空间固定性①评价。Kwan 从调查数据库中抽出信息完整的、源于同一个家庭的就业人口，并将其细分为全职女性、兼职女性以及全职男性三个群体。

以往关于通勤及就业的性别差异研究往往强调工作地与居住地之间的距离，而 Kwan 提出仅关注就业机会的可达性是不够的，还需要对外出、非就业活动的参与以及它们与工作地和居住地之间时空关系给予特殊关注，因为许多

---

① 活动的固定性是指活动发生的时间或者活动地点是否可以调整。根据这一指标可以将活动分类为时间固定、空间可调整，空间固定、时间可调整以及时间和空间都固定等不同类型。

外出非工作活动都体现了家庭任务、反映了家庭内部劳动分工以及其对女性的时空制约。研究发现无论是非工作活动花费的时间，还是非工作活动出行的次数，甚至固定活动活动的个数，总是工作男性均少于工作女性，并且全职女性都显著少于兼职女性；而对于平均出行距离而言，兼职女性的工作出行距离显著低于全职女性和全职男性，非工作活动距家的距离也最近。兼职女性承受的时空制约更大，并且这些时空制约很大程度上源于照顾家庭照顾责任，并且在空间上还制约了她们的非工作活动以及工作活动的空间范围相对集中在家附近（Kwan，2000b）。

借助于 GIS，Kwan 对三个人口亚群体的时空路径在三维的时空箱中进行可视化表达。对于全职女性而言，工作施加于其他非工作活动的时间预算制约非常明显：她们白天工作时间相对较长（8.2h，时空路径中垂直的线段长度较长），相应所参与的其他外出非工作活动数量相对较少；而兼职女性白天工作时间明显较短（3.9h，时空路径中垂直的线段长度较短），她们在白天能够参与更多的外出非工作活动，并且时空路径呈现出更为破碎化的趋势。而全职男性的时空路径与全职女性较为相似，而就白天外出非工作活动而言，似乎全职男性在活动持续时间、活动发生和结束时间、活动地点等有更大的灵活性（Kwan，1999b）。

借助标准化的时空路径能够很好地对工作活动和非工作活动的时空模式及其关系进行可视化。对于全职女性和全职男性而言，非工作活动很大程度上受到工作活动的制约：非工作活动多投影在职住平面与工作地在一个方向，并且非工作活动大都在晚上下班后进行（47.8% 的全职女性，39.2% 的全职男性），白天进行非工作活动相对较少并且空间范围集中，而晚上进行的非工作活动空间范围明显更远。相比于全职男性和女性，兼职女性的非工作活动仅有部分沿职住平面分布，并且在时间和空间上的分布相对均匀（仅有 29.1% 的非工作活动在晚上进行，而大多数非工作活动在白天进行）。此外，兼职女性的非工作活动多发生在家附近，并且总体上她们的时空路径更明显呈现出破碎化的趋势（Kwan，1999b）。

活动时空密度趋势面能够更为直观的揭示出男女性非工作外出活动发生的时间和空间特征。相比于全职男性，全职女性的非工作活动的自由度较低，大多集中分布在晚上下班后（活动密度趋势面出现明显的高峰），而全职男性的非工作活动在时间和空间上的分布相对均匀。而兼职女性的非工作活动距离家更近，并且分散在白天进行（Kwan，1999b）。

为进一步揭示个体社会经济属性、工作机会空间分布、活动时空间固定性制约①与女性就业后果之间的相互关系，Kwan 运用统计学方法进行相关和因果关系分析。通过典型相关分析分析个体社会经济属性与活动时空间固定性制约之间的相关关系发现，相对于传统的测度家庭责任的变量（家庭中孩子的数量、是否出现学龄前孩子），性别和家庭内部劳动分工（即是否有其他家庭成员来分担家庭责任）对活动的固定性制约有更大的影响。换言之，女性相对于男性而言承受更大的活动固定性制约，而兼职女性相对于全职女性则承受的固定性制约更大；如果家庭中有其他成员能够分担家庭责任那么个体所受到的固定性制约会明显减少。就女性所受到的活动固定性制约对其通勤距离的影响而言，兼职女性的平均职住距离明显小于全职男性和全职女性（分别是 8.63km、11.92km、15.84km），非工作活动距家的平均距离也明显小于全职男性和全职女性（分别是 6.32km、11.52km、9.68km）。由于样本中的工作男性和女性均来自同一个家庭并且都是用小汽车出行，所以通勤距离的差异很大程度上源于个体社会经济属性差异。调查的全职女性绝大多数从事高级管理和专业性工作，而大多数兼职女性从事服务型工作，并且她们家庭中孩子的数量以及孩子/成年人比例明显高于全职女性，承受更大的家庭照顾责任，从而一定程度上解释了她们的工作和非工作活动多集中在家附近（Kwan，1999b）。

最后，作者通过结构方程模型中的路径分析揭示了固定性制约、非工作活动、家庭责任与就业后果之间的相互关系。结果表明，活动固定性制约对女性就业后果的影响非常显著，存在三种主要的影响途径：家庭责任增加了女性活动固定性制约，从而带来负面的就业后果；家庭责任增加了女性白天非工作外出活动的需求，从而增加了活动的固定性制约，从而带来负面就业后果；反过来，兼职女性由于白天从事更多的非工作外出活动从而承担更大的活动固定制约，更加强化了负面的就业后果。此外，家庭责任对女性就业负面后果的直接影响并不显著，而活动固定性制约成为调节家庭责任对女性就业的负面后果的重要因素（Kwan，1999b）。

此外，Kwan 对个体到城市各种活动机会的时空可达性的性别差异进行测度和比较。在同一出行日志调查中，她选出 56 个全职工作人群作为分析样本②。该研究中所采用的时空可达性测度指标有三种：DPPA 中活动机会的数目、加权③后的活动机会的总面积、DPPA 中所包含的路网的总长度（Kwan，1999a）。全职

---

① 活动固定性制约是指有多少个活动在活动时间或者活动地点是相对固定的、没有办法调整的。
② 这些样本属于较高收入、使用小汽车出行、从事管理及专业性工作的美国白人。
③ 对活动设施的建筑高度进行加权。

女性到城市各种活动机会的时空可达性相对较低，其潜在活动空间的大小比全职男性显著小 64%，主要因为她们承受不同的时空间制约而生成不同的大小的DPPA。而他们潜在活动空间中的活动机会的类别构成以及活动机会平均地块面积①并不存在显著差别。通过计算个体潜在活动空间中的活动密度②，女性的活动密度相对男性较高（分别是 3.26 和 2.59 每英里路网距离），说明女性虽然潜在活动空间相对较小，但会选择到活动机会密度较高的地点完成活动计划。总之，全职女性到城市活动机会的可达性显著低于男性。

总之，时空制约对于理解日常活动时空间模式的性别差异非常重要。性别差异不仅存在于工作男性和工作女性之间，也体现在女性内部，如全职女性和兼职女性之间、不同种族的女性之间（Kwan，2000c）。就上述案例而言，不仅体现在工作活动的时空间分布格局上，更明显的体现在非工作活动的时空间分布上，并且一定程度上正是由于家庭照顾责任及其相关的外出非公工作活动增加了女性的时空制约，从而导致一些负面的就业后果（如无法全职工作、就业空间范围"锁定"在家附近等）；还体现在尽管都是用小汽车出行、来自同一个家庭，但工作女性相对男性的潜在活动空间显著较小。基于时间地理学框架的 GIS 三维可视化与时空可达性测度方法对于理解和揭示女性日常生活的复杂性以及与其地理背景之间联系、克服传统汇总的定量方法对性别差异的忽视等方面发挥重要作用，为女性地理学研究将提供独特研究视角和方法（Kwan，2002a）。

13.4.3　基于个体行为的中国城市空间研究

时间地理学开启了基于个体行为的地理学研究范式。从个体行为视角来理解城市空间结构及其变迁对个体生活经历的影响已经成为城市地理学研究的重要方向（柴彦威和沈洁，2008；柴彦威和沈洁，2006；柴彦威，2005）。20 世纪 90 年代，柴彦威首次将时间地理学在中国地理学界进行系统介绍（柴彦威和龚华，2000；柴彦威和王恩宙，1997；柴彦威，1998；柴彦威和赵莹，2009；柴彦威和龚华，2001），并在国家自然科学基金的资助下开始将时间地理学方法应用于中国城市时空结构以及社会空间转型的实证研究，先后对天津、深圳、大连与北京等大城市开展了活动日志调查，对城市生活节奏、居民日常活动的生活时间分

213

---

① 案例中的活动机会并非具体的设施点而是不同土地利用类型的地块。在案例城市，市中心的地块面积较小，而郊区的地块面积较大，将个体潜在活动空间的活动机会平均地块面积与市中心进行比较，可以判断活动地点选择更倾向于市中心还是郊区。

② 用活动机会数目除以总的路网长度。

配与空间分布等进行研究，微观的、时间尺度与空间尺度相结合的角度考察既定城市物质形态与社会环境下的居民日常生活活动的时空特征，并从居民日常生活活动的角度理解中国城市的内部空间结构特征（柴彦威等，2002）。

在此背景下，时间地理学方法在中国城市研究中的应用领域不断拓展，从日常行为拓展到长期的迁居行为[①]、旅游行为（黄潇婷，2010；黄潇婷和柴彦威，2009；黄潇婷等，2010），并扩展到城市弱势群体，如贫困人口（刘玉亭，2005）、流动人口（兰宗敏和冯健，2010；刘玉亭，2005）、老年人（柴彦威和刘璇，2002；张纯等，2007），并从个体行为延伸到企业行为（刘志林和柴彦威，2001）。通过介绍时间地理学在城市地理学理论、方法及应用的经典著作，倡导将该方法应用于城市空间与行为规划（哈格斯特朗，2010；塔娜和柴彦威，2010；关美宝等，2010；柴彦威等，2010b；柴彦威等，2010a）。

1. 中国城市时空间结构比较研究

（1）时间利用与时间节奏

时间地理学强调时间对于个体行为的重要性，认为时间和空间是有限的资源。生活时间分配体现了个体所承受的时间资源。按照人们对时间需求的层次不同将时间分为生理必需时间、社会必需时间和自由支配时间[②]。通过对天津、大连、深圳三个城市居民的时间利用结构进行比较分析，发现工作日生活时间分配受上班时间支配，而休息日则以娱乐活动为生活时间分配结构的支配性因素；生活时间分配的性别差异较明显，男性在工作和休闲上花费时间较多，而女性则在家务和购物活动上花费较多的时间。

由于时间利用能够综合反映个体所承受的社会制约，因此对生活时间分配进行聚类，可以从时间制约的角度综合地对城市居民进行类型划分。工作日中国城市居民时间利用的六种典型类型，包括工作专一型、工作娱乐型、工作家务型、家务娱乐型、娱乐家务型、娱乐专一型；休息日的六种典型类型包括娱乐专一型、娱乐购物型、娱乐家务型、家务娱乐型、娱乐工作型、工作娱乐型。

除了个体层面的生活时间分配研究，活动分析研究还从城市活动系统的角度来对城市设施的空间分布和时间管理进行系统规划（Chapin，1974）。城市居民日常生活节奏是在时间轴上考虑城市居民开展各类日常活动的时间分布情况。特定地域空间中居民日常生活节奏，由于受到特定的社会时间安排而表现出显著的

---

① 李昌霞. 北京城市老年人居住迁移历程的社会地理学研究. 2006，北京大学硕士学位论文.

② 其中生活必需时间由睡眠与私事组成，社会必需时间分为工作、家务、购物、移动四类，而自由支配时间仅有娱乐一类。

节律性特征。中国城市的时间节奏出现明显的"双峰",但不同城市高峰的时间节奏有所不同,反映出城市活动系统的时间特征。

(2)生活活动时空间结构

时间地理学与时间利用研究都关注个体生活时间分配,但时间地理学除了关注时间维度之外,还包含活动的空间维度(Kwan,2002b;Miller,2004)。对城市活动时空间结构的图示化表达是将时间地理学时空概念运用于城市空间结构研究的重要创新,既表达出时间与空间的内在统一性,又能直观识别出以家为中心的日常生活空间结构特征。在二维平面上,将空间抽象为一维坐标,用距家的距离代表不同层级的活动空间①,时间为另一坐标轴,表达活动的起止和持续时间,而柱状图形的粗细表示活动人数的频率统计。深圳居民工作日工作空间主要集中在距家 0.5~5km 范围、私事活动主要上班前以及下班后在家进行、除了上班活动之外很少进行其他户外活动、工作男性长距离外出活动的比例多于工作女性。这种图示化表达可以清晰反映出不同人群、不同活动在时间和空间上的分布特征,以及有助于进行城市时空间结构的比较。例如,大连市由于居民工作活动在每个空间层级都有分布、活动空间更大而显著不同于深圳,而二者的差异可以从城市空间形态、交通系统、活动机会空间分布等方面得以解释。在对中国城市居民时间利用与活动节奏以及活动时空间结构特征的汇总认识的基础上,从时间地理学对微观个体行为差异性关注出发,抽取典型的活动路径进行案例分析,分析不同类型群体日常活动的时空制约。

通过从宏观汇总层面以及微观个体层面对城市居民日常活动的时间、空间特征分析,折射出转型期中国城市社会与空间基本特征。首先,中国城市居民的日常生活活动仍然是以社会必需活动为主体,居民日常活动模式相对单一,并且生活活动空间范围比较小而且固定。其次,家庭和单位是居民时空间路径中的两个重要停留点,除工作和家务外,居民大部分的活动都是围绕着这两个停留点而展开。最后,与西方等国家不同,中国城市居民的日常生活活动的性别差异并不大,这与中国城市社会中双职工家庭的普遍存在以及"男女平等"社会文化传统有关。但是,由于性别决定的社会分工和家庭分工仍在许多方面有所显现,"男主外、女主内"是大多数家庭的共有特征。

2. 个体时空行为数据的生产与 GIS 分析

时间地理学方法在中国城市中应用的瓶颈之一是个体时空行为数据的生产。

215

---

① 如自家、距家 0~0.5km 认为是步行活动空间、0.5~5km 为自行车活动空间、5~10km 反映城市建成空间、超过 10km 认为是郊区空间。

由于中国城市独特的社会背景与西方城市存在显著差异，因此在活动日志调查表设计、抽样方式、调查方式以及数据管理等方面存在一定特殊性，柴彦威等（2009）结合长期在不同中国城市的调查实践经验对个体时空行为数据的生产过程进行详细介绍。此外，比较基于移动定位的行为数据采集方式与传统日志调查方式的特点，并且通过案例分析新的数据采集方式在地理学与规划中的应用前景（柴彦威等，2010b）。

基于 2007 年北京城市家庭活动日志调查数据，北京大学行为地理学研究小组在时空 GIS 系统中构建了个体行为可视化与分析平台（activity pattern analyst，APA），实现了时空路径生成与切割、活动时间和空间分布复杂查询、活动密度等分析功能，并尝试进行时空行为格局的探索式分析（赵莹等，2009；Chen et al.，2011）。例如，图 13-1 生成了北京活动日志调查的 1107 个样本在工作日的活动日志，并用不同颜色对不同的活动类型进行表达。通过时空路径可视化能够清楚反映出居民工作日整日的活动模式，如两个工作高峰以及之间的用餐活动、下班后回家的休闲活动等。此外，可以通过查询系统，对不同社区或者不同人群

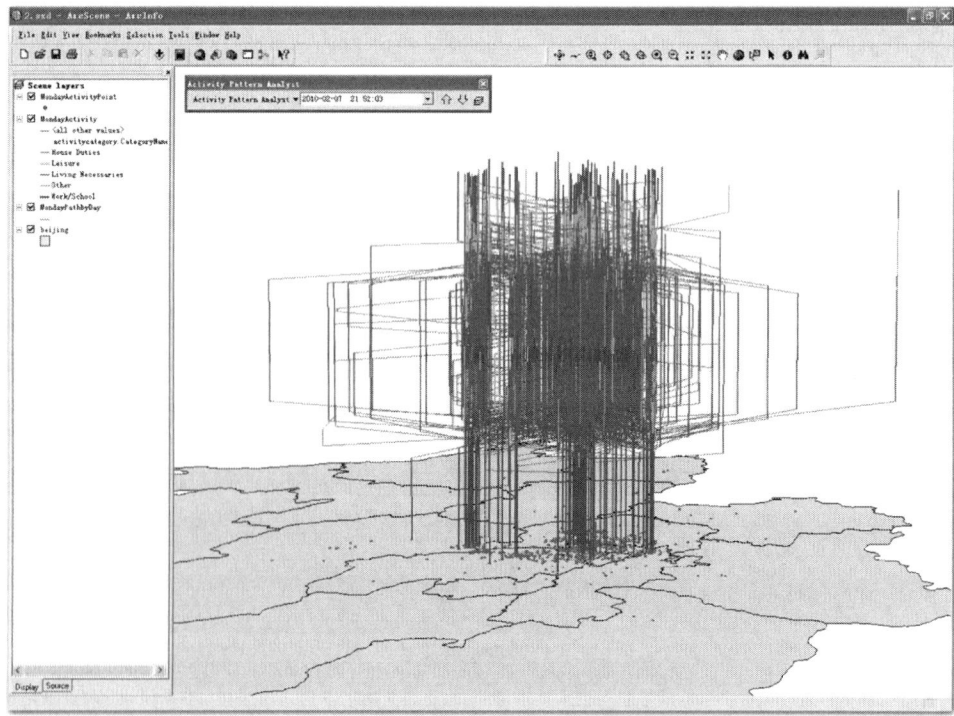

图 13-1　北京城市居民工作日时空路径可视化

资料来源：Chen at al.，2011

的活动模式进行横向比较，如通过旋转视图可以对不同社区居民的通勤方向和距离进行比较等。

此外，通过不同时间截面对时空路径进行切割并且投影到平面底图中进行活动空间密度趋势面分析，有助于了解特定人群在特定时间的活动空间分布特征（图 13-2）。有助于揭示居住在同一建成环境而社会经济属性不同的群体或相同社会经济属性但居住在不同建成环境的群体对城市空间利用的差异性。进而，还能通过系统设定一定时间间隔进行动态的切割，从而得到不同时间截面活动空间密度趋势面的动态显示（图 13-3）。此外，还尝试用时空路径聚类（Chen et al.，2011）和序列比对（李雄等，2009）方法对北京城市居民的时空行为模式进行挖掘和分类。

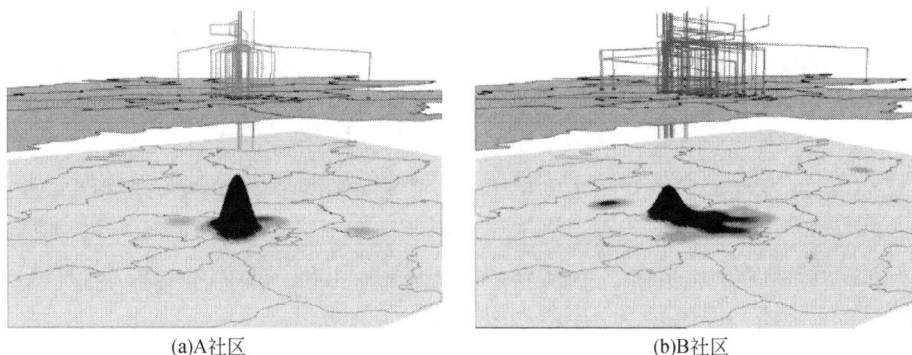

(a)A社区　　　　　　　　　　　　　　(b)B社区

图 13-2　北京城市不同社区居民特定时间的活动空间密度趋势面

资料来源：Chen at al.，2011

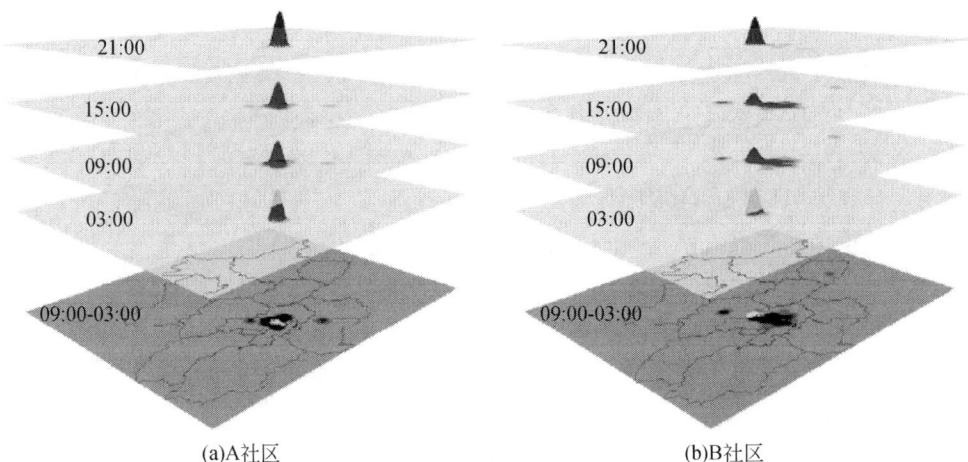

(a)A社区　　　　　　　　　　　　　　(b)B社区

图 13-3　北京城市不同社区不同时间截面活动空间密度变化

资料来源：Chen at al.，2011

13.5 结 语

时间地理学提出的对人的基本假设、时空观与行为观对计量革命之后的人文地理学的多元化发展具有里程碑式的重要意义，它奠定了基于个体行为的城市空间研究的理论基础。对于微观个体行为、时空间制约的关注，使得时间地理学方法对研究不同城市群体的空间需求以及城市空间资源的时空配置等议题体现出独到的有效性。并且，伴随 GIS 空间分析技术的发展，基于时间地理学理论的地理可视化与地理计算方法也越来越多地被应用于城市城市问题的研究。

改革开放后，中国经历了一个深刻和复杂的社会与经济变革，伴随着经济全球化、市场化改革以及城市化快速，中国城市空间正经历激烈的空间重构过程。传统的计划经济时期下职住功能合一的"单位大院"逐渐被市场经济主导的新型产业空间所代替，导致工作地与居住地在空间上的逐步分离。城市空间的拓展与重组、产业的郊区外移、商业空间的多极化、居住空间的郊区化及社会空间极化等都对城市居民的生活和行为产生了极为重要的影响。居民的生活方式日趋多样化和个性化，居住选择的自由度增大，移动性和出行需求不断提高，个人偏好和主观能动性在居民活动行为中的作用不断加强，并对不断调整的城市空间提出新的需求。因此，以往侧重于城市物质空间的研究难以满足城市空间结构与个体行为动态调整的需求，需加强对城市社会行为空间的研究，通过人类空间行为研究了解行为空间形成的机制、分布特征及其与城市实体空间的相互关系，基于此实现对城市实体空间结构的规划和调整，从而实现个体生活质量的提高和社会和谐。

时间地理学方法是一种动态的方法。通过跟踪一个群体中每个人的日常活动路径，研究发生在路径上的活动顺序及时空间特征，可以得出个人或群体活动系统与个人或群体属性之间的匹配关系，从而找到不同类型人群的活动规律，并且利用这种规律进行合理的设施配置。当今的城市规划越来越注意对人的各种需求的满足，越来越注重人性化空间的塑造，越来越重视规划中的公众参与，而时间地理学对城市居民活动的时间规律和空间规律的认识，将为城市空间规划与行为调控管理提供科学依据。总之，时间地理学及其所开拓的基于个体行为的城市空间研究方法将为了解中国城市的城市化与社会空间转型过程和机制提供有效的理论视角及方法。

第14章　结构化理论及其在城市
地理学中的应用

14.1　引　言

正如社会科学的其他学科领域一样，人文地理学不断从其他社会科学领域中引进新概念、理论、方法，并且在与其结合过程中不断发展。吉登斯的结构化理论便是 20 世纪 80 年代人文地理学从社会理论引进新理论的一个典范。结构化理论与人文地理学的互动推动了社会理论的空间化与人文地理学的社会化（Gregory and Urry，1985）。

在社会科学领域，历史唯物主义与人本主义在关于个体与结构之间关系的理论上存在分歧。结构化理论超越了社会理论中唯意志论和结构决定论的二元化（Thrift，1983）；有效地解决了结构与能动性的问题，调和了决定论和唯意志论的对立，避免了唯意志论（行动脱离了制约）和结构决定论（结构决定行动）这两个并行的错位（Sayer，1983）。

从 20 世纪 80 年代起，结构化理论关于空间以及社会实践的空间性的观点引起人文地理学家们的兴趣。结构化的概念为人文地理学者进入当时关于能动性-结构的主流争论提供了一个颇具吸引力的切入点（Dyck and Kearns，2006），探寻解决结构与能动性二元化问题的途径，并重新思考空间、借鉴社会理论来理解"社会空间辩证法"（Soja，1980）。20 世纪 80 年代和 90 年代，结构化理论在人文地理学中的应用发展了人文地理学中的结构化方法论（structurationist approach），并试图通过结构化理论整合历史地理、区域地理以及时间地理各分支学科（Kellerman，1987）。受结构化理论的影响，格雷戈里，普雷德及思里夫特等试图用社会理论的视角重构区域地理学（Gregory，1982；Gregory，1989；Pred，1984；Pred，1981；Thrift，1985；Thrift，1983）。然而，由于结构化理论的抽象、宏大，人文地理学中与结构化理论相关的研究成果仍然集中在对理论和哲学思想的探讨，而应用结构化理论的经验研究相对匮乏（Gregson，1987）。

14.2 结构化理论的起源与理论体系

14.2.1 理论起源与核心观点

结构化理论源于吉登斯对西方社会思想界各种学派的批评性总结。受到现代哲学中"语言学转向"、现象学、解释学的影响，结构化理论强调人们的日常互动和谈话在日常生活中不断地创立意义的重要性，并在此基础上加以改造；在某种程度上吉登斯赞同马克思主义关于实践的主张和对资本主义的分析，非常关注哈贝马斯的交往行动理论和福柯的后现代主义理论，并在与他们的对话中来发展自己的理论。

吉登斯在批判与整合各种社会理论框架的基础上，重构了对于当代西方社会的新见解。结构化理论诞生的 20 世纪 80 年代正是西方思想界"后结构主义"和"后现代主义"思潮逐步强大的时代，功能主义和结构主义、人本主义（或决定论、唯意志论）等成为批判和反思的对象。与许多当代思想家一样，吉登斯反对把主体和客体、个人和社会、微观和宏观等范畴对立起来，主张用辩证的观点来理解人与社会的关系。

吉登斯的结构化理论论述了社会结构与个体能动性之间的辩证性关系问题。长期以来，社会理论领域存在着功能主义和结构主义与人本主义（或社会决定论和唯意志论）的争论。功能主义和结构主义均强调客体性，认为社会整体相对于个体行动者而言具有至高无上的地位；而人本主义坚持主体性是核心，强调人的行为与意义。吉登斯试图寻找二者之间的中间道路，试图用二重性（duality）来代替社会理论中根深蒂固的二元化（dualism）传统，以此来超越社会科学领域中的两大对立的流派。

在结构化理论看来，社会科学研究的主要领域既不是个体行动者的经验，也不是任何形式的社会总体的存在，而是在时空向度上得到有序安排的各种社会实践。紧密渗入时空中的社会实践是同时构建主体和社会客体的根基。社会实践创造了客观社会，也创造了行动者。吉登斯的重点是针对正统理论无法整合个体互动研究与制度分析的状况，试图提供一种关于社会的非功能主义理论。吉登斯试图提出一种社会分析的理论框架，强调社会实践的再生产过程中个体行动者的认知能力、社会生活的时空情境性以及研究的解释或诠释本质。

14.2.2 核心概念

1. 结构与结构二重性

吉登斯在结构化理论中试图用二重性来代替社会理论与社会科学领域中根深蒂固的二元化的传统，以此来超越社会科学领域中的两大对立的流派。一派是功能主义、马克思主义以及结构主义，它们的共同点是忽视个体能动性，而强调那些决定社会结果的宏观条件；另一派是现象学、存在主义，强调个体对于社会的感知和主观解释的重要性。二元化存在于个体与社会、能动性与结构、主体与客体、宏观与微观等范畴，它们被视为是严格对立、截然相反的，并且彼此之间是单向决定的关系。例如，个体与社会的关系，在结构决定论看来社会是所有人类行动的前提条件（即结构决定了人类行动）；而在唯意志论看来社会仅是人类行动的产物。

吉登斯提出的二重性，认为历史、社会与有目的性的个体之间的关系是同等重要的，社会与个体的任何一方都没有被认为对另一方有着更大的影响。二重性是结构化理论中的核心概念，对于理解人类能动性与社会结构的关系以及它们与时间和空间的关系至关重要。吉登斯将结构的二重性视为一种循环的过程，在这个过程中，"结构既是社会实践再生产的条件也是结果"（Giddens，1979）。他将人类能动性与社会结构赋予同等重要性，并且二者之间作用与反作用的关系在社会结构的生产与再生产过程中将永续存在。

在结构二重性观点下，结构与系统两个概念在结构化理论中得以区分开来。结构是行动者在日常活动中利用并不断再构建出的"规则和资源"。结构可以理解为规则的两种性质，即规范性要素和表意性符码，相对应，资源也有两种类型：权威性资源和配置型资源。资源既包括物质环境也包括存在于物质环境中的社会关系。规则并不是静态的，而是可以根据意义、评价甚至是权力的协商情况而进行修改的。在日常活动中，结构作为行动者的既有知识而被加以利用。系统表现为行动者或集合体之间再生产出来的社会关系，它们由惯常性的社会实践组织起来，并存在于特定时间和空间中。而与系统不同，结构并不长期存在于时间与空间中，而仅当行动者在实践中利用且不断地再构建这些规则和资源时，它们才暂时性存在。换言之，结构仅通过人类行动者的具体实践而存在。总之，系统是对社会实践或相互作用的另一种隐晦而简短的表达。在吉登斯的论述中，结构和系统分别对应于社会结构和人类动能性。结构不能脱离能动性而单独存在，结构不是系统，但系统具有结构性特征。

所谓结构化，本质上是结构与人类行动者循环反复作用从而实现社会再生产的过程。结构化概念的关键要素是强调人类行为的意外后果及其意料后果所发挥的重要作用。首先，有能力和知识的人类行动者在日常生活中利用既有的结构，并通过人类行动者之间例行的日常互动来对社会生活进行再生产；而由于人类行为的意外后果和意料后果的存在，行为的后果会反馈于结构，并作为"未来行动的未知条件"而进一步影响日常行动（Giddens，1984）。

在社会生活的再生产中，现存的结构（表意结构、支配结构、合法化结构）为行动者的社会互动（如进行意义的交流、权力的使用、以及道德的约束）不断地提供解释图式、能力、规范；同时，由于行为的意料和意外后果的存在，行动者在习惯性地利用这些规则和资源进行社会实践时，也在不断地改变甚至重构结构。因此，吉登斯将结构与系统、社会结构与人类能动性之间的辩证关系表述为"社会系统的结构性特征既是构成这些系统的社会实践的条件也是结果"。

将结构与系统进行区分对于理解个体和社会系统至关重要。一方面，吉登斯能够平等对待社会生活生产和再生产过程中的能动性和结构；另一方面，在结构化过程中，结构与系统的辩证关系明确揭示出"制约"并不是外部强加于行动过程之上的，相反，社会的结构性要素"以持久的方式嵌入于制度之中"，并且同时具有推动性和制约性（Giddens，1983）。社会系统的制度化特性具有结构性特征，就是指各种关系已经在时空向度上稳定下来。结构性原则指各个社会或社会总体在结构上的一般特性。

2. 能动性

结构化理论中的个体是活跃的、有知识的、理性的个体。吉登斯提出了"行动的分层模式"，认为行动者具有能够不断对其自身行为进行反思性监控的能力。一方面，行动者通过对自己的行动理由进行解释，即"行动的理性化"；另一方面，是行动动机的激发过程，行动的动机源于行动者对该行动的可能后果的自我检查，这与行为的意料后果有关。行为的反思性监控发生在三种意识层面：无意识、实践意识和话语意识。吉登斯区分了实践意识和话语意识，认为对于有知识的人类能动者而言，知识与实践意识和话语有关。实践意识是指那些行动者能够使用但却无法用语言进行描述的知识，它是行动者的知识存量，而这种知识存量源于行动者所生活的社会系统。话语意识是指行动者能够用话语来表达他们的行为。

能动性是基于这样一个观点，即个体是事件的行为者，并且个体可能做出不同的行为。"能动性"并不是一种既定的品质，相反，问题在于人类如何作为能动者那样行为。因为规则和资源并非是不变的，相反它们是人类实践生产和再生产的媒介，人类能动性具有转换能力，这与行动者之间进行的主动性的协商有关。行动者之间的主动协商依赖于他们拥有的共同的知识存量，而共同知识对于结构至关重要，因为结构仅通过那些能够告诉行动者在其日常生活中如何行为的知识而存在。行动者所拥有的共同知识大多都是实践意识，并且被例行地、反思性地应用于社会生活的长期构建与再构建过程中。因此，有知识的行动者可能不知道规则的意义，但是能够在人际互动之中娴熟地使用这些规则，并且还有可能改变规则。总之，这种转换能力对于理解与人类能动性相关的社会权力概念至关重要，因为社会变化是可以通过社会实践而发生的，而社会实践源于个人的日常活动。

尽管如此，人类能动者并不能够为其策略性行为自行选择发生的情景。因为，所有的社会行动均受到"没有被意识到的行动的条件"以及"行动的意外后果"的约束。行为的意外后果成为约束下一步行动的条件，并且社会系统的约束力通过时空的延展而存在，这意味着社会系统的结构性特征并非个体行动者所能够控制的。

3. 社会生活的时空情境性

社会生活中的时间具有三种维度：首先是，日常生活的可逆时间，日常生活具有某种持续性和重复性，时间也只有在重复中才得以构成个体生活的单向时间，个体的生活不仅是有限的，而且不具有可逆性，即所谓的"向死而生"制度性时间，一种"超个体"绵延，或者说制度性时间的长时段。

社会互动中空间与时间同样重要。吉登斯通过场所及场所的区域化概念阐述社会生活的内在空间性。场所是指与特定相互作用、作为社会系统的集体相关的物质背景。场所与社会系统的结构性构成密不可分，因为人们对互动背景的特征的共同认识是行动者之间进行持续、有意义的交流的关键要素。场所的区域化作为社会再生产最基本的要素，与日常生活中的互动密切相关。"场所的区域化对于隐藏或者暴露社会实践至关重要，而这是分析权力关系的重要现象。"（Giddens，1981）于是，空间"不是社会群体被结构化的空洞的维度，而应该理解为空间参与了社会互动的系统的构成"（Giddens，1984）。

4. 例行化

惯例构成日常社会生活的基本要素。反映出社会生活经由时空延展时所具有的例行化特征，即单调重复、社会生活循环往复的特征，揭示了社会活动结构化了的特征经由结构二重性，持续不断地从建构它们的那些资源中再生产出来。例行化是维持个体某种信任或者本体性安全的关键机制。惯例主要体现在实践意识的层次上。

社会系统总是处在一定的时空体系中，是由日常实践活动组织起来的，是在场与不在场的相互交织，并且每个社会系统的时空伸延程度是不同的。从实践活动的时空形式来看，可以划分为例行化实践和制度性实践。例行化实践即日常活动是行动者在固定的时空之中反复发生的社会活动，社会日常活动中的某些心理机制维持着某种信任或本体性安全的感觉，通过完成各种例行化的活动，行动者维持了一种本体安全感。制度性实践是行动者在确切的时空之中伸延程度最大、影响最为深刻的，并且不断反复发生的活动。制度性实践不能脱离日常活动，它也不仅仅是制约日常活动的条件，而是蕴涵于日常活动之中，体现为日常活动的产物。因此，社会生活是由日常实践活动组织起来的，虽然各种互动情境总是丰富多样的，各种互动形式也是千差万别的，但是，日常行为不断趋向例行化和区域化，形成了稳定的依赖性和自主性的交互关系，那些跨越最深远时空的人类实践活动即模式化的社会关系则构成了社会的制度。社会制度是跨越最深远时空的持续不断的人类实践活动，它具有横向生长的特性，时空伸延程度体现在社会系统的各项制度之中，社会系统的制度形式也反映了时空伸延的程度。

由此可见，吉登斯系统明确地把时空关系引入实践之中，从时空来具体分析和考察实践活动的两种基本形式和社会系统的制度生成，揭示了人的心理机制和活动的例行化、区域化以及制度化之间的内在关联，并且赋予时空在实践活动和社会系统中的构成性地位和作用，这无疑是吉登斯结构化理论的创新性特点。

5. 区域化

场所不仅包括物质背景还包括典型的社会互动。场所不是简单意义上的地点，而是活动的场景。社会行动者不断地采用场景来维系沟通行为中的意义，并且大多场景是不言而喻的。

人类互动在时间和空间中的情境化是吉登斯理论的核心。正如在下面的陈述中所提出的这样：行动所发生的背景与条件并不是凭空产生的；这些情境本身也必须在我们解释任何行动所依据的逻辑框架下得到解释（Giddens，1984）。

正如思里夫特所指出的，认识到行为在时空中的情境性，并不是主张地方主义，而是想要提倡关注社会系统如何在时空间中变化（Thrift，1985）。他将吉登斯的观点解释为：通过理解日常生活中"在场"与"不在场"的混杂，或者换句话说，能动性与结构在时间与空间中的持续相互作用，来理解社会经历的空间性。这里场所的概念十分重要。场所包含不同的物理尺度，从房屋中的一间房间到国家或者州所划分的地域，并且场所不仅仅是空间中的点，而具备一定特性，这种特性被用在"以一种例行的方式来构建互动的意义"（Giddens，1985）。

　　此外，这样的场所是"区域化"的，意味着"在特定场所中常规化的社会实践可能会依据法律或者非正式的共识而在时间与空间中被'分区'"。例如，居住地与工作地的分离是一种形式的区域化，相类似的还有将礼堂的内部、家中的房间和地板按照其暂时的用途以及活动的类型而进行的划分。区域化对权力关系的含义非常重要，因为某种社会实践可能变得更加明显或者不明显。依此逻辑，环境能够被视作场所或者互动情境的矩阵，这里包含着资源的特定组合，而这种资源的组合可能被行动所利用。资源包含场所中的物理特性以及其中的人，同时也涉及知识存量。在这些概念中须注意，场所并不是给定的而是创造出来的——因为，尽管置身于不公平的权力关系之中，但人类能动性使得人类才是其环境的创造者。吉登斯的理论强调所有的人类行动都具备转换能力。权力是通过社会系统和社会结构在时间与空间中的扩展而产生的，而社会系统和结构又作为特定场所中的"规则与资源"被体验并被利用。

　　吉登斯同时将他的时空观用来解释现代社会的"不在场"。吉登斯认为"社会理论的根本问题，即社会秩序问题。也就是要解释清楚，人们是如何借助社会关系跨越时空、超越个体在场的局限性。"为此，吉登斯将社会结构分成"社会整合"与"系统整合"。社会整合就是个人与社会环境实现相互统一。他认为，具有独立人格的行动者，因为具有行为动机、行动意义和话语意识，从而使得行动者实现了与社会环境的整合。而科学技术打破人们"在场"的束缚，从而产生了"系统整合"。吉登斯所谓的系统整合是指"不在场"的情境下，各个社会环境之间的整合。吉登斯认为，工业社会以前，由于时空的统一，无法实现"不在场"的环境整合，而工业时代的到来，科学技术的发展，人们超越了时空统一的束缚，时空的分离使得系统整合成为可能。社会整合和系统整合也是吉登斯结构化理论的重要概念，吉登斯以此来阐释现代社会与前现代社会的不同，说明了现代社会时空分离的可能性，从而导致了社会结构的变迁。

14.2.3　理论创新

　　"二重性"的理论思路并非吉登斯首创，但吉登斯在处理"二重性"时表现出极大的创新，因为二重性并非体现在一些重大历史事件上，而在于日常社会生活中的实践。结构化理论的切入点便在于社会结构在人的日常生活中形成的过程①。

---

　　① 这一点与瑞典人文地理学家哈格斯特朗及其领导的隆德学派所创立的时间地理学对于微观个体日常活动的关注不谋而合。实际上，吉登斯在结构化理论中阐述社会生活的时空情境性时便借鉴了时间地理学对时空中个体行为及互动的概念及图示化表达。

此外，吉登斯的创新之处还在于将时空视为社会实践的构成部分，将时空观融入社会理论的核心，指出能动性和结构在时间上和空间上是明确的，指出社会与个体根植于特定的时空间的历史性配置，而这种特定的时空历史配置本身创造了历史、社会以及个体行动。各种形式的社会行为不断地经由时间和空间两个向度再生产出来，从这个意义上说，社会系统存在着结构性特征。考察社会活动如何在时空的广袤范围内"伸展"开来，从这一角度出发理解制度的结构化。

14.3　结构化理论在城市地理学中的应用

从20世纪80年代起，地理学家们开始接触到结构化理论，并对如何借鉴社会理论来理解"社会空间辩证法"进行了大量的探索。由于历史唯物主义与人本主义在关于社会关系与空间结构的循环关系的理论上存在激烈的竞争，结构化的概念为地理学者进入当时关于能动性–结构的主流争论提供了一个颇具吸引力的切入点。此外，吉登斯关于社会生活的时空情境性的观点与人文地理学，尤其是关注日常生活的时间地理学形成理论共鸣。格雷戈里（Gregory，1981；Gregory，1982；Gregory，1989）、普雷德（Pred，1981；Pred，1984）以及思里夫特（Thrift，1985）的著作明显吸收了这一概念。

最初，吉登斯整合能动性与结构的理论只是影响了文化和社会地理学的争论，主要是弥合人本主义与马克思主义之间的分歧，但结构化理论的一些概念已经显性或隐性地影响到地理学的不同分支。对于人类能动性与结构制约的复杂关系的研究兴趣，为人文地理学研究奠定了共同的基础。尽管不同理论视角对这一争论的借鉴不同，但吉登斯的理论为研究能动与制约的过程提供了强有力的基础。地理学家则主要强调结构化过程的空间性。

地理学家在不同的研究中引入结构化概念时的侧重各有不同。比如，格雷戈里（Gregory，1982）与普雷德（Pred，1984）主要是引入吉登斯对时间地理学的重要论述，从而追溯了日常生活的物质偶然性对于理解地点作为演变的过程的重要性。迪尔与穆斯（Dear and Moos，1986；Moos and Dear，1986）则是最早的引入结构化理论的语言并且试图应用于实证研究的地理学家，他们试图把结构与能动性更紧密地结合起来（他们的实证研究案例是关于心理健康治疗与所谓的"寄宿旅馆集中区"）。后来吉登斯的理论又与社会文化理论框架相结合，推动了医学地理学向"健康地理学"重建的激烈争论（Dorn and Laws，1994；Kearns，1993；Mayer and Meade，1994）。无论是借用结构化理论的语言与概念，或者基于对个人与社会在不同的、分层的尺度上的复杂联系的一般化认识，对结构和能动性的矛盾关系的关注都继续启发着近年来在文化与健康方面的地理学研究

（Gesler and Kearns，2002）。结构化理论中的一些概念如能动性、区域化、结构等被应用于解释女性的日常生活经历，如家庭照料、社会网络与女性再就业（Dyck，1990）、迁移女性的保健方式选择（Dyck and Dossa，2007）等。人口迁移的研究也引入了结构化理论，"结构化的父权制"被用来分析人口迁移过程和结果的性别化特征（Halfacree，1995）。"结构二重性"这一结构化理论的核心概念对规则与资源的独特关注，则被应用于加拿大安大略的反对学校关闭的社区行动主义的理论概括中（Phipps，2001）。菲普斯提出了关于规则与资源的类型学，并能够为社区在行动主义中使用，并且他发现结构化理论对于教育与设施关闭的文献的重新解释必不可缺（Phipps，2000）。

14.3.1 城市空间的结构化模型

结构化理论对于能动性–结构二重性以及社会生活的时空情境性的理论化为地理学者分析城市社会的结构化过程中的个体、制度、结构、时间以及空间提供了分析框架。由于吉登斯认为空间本身也是社会实践的重要内容，因此特定城市空间类型的产生本身也是能动者与制度在日常生活中互动（短期尺度），以及社会系统的结构性特征在社会再生产过程中演变（长期尺度）的产物。迪尔与穆斯将结构化理论应用于解释城市空间的结构化过程，构建城市空间的结构化模型（Moos and Dear，1986），并以此分析加拿大安大略省汉密尔顿市精神病患者集聚区的形成（Dear and Moos，1986）。

1. 贯彻二重性：制度分析与策略分析的有机整合

构建结构化理论的应用分析框架时，有两个问题需要给予特殊关注：

其一，需要避免具体分析过程中的能动性和结构的二元化倾向，即在具体应用中研究者往往会对行动者和结构从概念上进行区分，并分别对二者进行描述，从而难以坚持二者对于社会生产和再生产的同等重要性。若要真正揭示结构二重性的实质，需要关注行动者和系统的相互作用，不能机械地将这两个概念进行简单关联，而要将二者进行有机整合。首先，在分析制度如何对社会施加影响的时候，需要将行动者同时纳入分析框架之中。这是因为尽管制度在社会生产和再生产过程中具有较长的时空延展性（持续时间更久、存在范围更广），但制度本质上仍是由行动者利用规则和资源进行社会实践再生产出来的，制度的形成与行动者的行为密切相关。同时，在分析行动者的能动作用时，也必须同时将制度纳入分析框架，因为行动者在与其他行动者或者机构进行社会互动时所利用的特定资源和规则根植于社会互动所处的制度背景。总之，要在应用研究中彻底贯彻能动

227

性-结构二重性，需要坚持制度分析和策略行为分析的有机整合，在分析能动作用时需要考虑制度环境对能动性发挥的制约，在分析制度的影响时须考虑到与该制度的产生有重要影响的行动主体的作用。

其二，吉登斯在理论上从日常生活的时间尺度以及社会结构再生产的长期尺度对社会的结构化过程进行了理论阐述，相应的，在应用研究中，也可以从不同层面对与结构化过程进行解释。首先，解释的最低级层面是对时空间现象的描述，即事件层面。具体分析行动者和机构的行动。其次，对事件的情境性分析，识别事件所涉及的不同行动者，以及行动者与机构之间的互动关系，以及制度对该事件发生的影响及影响途径。最后，进行构成性分析，重点分析对人类行动具有推动和制约作用的、抽象的、长期存在于社会再生产过程中的、社会系统的结构性原则。

2. 策略行为分析：五类行动者之间的权力关系

策略行为分析建立在对行动者之间权力关系的理解基础上。对于城市社会问题而言，存在五类行动者，分别是政客、官员、利益群体、有影响力的个人和普通市民。相对而言，政客的控制力最大，一方面他们能够控制城市建成环境中的资源和法律，是最终决策者；另一方面，他们对城市有着更为全面深入的认识，拥有更多话语性的知识。官员的权力较政客而言相对较小，但他们仍然有着较强的控制力。其一，官员具有专业技能，这使得在处理一些特定领域的问题上，官员的影响力可能会大于政客。其二，官员的控制力还体现在尽管政客们可以建议法规的内容，但最终法规的撰写者是官员而非政客，这意味着官员对政客所提出的法规的不同处理方式将影响政策对城市建成环境的影响过程。其三，政客的授权源于选举，而官员的授权并非如此。这有利有弊，选举而获得的权力固然影响范围更大，但很可能遭到反对者的攻击，而官员的权力尽管相对较小，但相对不容易遭到反对。对于利益群体而言，对某一特定问题的共同目标和意识动员许多个体团结成一股力量，使其拥有相对较大的控制力。这意味着在控制的辩证关系中，往往政客、官员、利益群体会一起来试图寻找彼此能够接受的解决方案。尽管在特定场景下，政客和官员在决策时往往也会忽视利益群体的诉求，使得利益群体的权力削弱，但是利益群体仍然可以通过参与选举或诉诸法庭来影响政客和官员的决策。第四类行动者是有影响力的个人，尽管其影响力存在较大的个体差异，但他们的身份使其能够动员大量的人员或者资源。最后，普通市民的权力相对最小，他们的控制力仅仅源于自身对于城市问题的话语性认识。"控制的辩证性"影响着上述五类城市行动者内部以及相互之间的权力关系，尽管五类城市行动者所拥有的权力等级性明显，但不同情境下权力等级关系也会有所变化。

3. 制度分析：四种社会互动模式

通过对制度的分类能够理解制度作为社会互动的模式，直接反映出人类互动中的结构性特征——表意、支配［包括权威性支配（政治的）和分配性支配（经济的）］和合法化。

人类互动的沟通模式通过两种方式影响城市建成环境。制度（机构）可以看做是解释性的团体，能够为该团体中的行动者进行互动时提供相对稳定的规则，如政府、特定组织或学术界中专业术语的使用会影响该机构中行动者之间的互动。同时，在互动过程中行动者使用的特定语言的风格是制度作为互动的沟通性模式而影响城市空间的另一种方式。

制度（机构）行为还包括政治支配。政府作为一种制度（机构）通过制定社会规则而拥有权威性的控制力。国家制定社会规则，并为政客和官员提供权力来实施并达到特定目标，这对于城市空间的结构化非常重要，因为国家有可能推行那些非公认的政策。但国家所拥有的权威性权力也是有限的，因为同时被国家所统治的平民也对国家拥有一定程度的权威性控制力。这也是权威性控制影响城市空间的生产与再生产的另一种情况。比如，对于一些由省级或者联邦级政府所实施的但在地方层面进行落实的特定项目（计划），对项目的控制会影响地方政府，因为很可能该项目的动向与地方官员所想要的处理方式并不一致。

制度分析还包括经济支配，即对经济资源的控制。税收、金融、土地投机买卖及政府内部的转移支付等是经济制度（机构）影响城市空间的四种主要方式。政府通过税收能够鼓励或者抑制城市空间中的特定行为。例如，政府通过税收优惠来鼓励投资涌入特定城市空间，城市更新便是一例；反之，政府也能通过征收重税来抑制对于特定城市区域的开发。此外，金融机构、银行、保险公司等，通过对资本的配置来影响城市空间，如对某团体实施"经济歧视"。土地投机买卖能够通过人为地哄抬土地价格来影响城市空间，可能导致政府无法直接监控城市更新方案。另外，许多项目虽然在城市层面执行，但是项目经费却来源于省级政府或者联邦政府，在此情况下特定项目所能获得的经费是由城市以外的机构所提供。

最后，制度分析还包括通过规范模式而实现的制度（机构）行为的合法化。制度（机构）通常采取三种途径来展示它们的行为是合法的社会实践。其一，制度（机构）的行为本身可能是不合法的，但是通过对法律的重新解释使其不合法的行为合法化。其二，制度（机构）行为本身可能是合法的，但可能导致不同机构或个体之间的利益冲突，那么在此情况下，需要民法的法律机构或者仲裁机构来裁决是否该机构行为侵犯了其他群体的权利。其三，机构可能会借助于意识形态来寻去合法化。这需要阐明有争议的机构行为如何能够符合社会准则。

4. 时间与空间

日常生活的短时段和制度性的长时段被同时纳入该理论分析框架。在该框架中，日常生活的短期时段体现在行为发生的已知和未知条件、日常社会互动中能动者的策略行为与制度分析（能动性与结构的辩证分析）、人类行为的意料与意外后果及其之间的循环反馈关系。而制度性的长时段则是体现在城市空间随时间持续演变的单向过程。

城市空间对于理解社会生产与再生产过程至关重要。一方面，城市空间在持续不断地演变，但同时在一定时期内也是非常稳定，这保证了社会生活的再生产以及例行化，从而实现了社会形态的稳定。但随着城市空间的演变，它不但反映出社会形式的变革，同时也通过改变人类互动所发生的场景而影响社会形态的变化。另一方面，城市空间由区域化的场所构成。人类相互作用的场景遍布于城市空间中，通过时空分离和在场可得性而影响人类互动。因此，以上对于理解社会关系与空间形态之间关系非常重要：社会生活的时空情境性与社会系统的时空延展性。

14.3.2 精神病患者集聚区的形成：基于结构化理论的解释

精神病患者在衰败的内城地区的地理集中曾得到西方城市地理学者的广泛关注。这一城市问题的产生有着广泛的政策背景。西方城市对精神病患者传统治疗方法是将患者集中在精神病医院，与其他社会群体隔离而进行监控式的治疗。这一政策在20世纪50～60年代发生了重要的转变，精神病治疗的"去机构化"政策成为主流，即关闭或逐渐淘汰专业的精神病治疗机构，并将隔离监控治疗的患者"流放"到城市社区，采取基于社区医疗设施的门诊治疗方式。政策的转变有多种原因，包括精神病治疗药物与技术的发展、隔离监控式治疗的非人性化、减少财政支出等。对精神病患者治疗政策的转型所引发的显著后果是精神病患者在特定城市空间（尤其是衰败的内城核心区）的集中化。从结构化理论的视角来看，精神病患者集聚区的产生是城市中各类制度（机构）的行为及互动模式、各类行动者在互动中的权力关系、行为所产生的意外后果，以及社会再生产过程中未知状况等综合作用的结果。

研究的案例城市是加拿大安大略省汉密尔顿市。然而，政策的转变以及战后西方城市大规模的居住郊区化却带来一些"意外后果"——精神病患者聚居区在衰败的内城社区的形成。

1. 去机构化政策与精神病患者聚居区形成的制度性分析

制度分析的核心在于制度如何影响社会互动，四种社会互动的模式如何在不同的制度中表现出来。在此案例中，制度分析的焦点在于制度及其制度行为如何影响了去机构化政策及随后精神病患者集聚区的产生。

在社会再生产的长期过程中，精神病院的社会历史是机构化政策形成的主要社会背景。政府曾经一度借助精神病院对精神病人进行监禁式的治疗和隔离而对其实施政治权威控制。20 世纪 50 年代，随着医疗技术与药物的进步，对精神病患者的治疗方式逐渐由简单的监控转向预防和治疗。新的治疗理念和方式需要新的治疗机构。于是，安大略的医疗机构开始改革，在综合性医院内设立精神病科以及对传统的精神病医院进行改革。而对于那些长期患有精神病的患者而言，如果住院治疗仅仅是对其进行监控则违背了治疗方式改革的目的，并且也浪费了医疗资源。于是，在安大略省所有精神病患者从精神病院流放到社区精神病治疗设施，而这些社区设施并非在社区尺度提供精神健康治疗的设施，而是在社区环境下继续提供监禁式治疗。

在此背景下，去机构化政策的产生与安大略省政府以及精神病学界两个主要的制度（机构）的行为有关。首先，在省政府与精神病患者之间存在不对称的权力关系，通过互动的政治支配模式推动了精神病医院的改革，将对患者的监控治疗由精神病医院转移到社区。一方面，去机构化政策并没有考虑到长期患有精神病的患者，该政策并没有提供社区精神健康中心或者提供后续治疗的综合性计划；另一方面，去机构化实质上使得政府将许多患者视为正常人，一旦他们走出了医疗结构，那么他们也就不能轻易重返医院治疗。此外，政府机构中的财政保守派通过互动的经济支配模式推动了去机构化政策。对于他们而言，去机构化政策可以确保相关财政责任转移到其他级别的政府或者政府机构，并且由于社区监控治疗比医院治疗成本大为降低，省政府所承担的财政责任也大为减轻，同时对设施投资而提高精神病患者生活质量的责任也转嫁给设施运营者。

其次，精神病学界对于去机构化政策存在不同影响。一方面，要发展综合性的社区医疗设施，以及精神病医院的改革需要扩展精神病治疗的领域，这均导致对精神病医生需求扩大。另一方面，省政府推行的去机构化政策同样包括关闭许多精神病医院，许多医院护工人员可能面临下岗。于是，安大略公共服务员工工会代表医院护工的利益，反对去机构化政策，认为精神病患者在社区不能得到适当的治疗。尽管精神病学界试图为精神病患者提供更多福利，试图使得去机构化政策合法化，然而工会要求减少医生的经济资源实际上对整个去机构化政策产生了负面影响。

由于去机构化政策的初衷被认为与精神病学创新、经济繁荣、注重人权以及对于社会弱势群体的责任的重视等有关，因此这些主流的社会观点影响很多人赞同去机构化政策的合法化。然而，事实上政府在改革精神病医疗设施的同时并没能及时建立起社区治疗的系统。

去机构化政策的意料后果是实施了大规模的对精神病患者的释放项目。而城市中精神病患者集聚区的出现则是去机构化政策的一个意外后果。除此之外，在长期的社会再生产过程中影响精神病患者集聚区的形成还有两个社会背景：其一是福利国家的财政危机；其二是第二次世界大战后大规模的郊区化过程以及与此相关的内城的衰败。安大略省的财政危机体现在社会服务的经费缩减了，并且许多相关的资助项目由省政府层面转移到地方政府层面。郊区化过程中衰败的内城为分流出来的精神病患者提供可获得的住房，从而成为精神病患者聚居区的集中区位。因此，在进行精神病患者聚居区形成的制度分析时，省政府、地方政府（区域和市政府）以及城市建成环境都需要纳入其中。

去机构化并不意味着省政府对精神病患者控制的结束，而是控制的方式由政治支配转向经济支配。通过对精神病患者提供社会服务设施来实现互动模式的转变。由于社会服务供给的财政预算有限，以及精神病患者较低的移动性，是内城能够成为精神病患者聚居区的主要原因。而省政府通过互动的经济支配模式来实施的行为，对精神病患者产生两个明显的后果。其一，已有社会服务实施在内城的集聚成为吸引精神病患者搬迁到内城的主要原因；其次，将精神病患者从医院分流到聚居区的实施推动了这些患者与主流社会的隔离。

而对于区域和市政府而言，郊区地方政府颁布的排斥性的分区制，迫使精神病治疗设施不能在郊区建设，而只能选择内城地区。这实际上也反映出政治权威从省级政府向区域或者市政府层面的转变。实际上，排斥性的分区制也推动了精神病患者的隔离。

空间可以被视为制度来理解个体在有目的性地创造城市空间的过程中所经历的互动的模式。城市空间作为制度影响精神病患者聚居区的形成体现在三个方面：首先是社区的构成。在内城核心区的过渡性区域，由于缺乏持续的社会凝聚力、社会认同和身份，它们无法在长期的社会再生产过程中成功地沟通并表达反对意见，所以很容易成为精神病患者聚居区。从这个意义上说，精神病患者聚居区的形成反映了不同社区的行动者之间对于精神病医疗设施的空间分布的政治性权力关系。其次，内城建成环境的稳定性也影响到制度行为及互动。内城有着大量的易转换性的住房，这也成为其转换为精神病患者聚居区的原因之一。对于精神病治疗设施的运营者而言，这是他们所考虑的重要经济因素。最后，精神病患者聚居区在时空中的存在，换言之，精神病患者聚居区不断地被再生产出来，作为一种制度或者空间特征，有着一定的合法性。例如，精神病患者聚居区能满足设施的可达性、有助精神病患者建立互助的社会网络。

总之，制度（机构）作为人类互动的模式如何影响互动。对于精神病患者的去机构化政策与聚居区的形成，是社会再生产过程中由行为的条件、制度（机构）行为通过四种互动的模式进行互动以及行为的意外后果共同产生。

2. 对于精神病患者聚居区的策略行为分析

能动性空间是行动者之间相互作用发生的场景，在模型中用一个圆盘来表示。圆盘的中心是多个行动者与之相关的特定事件。每个圆盘被分为五个扇区，分别代表政客、官员、利益群体、有影响力的个人、普通市民的能动性空间。每个行动者均与特定的制度（机构）关联在一起（这反映出行动者与结构之间的二重性），行动者在能动性空间中的位置分布则表示出在该事件中行动者的重要性程度［行动者与事件（圆盘中心）越接近表明在该事件中该行动者越重要］。一个能动性空间表达日常生活中某个时刻、某个事件中能动者的互动，而多个能动空间叠加则表达出互动的长期演变过程，并且随着时间的推进，前一个事件中行动者们相互作用的结果将成为下一事件中行动者相互作用的焦点。

不同行动者在一系列的事件中试图建立相关法规来解决精神病患者集聚的空间问题。

事件 1：社区反对及排斥性议案的争议。社区向汉密尔顿市议会反对大量的精神病患者寄宿住房出现在该居住区，不同机构对此展开对话。市议会代言人就此问题发表报告，建议不准在居住区中建设精神病患者的集体住房。由此引起争议。主要的反对者有二。其一，社会服务的提供者，直接对其他层面的政府负责，而与汉密尔顿市政府的目标相左，排斥性的政策与去机构化政策以及精神病患者回归社区的治疗益处相违背。其二，汉密尔顿市地方社会规划与研究委员会，它是政府机构，对市政厅的边缘地区进行管辖，是一个自治机构，与一个制度性的慈善团体有关系，本质上是以公共利益为目标的地方议会的监视者。其他许多机构都赞同社会规划与研究委员会的观点。在此争议中，隶属于区域政府的规划与发展部门发表了最终的建议，对争议进行调停。首先，将颁布一个临时性的法规来清除居住区中的普通寄宿公寓，但由公共机构运营或资助的救助中心或住区护理设施不包括在内。这一建议既回应了社区居民对精神病患者集聚区的反对，又满足社会服务设施运营者反对精神病患者的排斥性法案及其所导致的隔离后果。此外，规划与发展部门建议借助媒体宣传对该建议征求各方的建议。于是，市政厅成立了专门的小组委员会来就此问题进行正式对话。

事件 2：各方机构正式讨论。住区护理设施小组委员会召开了一个论坛，将该问题相关的各机构（社会规划与研究委员会、社会服务机构、规划与发展部门、设施运营者、社区居民等）召集起来进行正式的、制度化的讨论。此外，由于该小组委员会隶属于市议会，因此此次讨论有一定的法律性质。并且，在该论坛中市议会代言人和小组委员会主席（撰写最终报告）具有明显的优势，因为他们非常熟悉整体的规则和资源，因此他们主导着正式的讨论。论坛上考虑了许多关键问题。其一，聚居区的问题被置于去机构化政策的背景之下，暴露了省级政府在这个问题上的责任。其二，提出了社区居住是有益的观点，这从精神病患者、设施供给者以及社区居民的角度表明精神病患者聚居区的缺点。其三，市政府对于一些省级项目的执行力是非常有限的。一些特殊项目无需得到市政府的批准，因此它们能够逃避市政府的分区制度。其四，汉密尔顿市借鉴了多伦多市的经验，参考了其关于住区护理设施的研究成果。经过这次论坛，原先关于精神病患者聚居区的法规议案得到进一步发展。最终法规议案与之前提出的排斥性议案完全不同，允许住区护理设施可以分布在城市中的所有区域。这与社区反对议案中所提倡的排斥性的分区事件完全相反，但小组委员也提出了一些限定条件，如要求对设施进行注册批准、并且要执行法规来禁止社区成为精神病患者聚居区并同时遏制已有设施的集聚增长。这个议案的基础在于所谓的距离间隔标准，即要求在批准的设施之间的间距不少于180m。

事件3：法规的撰写。正式法规的撰写并不是市议会的议员们，而是规划与发展部门的官员。由于政府机构之间的条块分割，规划与发展部门官员仅仅执行了讨论议案中在土地利用规划领域之内的部分，而忽略了对住区护理设施注册机制的管理和法规的执行。这反映了政治行动者（政客）和行政行动者（官员）们在对待该问题上的分歧：政客们将此问题视为社会政策，而土地利用和分区的问题仅属于社会政策的一部分。参与小组委员会论坛的行动者们能够创造性地构想和讨论解决该问题的所有方案，而无须受限于管辖权的限制，而规划与发展部门的官员在撰写法规时却严格受限于部门的管辖权，仅考虑分区和土地利用的问题，而忽视执行和机构注册管理的问题。之后，法规撰写的初稿也反馈给住区护理设施小组委员会征求意见。但是并没有推动规划与发展部门重新加入其职责范围以外的部分。最终，法规通过议会的表决，在1977年提出排斥性报告后成为正式法规。

事件4：精神病患者聚居区的持续存在。在法规通过之后，市政厅议员们意识到，没有有效的执行和注册管理，该法规所能发挥的效果非常有限。于是市议会代言人尝试联合市政厅的三位官员共同起草并推行一个新法案，来弥补现行法案中忽略的关于法案执行和设施注册管理的内容。尽管其他几位官员在政府机构掌握很大的权力，但最终还是没有一个关于前法案设施注册的法案。

政策制定的预期效果是通过控制住区护理设施的区位选择来遏制聚居区的形成。然而，最终却产生了两个不同的意外后果。首先，没有对法规颁布之前的设施进行注册，设施运营者便可以规避法规的限制。没有中央登记系统，便无法判断新的设施是否符合法规所要求的距离间隔区划标准。其次，法规实际上并没有抑制住聚居区的增长。事实上，在法规实施以后的研究表明，82%的新获批的设施仍然位于聚居区内。

可见，制度作为互动的模式，有助于理解制度影响聚居区形成的不同方式。从政治、经济和合法化模式来考察去机构化政策的实施过程，并且发现在对精神病患者分流的过程中各制度（机构）之间缺乏沟通模式的互动导致聚居区的出现成为一个意外后果。此外，空间被纳入到制度分析的框架之中，互动的模式如何在城市空间中表现出来，并且如何在社会的重构过程中与空间进行关联。

14.4 结　语

结构化理论启发了人文地理学者对人类能动性与结构之间关系的思考。同时，结构化理论对日常社会实践在社会结构的形成以及社会再生产中的作用的强调，与关注日常活动的时间地理学形成了理论共鸣，并且结构化理论与时间地理学的结合为解释社会再生产与日常生活提供了全新的解释视角。此外，在结构化理论中，由于强调时空也是社会实践的一部分，为将空间纳入制度分析框架提供了强有力的依据。向来关注空间过程的人文地理学，将研究的切入点聚焦在社会系统结构化的空间过程上。总之，结构化理论为人文地理学理解社会与空间的辩证关系提供了新的视角。

然而，人文地理学者对结构化理论几乎没有批判的全盘接受的做法也值得反思。在人文地理学和吉登斯的结构化理论的相遇、邂逅中，人文地理学吸收了当前社会理论或者社会学文献中的概念，然而却没有完全搞清楚它的起源和意义。人文地理学者应该持有更为批判的态度来引进结构化理论。

第15章 "空间的生产"理论及其在城市地理学中的应用

15.1 引 言

空间是地理学的核心概念之一,"作为一门学科的地理学的连贯性取决于这种概念"(Harvey,1996)。但是,正如地理学是一门随时空和环境变化而异的学科一样(Livingstone,2003),空间也不是一个简单而不变的概念。第二次世界大战以后,西方地理学中空间概念的意蕴发生了几次本质性的改变,其中,20世纪70年代兴起的"空间的生产"(production of space)理论,不但对人文地理学产生了深远影响,而且也风行于马克思主义、社会学、政治学、文学艺术、建筑学和城市规划等领域。该理论在批判区域学派的容器空间观和实证主义地理学相对空间观的基础上,重视和强调空间与塑造它的社会、政治、经济等因素的关系,并由此形成了两个学派:马克思主义地理学和新马克思主义城市学派①。

20世纪90年代以来,随着城市化的高速推进,中国城市空间形态和结构也发生了重大变化,亟须新的理论去解释和应对。西方地理学界和城市学界对城市空间的生产这一问题的持续探讨,已经积累了较为丰富的理论成果和实践经验。受此影响,国内学界近年来也开始关注和引介"空间的生产"理论,并以之解释一些新的城市问题。由于"空间的生产"是一个非常抽象复杂的理论,且涉及许多学科,所以目前国内学界对此尚缺乏系统性的研究,而且对它的具体应用还不很清晰。因此,本章对空间的生产理论的产生背景、主要观点及国内外研究状况进行总结评述,并通过一些典型案例剖析和评介该理论的方法论特点及其在城市地理学中的应用,最后探讨其在中国城市研究中的可能性与有效性。

① 这两个学派大同小异,在分析其理论和方法并具体应用时,可能存在学科(比如城市地理学和城市社会学)和个人偏好的差异,但限于主题,本章不准备讨论这些问题。而且,空间的生产本是一种跨学科的综合性理论;所以,聚焦和着力于城市问题本身,淡化学科界限而吸收并融合相邻学科的思想和理论,正是(城市)地理学发展的一个趋势和方向。

15.2 "空间的生产" 理论的产生与核心思想

15.2.1 "空间的生产" 理论的产生背景

空间的生产是马克思主义地理学和新马克思主义城市学派的一个关键概念。它特指资本、权力和阶级等政治经济要素和力量对城市的重新塑造,从而使城市空间成为其介质和产物的过程。它的产生有特定的时代和学术背景。

20 世纪 50 年代以前,以赫特纳、哈特向为代表的区域学派继承和发扬了大哲学家,同时也是地理学家的康德将地理学视为一门"空间"科学的传统,将空间视为"被填充的容器"(赫特纳,1983;Hartshorne,1958)。比如,赫特纳(1983)在其《地理学——它的历史、性质和方法》这一方法论巨著中曾满怀欣喜地引用康德关于地理学是一门空间科学的经典论述,认为"空间本身只是一种观念形式,只有通过它的内容它才能获得实在的意义",并三番五次地如此强调:"地理学不应是关于各种不同事物的地区分布的科学,而应是关于充填空间的科学。它是空间科学,正如历史学是时间科学一样"。经由哈特向(1963,1996)的添砖加瓦式的巩固,区域学派的空间观长期主导地理学界,成为第二次世界大战以前地理学界的主要范式。

以舍费尔(Schaefer,1953)发表的向区域学派进行挑战的论文为开端,倡导地理学是一门追求普遍法则的科学的实证主义地理学逐渐于 20 世纪 60 年代开始兴起。这一学派的地理学家倾向于诉诸区位论的传统,并力图借助数学模型等工具发现空间"模式"或"法则"(Schaefer,1953;Haggett et al.,1977)。舍费尔非常推崇城市地理学家克里斯塔勒的"中心地"理论,该理论以及区位论在实质上是一种空间形态学或几何学。但是,实证主义地理学以及在此影响下的城市地理学研究范式,是一种"物化"的空间理论(Quaini,1982),它尽量避免对空间的价值判断,因而忽视了塑造"空间"的个体以及政治和社会关系。比如,克里斯塔勒(1998)宣称事物围绕中心集聚不但是一种生物物理秩序,而且还是一种思维方式。但是,对于这个"中心"是谁的中心,中心—边缘结构中社会阶层的生活方式和状态如何等问题却不予考虑。归根结底,杜能、克里斯塔勒等古典区位论者及其后的空间分析学派的"空间"主要是完全理性的经济人的空间,"人"的社会政治属性、行为、个性、情感和价值观等重要问题却被回避了。这不足为奇,因为无论是杜能、韦伯还是克里斯塔勒等,都很强调他们的理论与经济学的密切关联,所以,其理论基础都建立在古典经济学"理性的经济人"的假设之上，这一理论出发点既是这些理论成功的基点，同时也是其被人质疑和否定的焦点。所以，实证主义地理学试图通过计量分析的工具摒除个人感情和价值判断因素，以追求"科学"的结论，但最终被证明与"真实世界"存在相当差距；而且它过分强调单一工具的作用，在某种程度上也背离了科学发展指向真理的目的论（叶超和蔡运龙，2010b）。这是实证主义空间理论主要的内在缺陷。

另一个引发"空间的生产"理论产生的主要原因是时代和社会现实状况。20世纪60年代后期，资本主义世界发生了一系列社会、政治和经济危机，比如美国国内的民权运动和反对越战的呼声高涨，经济衰退导致传统产业区的萧条等，这些使得种族、社会阶层分化形成的市区与郊区的城市空间分化和隔离问题日趋严重，实证主义地理学已不能对此进行合理解释和应对。最后，"区位理论以及实证主义地理学与现实世界空间问题的差距越来越大"（皮特，2007）。于是，以深刻地批判、分析和揭示资本主义政治经济制度实质见长的马克思主义理论自然进入了地理学家和城市研究者的视野。

15.2.2 "空间的生产"理论的核心思想

自20世纪70年代开始至今，借助马克思主义理论，国外在城市空间生产问题上已经形成了马克思主义地理学和新马克思主义城市研究的派别。虽然空间的生产理论并非只着重于城市问题，但城市（化）问题在其中处于核心地位。正如哈维（2006）在为列斐伏尔的《空间的生产》英文版所写的后记中指出，"城市化和空间的生产是交织在一起的"。很多研究者也是围绕城市空间的生产并以城市（化）为案例进行他们的研究工作。

法国马克思主义思想家列斐伏尔是空间的生产理论的奠基者。他被认为"代表了马克思主义在空间研究的最优秀的工作"（皮特，2007），"是后现代批判人文地理学的滥觞，富有原创性和最杰出的历史地理唯物主义者"（索加，2004），其理论是"空间的生产理论中最坚实、最有想象力和最详尽的部分"（Smith，1984）。列斐伏尔的雄心是把各种不同的空间及其生成样式统一到一种理论中，从而揭示实际的空间生产过程（Lefebvre，1991）。他首先对空间概念进行了较为全面的哲学考察，并深刻地批判了将空间仅仅视为容器和"场"的传统观点。在此基础上，他将其理论聚焦于空间的生产，提出了"（社会的）空间是（社会的）产物"的核心观点，它意味着自然空间正在消失，城市空间的生产被剥削空间以谋取利润的资本要求和消费空间的社会需要所驱动。最后，他建构了一个展现这个空间的生产过程的三元一体理论框架：①"空间实践"：城市的社会生产与再生产以及日常生活;②"空间的表征":概念化的空间,科学家、规划者、社会工程师等的知识和意识形态所支配的空间;③"表征的空间":"居民"和"使用者"的空间,它处于被支配和消极地体验的地位(Lefebvre,1991;列斐伏尔,2008)。从资本主义城市发展的实际出发,借助马克思主义的分析工具,通过对空间概念的系统梳理和历史批判,列斐伏尔终于建构了以城市空间是资本主义生产和消费活动的产物为核心观点的空间的生产理论。

由于在观点、立场和方法上的一致性,城市"空间的生产"的理论立刻引起了马克思主义地理学家的高度关注和积极响应。哈维在他1973年出版的《社会正义与城市》中就引用了列斐伏尔运用马克思主义原理和方法研究城市问题的著作,并给予很高的评价,认为列斐伏尔的著作是当时他所记得的"仅有"的从马克思主义角度分析城市化的著作,并且他们对城市化的关注是并行的,内容也存在相似性(Harvey,1988)。哈维不但初步运用马克思主义理论阐发了社会正义与城市之间的关系,而且发展了资本的城市化理论,指出城市空间组织和结构是资本生产的需要和产物,资本积累过程中的循环和再生产与资本主义城市化过程交互作用,中产阶级郊区化和城市中心区的衰落是资本积累与阶级斗争矛盾作用的必然结果(Harvey,1982,1985,1988)。对空间的生产这一理论武器的运用和发挥,使哈维卓有成效地补足了马克思主义在城市问题和空间维度上的缺憾,从而极大地丰富了城市空间的生产理论的内涵。索加(2004)将列斐伏尔的思想延伸到后现代,强调了政治权力和意识形态对城市空间生产的影响,并试图摆脱空间的"物化"和抽象化的双重束缚,从而建构一种以"批判的区域研究"为方向的后现代地理学。卡斯特尔(Castells,1977,1983)也深受列斐伏尔的影响,在批判城市社会学芝加哥学派的基础上,他提出集体消费的概念,认为城市化使城市劳动者的个人消费已日益变成以国家为中介的社会化集体消费,而决定城市发展和空间演化的主要原因是资本主义制度,劳动力和资本以及工人和资本家之间的斗争使得城市空间成为劳动力再生产的空间,那些照顾资本利益的城市计划和政策并不一定符合广大城市居民和贫困阶层的利益。史密斯认为资本主义政治经济的"发展不平衡"是空间的生产研究的中心(Smith,1984),并主张理解资本主义生产方式是理解空间的生产的前提,而"资本主义生产方式可以持续生产自然,空间只是它通过劳动和资本生产它的自然基础的副产品"(Smith and O'Keefe,1989)。格雷戈里(Gregory,1994)和迪尔(2004)则对列斐伏尔的空间生产的三元一体概念进行了进一步引申和演绎,迪尔甚至将列斐伏尔视为一个"潜在的后现代主义者",这反映了"空间的生产"理论的前瞻性和连续性。

将马克思主义理论引入地理学和城市研究,并进行综合的社会、空间和政治经济分析、批判和理论建构,是列斐伏尔、哈维、卡斯特尔、史密斯等马克思主义者对地理学的主要理论贡献。这种综合和跨学科的研究，不但扩展和丰富了马克思主义的理论体系，而且推进了地理学和城市领域的理论发展，并对其他领域也产生影响。正如皮特（2007）指出，"马克思主义与环境和空间知识之间的互相作用，对人类存在的深奥问题提供了强有力的理论解释，这些又为它的形成提供了学科力量。"从西方人文地理学近40年发展历史来看，虽然后来出现了"制度、文化转向"和后现代地理学的研究趋向，但是，"空间的生产"的理论热潮仍未退却，并被延伸、整合和拓展到诸多问题和领域（Gottdiener，1985；Mitchell，1993；Olds，1995；Unwin，2000；Thrift and French，2002）。

15.2.3 "空间的生产"理论在中国的传播

20世纪90年代开始，中国学术界对城市"空间的生产"理论开始予以介绍（夏建中，1998）。2000年以后，出现了一个城市空间生产理论的研究热潮，择要列举如哲学和马克思主义领域（汪民安，2006a；吴宁，2008；胡大平，2009）、（城市）社会学领域（蔡禾，2003；何雪松，2006）、（都市）文化和文学领域（包亚明，2006；陆扬，2004）。近三年，在上述领域更有若干与列斐伏尔和"空间的生产"相关的专著出版（吴宁，2007；冯雷，2008；陈映芳，2009）。包亚明（2003）编的《现代性与空间的生产》对普及国外经典的空间生产理论起到很好的作用。这些都表明相关研究已经有一定的积累，并正在由片段的、零散的认识向较为全面的理解和初步的应用演化。

城市研究领域和地理学界也热切关注空间的生产理论，并出现了一些探索性的实证研究。城市规划和建筑领域对它的理论引介和初步应用正在增多（汪原，2006；吴缚龙，2006，2008；杨宇振，2009；江泓和张四维，2009；宋伟轩等，2009）。地理学者对空间的生产理论或从整体地理学角度予以介绍（石崧和宁越敏，2005；王丰龙和刘云刚，2011），或从城市地理学角度进行阐发（吕拉昌，2008）；因研究主题的密切相关和学科渊源，一些论文也发表在城市研究的刊物上（李健和宁越敏，2006；张京祥和邓化媛，2009；马学广等，2008；魏开和许学强，2009）；顾朝林等（2008）的著作对马克思主义地理学和新马克思主义城市学派进行了概括介绍和简单评价。在台湾学者中，夏铸九等（1988）曾较早地编译了介绍空间生产相关理论经典论述的著作，而王志弘（2009）则以扎实的西方地理学文献基础，对列斐伏尔及其后西方地理学中空间的生产概念进行了一个较为系统的梳理与解读；黄宗仪（2004）以上海的都市空间生产为例的研究揭示了资本需要支配的城市空间与被支配的人民生活空间之间的二元对立的矛盾；香港大学城市地理学家林初升则考察了中国城市空间被国家力量和经济、社会因素重塑的状况（Lin，2007）。

15.2.4 比较与启示

综合国内外研究来看，空间生产理论尽管外延广泛，但基本上都聚焦于城市问题，而且对它持续不断的深化拓展也显示出理论的生命力与影响力。虽然城市空间的生产的理论日臻成熟和趋于复杂演化，但是似乎并未形成一个"牢固的"研究范式①。其理论以自由的思考、深刻的批判、广泛的整合而见长，但也带来了松散晦涩的弊病。另外，正如安东尼·奥罗姆和陈向明（2005）所指出，新马克思主义城市理论过分强调经济和生产的决定作用，而忽视了地方政府和文化机构对城市生活的影响。与西方学界相比，国内（尤其大陆）对该理论的追踪和跟进较为迟缓，主要原因可能在于 20 世纪七八十年代的城市空间状况与资本主义世界还有很大差异，也有语言②以及文风颇多思辨和晦涩难懂的缘故。

进入 21 世纪后，众多学科和领域兴起了空间生产理论的研究热潮，空间的生产理论在国内已经具备一定基础和研究"氛围"，也许从某种程度上它也反映了中国城市空间发生根本变化和亟待解释和解决的紧迫性。由于地理学在空间问题上的传统优势，西方地理学家是推动空间的生产理论演进的主要力量，他们是理论的主要阐发者；而在国内地理学界，就现有成果看，这一优势并不突出，尚缺乏对"空间的生产"理论系统、深入的理论思考和突出的案例研究。作为马克思主义指导下的社会主义国家的研究者，对马克思主义地理学和新马克思主义城市学派应予以充分的关切（叶超和蔡运龙，2010a）。所以，对地理学界而言，在认真学习并理解西方理论的基础上，与其他学科和领域进行积极对话，将会帮助我们把握理论创新和产生良好实践效果的主动权。

241

---

① 或许对库恩（2003）的科学革命是由"范式"的演替推动的观点本身需要重新审视，后现代主义尤其拒绝这样一种由主导理念及通则形成并促动科学演进的主张。在科学哲学领域，对"范式"理论的批判最典型的是费耶阿本德（2004）的"怎么都行"的方法论。"范式"理论反映了人们追求某种秩序的信念，然而反对这种理论的人们则认为这种秩序在现实生活和科学活动中不存在或者错综复杂而难以规约为"范式"。对"范式"的这种怀疑和否定，使得人们不再认为范式是衡量一种理论的影响程度及其是否"成功"的标志。

② 《空间的生产》系 1974 年用法语出版，到 1991 年才出版英文译本，所以其在英语国家的传播本身并不迅速。

15.3 "空间的生产"的方法论

15.3.1 认识论与方法论的关系

认识论、本体论和方法论是哲学的三大范畴。但是，与作为哲学家的列斐伏尔着力于对空间进行本体论的重新阐发不同的是，哈维则着力于空间的认识论和方法论。哈维认为他和列斐伏尔并行不悖地发展出各自的理论，而且存在很大相似之处，但是也有一定区别（Harvey，1988）。为《社会正义与城市》作序的卡赞尼尔森（Katznelson，1988）也指出："尽管受到列斐伏尔的激发，但是哈维完全拒绝了列斐伏尔将空间关系视为一种独立的决定性力量的主张。对于哈维而言，空间不是一个类似本体论的范畴，而是一个既形塑（人们）又被人们形塑的社会维度"。在1969年出版的《地理学中的解释》中，哈维虽强调它主要是方法论论著，但还是在第一章和最后一章重点阐述了认识论与方法论的关系。这反映了对两者关系的考察，既是哈维学术思想的一个出发点，也是一个落脚点。虽然后来他的理论和方法论立场发生根本变化，但他在此书中提出的"对于地理学最根本的观点是方法论与哲学二者必须兼顾"（哈维，1996）的认识立场却贯穿了他学术道路的始终。

认识论属于哲学范畴，包括四方面内容：信念、知识类型（亲身体验还是别人的经验）、知识所反映的客体及认识的起源；而方法论则是一套指示研究和争论将如何在学科内进行的规则和程序：即如何收集和组织信息（约翰斯顿，2000）。哈维的认识论和方法论概念都不同于约翰斯顿。哈维认为认识论"寻求解释知识何以可能的程序与条件"（Harvey，1988），相对于约翰斯顿将信念只看做认识论的一个重要方面，哈维（1996）则简约化地将信念直接等同于哲学，这种简化不一定全面和正确，却便于人们理解和抓住哲学或认识论的核心。

哈维认为，地理学家及其群体的不同正来自于他们的认识论不同，虽然认识论可以转变，但它并非一个逻辑问题（方法论却是关于"逻辑"合理性的论证）。他指出，"由于各有自己的价值观念，因此不同的地理学家和地理学家集团就有相当不同的任务。假设我们希望转变一个人的地理任务观使之同我们自己一样，我们唯有通过转变他的信念才能达到。例如我们可诉诸他的社会良心，指出加尔各答街头的饥荒和悲惨境况，以此来设法转变他，使他认识到地理学在减轻饥荒和悲惨境况方面是有所作为的。或是我们可以利用他的爱美情绪，使他踯躅于罗马废墟之间，从而使他转变到这一立足点上，为景观随时间而变迁的'感觉'所包围。但是我们不能以逻辑上的争论来摧毁他的信念，我们只能以这类争论来支持自己的信念"（Harvey，1996）。

这段论述不但恰当地阐述了认识论对地理学家的影响，而且饶有趣味。有趣之处在于哈维当时无意中举的两个例子，社会正义和景观历史演变的艺术感觉，恰恰成为他在《社会正义与城市》（哈维，2006b）与《巴黎城记：现代性之都的诞生》（哈维，2010）两部著作中表现的主题。这并非巧合，而是哈维学术路径转变的必然反映。

15.3.2 马克思主义、城市和空间的综合研究

哈维对城市化历史的马克思主义解读和剖析不但是对马克思主义在空间维度上的有力补充，而且还发展了马克思和恩格斯以及列斐伏尔等的城市理论，从而使其成为马克思主义地理学和新马克思主义城市学派的代表人物。

马克思和恩格斯对城市和空间问题的论述是"空间的生产"理论的基础。马克思和恩格斯早已注意到了地理要素、城市和"空间问题"。比如在《共产党宣言》中，马克思和恩格斯（1997）写道：

　　"资产阶级，由于开拓了世界市场，使一切国家的生产和消费都成为世界性的了。使反动派大为惋惜的是，资产阶级挖掉了工业脚下的民族基础。古老的民族工业被消灭了，并且每天都还在被消灭。它们被新的工业排挤掉了，新的工业的建立已经成为一切文明民族的生命攸关的问题；这些工业所加工的，已经不是本地的原料，而是来自极其遥远的地区的原料；它们的产品不仅供本国消费，而且同时供世界各地消费。旧的、靠国产品来满足的需要，被新的、要靠极其遥远的国家和地带的产品来满足的需要所代替了。过去那种地方的和民族的自给自足和闭关自守状态，被各民族的各方面的互相往来和各方面的互相依赖所代替了。物质的生产是如此，精神的生产也是如此。各民族的精神产品成了公共的财产。民族的片面性和局限性日益成为不可能，于是由许多种民族的和地方的文学形成了一种世界的文学。"

这生动描绘和深刻揭示了资本流动是如何打破民族疆界从而创造出自己所需要的空间，从而形成了世界性的生产体系，达至我们现在称之为"全球化"的状况。《共产党宣言》和《资本论》是哈维对马克思主义空间观进行重新解读、评价和延伸所依据的主要文本。哈维对《共产党宣言》进行了重新解读，并重点阐发了它的地理意义。比如，他认为

"《共产党宣言》正确地强调了通过交通和通信的创新和投资来减少空间障碍对维持和发展资产阶级权利是必不可少的……'通过时间消灭空间'深深地嵌入在资本积累的逻辑中,并伴随着空间关系中虽然常显粗糙但却持续的转型,这些转型刻画了资产阶级时代(从收费公路到铁路、公路、空中旅行,直至赛博空间)的历史地理特征。"(Harvey,2000;哈维,2006)。

哈维对马克思主义经典的解读是批判性的。他认为马克思对空间的关切远不如时间,而历史唯物主义也忽视了资本主义"生产"的地理;因此,"历史唯物主义必须升级为历史–地理唯物主义,资本主义的历史地理学必是我们理论化的目标(Harvey,1985)。作为马克思主义地理学家,哈维首先要做的工作就是补充马克思主义对空间认识的不足,从而发展出历史—地理唯物主义的理论。这使得哈维必将资本流动、城市化、空间以及与之相关的社会政治问题进行综合分析,并由此导出一个体系。

从哈维在 20 世纪 70 年代之后对空间的生产的持续研究来看,他在理论和实证上都无疑大大推进了列斐伏尔的原创性工作。因此,我们可以说,哈维并非只是一个简单的马克思主义、列斐伏尔思想与理论的引介者,而是如同他 1969 年集实证主义地理学之大成一样,其后的哈维逐渐成为空间的生产理论的集大成者。这个集大成,在理论研究上体现为哈维成功地发展出一套完整的分析资本、城市化和空间等问题的历史—地理唯物主义体系;在实证研究上是指他既从宏观视角出发分析了资本主义城市化的整个历史过程,也有微观上详细剖析一个城市空间的生产的经典之作,多尺度地展现了资本主义空间的生产的全貌。但是,理解和把握哈维如何将这一理论应用于城市化历史和个案的关键首先不在于他所用的方法,而在于透彻认识哈维的方法论特点,至于具体的分析方法,则是由它所决定的。

15.3.3 哈维城市空间分析的方法论特点

1. 自由且富有批判性

虽然哈维在 20 世纪 70 年代很快抛弃了他在《地理学中的解释》中形成的实证主义立场,但是他在该书中灵活动态地看待空间概念、方法论问题的态度,却贯穿其以后研究的始终。在方法论上,自由而且富有批判精神,这正是不论作为实证主义地理学家、马克思主义者还是后现代理论家的哈维一直具有的两个特点。而且,越到后期,这两个特点就发挥得越是淋漓尽致。但是,当我们注意到哈维将其触角由实证主义地理学的方法论不断延伸到城市、社会公正乃至马克思主义、资本的空间与城市化、帝国主义、城市的历史地理等几乎包括所有社会科学以及一些人文学科门类的时候，我们不应忘记，这种自由而富有批判性的方法论基础却是其在《地理学中的解释》中打下的。每个方法论研究者都应该铭记他的如下告白：

> "若不作些冒险，若不从某种思想跳板上作一个跳跃（虽然我们不知道跳板外安排了什么东西），我们就不能探索这世界。因此方法论者的作用不是约束思索，不是诋毁形而上学，也不是束缚想象，虽然很多人由于害怕方法论者力图做所有这些事，或者更糟而会抨击他。但是在某一阶段，我们必须牵制我们的思索，必须把事实和设想分开，把科学和科学幻想分开。方法论者的任务就是指明可用以完成这个工作的工具，并评价这些工具的功效和价值。在这样做时，方法论者必须有批判精神。但是危险在于方法论者的言论可能成为正统观念，在于方法论（而不是方法论者）可能约束思索、阻抑直觉，使地理想象迟钝。……把哲学和方法论分开并非总能做到，因为在很多地方二者是如此紧密结合，以致有效地合而为一。……方法论上的自由非常重要，它在我们研究地理现象的方法方面给我们极大灵活性，也为合理而客观地讨论地理学问题提供了必要的语汇。"（哈维，1996）。

因此，也许是个人禀赋使得哈维一开始就并非一个强调传统、因而固守某一理论和方法论立场而不变的学者。他敏锐地捕捉时代机遇，并成功地将其与个人爱好和才智、学科内外的环境紧密结合起来，所以，尽管 20 世纪 80 年代后的人文主义地理学又变幻出几个新的潮流，哈维却始终能抓住"时代的脉搏"，其理论也并没有随着马克思主义地理学的低潮而"过时"，这与他主张自由的方法论研讨的基调密切相关。尽管在 20 世纪 70 年代中后期以后，受到后现代主义等理论思潮的冲击，他的哲学信仰（或者认识论）却始终是马克思主义，但是，在方法论上他却是个极富批判精神的"自由主义者"，叶超和蔡运龙（2009）也将其归为"调适型"方法论者的代表，实际上反映了哈维在方法论上不断聚焦和变焦的特点。

2. 社会空间辩证法

社会空间辩证法是理解和把握空间的生产理论的关键。这一词系由索加（2004）提出，但是其思想则来自于列斐伏尔的"（社会的）空间是（社会的）产物"。社会空间辩证法主要讨论社会过程与空间形式之间关系，认为社会过程与空间形式之间并不是不同的两个事物（或过程），也不是一方包括或者反映另

一方的关系，而是交融在一起而难分彼此的关系①。一句话，它们在本质上就是一回事。史密斯甚至认为

> "建构空间和社会'相互作用'或者空间模式'反映'社会结构的概念，不仅是粗浅和机械的，而且限制了对地理空间的更多洞见。持有空间和社会之间是这种关系的观点在根子上仍然是一种绝对空间概念。只有两件事情首先被定义为分离时，它们才能互相作用和彼此反映。即使有了这种认识，这是第一步，我们也不能自动地从旧概念的牢笼中解脱。……'空间的生产'概念意味着我们有了迈出第二步的方法，它能使我们不是简单地宣称，而是展示空间和社会的统一性。"（Smith，1984）

这也就是说，要想理解空间的生产，我们首先必须抛弃看待空间和社会为两种独立且不同事物的传统观点；空间的生产则是替代传统的空间—社会二元论，从而将空间–社会统一起来的最合适的概念。这种社会—空间统一性首先由哈维在《社会正义与城市》中予以阐发，只不过哈维采用的是"社会过程—空间形式"这一合成词组。在哈维看来

> "现在正是弥补这显现得不同的两种（事物）和矛盾的分析模式之间的思想裂痕的时候。……我们在社会过程与空间形式之间的区别常被认为是幻想而非真实，空间形式并不是被视为它所处的并展现它的社会过程中的非人化客体，而是'内蕴'于社会过程而且社会过程同样也是空间形式的事物。"（Harvey，1988）

与《地理学中的解释》对空间给出的不确定答案相比，《社会正义与城市》直接追索理论、空间、社会正义、城市这四大问题的本质，并给出答案。虽然哈维在具体分析时，仍然采用了前半部分是概念和理论分析，后半部分是实践活动分析（也就是案例剖析）的组织方式，但是他实际上并不主张将这两者割裂，而且更加强调空间问题来自于实践活动这一观点。他指出，"适当地概念化空间的问题通过与它相关的人类实践才能予以解决。换句话说，由空间的本质所引发的哲学问题并没有哲学答案，答案在于人类实践。因此，'什么是空间？'这一问题，已经被代之以'不同的人类实践怎样创造和利用了不同的空间概念？'"（Harvey，1988）

这个认识毋宁说是马克思著名的结论——"社会存在决定社会意识"在空间问题上的翻版。这也从一个侧面反映出哈维最终走向马克思主义既有巧合的成分（他自己认为是偶然的），但更大程度上是一种必然。

---

① 这也是"（社会的）空间是（社会的）产物"这一论断中，"社会的"一词被置于括号中的原因。

15.4 "空间的生产"理论的应用

15.4.1 城市空间的生产的实证研究

一旦理解了空间的生产理论如何从产生、形成、发展到成熟所需要的认识论与方法论基础和条件，要理解并掌握其应用就相对容易。这个具体应用主要指的是实证研究以及从中可以总结的方法。在这方面需要强调的是，空间的生产并不只是一种理论思辨，它已经积累了较为丰富的城市研究案例。

城市空间的生产实证研究大体上有两个向度：宏观上主要体现为对城市化过程的历史解读，微观上体现为城市及其社区发展的个案研究。如哈维（2010）曾对巴尔的摩的城市景观和空间变化进行过长期的跟踪调查和研究，他对巴黎的都市空间生产的历史和文本解构也非常经典，索加（2004）和迪尔（2004）对洛杉矶的拆解也具有典型性，在这两人的论著中，空间的生产与后现代主义的界限并不那么严格，两人甚至都把列斐伏尔视为后现代的一个发动者。

作为"空间的生产"概念的首创者，列斐伏尔（2008）本身就对城市化的历史以及巴黎的工人阶级状况、住宅、社区以及消费空间进行过社会调查和研究。但是，由于列斐伏尔的"空间的生产"理论是一个囊括众多范畴的复杂体系，非常抽象晦涩，他对空间概念的演绎也使人好像走进一座空间的迷宫，再加之他更多地被看做一个哲学家和社会学家，所以，虽然他于 1970 年和 1972 年用法文写的著作《城市革命》在哈维的《社会正义与城市》中被引用（Harvey，1988），但他的理论在地理学界的广泛传播还是经历了一个过程。而且，相比其后的哈维、卡斯特尔、索加等人，列斐伏尔的哲学意味很强，其实证研究似乎并不集中和系统，哈维在提到他与列斐伏尔的著作区别时也认为他们的解释和所强调的重点有差异，虽然列斐伏尔的著作在某些重要方面也不完整，但是仍然比他的广泛（Harvey，1988）。这一不同也影响到他们对典型案例分析的深度。所以，哈维的研究方法具有代表性，对地理学的借鉴意义更大。

15.4.2 哈维的研究方法

1. 不要忘记和放弃自己的出发点

空间的生产是根源于马克思主义的一个抽象复杂的体系，如何理解并把握马克思主义的思想，并在此基础上有所创新成为哈维的主要目标。显然，必须在理念上通过一定的方法去协调、组织和整合马克思以至列斐伏尔等的概念。哈维在谈到他自己的方法时，提到有两条路径：一条是把马克思视为"思想的主宰者"，将其言论作为不可触犯的绝对真理；另一条则是哈维倾向于采用的，就是遵照辩证法的精神，将马克思的学说视为暂定和初始的，需要将其巩固和发展为一套更为完整的理论体系，而不应纠缠在他大量的未刊书信的细枝末节（Harvey，2001）。这其实也是我们在对待哈维的理论时应该采取的态度。

在与《新左翼评论》记者的对话中，哈维提到他在写《社会正义与城市》时得自马克思的启示：不同概念的碰撞点燃智慧之火，理论创新也从中产生；但这样做时，人们决不应完全放弃自己的出发点；只有有选择地、批判地部分吸收，才会激发思想火花；应该将不同的概念联系在一起并发展一种新的知识形式（Harvey，2001）。因此，对于庞大复杂的思想和理论，我们尤其应该牢记带着自己的问题和出发点进行探寻这一首要法则。

2. 政治经济分析与文学艺术手法相结合

要展现和分析现实中的空间的生产，主要有两种方法：一种当然是马克思主义常用的工具——政治经济学，它实际上就是阶级分析法；另一种则是诉诸文学和艺术手法，以小说、诗歌及隐喻的文本，绘画、照片、图片等揭示哈维所说的"图像化空间"的涵义。这两种方法常被哈维混合使用，而且他也经常通过解读景观背后隐藏的意义来揭示阶级冲突。相比作为马克思主义传统的阶级分析法，如何借助文学艺术表现空间的生产是一个容易被人忽视的难题。完美地结合二者，并以令人叹服的文学艺术手法阐发城市空间的生产的著作是《巴黎城记》。

在《希望的空间》一书中，哈维主要通过一系列拍摄的景观照片来揭示巴尔的摩的空间问题。不同的就业条件造成了城市社会分为不同的阶级（层），他们有各自的利益，资产阶级所代表的权力阶层希望把穷人和下层阶级赶出城市，穷人救济处被富人们煽动着从市中心搬离到监狱后面，公共投资集中于为富人们所建的体育馆和会议中心，图书馆、学校和城市服务机构却在缩减，马里兰科学中心的景观具有控制社会的堡垒的涵义，监狱的投资却是城市改造的重点等（哈维，2006）。凡此种种，无不说明了财富和权力的地理分异加剧了城市发展的不平衡，富人们从市中心转移至郊区以远离穷人和底层社会，他们采取"门禁社区"将自己封闭或保卫起来，因此冲淡了公民权、社会归属和相互支持等概念，致使种族和阶级矛盾比以前更加尖锐了（Harvey，2000）。在围绕巴尔的摩建造一条穿过市中心的高速公路的争议的案例中，哈维（2006）归纳出了代表7种阶层利益的主张：强调效率，追求经济增长，保护美学和历史遗产，维护社会和道德秩序，环境和生态保护，分配的正义，邻里情谊和社群正义；从中得出的结论是正义随不同的实践、空间和个体的变化而变化。

如果《希望的空间》是反映现代资本主义城市化过程中所产生的空间问题的话，那么《巴黎城记》则是描绘它诞生之初波澜壮阔的复杂景象的一幅长卷。此书在国内影响很大，中文译本就有两个，而且引起了多个领域学者的关注。唐晓峰（2010）不但为该书写了序言，而且还在《读书》杂志上进一步解读了哈维城市空间的地理意义，可见他对该书的推崇。他的解读着重从人文地理学角度阐发哈维城市空间的生产的论证特点，值得中国城市（历史）地理研究者参考。

从方法上，《巴黎城记》对文学艺术手法的运用达到了 "炉火纯青" 的地步，可说是将文学艺术与政治经济分析方法相结合的典范。在文学上，哈维试图借助巴尔扎克、波德莱尔、左拉、福楼拜等的作品重构巴黎空间的生产地图。就艺术而言，哈维引用了 118 幅图（大多数是法国画家杜米埃的绘画），相比之下，关于人口、就业、产业等状况的表格仅 9 幅，这些图像和画作，生动地展现了当时巴黎的社会生活、阶级状况、城市景观、精神面貌等的全景，而牵动和贯穿这些零散 "图像" 的主线则是阶级分析方法。尽管空间这一词汇并不像在其他作品中那样反复提及，但是空间的生产仍然是哈维要揭示的主题。在此，空间和地理似乎游离于文本之外，但是它巧妙地通过哈维的 "图像化空间" 而衍化为（不同阶层的）人物、意识形态、城市与乡村、地点、场所、建筑物、道路、居室与火车车厢等或抽象或具体的空间样态。正如列斐伏尔（2008）所说："这个空间既是抽象的也是具体的，既是均质的又是断离的。它存在于新兴城市之中，存在于绘画、雕塑和建筑之中，也存在于知识中。"

现代巴黎的城市空间并无定形定态，但无处不在，而且经由资本运动、权力塑造而形成社会过程和社会关系。哈维说这是他学术地位稳固之后回归自己文学爱好的尝试，这似乎暗示着文学艺术手法或方法的表现力还是遇到了主流学术界 "科学主义" 意识形态或明或暗的反对和抵制。但地理学也是一门艺术，文艺的传统在地理学中也源远流长。探索地理学的艺术，或者以艺术的方式表现地理学的主题无疑是一个响应和重振这种传统的最好方式。《巴黎城记》为我们提供了可供效尤的范本。

15.5 中国城市空间的生产研究案例分析

15.5.1 中国城市空间的生产问题

从现实角度来看，20 世纪 90 年代以来的城市空间结构和形态已发生重大变化。随着全球化和信息技术的发展，中国进入了城市化快速发展的阶段。无论是对快速城市化产生的空间扩张、资源环境和社会问题的担忧（陆大道等，2007），还是对新时期城市化动力机制趋向多元化（宁越敏，1998；柴彦威，2000；顾朝林，2006）以及中国城市发展进入一个转型期的判断（张京祥等，2008），内蕴的共识则是近20年的城市化和城市空间已经具有了新的特征、结构和演化动力，城市空间已被多种新的要素和力量重塑。

在诸多新要素中，跨国资本的流动、各种权力的博弈、社会阶级的分化对城市空间的影响日趋强烈。比如，中国大陆第一高楼——上海环球金融中心，是由日本、美国等国的40多家企业投资兴建，总投资额超过10亿美元，表征了国际资本对城市空间的支配（黄宗仪，2004）；而高价住宅在城市中心的集中则使中低收入市民迁移到城郊边缘地带，反映了城市绅士化带来的社会分化问题（Wu，2000）；大规模的旧城改造和拆迁不但引发了历史文化遗产保护的问题，而且引起频繁的开发商与原住民之间的冲突，极端的比如各地多有报道的"钉子户"事件；上海、杭州、重庆等地建设的"新天地"式超大休闲娱乐城，彻底改变了人们与街道、店铺的血肉联系，这种消费文化正在成为控制城市空间生产的手段（包亚明，2006）。透过这些典型事例可以看到，资本、权力、阶级等政治经济要素正在成为重塑城市空间的"关键词"。城市已经不仅是传统的产业集聚"中心地"和"增长极"，而且成为资本、权力和阶级利益角逐的工具。受此影响，城市空间正在发生不同于以往的根本变化。高档住宅产生的市区与郊区以及贫富社区的空间隔离，新的城市建筑（比如大型广场、摩天大楼、大型游乐场等）对社会活动的强大影响，显示出城市化正在从"空间中事物的生产"转向"空间本身的生产"。这些城市现象和问题，亟须新的理论解释和政策应对。

15.5.2　两个案例分析

随着马克思主义地理学的形成和演化，国外对城市空间生产问题已经积累了较为丰富的理论成果和实践经验。相比之下，国内学界对它的研究比较迟滞，目前还处在引介和初步应用的起步阶段，尚没有参与到讨论这一问题的国际学术环境中去。随着中国空间的生产问题的日趋突出和复杂演化，可以预见的是理论和实证研究必将进入一个新阶段。就已有的实证研究来看，较为突出的是台湾学者黄宗仪（2004）对上海空间的生产的剖析以及杨宇振（2009）对权力、资本与中国城市化过程中空间的生产分析。两篇文献虽然在案例剖析的深度和丰富程度上仍需进一步加强，但都是中国学者在应用这一理论上具有代表性的尝试和探索。

黄宗仪（2004）对上海空间的生产的剖析，是从单个城市、中短期历史的时空尺度分析浦东"复制"成全球城市的过程，通俗易懂，很适合城市空间的生产理论的初学者学习。他描述了资本流动和权力支配的、属于上层阶级的空间如何与低收入阶层与底层社会的、当地居民的生活空间之间形成的矛盾；在他看来，上海成为全球城市的过程，就是在全球化的名义之下，受资本积累的需要驱动，政府权力作用之下兴建的以地标性建筑、高价住宅、商业中心、机场等建筑景观形式为代表的、属于"成功人士"的空间支配和宰割人们的日常生活空间的过程。在方法上值得注意的是，他用了列斐伏尔所使用的"镜像"隐喻来说明这种城市空间的生产就像幻影一样，即使权力的操控者自己也并不能真正决定空间的生产过程。正如哈维曾改引巴尔扎克的语句所描绘的资产阶级一样："资产阶级用他们的思想来包裹世界，铸造世界，塑造世界，穿透世界，掌握世界——或自以为自己能掌握世界；然而他们突然独自醒来，发现自己处于幽暗光影的深处。"（哈维，2010）。

巧合的是，专业上属于城市规划和建筑领域的杨宇振（2011）解读《巴黎城记》的标题也是"巴黎：作为当代中国城市镜像"，联想到现代巴黎的改造还是 160 年前的事，这种"镜像"的隐喻就不仅具有穿透空间的涵义（就黄宗仪来看），而且还跨越了时间（在杨宇振来看），这就使得"空间压缩"在中国变为"时空错乱"。但是，与黄宗仪的研究不同的是，杨宇振对中国城市化空间的生产过程的分析属于较为宏观层面的较长期历史尺度。他以 1908 年《城镇乡地方自治章程》颁布百年（到 2008 年）为出发点，在讨论分别由罗兹曼、施坚雅、墨菲形成的中国城市空间结构研究的三种范式的基础上，运用哈维"资本的城市化"理论，并以之分析 1978 年以来的三次大的制度变革，试图阐述权力、资本与空间的生产之间的关系。虽然在三种范式和哈维理论之间的衔接，对应地，受权力和资本支配的近代城市与现当代城市的历史衔接仍然有脱节，制度、资本、权力与空间关系的阐发还不够深入和清晰（因为这些主题的宏大，而且跨越如此大的时间尺度，所以这可能是浓缩在一篇文章里必然产生的问题），但它确实是一个试图整合中国近代城市史理论和（现代）马克思主义城市理论来解释中国长期城市化过程中城市空间的生产问题的重要探索。人们可能更容易理解和偏好单个城市的研究，但是宏观和长期历史演变的尺度相结合的城市（史）研究是同样重要的。也许，在应用空间的生产理论时，对于微观和宏观、时间与空间，我们可以偏好某一尺度，但绝不能偏废另一尺度。

251

15.6 结　语

从现实生活和理论发展两方面结合来看，城市空间的生产在中国已经成为一个至关重要的、迫切需要研究的学术问题。对它的实证研究虽然面临挑战，但有案例可参照，有阶级分析、历史分析、文本分析和景观图像分析等方法可依循，所以具有可行性。中国的城市空间的生产问题正日趋突出，这些问题与社会公平和正义、阶层分化和区域差距扩大，资本的城市化密切相关，完全可以参考和借鉴空间的生产以及马克思主义的理论工具和方法进行解释和应对（叶超和蔡运龙，2010）。

中国地理学正面临一个将马克思主义、城市问题与地理学紧密结合并发展中国地理学理论的难得契机。相关的实证研究也提供了可供借鉴的方法。在此基础上，对中国城市空间生产的过程和驱动机制进行研究，已经成为一个紧要的学术任务。

第16章 定量研究方法及其在城市地理学中的应用

16.1 定量研究方法的起源与发展阶段

16.1.1 定量研究方法的起源

以区域为研究对象的地理学在系统论和科学主义的影响下由区域描述走向了定量研究方法，对区域地理学工作的不满导致了对区域地理方法的怀疑，从而转向了专业化的系统分支学科的研究。这其中的不满包括了三个方面：一是认为许多区域分区是幼稚的，尤其是大范围的分区；二是认为区域地理学中的人文和自然现象的罗列过于简单；三是认为区域地理学的范式来自于法国景观研究，它们以为区域是可分的，每个区域都有各自的特点，而事实上并非如此（Freeman，1961）。所以，有学者强调，矫正区域地理工作的缺憾需要在系统方面进行大量的研究和训练（Ackerman，1945）。

舍费尔对哈特向的区域观点提出了挑战，批评区域地理学中的例外倾向，为地理学采用实证主义方法提供了范例（Martin，1990）。依照舍费尔的观点，地理学的主要描述性规律为空间模式，关注地球表面某一特征的空间分布起支配作用的规律（Schaefer，1953）。舍费尔强调，这种地理学规律是形态的，与强调过程的其他社会科学规律有明显不同。为了全面理解地理学的形态学规律所表述的综合现象，就十分有必要采用其他社会科学的过程的规律。但是，哈特向却把解释性描述与说明性描述严格区分开来，强调研究发展和起源的原因是系统科学的职责。在"地理学是寻求总结科学规律还是描述单个案例"的单项选择中，哈特向倾向于后者，指出通过地理研究总结规律是困难的。这种困难主要是基于以下的考虑：第一，由于科学规律必须基于大量的实例，然而地理学研究单个地方复杂的综合现象；第二，科学规律最好从实验室的实验建立起来，仅允许少量的独立变量改变，这种情况在地理学中几乎是不可能存在的；第三，解释需要系统科学的技能，而地理学家并不具备；第四，科学规律包含某种决定性，但这与导致景观变化的人类动机并不适应。由于上述考虑，哈特向认为探究规律与地理学是不相关的。当然，哈特向并没有主张地理学家不可以寻求和应用一般规律来理解单个案例——"把关注单个地方的研究和关注一般概念视为彼此对立和相互排斥，是一个错误的假设"（哈特向，1996）。

正是舍费尔这种地理学需要建立形态学规律的观点增加了地理学家的定量研究趋向，或者可以说，舍费尔倡导的科学方法的潮流终结了哈特向为代表的地理学的区域传统。20 世纪 50 年代，包括城市地理学在内的许多地理学系统分支研究都走向定量研究方法，而欧美的几个学派尤为引人注目，这包括衣阿华学派、华盛顿学派、社会物理学派等。

衣阿华学派的代表人物是舍费尔和麦卡尔蒂。该学派深受经济学的影响，着重探讨经济区位现象之间的内在联系及其组合类型，目的是建立两个或者多个地理模式之间的关联度，这类似于舍费尔讨论的形态规律，包括表述问题、确定必要的工作定义、现象的度量（包括时间和空间采样问题）、以图表的方式表述发现，最后是讨论现象分布间的相关性。研究过程的核心是寻找最好的方法来发现"如果有 a、b、c，则存在 x"假设中的 a、b、c。这一学派尤其重视相关分析和回归分析等统计分析方法在人文地理学中的应用。

华盛顿学派从瑞典地理学家哈格斯特朗那里汲取营养，建立了一般化的空间模型和过程的方法，最主要的贡献在于从其他系统科学引入了规范的理论、数学方法和统计方法，并用它们建立了相应的形态规律。这个学派的工作影响了全世界范围内整整一代地理学家的科研工作（Burton，1963）。

剑桥大学的乔莱和哈格特是英国新地理学传播的领军人物。他们强调，地理学必须认识到建立理论模型的重要性，认为模型是观察层面和理论层面的桥梁……涉及简化、缩减、理论形成和解释等过程，模型可以是描述性的或者规范性的，是静态的或者动态的，是经验的或者理论的，它构成了范式的基础。

普林斯顿大学的天文学家斯图尔特是社会物理学派的代表人物。他从地理学的一些经验性规律发现，"至少在特定情况下，人类服从数学规律，类似于在一般情况下服从某些物理定律"（Stewart，1956）。但是，他发现这些规律是按照经验规则提出来的，既没有提供因果假设，也没有验证过程，同样缺乏任何解释的努力。因此，社会物理学派试图利用观察到的广泛的经验规律构建宏观地理学概念。因为当时地理学研究被微观研究所统治，地理学家没有意识到自己已经陷入到局部细节的泥塘之中。这一学派呼吁高度概括的科学方法，重视建立理论的途径，把人文地理学与自然科学（如物理学）进行类比，而不是其他社会科学。

逻辑实证主义是 20 世纪 20 年代由维也纳学派发展而来，并结合了英国经验主义传统的实证主义。它基于这样的一个概念：客观世界是有序的，它等待人们去探索，由于这种客观世界不能被观察者所篡改，因此，一个中立的观察者，不论是在亲自观察客观世界的基础上，还是在他人观测的基础上，都会得出相同的客观世界某些方面的假说，然后检验这些假说，假说的验证过程就是推测的规律转化为公认规律的过程。维也纳学派确定精确的科学原则，使用正式的逻辑证实理论，并以公理为基础描述知识。

在地理学中，与实证主义最接近的是数量分析方法的应用。直到 20 世纪 50 年代早期，地理学家的工作还是以实证描述和区域描述为主，恰是由此，地理学家谢弗提出了需要应用逻辑实证主义方法。20 世纪 50 年代到 60 年代，地理学进行了数量革命，试图以解释代替描述，普遍的规律代替个别的认识，预测代替解释。

地理学方法的计量化是否明智、建立规律性是否可能一直是学界争论的焦点。对定量研究方法的反思，概括起来，集中在以下五个方面：其一，认为地理学被引入歧途；其二，认为地理学家应当坚持其探索方法；其三，认为计量化仅适用于特定的任务；其四，认为方法超过了目的，为方法而方法的研究太多了；其五，不反对计量主义者的态度（Burton，1963）。

16.1.2　定量研究方法的发展阶段

自 20 世纪 50 年代末期开始的计量运动以来，现代地理学中的数量方法经历了三个阶段（杨吾扬，2005）。第一阶段，大致从 50 年代末至 60 年代末，是现代地理学中数量方法发展的初期阶段，其主要特点是把统计学方法引入地理学研究领域，构造一系列统计量来定量描述地理要素的分布特征，比较普遍的应用了各种概率分布函数、均值、方差等统计特征参数以及一元线性回归分析方法。这些统计量的应用给长期以来只是定性描述的地理学带来了可喜的变化。该阶段完全依靠人工计算，只能对少数要素进行统计。第二阶段，包括 60 年代末到 70 年代末，是现代地理学中数量方法发展的中期阶段，其典型特征是多元统计分析方法和电子计算机技术的广泛应用。第三阶段从 70 年代末开始，是现代地理学中数量方法走向完善的阶段，不仅仅包括了概率论与数理统计，还包括运筹学中的规划方法、决策方法、网络分析方法，数学物理方法、模糊数学、分维几何学方法、非线性分析方法，以及计量经济学中的投入产出分析方法等，同时引进数据处理技术，与数据库、信息系统技术相结合，深入研究区域自然、社会、经济、人口等过程的各种数学模型，阐明地域现象的空间分布结构规律与模式，进行有关地理结构和地理组织的演绎。

近年来，西方城市地理学研究在方法手段上取得了长足进展，分形几何学、神经网络、遗传算法以及混沌数学方法在城市地理学中得到普遍应用，计算机模拟实验与地理信息系统等在城市地理学研究中发挥了重要作用。

16.2　定量研究方法的实施与分析

定量研究方法，或者量化研究，就是对事物的量的分析和研究，通过解决"有多少"、"是多少"等数量问题来对事物进行研究，侧重于用数字来描述、阐述所研究的事物，同时揭示其所存在的各种问题。定量研究方法的基础是实证主义和后实证主义的研究范式，目的是通过量的分析得到关于地理现象的普适性规律或验证地理学家对于地理现象的理论认识。具体的分析技术包括：运用统计描述方法或数学模型，对事物的空间结构及其变化进行量化的描述，总结出其中的结构性特征、法则或规律；或者是基于理论演绎和假设验证的思路，运用统计模型来测试自变量和因变量间存在的相关性，从而验证研究者对该事物的某些理论假设是否正确以及以此来推断事物间的因果关系。

实施一项定量研究首先需要严谨的研究设计，通过对大量理论与实证文献的评述，提炼出"多少"、"是否"等适合于定量方法的研究问题，并通过理论演绎提炼出自变量、因变量和变量之间因果关系的理论假设。同时，根据对因变量和自变量的测度方法，确定数据收集方案和可能的分析模型。数据是进行定量研究的必需品，研究者在信息庞杂的资料库中搜寻对自己研究议题有价值的数据信息是必备的一项工作。定量数据来源主要包括由统计局和其他政府机构公布的各类宏观和微观统计数据，以及由学者或各类机构进行的抽样调查数据。这些数据可以通过实地调研、历史统计资料、相关图书资料、上网搜集等渠道获得，城市地理学家在应用这些数据时往往力求收集到相关的地理信息，并与 GIS 数据库相匹配，这样可以将定量分析模型与空间分析方法相结合。

16.2.1　第一手数据的获取

第一手数据的最主要来源是由研究者自行设计和组织实施的问卷调查，此外还可以收集相关历史档案和相关图书资料、由研究者对其中的量化或文本数据进行整理和编码最终整合成一个可供分析的量化数据库。这里主要针对学者自行设计并实施问卷调查的要点展开讨论。

问卷调查是收集一手量化数据最主要的一种技术。问卷调查的优势是可以用相对较小的成本获得大样本数据，经过严格的随机抽样过程产生的问卷调查数据可以用来对研究对象的总体进行统计推论；并且，问卷调查数据是对一系列问题的标准化答案,可以直接进入统计分析。问卷调查数据的劣势是:问卷设计是基于已有理论,可能脱离快速变化的实际情况;研究过程和问题的设置比较僵化,不能够根据实际情况进行调整,缺乏灵活性;一些有关态度、感受、经验等类型的问题难以用量化数据进行测度等。

是否选择自行组织问卷调查来收集定量数据,要依据必要性和可行性两大原则。必要性原则是指:拟研究的问题是有关"多少"的问题,可以通过量化指标进行测度;拟进行的研究必须收集原始数据(如果已有二手数据能够满足研究需求,且研究者可以获得该数据,则不必自己组织问卷调查);研究的分析单元应当是个体;研究对象总体的规模太大,很难直接观测,必须通过抽样调查,通过对样本的分析对总体进行推论。可行性原则是指:需要收集的信息能够设计成封闭式的标准化问题;问卷中的问题必须足够简洁明确;调查对象应当愿意参与调查,并且能够理解问卷中的问题并做出回答等(Babbie,2007)。

问卷的设计较为困难,其类型、用语和问题的顺序都必须进行详细的规划。问卷设计的流程为:确定调查目的和限制因素—确定数据收集方法—确定问题的回答方式—确定问题的措辞—确定问卷的编排流程—评估问卷—预先测试和修订—定稿印刷问卷(郭强和董明伟,2004)。

16.2.2 第二手数据的获取

除了通过问卷调查获取第一手数据以外,还可以利用第二手数据进行分析,来源主要包括政府通过普查收集的调查数据,获取其他社会经济数据档案材料。这些数据或由政府机构收集,或由独立的调查研究机构完成。城市地理学者感兴趣的第二手数据主要集中在从档案中可以提供的数字数据、人口普查数据等。

16.2.3 数据预处理和查验

数据预处理包括:编码、数据输入、误差检验和相应的数据编辑。

与封闭式问题相比,开放式问题的编码相对困难。首先,研究者需要从数据中辨识出类型,然后将每个回答进行归类,并分派给数字,准备编码本。编码分类数由样本规模支配:种类太多或者数据集太小致使单个类型的样本数量过少不适合统计分析。一般 12~15 类就能够满足绝大多数的研究目的。

数据错误包括机械性错误、记录和故意错误等。数据错误检验即数据清理检验,具体内容包括实例序数检查(引入某些简单的冗余码,包括实例序数或者每行数据的序数）、连贯性检查、量值检验（检查是否有数据超出编码数范围）、变量一致性检验（查验每对数据最恰当的一致性）、复写数据检验（两次输入数据，检验两个数据集的对应性）等。

数据整理过程中，经常发现样本中数据缺失。研究者需要清楚数据缺失的性质是什么，是完全随机缺失（缺失的数据随机分布于所有的调查样本）？还是随机缺失（缺失的数据随机分布于小群体或者几个群体）？更值得关注是数据集内部的相关偏差，这会影响数据样本的可靠性。

删除缺失数据的记录是重要的方法，一是删除所有包括缺失数据的记录，二是删除掉记录中缺失的变量。如果数据集很大，第一种处理方式是最好的，另一种处理方式是估计缺失的数值。

16.2.4 数据的定量分析

数据的定量分析是指用适当的数理统计方法、计量方法等对收集来的大量第一手数据、第二手数据进行分析，以求最大化地开发数据资料的功能、提取有用信息、形成结论。数据分析分为描述性统计分析、探索性数据分析、验证性数据分析。分析过程包括三个阶段：首先是探索性数据分析，当数据刚获得时通过作图、制表、用各种形式的方程拟合、计算某些特征量等手段探索规律性存在的可能形式。其次是模型选定分析，在探索性分析的基础上选择一类或几类可能的模型。最后是推断分析，通常使用数理统计方法对选定模型或者估计的可靠程度、精确程度做出推断。

16.3 定量研究方法在城市地理学中的应用

16.3.1 城市地理学中的定量研究视角

城市地理学中的定量研究需要特别关注以下三个问题。一是研究的属性问题，理论研究、应用研究在数据资料利用方面的要求不同，理论研究要求数据资料的时间连续性、空间完整性，但对数据的现势性往往没有特别要求，应用研究则因为需要预测的缘故数据的现势性要求强。二是研究的层次问题，宏观层次的研究、微观层次的探讨侧重点各有不同。其中，微观层次研究侧重于个体的讨论，主要目标往往是系统发展机制的探讨；宏观层次的研究则偏重于物理学类比，主要目标是寻找统计上的平均规律。三是变量选择问题，变量的选择必须注意信息含量、相互关系、快慢性质等诸多问题，而不宜贪多求全（周一星和陈彦光，2004）。

城市地理学中的定量研究强调从空间的角度，采用相宜的数量分析方法，探求城市地理现象的一般规律。一般而言，存在三类城市地理学的定量研究。

第一，城市地理现象分布的空间规律性。挖掘城市地理现象内在的空间诸要素（包括位置、距离、方向、广度、形状等），及城市地理现象间的空间分布规律性。主要的分析技法包括分布型分析、网络分析、地域趋势面分析。其中，分布型分析讨论城市地理事物的点、线、面的空间分布特征，比如城市人口密度与城市中心距离的关系，可以用城市人口密度分布模型表示：$P_d = P_0 e^{-gd}$，P_d 为距市中心距离 d 的城市区域内人口密度，P_0 为市中心的人口密度，g 为给定参数。网络分析运用几何学及图论方法，研究城市流网络等结构，讨论其一般规律。地域趋势面分析以趋势面方程计算各地理观测点上的趋势值，以一定间隔绘制等值线图，以图示空间分布特征和变化规律。趋势面方程最常用的方法是回归分析方法，如人口分布、商业活动分布等均可用趋势面分析的方法。

第二，城市地理现象的空间结构。考虑空间规律性是用面还是用立体来表示。包括地域构成分析和空间相互作用分析。其中，地域构成分析是指用多个指标分析比较各地域的典型特征或者职能，往往以少数抽象的综合指标替代多数具体的指标，基于类间差异性最大、类内相似性最大，划分地域类型。地域分析时常用的计量方法包括主成分分析、因子分析和聚类分析等方法。地域构成分析常用于讨论城市的内部空间结构以及其他城市地理事项的分类或者分区。空间相互作用分析用来研究两个及其以上地域间的各地理系统要素的相互关系。最常用的模式是来自于物理学领域的引力模式。

第三，城市地理过程，讨论城市地理空间规律性和空间结构形成发展变化的过程。包括空间扩散分析和空间行为分析。其中，扩散分析用于研究某一种城市地理现象在空间的传播和扩散，比如 SARS 疾病的传播、文化传播等。空间行为分析是对地理空间中人类的居住行为、购物行为、休闲行为、生产行为等人类各类行为过程、空间分布、调控优化的研究。这一领域内最常用的统计分析方法包括多元回归分析、逻辑斯蒂回归分析、因子分析、马尔柯夫链分析等。

从研究议题上看，定量方法被广泛应用于城市地理学研究的各个领域，早期的定量模型主要应用于汇总层面的研究，以地域（如城市、街道、人口普查小区等）为基本分析单元，通过建立统计模型或数学模型得到有关城市体系或城市内部空间的宏观结构特征或法则。随着城市地理学逐步关注个体行为的空间过程与后果、关注城市空间结构与个体决策与行为响应之间的互动机理，越来越多的定量研究采用微观数据，以个体为基本分析单元，通过各种统计分析模型对导致个体行为差异的制度性与结构性因素进行验证。本节将对城市地理学的宏观与微观研究中各类定量方法的应用案例做简要介绍。

16.3.2　因子分析在城市社会区研究中的应用

这一方法多从人口普查的资料中，抽取有关人口特征、社会经济及房屋等指标为变量，基本面积单位可以是街坊，也可以是较大的人口普查地域单位。然后对此资料矩阵进行因子分析，按照因子载荷量的高低对各公因子冠以名称。求得的这些公因子，可以视为城市内社会空间变异的主要支配性因素。以因子载荷矩阵乘以原来的资料矩阵，获得因子得分矩阵，可以绘制出各地域单位各因子的得分图，基于此也可以进一步利用聚类分析，通过聚类谱系图把属性相似的地域单位聚集成社会区。

因子分析的优点在于把较多的、非独立的统计量归结为较少的、相互独立的公因子来说明研究对象的性质（其前提是保证抽取的少量公因子失真程度低），这有助于把复杂问题简单化，可以基于抽取出的公因子建立新的概念来解释观测对象的变异性，进一步建立新的模式，以发现新的规律。因子分析在社会区研究中最大的好处是可以分析一个城市不同时期社区结构的变化，以检查各时期社会空间结构因素是否发生变化，这对于城市管理和城市规划具有一定的意义。目前因子分析已经发展成为成熟的研究城市社会空间结构的方法，在许多学者的研究中得到了成功运用，许学强等（1989）运用因子分析方法分析了广州市的社会区，发现社会区的最大影响因素是历史因素、现时的土地功能布局及分房制度。

但是，这一方法的缺点也是明显的。第一，多数的公因子没有具体的实体意义，是抽象出来的综合意义，这就要求研究者要有深厚的专业基础知识。第二，因子分析经常受到逻辑实证主义的批评。一般来说，某项陈述能够成立，必须具有可证伪性，否则不是同义反复就是毫无意义。从本质上讲，因子分析方法无须做任何假设，而是纯粹的归纳。恰如此，只要在因子分析中输入数据自然就会得到某种结果模式，但因子并非总是有意义的。辩证的态度是把因子分析作为一定条件下才可以使用的研究方法。

16.3.3　聚类分析在城市职能分类研究中的应用

高质量的分类最重要的度量标准就是类型间的差异性最大、类型内的相似性最强。这需要两方面的工作，一是各类型属性特征的归纳，二是类型数的确定。

聚类分析方法是根据地理变量（或指标/样本）的属性或特征的相似性、亲疏程度，用数学方法把它们逐步地分型划类。

城市职能是城市的重要属性之一，城市职能分类也是城市地理学的传统课题。城市职能分类的方法最早可追溯到一般描述方法（凭研究者经验的主观分类），20 世纪 40 年代盛行统计描述方法（利用若干带有主观性的数量标准），50 年代多采用统计分析方法（利用几个客观的、可供检验的统计量，如标准差或者平均值）和城市经济基础研究方法（实质上仍属于统计分析法），后期发展起来的是多变量分析法，最常用的分析技术是主成分分析和聚类分析（周一星，1995a）。周一星（1988）提出了城市职能三要素，即专业化部门、职能强度、职能规模，并采用多变量聚类分析和统计分析相结合的方法，对 1995 年 285 个城市的工业职能、1990 年 465 个城市的经济职能进行了分类（周一星，1997），利用沃德误差聚类分析方法对 295（城市数）∗19（指标数）进行城市样本间相似性和差异性的综合评判，绘制了分类的树状结构图，得到了不同尺度上的职能分类的等级体系，结果客观可靠。但是聚类分析方法只能完成样本的分类，无法自动给出每一类别的属性特征。基于此，他引入了纳尔逊的统计分析方法，对城市主导职能和职能强度进行划分，具体计算每个经济部门的职能比重后，分别计算所有城市每个部门职工比重的算术平均值和标准差，以高于平均值加一个标准差的比重作为确定城市主导职能的标准，以高于平均值以上几个标准差的数量来表示城市该职能的强度。

该城市职能的分类研究不同于国外以往研究的创新之处还在于，它在聚类分析所得到的树状结构图上切了三刀，定量切割的依据是距离系数的高低，形成了由大类、亚类和职能组共同组成的三级分类体系。在类别命名上，统筹考虑了不同城市的主导职能部门、主要工业部门、专业化部门及职能强度、职能规模等特征信息。通过聚类分析方法和纳尔逊统计分析方法的高质量的结合，提供了一个城市职能分类的成功案例。

16.3.4 回归分析方法在城市化研究中的应用

回归分析方法是城市地理学研究中经常运用的数理统计方法之一，主要通过精准的数学表达式定量描述变量间的相互关系，主要的应用领域包括利用概率统计知识判定经验公式的有效性，利用经验公式根据自变量的取值来预测因变量的取值，如果多个因素作为自变量，可以通过因素分析，寻找哪些自变量对因变量是显著的，哪些是不显著的。回归分析过程中，部分问题需要引起关注，这包括对回归方程的检验、变量的检验、模型参数及模型本身的科学意义、异常值的关注。除了认同高的相关系数 R、F 检验值外，对于低的 R、F 值，也要引起关注。周一星和布雷德肖（1988）讨论城市人均产出或职均产出与城市规模的关系时，就比较了表征二者之间关系的各种型式的一元回归模拟，发现除线性回归外，大多数的非线性回归相关是显著的，但相关系数 R 和 F 检验值都比较低。他认为，城市的产出水平和城市规模之间的关系并不是很紧密，城市产出水平随城市规模级的提高而提高仅仅是总体上的一种趋势，是一种相关性不很高的统计规律。这就要求在应用这种统计规律时必须十分小心，不能由此得出"中国城市越大经济效益越高"的结论，不能笼统提"控制大城市规模"的方针，也不能简单地提倡发展大城市。城市产出与城市规模的这种微弱相关关系在中国城市工业经济效益的影响因素分析中也得到了确认（周一星和杨齐，1990）。

16.3.5　统计分析在转型期中国城市住房与居住空间研究中的应用

城市住房制度改革是中国的市场化改革的重要组成部分，土地和住房的市场化改革进程也深刻影响了中国城市的空间重构过程（Ma，2004；Ma and Wu，2005）。市场转型和城市空间重构背景下的中国城市居民住房与迁居行为，逐渐引起国内外城市地理学学者的关注，研究重点包括住房产权选择、居住迁移及居住与社会空间分异等方面。理论方面，主要是基于市场转型理论，认为尽管市场化改革增加了居民自有择居的机会、市场机制在资源配置上的作用增强，但是社会主义计划经济体制下基于权力和政治地位的资源分配格局仍然影响着转型期中国城市居民的住房机会（Logan，et al.，1999）。方法论上，依循规范的实证主义范式，以微观数据的统计分析为主要方法。比如，利用北京、广州等地的居民抽样调查数据（Li，2000a，2000b，2003，2004；Li and Siu，2001a，2001b），分析市场转型条件下城市居民的住房机会、迁居行为及其影响因素；使用统计局收集并公布的人口普查微观数据或全国范围的大样本家庭调查数据（Huang，2003a，2003b；2004；Huang and Clark，2002），基于居民租/买的住房产权选择解释市场转型条件下居民住房机会的影响因素；利用上海的调查数据和人口普查数据，解释转型期中国城市内部迁移行为和社会空间分异现象（Wu，2004a，2004b；Li and Wu，2006）。统计分析模型上，逻辑斯蒂回归模型是主要采用的方法，这主要是因为产权类型、是否发生产权的改变、是否发生居住迁移、住房类型等都是分类变量。逻辑斯蒂回归专门应用于因变量是分类变量的情况，主要是分析自变量对于因变量不同选项发生概率的影响。如果自变量是连续变量，回归系数能够反映自变量连续变化对于因变量不同选项发生的概率的影响，如果自变量是分类变量，回归系数能够比较当自变量为不同类型时因变量不同选项发生的概率的差异。当然，如果因变量是住房面积、居住拥挤程度、住房支付压力等连续变量时，也可以采用多元回归模型（Huang，2003b）。当研究目的是考察一段时间内住房行为的变化（如迁居史数据），截面数据就不能满足要求了，而需要应用纵贯数据，并采用离散时间风险模型和比例风险模型（刘望保等，2007；刘望保和闫小培，2007；Huang，2004）。

第17章 质性研究方法及其在城市地理学中的应用

17.1 质性研究方法的特点、发展阶段与适用问题

17.1.1 质性研究方法的特点

很难对质性研究做出一个明确定义，但可从质性研究与定量研究的对比来理解质性研究的特点，即自然主义取向、通过归纳法寻求对社会的解释性理解、自上而下的交互式研究过程、深入的实地调研和平民性与人文关怀（表17-1）。陈向明（2000）认为，质性研究方法强调研究者必须在"自然情境"下进行观察和研究，"研究者本身就是一个研究工具"。

首先，质性研究者要通过深入的实地调研，进行长期、深入、细致的观察和体验，从真实、复杂、动态的自然情境中来观察和理解社会现象。这与定量研究方法的"实验"和"控制"的思路不同。定量研究通常是构建有关社会现象的抽象概念模型（即所谓理论），通过一系列假设条件排除复杂变量的影响，从而观察某些变量的作用。

其次，质性研究的目的是通过观察和体验寻求对社会现象和个体经验的"解释性理解"。其目标不在于发现有关社会现象的抽象概括了的统计规律或相关关系，而是从被研究者的角度出发，了解复杂社会情境下个体的行为、决策、经验和意义建构。因此，质性研究主要采用归纳法的研究思路，通过长期实地调研累积数据资料、扩大研究者个人对社会事件和情境的理解，对社会事件中的人、组织、行动、策略、意义、观念等进行描述和解释（陈向明，2000）。

再次，质性研究是交互式、循环反复式的过程（马克斯韦尔，2008），这与定量研究的"提出问题—理论演绎—研究假设—数据收集—数据建模与分析—理论验证或修正"这一线性过程不同。质性研究过程是自下而上的，主张广泛地收集文本、影像和量化数据，通过对大量资料的分析产生理论假设，然后通过不断检验和比较完善数据链，从而实现理论建构，让理论"浮现"于现实（表17-1）。研究者不能僵化地遵循一个固定的研究方案，在数据收集和数据分析中需要

保持灵活性和开放性，不断对自己的既有知识、先验假设进行反思，甚至重新修正自己的研究问题（表 17-1）。

表 17-1 质性研究与定量研究的对比

项目	定量研究	质性研究
研究目的	验证普遍规律，预测，寻求共识	解释性理解，寻求复杂性，提出新问题
对知识的定义	情境无涉	由社会文化所建构
价值与事实	分离（中立、客观）	密不可分
研究内容	实施、原因、影响；凝固的事物、变量	故事、时间、过程、意义；整体探究
研究问题与假设	事先确定	在过程中产生
研究设计	结构性的、事先确定、具体的研究设计	灵活的、演变的、比较宽泛的研究设计
研究手段	数字、计算、统计分析、量化模型	语言、图像、叙事性分析
研究工具	量表、统计软件、问卷	研究者本人
抽样方法	随机抽样；样本量较大	目的性抽样；样本量较小
研究情境	控制性、暂时性、抽象	自然性、整体性、具体
收集资料的方法	封闭式问卷、统计表、实验、结构性观察	开放式访谈、参与式观察、实地调研
资料的特点	量化的资料、可操作的变量、统计数据	描述性资料、调研笔记、当事人叙述
分析框架	实现设定、加以验证	逐步形成
分析方式	演绎法、量化分析、收集资料与分析资料分离	归纳法、寻找概念与主题、理论浮现于数据、资料收集的同时进行分析
研究结论	概括性、普适性	独特性、地域性
效度	固定的检测方法、证实	相关关系、证伪、可信性、演进
信度	可以重复	不可重复
推广度	可控制；可推广到抽样总体	理论推广、积累推广
伦理问题	不受重视	非常重视
研究者角色	客观、中立的权威	反思的自我、互动的个体
与被研究者关系	相对分离、研究者独立于研究对象	密切接触、相互影响
研究阶段	分明、事先设定	变化、交叉重叠

资料来源：陈向明，2000（作者有修改）

265

最后，质性研究认为任何研究都不是独立于所观察的社会过程的，研究者也不像后实证主义范式宣称的那样可以独立于社会现象来进行客观、中立、不带偏见的观察。因此，质性研究强调研究者应不断"对自己的角色、个人身份、思想倾向、自己与被研究者的关系"等进行反省。与定量研究者常常把自己作为客观的知识权威不同，质性研究具有明显的"平民性"和更强的人文关怀，更强调研究者与被研究者之间的互动和信任（陈向明，2000）。

17.1.2 质性研究方法的发展阶段

质性研究方法并非静态的，其发展和演变反映了人类对社会知识和知识建构的一系列革命（胡幼慧，2005）。一般而言，质性研究方法经历了五个发展阶段：传统期（1900～1950）、现代主义时期（1950～1970）、领域模糊期（1970～1986）、危机期（1986～1990）和后现代期（1990至今）（Denzin and Lincoln，1994）。

传统期的质性研究仍受到经验主义和实证主义的影响，主要表现为外来专家（西方学者）对于"殖民社会"的田野调查和民族志研究。早期的城市地理学者就常常采用田野调查方法，通过实地观察，对城市化背景下的空间分异特征进行归纳（如芝加哥学派的早期成果）。现代主义时期的质性研究逐渐走向规范化，参与观察法等手段逐渐得到应用。但这一时期，数学方法的发展和引入使得城市地理学逐渐走向定量研究主导的方法论体系，基于实证主义和后实证主义的假设验证逐渐统治了城市地理学学科（见第16章和第19章的有关讨论）。后实证主义范式的地位上升也影响到这一时期的质性研究，认为可以通过严谨的资料收集并寻求数据中的因果关系，质性研究也可以完成证伪的工作（陈向明，2000）。例如，扎根理论就是在20世纪60年代发展起来，力求建立一套指导质性研究的数据收集和分析的系统性原则。这一时期，一些对文本资料进行编码和准统计分析的技术也逐步得到发展和应用。

20世纪70年代以来，人本主义视角逐步被引入社会科学研究，民族志方法、现象学、批判理论、女性主义理论等逐步完善成熟，后结构主义、新马克思主义、结构主义、诠释学等理论不断涌现，形成了包括人文地理学在内的社会科学"文化转向"，这一方面推动了质性方法地位的提升，也导致社会科学与人文科学的领域界限模糊化，质性研究进入"领域模糊期"（胡幼慧，2005）。在这一阶段，随着资本主义国家出现一系列社会问题，城市社会极化和空间隔离日趋严重。城市地理学也受到人本主义思潮和各种批判理论的影响，质性研究、文本分析、叙事分析、语义分析、符号学等方法也逐渐被引入城市地理学研究。在这一时期，一方面质性研究的数据收集、分析工具和文本写作风格等更加丰富完善，另一方面也出现了对实证主义范式所倡导的"严谨"、"客观"、"中立"、"真实"、"真理"等标准更为激烈的反思和挑战，研究者更加有意识的关注研究的政治和伦理方面的问题。这一批判过程逐渐激化而导致了 20 世纪 80 年代的"表述危机时期"，这种危机既体现在如何区分自己的实地研究经历与所观察的社会过程，也体现在作者如何看待自己写作所建构的社会事实、如何看待自己的文本的背后的权力和知识霸权等。目前的质性研究则受到后现代主义思潮的影响，呈现出更加多元的状况，注重表达不同人群（特别是弱势人群）的声音和利益，同时以行动和社会变革为取向的行动与倡导式研究也开始兴起（陈向明，2000）。

17.1.3 质性研究方法的适用问题

首先应当明确，质性研究并不比定量研究简单。不应当将缺乏定量研究的数据或者缺乏定量研究所需的技术能力作为选择质性研究的理由。相反，选择质性研究应当由研究目标、研究问题和具体要从事的研究工作来决定。马克斯韦尔（2008）认为，质性研究更加适用于以下研究目标：了解某些事件、情境、经验和行为对于身处其中的特定人群的意义；了解参与者采取某种行为所处的情境以及情境对行为的影响；确定无法预测的现象和作用，并对此后的现象提出新的、坚实的理论基础；了解事件和行为发生的过程；建立因果关系。

换句话说，质性研究更加关心社会事件的过程，关注社会情境对个体行为的影响过程和机理，关注个人和群体如何理解和应对社会情境。因此，质性研究更加适用于回答"如何"、"怎样"和"为什么"等类型的研究问题（Creswell，2003）。在城市地理学学科中，质性研究更加适用于研究城市空间重构和制度转型背景下特定人群及个体应对与响应行为，关注特定城市社会、经济或政治空间的形成与演化过程及机理、探讨个体和特定社会群体的决策、互动如何影响了特定空间、制度与组织特征，以及从个体经历和意义建构中透视城市转型的微观机制等议题。

与此对比，定量研究则一般用于回答"是否"、"多少"等类型的问题①。例如，城市内部社会空间结构研究的发展，就反映出定量方法和质性方法的不同应用角度。一方面，早期的社会空间分异研究，始于城市地理学家对于城市内部的

267

---

① 例如，描述性统计方法主要用来描绘事物或事件的结构、程度等特征；基于假设检验的统计模型（如回归分析）则主要用来验证某些自变量（X）是否对研究所关注的变量（因变量）具有显著的影响，和在控制其他自变量的情况下，某一自变量的变化多大程度上会引起因变量的变化（详见第 16 章）。

人口分异状况的关注，基于实证主义研究范式，主要采用人口普查数据，选择反映影响居住分异的不同因素的指标，并用这些指标对城市内部区域进行分类。这类研究以社会地区分析和因子生态分析为代表，主要采用人口普查数据，采用描述性统计方法和因子分析方法，描绘城市内部社会空间分异的结构性特征。社会地区分析认为，社会阶层、城市化、隔离是反映现代产业社会变化的三类因素，并用可量化的指标进行测度（如社会阶层用职业和教育衡量，城市化用女性就业比率、独户住宅家庭数、种族隔离倾向用少数族裔人口、移民人口等），以人口普查小区为基本单元，采用人口普查数据进行量化描述（Shevky and Bell，1955）。因子生态分析主要是在主成分分析和因子分析等统计分析方法发展起来后，可以应用统计方法，直接对多个社区人口结构属性变量进行分析而提炼出反映居住分异的主要因子，并发现这些因子的分布规律，从而得到城市社会空间的结构特征。

这两种方法都是采用定量描述来回答城市社会空间分异"是什么"和"多少"等类型的问题，其目的是发现城市社会空间分异的宏观结构性规律（如同心圆、扇状、分散块状等空间结构特征）。20世纪90年代以来，上述方法被逐渐引入到对中国城市内部空间结构的研究中，这也是得益于小尺度的人口普查数据的可获得性提高。基于这一方法论对于中国城市社会空间结构的研究包括许学强等（1989）和郑静等（1995）对于广州的研究，冯健和周一星（2003a）对北京的研究，周春山等（2006）、宣国富等（2006）及李志刚和吴缚龙（2006）对上海的研究，吴俊莲等（2005）对南昌的研究等。这些研究分别应用1982年、1990年和2000年的人口普查数据，一般以街道（或居委会）为研究的地域单元。

而近年来，随着基于微观个体尺度的城市研究兴起，社区研究、社会空间重构中的个体经历与响应机制等逐渐得到中国城市地理学家的重视。城市社会地理研究逐渐从宏观汇总分析转向关注微观个体的行为与决策过程、关注个体行为与结构性因素的互动机制（柴彦威和沈洁，2006）。特别是越来越多的研究开始关注特定社会空间的形成过程与机制，关注特定社会群体中的个人如何应对城市化、郊区化、全球化、隔离、制度变迁、经济转型、空间重构等宏观结构性变化，从微观个体经历的角度透视城市社会空间的复杂化过程。

这方面的研究在近几年来不断涌现，并且开始尝试应用质性研究方法，收集深度访谈、实地观察等数据，而非依赖汇总性的人口普查数据，所得到的结论也是旨在揭示大规模城市转型中的个体响应过程与机理，从微观个体角度揭示城市社会空间不断被重构的过程。例如，冯健和王永海（2008）对于北京中关村地区的社会空间研究，就没有采用基于人口普查数据或抽样调查数据进行因子生态分析的传统社会空间研究路径，而将研究焦点放在全球化和市场化的大背景下社会空间复杂化的过程和机制。作者转而采用深度访谈等方法，基于微观个体经历的角度，揭示在全球产业转移、市场制度改革、大规模农村移民涌入城市等背景下，北京中关村高校周边居住区原有社会空间如何逐步解体和新的社会空间的形成机制。李志刚等（2007）应用质性研究方法，回答"不同的本地群体如何看待和响应全球化背景下跨国移民社区的形成"以及"本地群体、媒体、网络如何共同建构出将跨国移民社区'问题化'的话语体系"等研究问题。

17.2 质性研究的设计与实施

17.2.1 质性研究设计的基本框架

无论采用量化或质性方法，研究设计都应当完成"什么"（What to Study）、"为什么"（Why to Study）和"怎么做"（How to Study）三个问题。其核心在于研究问题，即研究设计的最重要任务是明确拟进行的研究希望探索并提供解答的疑惑是什么。当然，与基于演绎法的定量方法不同，质性研究在研究设计和实施过程中都要求保持理论视角上的开放性，其目标是获得对于社会事件和社会过程的诠释性理解。因此，马克斯韦尔（2008）提出了一个质性研究设计的交互式模型，研究者需要围绕研究问题来不断明确研究目标与价值、概念框架、研究方法和研究效度等要点，但这些要点之间不是相互割裂的，而是不断反复、不断提升的交互式过程（图17-1）。

其中，研究目标、概念框架与研究问题相辅相成，其作用是回答研究设计中的"什么"和"为什么"两个问题，即阐述拟开展的研究希望回答什么问题，其目的是什么、该研究的理论和实践意义怎样。例如，在研究目标的设定与陈述上，需要阐述拟进行的研究旨在澄清什么问题（这与明确研究问题是相互交义的），同时需要阐述研究的价值（包括理论价值与实践价值）。而研究所具备的理论价值，有赖于研究者对于最新理论进展和前人研究的充分把握和理解（即文献综述部分）。文献综述部分不仅能够帮助自己了解前人研究中的不足并明确研究的理论贡献所在，也能够帮助研究者逐步细化研究问题。

在"怎么做"这一问题上，研究者需要考虑以下问题：需要收集怎么样的数据？数据从何而来？应当通过什么样的渠道（人或者组织）来获得所需要的数据？其可行性如何？对于各类数据的基本分析策略如何？可能运用到什么样的分析方法和技术手段？此外，研究设计也应当体现出质性研究者对于研究信度和

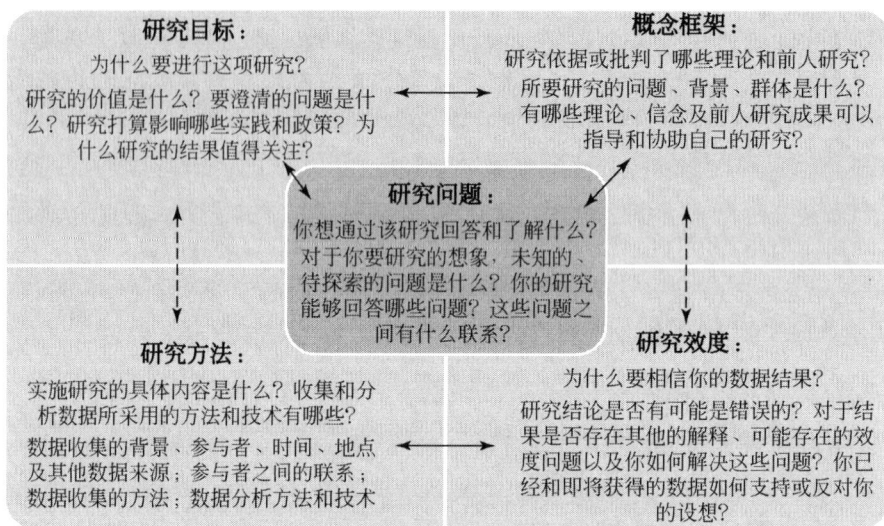

图 17-1　质性研究设计的交互模型

资料来源：马克斯韦尔，2008（作者根据第 5～6 页内容整理）

效度的反思，即在认识到任何研究都可能存在偏见和片面性的情况下，尽可能提升研究的效度。在研究设计阶段，应当考察可能存在的"效度威胁"，通过更加严谨的研究设计、更全面的数据收集等来降低效度威胁。

17.2.2　质性研究的数据采集

与定量研究不同的是，质性研究主要使用以文字、图片或影像资料等形式存在的数据。质性研究主要的资料来源应当既包括观察或访谈对象的话语和行动，也包括个人进入实地后的社会体验，以及一些辅助的二手资料（如历史档案、个人日记、会议记录、相关媒体报道等）（表 17-2）。

表 17-2　质性资料来源、方法和信息收集技巧

质性资料来源	一般的质性方法或资料收集技巧					
	参与式观察	非参与式观察	非正式访谈和倾听	深度访谈	历史分析和内容分析	有形资料的收集
1. 直接体验	×					
2. 社会行为：人们的实际所为	×	×				

质性资料来源	一般的质性方法或资料收集技巧					
	参与式 观察	非参与 式观察	非正式访谈 和倾听	深度访谈	历史分析和 内容分析	有形资料 的收集
3. 交谈：人们所说的	×	×	×	×		
4. 档案记录	×	×	×	×	×	×
5. 社会行为的有形痕迹	×	×	×	×	×	×

资料来源：David A. Snow & Calvin Morrill's Seminar in Field & Observational Methods. 引自：洛夫兰德等，2009

17.2.3 质性研究的实地调查

观察和访谈是质性研究最主要的一手数据获取来源。与定量方法不同，质性研究者需要进行深入的实地调研。一个好的质性研究，应当"让自己进入，并融入到实地情境和互动中，密切关注团体成员赋予他们行动的意义"（洛夫兰德等，2009）。实地调研需要收集四个方面的信息（表 17-2）。

首先，研究者要通过实地调研，累积自己对于所研究的地方、社区、群体、组织等的体验，使自己在某种程度上获得"局内人"的视角，从而更容易理解社会行动的背景。其次，研究者应当观察实地中的个人所实际开展的社会行动及其互动的过程。研究者对于个体和社会情境的观察与体验，都应当记录到实地调研笔记，或者拍摄成为图像或影像资料。第三，质性研究强烈依靠信息提供者的谈话作为数据基础，以反映个体对于社会行动的意义解读和对社会情境的理解和响应。这些信息可以通过研究者的观察（包括参与式和非参与式观察）获得，反映在观察笔记中；也可以通过作者对当事人进行不同类型的访谈来获得。第四，质性研究者还通过其他手段尽可能收集所观察的社会事件或情境的文档和数据资料。这些资料一方面能够帮助研究者将观察和访谈笔记资料前后连贯起来，另一方面，相关报道和档案也能够扩展研究者对于事件和情境的了解。当然这些二手资料，需要与多种渠道收集的一手资料相互验证，通过数据来源的多样化提高研究效度。

实地调研过程可以被分为"进入"、"进行"和"退出"三个阶段。在开始调研之前，研究者需要尽快细化研究主题，列出需要收集的数据或资料类型、需要观察或访谈的对象及地点，并针对不同的观察/访谈对象制定观察计划或访谈提纲等。"进入"是实地调研中最难的，研究者需要迅速判断出所要观察的社会

271

情境或事件中的关键人物，尽快获得他们的信任与支持。在"进行"阶段，研究者的任务是尽可能全面地收集关于事件的全部资料（性质、历史背景、环境、过程、人和组织、行为、决策等），并进行详细的调研日记写作，通过"观察者笔录"来记录观察过程中产生的想法或评论，通过撰写"备忘录"提醒自己在数据收集过程中的新发现。这一阶段，质性研究者应当注重"浸入"到所观察的社会情境中，这样才能尽快获得"局内人"的视角。同时，研究者应谨记保持"好奇心"和"灵活性"，根据实地调查的发现来修正研究计划、研究问题及理论架构，并进行初步的资料整理和分类工作，为分析和写作做准备。在"退出"阶段，除了需要进行数据分析和写作外，则需要尽快进行角色和心态调整，从参与和"浸入"状态退回到观察和研究者的角色。在整个研究过程，需要不断反省自己与研究对象的关系、是否对所观察的社会事件或过程产生影响、是否在某些环节和分析步骤可能存在偏见或立场等，从而保持主观性与客观性之间的平衡。

实地调研过程中最重要的一项工作是实地笔记的撰写。简单来说，实地笔记就是描述场景、事件、人物、听到的和偶然听到的事情、人与人之间的互动以及谈话等（洛夫兰德等，2009）。实地笔记的内容应当包括描述性笔记和反思性笔记（胡幼慧，2005）。

描述性笔记记录何时何地发生了什么、当事人的决策、行动、互动等信息，包括以下诸多方面：①空间，即地点的实际环境；②行动者，即参与者；③活动，即行动者的一系列相关行为构成的活动；④主题，即呈现的实际事物；⑤行为，即行动者的单一行动；⑥事件，即行动者的一系列相关活动构成的事件；⑦时间，即行动或事件发生的时间及顺序；⑧目标，即行动者希望达成的事情；⑨感受，即行动者感受到并表达的情绪（胡幼慧，2005）。

反思性笔记从某种程度上来说是质性数据分析的早期阶段（Miles and Huberman，2008），是研究者对调查过程中的一些初步发现和思路的即时记录与分析，还包括处在实地中的研究者对于研究设计的反思、对于已开展的数据收集过程的思考和修正等，具体包括：①对于分析的反思，记录调研中发现的主题、模式、关系等；②对于方法的反思，包括调研过程中对数据收集过程、新的数据来源、数据收集方法调整等的反思、对未来分析方法的思考等；③对研究中的伦理困境和冲突的反思，例如研究者与被研究者的关系，研究者的"浸入"程度、如何处理特殊资料、有关伦理价值困惑的反思等；④澄清困惑的反思以及对研究者思路框架的反思，是实地调研对研究者的预先设想、假设的挑战及反思（胡幼慧，2005）。

实地笔记的撰写要注意以下几点：①避免采用概述性或抽象的形容词或者副词（如漂亮的、丑陋的、滑稽的等等），而应尽量描述细节；②要注意区分所观察的成员的行动、谈话或评论；③要注意记录在观察的同时自己的一些分析性思考或者想法，但要注意和事实性的描述相区分（即区分描述性笔记和反思性笔记）。

17.2.4 质性研究的观察法

实地调研过程中，研究者无时无刻不在对所研究的地方、社区、群体、组织、个人进行观察。除了增加研究者个人的社会体验，一项有计划的科学性的观察，需要累积对社会结构或社会过程中的事件、行为及其后果的细节而完整的记录。观察法较访谈法的优点在于其直接性（基钦和泰特，2006）。研究者不是询问被研究者的观察或感受，得到的数据也不是被研究者的访谈话语所建构出来的个人经历和结果，而是直接观察人们实际做了什么，因此具有更好的客观性。

根据研究者的身份和参与的程度，观察法包括非参与式观察和参与式观察（表 17-3）。非参与式观察是研究者作为一个公正的观察者，在尽可能不介入和不影响社会情境的条件下进行观察。研究者应尽可能作为不引人注目的旁观者，实地调研过程尽可能不影响社会过程本身。例如，城市地理学者在进行中国城市的外来人口及其社区进行研究时，可以对某个外来人口聚居社区（如城中村）进行实地调研。调研过程中，研究者进入社区，观察社区的住房建筑形态、物质环境与设施的分布、社区的人群的行动与交流等，但不参与到社区人群的日常生活中。非参与式观察所获取的数据主要是观察笔记以及记录下的照片等影像资料。非参与式观察笔记可以是日记形式，旨在全面的、叙述性的笔记，或者是将观察要点列成清单，并由清单来指导对情境、事件和行动进行详细记录。后者相对结构化，更便于后期的分析，但会损害数据的细节和完整性；前者则更为翔实可靠，但更难于分析。无论哪种形式，观察笔记首先要尽可能全面记录有关人、事物、地点、时间、活动、对话的细节。其次，要谨记质性研究的资料收集过程也是资料分析工作的开始，观察笔记是实地笔记的重要形式，应当安排专门环节来记录研究者在观察过程中获得的观点、策略、反思、可能的模式与理论等，从而为后面的分析做准备。

273

表 17-3 观察的类型

类型	直接观察（非参与式）	参与式观察
公开的	研究者不直接参与到人群中，但要告知他们正在被观察	研究者参与到被观察的事件和人群中，但不能隐藏起他们正在被观察的实施
隐蔽的	研究者不直接参与到人群中，且不能告诉他们正在被研究	研究者作为参与者加入到被观察的事件或人群中，但不能告诉他们正在被观察

资料来源：基钦和泰特，2006（作者有修改）

参与式观察则要求研究者同时作为参与者和观察者，深入参与到所要观察研究的社会情境中，与被研究者直接互动，分享被研究者的生活经历，成为所观察的社会情境中的一员，通过参与获得对社会行为、事件与情境的深刻认识。参与式观察的数据形式主要是非结构化的叙述性日记。参与式观察可能是公开的，即研究者在进入社会情境时，告知被研究群体自己的研究目的，并努力与社区建立信任关系。例如，威廉·怀特在《街角社会》一书中，对于波士顿黑人社区的研究，就是采用这种方式。怀特在进入社区之初搬到社区居住，并与社区中的关键人物多克和萨姆等建立良好的信任关系，在研究过程中，得到了他们的理解和帮助。正如怀特所说，多克实际上成为了研究者的助手（怀特，2006）。这一方式的好处是，研究者能够迅速建立"局内人"视角来理解社区成员的行动与互动关系。但公开的参与式观察需要研究者迅速建立并维持与被研究人群良好的信任关系，否则整个研究就会难以持续；并且，被研究者在得知研究目的后，可能修正其行为，从而破坏了观察的客观性。但是，如果参与观察者采取隐蔽的方式，不告知被研究者自己正在被观察，又可能涉及欺骗和学术伦理问题。但无论是公开的或隐蔽的参与式观察，研究过程中要求观察者参与到社会过程中，因此可能影响到被研究者的行为，而无法观察到社会过程的真实原貌。

当然，一项质性研究应当在多大程度上"进入实地"和成为"局内人"，如何在"局内人"的深入性和"局外人"的客观性之间保持一种平衡，这是任何进行实地调研的质性研究者面对的难题。一般情况下，观察法是在研究者完全"浸入"研究情境和与研究情境完全分开之间寻求一种中间状态。如果研究者希望了解社会事件的过程、关系、社会环境的背景脉络等，研究内容不涉及隐私权和正当性，且陌生人介入不会影响到群体或个人的利益，则可以考虑参与式观察法（胡幼慧，2005）。

17.2.5 质性研究的访谈法

访谈一度被认为是定量研究的补充数据来源，或者是应用于问卷调查前的预调研，通过开放式、探索式的问题来指导封闭式问卷的设计；或者是在定量分析之后进行补充访谈，通过访谈资料帮助对定量分析结果进行解读，或补充定量研究不具备的细节和深度。随着质性研究的作用重新被认识，访谈逐渐成为一种独立的数据收集方式，甚至是质性研究中最为普遍采用的数据形式。

访谈可以说是研究者和访谈对象之间的对话过程，但这一过程并非漫无目的，而是受到研究者的控制，目的是通过与访谈对象的沟通，收集有关个体经验、意见、愿望、感觉方面的一手数据。与封闭式的问卷调查法相比，对社会事件的相关人进行深度访谈能够获得更多细节和对社会事件更深刻的认识。问卷调查更适合于收集有关数量或事实性的信息，而访谈法更适合于收集有关意义、过程等方面的数据。访谈法与观察法相比，前者主要用于收集相关人对自身经验的阐述和理解、对社会事件的观点与感受，后者更主要收集社会事件或情境中的人、行为、后果等方面的数据。并且，应用访谈法能够使调研过程更具有灵活性，但研究者也能一定程度上控制数据收集过程，而不至于像观察法那样难于界定数据收集的范围。

由于访谈本质上是一种有控制性的对话，因此，从研究者的控制程度上，可以把访谈分为结构式访谈、半结构式访谈和无结构访谈。结构化访谈类似于封闭式的定量访谈，预先设定好访谈问题及其顺序，由访谈对象提供开放式的回答，这样得到的数据较容易组织和分析。但过于结构化的访谈不利于建立访谈者和访谈对象之间的信任关系，难以得到有关个人经验、观点或感受方面的细节信息，甚至可能出现访谈对象被迫回答与自己毫无关系的问题、但自己感触最深的问题却无法得到充分阐述的情形。这就丧失了质性研究本身所具备的灵活性和深刻性。与此相比，非结构式访谈不需要预先设定好问题，而是就一两个主要议题展开与访谈对象的交流，研究者尽可能不影响对话的走向。但这也可能导致谈话逐渐偏离研究者关心的议题而无法收集到所需要的信息。因此，质性研究多采用半结构式访谈方法，即研究者预先构想访谈中需要探讨的主要题目，并列成访谈要点提纲，但不一定需要按固定顺序或提问形式发问。这样，访谈既可以形成谈话氛围，又不至于谈话内容完全脱离研究者的控制（基钦和泰特，2006）。

在应用访谈法时，研究者需要注意提问的技巧，并通过不断实践来提高提问和交谈能力。一般来说，访谈问题通常采用"谁？为什么？什么？哪里？何时？怎样？"等形式。访谈提问中，应当注意以下几点。①半结构式访谈一般围绕访谈目的设计 5~6 个主要问题，非结构式访谈则一般考虑 1~2 个需要讨论的议题即可。②深度访谈应保持开放式提问，而不应该让受访者仅仅回答"是"或者"否"（基钦和泰特，2006）。③访谈中，应当通过跟进式问题或追问来增加访谈数据的细节度和生动性。例如，通过"是否能举个例子？""您能再说一遍吗？""你刚才提到……？""你的意思是……？""还有没有别的情况？"等形式的问题，来引导受访者详尽阐述观点、详细解释经历的细节、给出具体实例，或者交叉检查受访者回答的可信度）。④访谈过程中，应尽可能完整地记录谈话的整个过程。好的访谈笔记不应该是研究者事后筛选并总结的访谈要点笔记。因此，在受访者同意的情况下尽可能使用录音笔或录像机录下访谈过程，事后再进行逐字逐句的文字转录工作。⑤每次访谈的时间控制在 60~90 分钟为宜。超过两个小时的访谈，研究者一般难以控制谈话的内容和方向。

　　根据被访谈对象的人数和关系，访谈法可以分为个体访谈、群体访谈和焦点团体。群体访谈与个体访谈相比，其优点在于效率，可以在较短时间内收集更多人的经历或观点，并可以通过一定程度的讨论和互动，发现个体之间是否存在经历或观点上的共同点。但缺点是在时间允许范围内，难以针对某位个体获得有深度的信息。一般建议，群体访谈人数控制在4~6人为宜。

　　焦点团体法则是在研究者的主持下，若干受访对象围绕某一问题进行讨论，研究者负责掌控讨论的方向，观察并记录讨论与互动的过程。焦点团体法的优点是能够在短时间内针对研究议题，观察到大量的语言互动和对话（胡幼慧，2005）。这一方法尤其适合于针对"态度"、"认知"议题的探索性研究。特别是当探索一个新的研究领域或方向，需要迅速获得受访者的经验、发展研究假设或寻求参与者的解释，焦点团体法是较好的数据收集方法。但其劣势是，所观察到的互动是在研究者控制的情境下发生的语言层面的互动，而不是"自然社会情境"下的群体行为层面的互动（后者更适合于采用前面所述的参与式观察法）。一般基于焦点团体法的研究，每次讨论会以60~90分钟为宜，可以有6~10人参与，人数太少不利于观点的碰撞和讨论氛围的形成，人数太多则影响参与程度与观点的表达（Kvale，2007；Weiss，1994）。

17.2.6　质性研究的其他调查法

　　除了观察法和访谈法之外，质性研究还常常采用口述史法、民族志、行动研究等方法来收集一手资料。

　　口述史法是通过对一个人或一群人叙述其生命经历来累积文本数据的方式。口述者本身是事件亲历者，因此口述史能够反映事件何时何地发生、牵涉什么人、如何发生等等事实性信息，同时能够获取事件亲历者对事实的诠释（胡幼慧，2005）。口述史方法有时候被称为个案研究或生命史研究，尤其适合用于对主流社会话语体系中被边缘化的弱势群体开展研究。例如，李昌霞（2006）对中国城市老年人居住空间的研究就采用了生命史研究方法，通过对多位老年人的深度访谈，获取其生命史信息，从而反映老年人的住房与对中国城市住房与单位制度转型的锁定关系。

　　民族志（或译为人种论），最初为人类学者应用于对原始社会的研究中，通过长时间的参与式观察，对原始社会结构与文化进行记录和分析。近年来，随着社会科学的"人文转向"，许多学者也开始采用民族志方法对现代社会情境与行为进行研究。与一般的访谈或参与式观察不同，民族志方法要求研究者完全浸入到所研究的情境或群体中，其目的是获得当事人的视角和立场。但这一方法难以区分研究者和被研究者的主客体地位。因此，Malinowski 主张，进行民族志研究的学者，应注意资料收集过程中记录民族志产生的过程，区分研究者的直接观察、当事人陈述、研究者的理解或推论等不同资料信息（胡幼慧，2005）。

此外，质性研究还需要收集各方面的二手资料，包括有关社会情境和事件的档案资料，有关的政策文件或会议记录、当事人的日记、信件或讲话录音等等文本信息。

17.3 质性研究的分析过程

与定量研究不同，质性研究的数据收集、分析与写作过程不是截然分开的。质性研究通常不预先设定一个明确的研究假设，最多是基于某个大致的理论框架或问题意识进入到"实地"中，在"浸入"和资料收集的过程中，就要不断进行初步分析与反思，让理论观点逐步"浮现"从而修正原有理论框架（图17-2）。因此，质性研究强调应当在数据收集阶段，就要有意识的开始初步的资料分析。其优点在于，研究者可以反复思考现有资料，提前意识到可能存在的新的理论或原有理论框架的不足，修正资料收集的策略，确保资料收集的完整性，减少日后发现资料不足的情况；并且，提前开始数据分析，也分散了研究者面对大量文本数据进行分析时的庞大工作量，有助于提高分析质量（迈尔斯和休伯，2008）。

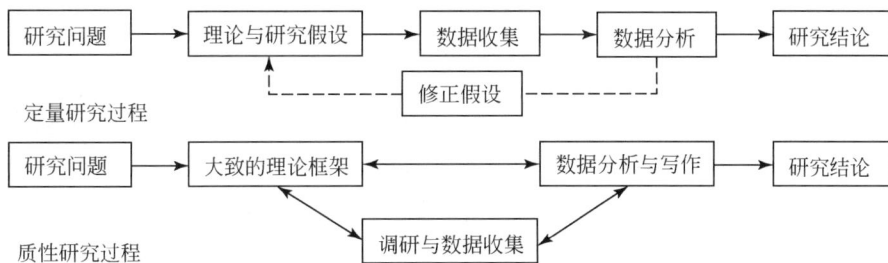

图 17-2 质性研究过程与定量研究过程的对比

早期资料分析需要做的第一步是在实地调研过程中，随时记录调研笔记，进行资料归档，建立资料清单。其次，研究者应当根据研究问题设计一张接触摘要单的表格，然后根据每次访谈或观察的笔记填写接触摘要单，内容可以包括数据收集来源、反映的主要问题、收集到的数据类型、本次数据收集过程中出现的有意义的或突出的信息以及应当考虑的其他问题等。这些信息能够为研究者后面的数据收集和数据分析提供有效的指引。系统性的资料分析则是在此基础上进行编码分析。这里将对基于扎根理论的编码分析基本过程，以及近年兴起的计算机辅助编码分析进行简要介绍。

17.3.1 扎根理论：理论"浮现"于数据

扎根理论是由格拉泽和斯特劳斯（Glaser and Strauss，1967）提出的一种系统的归纳法指导方针，也是质性研究方法论复兴的先声。扎根理论的提出，修正了当时学术界认为定性研究只能作为定量研究的预研究、定性研究更不系统、过于主观、只能产生描述性个案研究、更不具有科学性等观点，挑战了定量研究范式将理论与现实割裂开、将资料收集与资料分析割裂开的研究路线，并提出质性研究应当以发展更符合现实的理论为目标。

扎根理论认为，理论应当是在研究过程中通过系统地收集数据资料、并进行系统分析的基础上归纳出来的（Strauss and Corbin，1998）。由此而建构起来的理论更能够反映"现实"。因此，数据收集分析与理论建构是一个反复的过程，主张应当让理论浮现于数据。扎根理论包括基于客观主义的扎根理论和基于建构主义的扎根理论两种策略。前者以斯特劳斯、考宾等人为核心，代表著述是二人1990年出版的《定性研究基础：扎根理论程序与技术》（Strauss and Corbin，1990），其特点是将实证主义中关于"假设"和"验证"等观念引入到质性研究中。客观主义的扎根理论基本遵循社会科学中的后实证主义范式，认为存在一个可以被研究者描述、分析、解释和预测的真实世界，力求通过将质性研究"系统化"来指导"建构一个暂时正确的、可检验的、且最终能证实的理论"，尽管这一理论可能只是部分正确并可以被修正的（查马兹，2007）。客观主义的扎根理论的最大优势是为质性研究提供了指导如何系统性地收集、分析和解释资料的原则、方法和步骤，回应了定量研究阵营对质性研究的信度与效度的质疑（查马兹，2007）。建构主义的扎根理论则介于后实证主义范式与后现代主义质性研究范式之间，既认为应当对文本数据进行系统性分析，但又拒绝将先验理论和假设强加于数据。这一思想最初形成于格拉泽的著述《扎根理论分析基础：浮现对强制》（Glaser，1992）。格拉泽主张，收集资料不能够先入为主地带着问题或理论框架，而应该完全让概念和理论从资料分析和比较中被归纳建构出来。建构主义的扎根理论则重视研究者和被研究者之间的互动关系，注重理论是如何"扎根"的——即被研究者如何理解和建构有关其现实的论述，这些论述并不能达到"真理"的水平，但为研究者提供了对社会过程的解释和理解。

17.3.2 编码分析

查马兹（2007）提出，基于扎根理论的质性研究包括：①同时收集和分析资料；②分两步的资料编码过程；③比较法；④为建构概念分析的记录写作；⑤为完善研究者的理论观点的抽样；⑥理论架构的整合。编码分析是质性数据分析的基础，也是理论建构的开始。质性研究者面临的最大困难是常常要面对海量的、非标准化的文本数据，这些数据的来源和格式都不一样。文本数据尽管更为翔实并具有更真实的意义，但也比数字要更难处理。编码分析的目的是对海量的文本数据进行分门别类，从中提炼出有关社会过程和社会事件的关键词和概念，为建立概念之间的因果联系和发展理论提供基础（Gibbs，2007；马克斯韦尔，2008）。

编码有三种。描述性代码是把某类现象总结为某个关键词，起到缩减数据量的作用，但代码的诠释性最低。诠释性代码则是在研究者对社会现实有更多了解时，将观察到的现象背后的意义揭示出来并用某个关键词或概念进行表达。第三种代码是主题或模式代码，这种代码往往是研究者在编码分析后期从社会事件或过程中渐渐看出一种主题或模式，并通过某个关键词汇与相应的某段文本资料相关联，或者将之前的描述性或诠释性代码相关联从而建立某种因果联系。

编码工作可以依循两种路径展开。第一种更倾向于归纳法，不预先建立初始代码清单，而是在收集资料后，通过逐行阅读资料逐渐寻找和识别关键词，逐渐累积成代码清单并形成更为抽象的主题或模式。第二种则是介于预定式和归纳式之间，这种方式尽管不像定量研究那样有明确和严格的编码表，但会预先提出一个基本的编码架构，在此架构下进行归纳式编码。这种初始代码清单可能最初只有十来个或五六十个代码，但需要有清晰的结构（Miles and Huberman，2008）。无论采用哪种编码策略，研究者都应注意，编码过程是一个交互的过程，需要随着研究的进行修改编码。随着资料收集和编码分析的不断进步，可能会出现新的编码，需要对之前的资料进行补充编码（这种灵活性正是质性研究的优势所在）。

一般来说，编码分析过程包括如下三个步骤：

1）阅读资料、逐行编码。逐行阅读文本资料进行编码：在还没有进行理论框架时，可以通过开放式编码逐步形成一些关键词，定义行动、事件、意义等，逐步对资料进行分类并简化；切忌在编码分析之处对资料跳跃式阅读和编码，这可能会导致分析的片面性。在进行编码的同时，还应该撰写备忘录：包括对编码和数据的分析笔记，如编码备忘录、理论备忘录和操作性备忘录，是编码和分析报告之间的半成品，也是质性研究报告的重要资料。

2）丰富代码、深入分析。编码过程中，要不断丰富代码清单，随着代码清单的累积和深入，可以进行选择编码或重点编码，并依据新出现的代码对原有资料进行补充编码。

3）整合分析框架、完成理论建构。将代码清单中的类别、概念等进行整合和优化，确立代码之间的联系，将主要的代码或类别整合成理论架构。应用文献资料进行对照，证实研究的发现，阐述研究与文献的差别，完成理论建构。

17.3.3　计算机辅助定性数据分析

技术的发展，使得计算机辅助质性数据分析成为可能。目前主流的质性数据分析软件包有 Atlas. ti、NVivo、NUD-IST 等。这些软件包的基本功能包括：协助进行文本和影像数据的分类与管理；对文本进行编码分析从而压缩数据信息量；对编码和核心概念进行关联以帮助理论的建构；对编码、核心概念、理论与文本数据进行关联，并允许检索和引用；生成数据分析报告和理论概念图。

17.3.4　质性研究报告的写作

质性研究强调理论浮现于事实，其写作模式大大区别于定量研究。最常用的质性研究的写作模式是深描和分析性叙事。深描的特点是"注意社会事件的具体细节、有关事件的联系、当时当地的具体情境以及事情发生和变化的过程"，要求描述尽可能详尽细致（陈向明，2000）。采用深描方法的质性研究报告不能只是罗列展示自己的研究结论，而应为每一条结论提供足够的资料支持，建立完整的证据链。其中，许多证据可能是引用访谈录音中的当事人原话，而不是经研究者整理和重新解读过的访谈笔记。

质性研究方法论强调，写作本身就是研究者与被研究者共同完成的对现实的建构，"被研究者是通过语言叙事的方式来理解自己和他人的生活的，而研究者也是通过语言叙事的方式来写被研究者的生活的"（陈向明，2000）。任何研究报告（无论是定量还是定性研究方法），实际都不可避免地带有主观性。质性研究方法的报告撰写，强调研究者对研究伦理的重视，强调应审视研究者自身的立场与价值判断、被研究者的声音表达、研究过程中研究者与被研究者的互动等等。

17.3.5　质性研究的信度与效度

质性研究要求研究者与所研究的社会情境和社会群体发生接触甚至是互动，因此被认为受到研究者和研究对象的偏见的影响，其信度和效度常常受到质疑。质性研究的支持者则认为，任何研究都不可能摆脱研究者的立场和偏见的影响，因此，意识到研究目标的片面性和研究可能存在的偏见，比假装客观和中立的立场更加重要和更加科学。

从信度上看，定量研究范式认为社会科学研究应当确保测量的可重复性，即采用同样的方法和工具应该每次都能够得到类似的测度。而质性研究注重"地方性知识"，关注个体特征并主张每个研究者都具有独特的视角和立场，因此研究过程本身就是不可以复制的。但是受到后实证主义范式的影响，质性研究者也开始强调通过详细记录调研与分析过程，为后来的研究者进行模仿和复制提供可能。

从效度上看，社会研究者应当确保其研究结果的可靠性。对此，定量方法主要强调研究工具是否准确有效地测量到了想要测量的东西，而质性方法则强调研究的"真实性"和"可靠性"。质性研究者提出，效度不应只是"描述型效度"（即是否对于要观察的现象和事物进行了准确的描述），还应包括解释型效度、理论型效度（即诠释效度）和评价型效度（陈向明，2000）。描述型效度要求质性研究者收集直接、准确、细致的资料，并且在收集和分析资料不能够有意无意地忽略某些信息。解释型效度通常不被定量研究者重视，这是要求研究者尽量站到被研究者的角度获得他们对于世界和意义的建构，并力求在写作中报告被研究者对于事件的理解。理论型效度是指研究所得到的理论是否有效地反映了所研究的现象。评价型效度是指研究者应当反思自己对研究结果中隐藏的价值判断，思考研究过程中是否因为自己的某些"偏向性"或"前设"而把注意力只放在自己认为"重要"和"有意义"的东西上。

为了提高研究效度，质性研究者应当随时关注可能出现的"效度威胁"，并通过不同方法来尽可能缩小可能影响效度的因素。例如，采用"侦探法"对于证据链中的每个环节中的证据进行检验，找出可能存在的自相矛盾的地方；或采用证伪法，即有意识地寻找有可能使该理论假设不能成立的证据，通过寻找反例对提出的某个假设进行证伪，从而不断修改甚至排除该假设，直至找到最为合理的理论解释；将自己的结论与参与研究的被研究者进行交流，或广泛与同行、同事等交换看法，通过反馈意见来修正自己的假设（陈向明，2000）。同时，为了纠正可能存在的片面性和偏见，缩小"效度威胁"，应当尽可能收集丰富的原始资料，并采用多源数据、多种方法和视角相互佐证的三角验证法，来互相弥补各种方法的不足和缺陷，得到对社会事件和情境更为全面和准确的理解。

三角验证的意思是，"任何发现或结论都需要基于多方面的信息才能更有说服力和更为准确"（Yin，1994）。在质性研究中（或任何研究中）采用三角验证法，其目的是能够获得对复杂社会事件和情境的深入理解。三角验证既包括不同来源数据的相互佐证，也包括不同研究者的相互验证、不同理论视角对同一数据分析结论的相互验证以及不同方法分析同一社会事件的相互验证。

17.4   质性研究方法在城市地理学中的应用案例

行为主义和人文主义思潮对中国城市地理学的影响，逐渐推动学者开始从对城市空间的宏观结构特征与普遍规律的汇总分析，转向对特定人群和经济单元、特定社会空间与经济空间的研究。其中，对于女性、农村移民（Fan，2003；Wu，2002，2004a；Wang et al.，2010）、老年人（柴彦威和李昌霞，2005；张纯等，2007）、城市贫困人口（Wang，2005；Wu，2007）等弱势人群的研究、对农村移民社区（Mobrand，2006；Chung，2010；Liu et al.，2010；薛德升和黄耿志，2008）、单位社区（Bray，2005；张艳等，2009；张纯和柴彦威，2009）、国际移民社区（李志刚等，2007）等特定社区和居住空间的研究都不断涌现。在城市地理学中，质性研究方法的应用促进了对于弱势人群、特定社区、地方性与地方文化等议题的研究。这里，选择一些典型研究案例来说明质性研究方法在城市地理学相关研究议题上的应用。

17.4.1   社区研究：中国的城中村与非正规部门

城中村是中国快速城市化和大规模农村人口进入城市后形成的独特城市社会空间现象。一些学者主要采用了质性研究方法，以揭示城中村社会空间组织过程与社会生态互动机制（Mobrand，2006；Chung，2010；Liu et al.，2010）。其中，薛德升和黄耿志（2008）则特别关注中国经济转型和快速城市化背景下的非正规经济现象，研究选取广州市海珠区的下渡村这一典型案例，对非正规部门的"管制"状况进行了深入调查研究。这一研究回答的核心问题包括：在相对"自然状况"下的城中村内非正规经济处在怎样的生存状况，这类非正规经济是否如国内外文献所述真的生存于"管制"的真空，还是存在一种独特的"管制"机制在影响着城中村内的非正规经济等。研究通过实地调研和深度访谈，不仅描绘了下渡村这一城中村的非正规部门的类型和分布格局，更揭示了城中村非正规部门并非完全处于管制之外，而是生存于一种管制之外的特殊"管制"之中。这种"管制"
表现为"一个以政府力量为主导，地方自治组织、地痞组织、本地村民和周围居民
等多方力量共同作用的复杂结构，深刻而切实地影响着非正规部门的生存状态。"
本研究就采用了多源数据相互验证的方式："采取实地观察与标图以获取非正规部
门的类型、规模与分布等信息"，为访谈对象的选择提供依据；在此基础上，"确定
了 34 名访谈对象进行深度访谈，包括 26 名非正规从业者，3 名周围居民代表和 5
名有关官员"。研究的论述中援引了大量访谈笔记、观察笔记等文本数据，并"利
用源于网站的可靠新闻报道、相关栏目、论坛等网络文本来分析实地观察和访谈过
程中所发现的相关事件，作为实地调查的辅助材料以相互印证"。

17.4.2　全球化与国际移民社区

移民社区是国际城市社会地理研究所重点关注的社区类型，围绕移民社区的
有关隔离、排斥、融入等问题是相关研究的重点。在全球化背景下，跨国移民社
区也在中国的一些大城市出现。李志刚等（2007）所研究的就是在全球化背景下
的广州市小北黑人移民社区。这一研究应用质性研究方法，回答"不同的本地群
体如何看待和响应全球化背景下跨国移民社区的形成"以及"本地群体、媒体、
网络如何共同建构出将跨国移民社区'问题化'的话语体系"等研究问题。而
在研究方法上，综合利用问卷调查、深度访谈等研究手段。与薛德升等（2008）
的研究不同，李志刚等采用的是并行式研究策略，对不同社会群体采用了不同的
数据收集和分析方法，分别得出不同的结论，揭示了"跨国移民社会空间"形
成过程中不同社会群体的响应机制（图 17-3）。

17.4.3　弱势人群研究：女性移民与劳动力市场性别化

对逐渐快速城市化背景下农村移民的研究，早期多都从人口迁移空间特点的
角度应用人口普查数据进行分析，近年来则多有基于大规模问卷调查数据对流动
人口这一弱势人群住房、就业等问题的研究（如 Wu，2002，2004a；Jiang，
2006；Wang et al.，2010）。范芝芬则结合了定性资料（深度访谈、实地观察）
和定量数据（普查数据和调查数据），对中国的农村–城市移民浪潮中的劳动力
性别分工及女性移民的经验进行了研究（Fan，2003）。深度访谈揭示了市场转型
这一大背景对于劳动力市场中的性别化趋势的影响。经济转型导致了以成本最小
化和利润最大化为导向的劳动力市场逐步出现，农民通过向城市移民以获取改善
生活的机会。在这一过程中，传统的社会文化因素——即男女性别分工的传统思

283

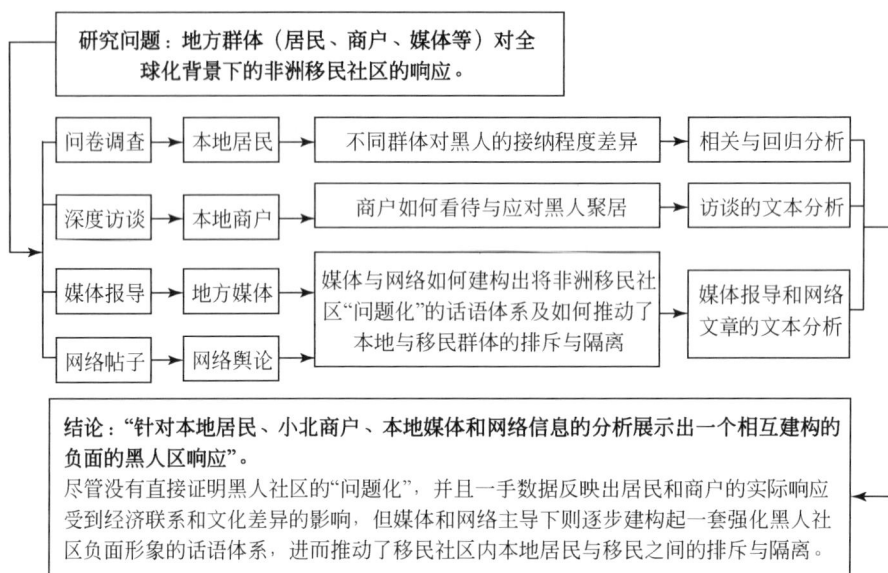

图 17-3　质性研究中的三角验证法示例
资料来源：作者根据李志刚等（2007）整理

想——重新显现。正是在这一过程中，农村移民逐步被导向了性别隔离的工作岗位，而性别分工也成为乡村家庭生产的主要模式。这一研究，通过结合定性与定量方法，为我们揭示了中国城市与西方城市不同的劳动力市场性别分工的过程与机制。她提出，"要了解劳动力的性别分工的模式与过程，必须要采用多种数据来源和多元分析方法。多源数据有助于研究的三角验证"。其中，宏观汇总数据（如普查数据、抽样调查数据）用于对人口流动及其性别差异的总体特征的记录与描述；实地调查数据则有助于解释宏观数据中发现的模式，特别是访谈叙事等定性资料具有更好的丰富性和深度，有助于考察性别分工模式形成的过程，使得村民的声音和经验能够通过研究得到表达并支撑全文的论据。

17.4.4　经济个体的地方文化嵌入与地方性研究

周尚意和沈小平（2008）在对于北京美术产业的研究中，关注的是美术产业对地方意识形态文化、地方制度文化的主动嵌入过程。该研究旨在发现经济个体是如何嵌入于地方制度与结构，以揭示地方和地方性与美术产业经济个体的关系。因此采用基于访谈的质性研究方法，能够更深刻地揭示这一嵌入过程及个体与制度文化的互动机制，而不适用于定量研究方法。这就区别于传统经济地理学基于宏观统计数据或大规模企业抽样调查数据，分析产业集聚的模式和空间规律，或就某些因素对企业集聚行为的影响进行统计学上的验证。

17.4.5 从单位大院到单位社区：理解中国城市重构的单位视角

单位大院是中国计划经济时期城市空间组织的基本单元（Bjorklund，1986），是中国城市以单位制度为核心经济组织、社会控制和福利分配一系列制度的物质空间载体和基本空间组织形式（柴彦威和刘志林，2003）。因此，单位大院及其演变成为理解中国从计划经济向市场经济转型的制度变迁和城市空间重构过程的重要视角（柴彦威等，2008），也引起了城市地理学、城市规划学、城市社会学的共同关注。质性研究方法的引入则大大推动了中国城市单位研究的深入。2009年《国际城市规划》第 5 期发表了北京大学柴彦威研究组从城市地理学视角研究中国城市单位现象的专辑。该专辑中选择了 3 篇基于案例分析的质性研究论文。例如，对于城市单位居民迁居行为的研究，柴彦威和陈零极（2009）并未采用比较流行的通过大规模问卷调查进行统计分析的定量研究思路，而是选择了基于生命历程视角的迁居史访谈为主要方法，文本风格上则是采用了对个体经历与决策机制的"深描"，引述了大量的访谈对象的原话。论文不但寻求对单位制度在计划经济时代如何影响到个人的迁居过程的深入描绘，更重要的是，通过对个人生命史能够动态地展现转型期市场机制对个人迁居决策的影响是如何发生的，以说明"综合分析个人在特定社会经济背景和市场条件下的住房选择机制"。张纯和柴彦威（2009）和张艳等（2009）则采用了基于案例研究的质性方法，综合采用了文本数据、历史档案资料和图件、实地调研笔记等多种数据相结合的手段，对于中国城市单位大院的空间形态及其土地利用的演变进行"深描"，从某个典型单位大院的微观案例剖析，来解释市场经济改革和土地利用制度变化如何导致了中国城市空间组织的重构。

第18章 空间分析方法及其在城市地理学中的应用

18.1 引 言

空间分析是地理学的重要分析方法和技术手段。空间分析源于 20 世纪 60 年代地理和区域科学的计量革命（Couclelis and Golledge，1983；Tobler，1970），在开始阶段，主要是应用定量（主要是统计）分析手段用于分析点、线、面的空间分布模式。后来更多的是强调地理空间本身的特征、空间决策过程和复杂空间系统的时空演化过程分析（Peuquet，2002）。实际上自有地图以来，人们就始终在自觉或不自觉地进行着各种类型的空间分析。如在地图上量测地理要素之间的距离、方位、面积，乃至利用地图进行战术研究和战略决策等，都是人们利用地图进行空间分析的实例，而后者实质上已属较高层次上的空间分析。

GIS 作为信息化社会的重要成员之一，联系着地理空间和社会空间，不仅能够用于采集、存储、管理与地理位置相关的空间数据及其属性数据，并且集成了多学科的最新技术，如关系数据库管理、高效图形算法、插值、区划和网络分析，为空间分析提供了强大的工具，使得过去复杂困难的高级空间分析任务变得简单易行（Longley et al.，1999）。空间分析早已成为地理信息系统的核心功能之一，它特有的对地理信息（特别是隐含信息）的提取、表现和传输功能，是地理信息系统区别于一般信息系统的主要功能特征（邬伦等，2001）。

GIS 和 RS 等信息技术方法的应用研究已经从理论走向实践，为城市数字化建设、城市信息化管理和城市地理学研究提供了有效的理论支持和技术保障（周素红和闫小培，2001）。地理信息系统不仅为城市地理学研究提供了重要数据信息来源和分析工具，更重要的是，通过空间分析方法和原有城市地理研究方法的结合，可在城市地理研究的各大派别之间建立联系，进行新研究方法的整合，在空间综合社会人文学思潮的大背景下，探讨城市研究与空间定量研究相结合的空间综合城市地理学研究方法（Miller，2003；林珲等，2006；Rashed，2007；Goodchild，2010）。

18.2 空间分析方法的应用流程

空间分析的目的是解决某类与地理空间有关的问题，通常涉及多种空间分析操作的组合，经过空间可视化、空间探索性分析、空间统计分析等应用过程（邬伦等，2001）。一个好的空间分析过程设计将十分有利于研究问题的解决，一般步骤是：明确空间分析的目的和评价准则；准备分析数据；进行空间分析操作；进行结果分析；解释、评价结果；结果输出（地图、表格和文档）。

这里举例说明如何利用建立缓冲区、拓扑叠加和特征提取来计算一条道路拓宽改建过程中的拆迁指标。首先，需要明确分析的目的和标准。本例的目的是计算由于道路拓宽而需拆迁的建筑物的建筑面积和房产价值，道路拓宽改建的标准是：道路从原有的 20m 拓宽至 60m；拓宽道路应尽量保持直线；部分位于拆迁区内的 10 层以上的建筑不拆除。其次，准备进行分析的数据。本例需要涉及两类信息，一类是现状道路图；另一类为分析区域内建筑物分布图及相关信息。第三步是进行空间操作。先选择拟拓宽的道路，根据拓宽半径，建立道路的缓冲区；再将此缓冲区与建筑物层数据进行拓扑叠加，产生一幅新图，此图包括所有部分或全部位于拓宽区内的建筑物信息。第四步是进行统计分析。先对全部或部分位于拆迁区内的建筑物进行选择，凡部分落入拆迁区且楼层高于 10 层以上的建筑物，将其从选择组中去掉，并对道路的拓宽边界进行局部调整；后对所有需拆迁的建筑物进行拆迁指标计算。最后，将分析结果以地图和表格的形式打印输出。

这里再举一个辅助建设项目选址的案例，即如何利用空间操作和特征提取功能，为某一建设项目选择最佳的建设位置。首先，建立分析的目的和标准。分析的目的是确定一些具体的地块，作为一个轻度污染工厂的可能建设位置。工厂选址的标准包括：地块的建设用地面积不小于 10 000m²；地块的地价不超过 1 万元/m²；地块周围不能有幼儿园、学校等公共设施，以免受到工厂生产的影响。其次，从数据库中提取用于选址的数据。为达到选址的目的，需准备两种数据，一种为包括全市所有地块信息的数据层；另一类为全市公共设施（包括幼儿园、学校等）的分布图。再次，进行特征提取和空间拓扑叠加。从地块图中选择所有满足条件 1、2 的地块，并与公共设施层数据进行拓扑叠加。然后，进行邻域分析。对叠加的结果进行邻域分析和特征提取，选择出满足要求的地块。最后，将选择的地块及相关信息以地图和表格形式打印输出。

18.3 空间分析过程建模

空间分析应用过程中，通常会用到空间分析建模的概念。模型是人类对事物

287

的一种抽象，人们在正式建造实物前，往往首先建立一个简化的模型，以便抓住问题的要害，剔除与问题无关的非本质的东西，从而使模型比实物更简单明了，易于把握。同样为了解决复杂的地理空间问题，人们也试图建立一个简化的模型，模拟空间分析过程。空间分析建模，由于是建立在对图层数据的操作上的，又称为"制图建模"。它是通过组合空间分析命令操作以回答有关空间现象问题的过程，更形式化的定义是通过作用于原始数据和派生数据的一组顺序的、交互的空间分析操作命令，对一个空间决策过程进行的模拟。制图建模的结果得到一个"制图模型"，它是对空间分析过程及其数据的一种图形或符号表示，目的是帮助分析人员组织和规划所要完成的分析过程，并逐步指定完成这一分析过程所需的数据。制图模型也可用于研究说明文档，作为分析研究的参考和素材。制图模型有多种表示方法，为了进一步理解制图建模过程，下面给出一些不同领域的制图模型实例。

18.3.1 空间分析流程逆向建模

制图建模可以是一个空间分析流程的逆过程，即从分析的最终结果开始，反向分析，为得到最终结果，哪些数据是必需的，并确定每一步要输入的数据以及这些数据是如何派生而来（邬伦等，2001）。以下将举例说明其过程。

假定需要获得这样一个结果，即要显示出所有坡度大于 20 度的地区。首先的问题是要生成这样一幅图像，哪些数据是必须具备的：如要生成一幅坡度大于 20 度的图像，需要一幅反映所有坡度的图像，数据库里有这样的图像吗？如果没有，就进一步沿着反向思路提问："如要生成一幅所有坡度的图像，需要什么样的数据？"。一幅高程数据图像可用于生成坡度图像。那么，这幅高程数据图像有没有呢？如果没有的话，生成该图像需要何种数据？这一过程一直持续，直至找出所有必备数据为止。然后反向用图形或符号将有关数据及其操作流程表示出来就得到一个制图模型（图 18-1）。

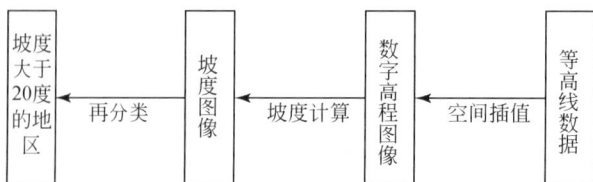

图 18-1 提取坡度大于 20 度地区的计算流程

18.3.2　食草动物栖息地质量评价模型

本例是一个食草动物栖息地质量评价简化模型，模型只考虑了影响食草动物生存的基本因子：水源、食物和隐藏条件，以及景观单元的面积、连通性和破碎程度的度量指标（图18-2）。

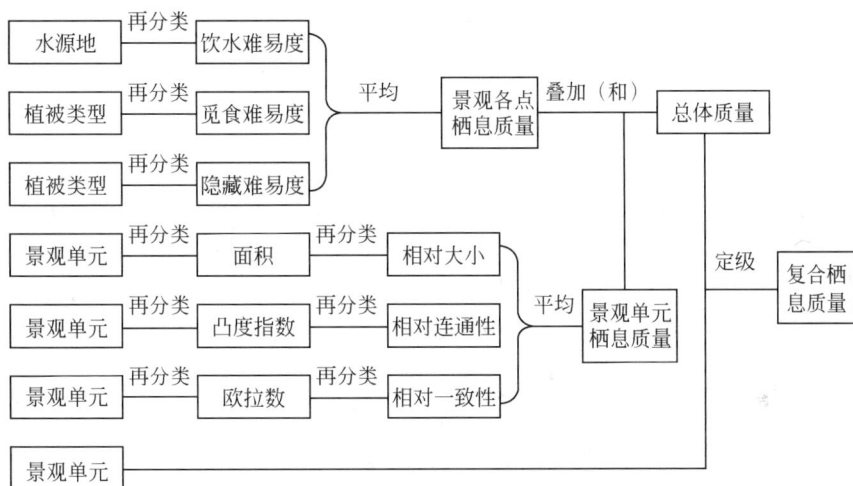

图 18-2　食草动物栖息地质量评价模型

18.3.3　国家森林公园选址模型

本例是一个为某地建立一个国家森林公园确定大致范围，是一个数据源已知，需要进行空间信息提取的模型。数据源包括公路铁路分布图（线状地物），森林分布图（面状地物），城镇区划图（面状地物）。制图模型可以用表18-1的形式表示。

表 18-1　国家森林公园选址模型

步骤	操作命令
找出所有森林地区 1 为林地，0 为非林地	再分类
合并森林分类图属性相同的相邻多边形的边界	归组
找出距公路或铁路 0.5km 的地区	缓冲区分析

续表

步骤	操作命令
找出距公路或铁路 1km 的地区	缓冲区分析
找出非城市市区用地 1 为非市区，0 为市区	再分类
找出森林地区、非市区、且距公路或铁路 0.5～1km 范围内的地区	拓扑叠加分析
合并相同属性的多边形	归组

18.4　常用空间分析操作方法

空间分析是分析空间数据有关技术的统称。根据作用的数据性质不同，可以分为：①基于空间图形数据的分析运算；②基于非空间属性的数据运算；③空间和非空间数据的联合运算。空间分析赖以进行的基础是地理空间数据库，其运用的手段包括各种几何的逻辑运算、数理统计分析、代数运算等数学手段，最终的目的是解决人们所涉及地理空间的实际问题，提取和传输地理空间信息，特别是隐含信息，以辅助决策（Goodchild，2003；邬伦等，2001）。本节中介绍的是 GIS 中常用的空间分析基本功能，包括空间查询、空间量算、缓冲区分析、叠加分析、网络分析、空间插值等。

18.4.1　空间查询

空间查询是 GIS 进行高层次分析的基础。在 GIS 中，为进行高层次的空间分析，往往需要先查询定位空间对象。常见的空间查询方式有三种：①基于空间关系查询：空间实体间存在着多种空间关系，包括拓扑、顺序、距离、方位等关系，可以通过空间关系查询和定位空间实体。②基于空间关系和属性特征查询：传统的关系数据库的标准 SQL 并不能处理空间查询，经过对 SQL 进行空间类型扩展后支持空间查询。③地址匹配查询：根据街道的地址来查询事物的空间位置和属性信息是地理信息系统特有的一种查询功能，这种查询利用地理编码，输入街道的门牌号码，就可知道大致的位置和所在的街区。它对空间分布的社会、经济调查和统计很有帮助，只要在调查表中添了地址，地理信息系统可以自动地从空间位置的角度来统计分析各种经济社会调查资料。另外这种查询也经常用于公用事业管理、事故分析等方面，如邮政、通信、供水、供电、治安、消防、医疗等领域。

18.4.2 空间量算

空间量算是对地理分布或现象进行描述，如长度、面积、距离、形状等（Herold et al.，2005）。实际上，空间分析首先始于空间查询和量算，它们是空间定量分析的基础（Goodchild，2000）。空间量算主要包括以下三种量算。

（1）几何量算：针对点、线、面状地物的几何量算功能，或者是针对矢量数据结构，或者是针对栅格数据结构的空间数据。注意不同类型的地物包含不同种类的几何参数。面状地物形状量测还需要考虑空间一致性问题和多边形边界特征描述问题。

（2）质心量算：质心是描述地理对象空间分布的一个重要指标。例如要得到一个全国的人口分布等值线图，而人口数据只能到县级，所以必须在每个县域里定义一个点作为质心，代表该县的数值，然后进行插值计算全国人口等值线。质心通常定义为一个多边形或面的几何中心，当多边形比较简单，比如矩形，计算很容易。但当多边形形状复杂时，计算也更加复杂。在某些情况下，质心描述的是分布中心，而不是绝对几何中心。同样以全国人口为例，当某个县绝大部分人口明显集中于一侧时，可以把质心放在分布中心上，这种质心称为平均中心或重心。质心量测经常用于宏观经济分析和市场区位选择，还可以跟踪某些地理分布的变化，如人口变迁、土地类型变化等。

（3）距离量算："距离"是人们日常生活中经常涉及的概念，它描述了两个事物或实体之间的远近程度。最常用的距离概念是欧氏距离，无论是矢量结构，还是栅格结构都很容易实现。在 GIS 中，距离通常是两个地点之间的计算，但有时人们想知道一个地点到所有其他地点的距离，这时得到的距离是一个距离表面。如果一区域中所有的性质与方向无关，则称为各向同性区域。以旅行时间为例，如果从某一点出发，到另一点的所耗费的时间只与两点之间的欧氏距离成正比，则从一固定点出发，旅行特定时间后所能达到的点必然组成一个等时圆。而现实生活中，旅行所耗费的时间不只与欧氏距离成正比，还与路况、运输工具性能等有关，从固定点出发，旅行特定时间后所能到达的点则在各个方向上是不同距离的，形成各向异性距离表面（图 18-3）。

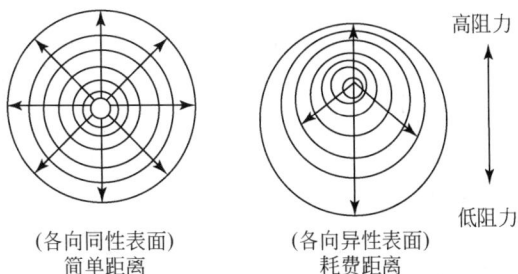

（各向同性表面）简单距离　　（各向异性表面）耗费距离

图 18-3　各向同性和各向异性的距离表面

18.4.3 缓冲区分析

缓冲区分析是解决邻近度问题的空间分析工具之一。所谓缓冲区就是地理空间目标的一种影响范围或服务范围。邻近度描述了地理空间中两个地物距离相近的程度，例如交通沿线或河流沿线附近的地物有其独特的重要性，公共设施（商场、邮局、银行、医院、车站、学校等）的服务半径，大型水库建设引起的搬迁，铁路、公路以及航运河道对其所穿过区域经济发展的重要性等，均是一个邻近度问题。图 18-4 为点对象、线对象、面对象及对象集合的缓冲区示例。

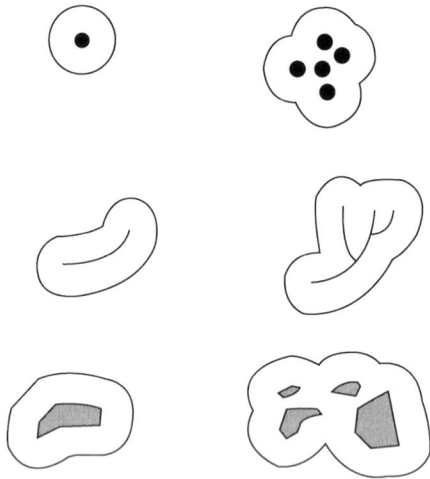

图 18-4　点、线、多边形的缓冲区

18.4.4 叠加分析

叠加分析方法是地理信息系统最常用的提取空间隐含信息的手段之一。该方法源于传统的透明材料叠加，即将来自不同数据源的图纸绘于透明纸上，在透光桌上将其叠放在一起，然后用笔勾出感兴趣的部分——提取出感兴趣的信息。地理信息系统的叠加分析是将有关主题层组成的数据层面，进行叠加产生一个新数据层面的操作，其结果综合了原来两层或多层要素所具有的属性。叠加分析不仅包含空间关系的比较，还包含属性关系的比较。叠加分析可以分为以下五类。

（1）视觉信息叠加：将不同层面的专题信息内容叠加显示在结果图件（如

面状区域遥感影像）或屏幕上，以便研究者判断其相互空间关系，获得更为丰富的空间信息，便于进一步分析。

（2）点与多边形叠加：通过点与多边形叠加，可以计算出每个多边形类型里有多少个点，不但要区分点是否在多边形内，还要描述在多边形内部的点的属性信息。通常不直接产生新数据层面，只是把属性信息叠加到原图层中，然后通过属性查询间接获得点与多边形叠加的需要信息。

（3）线与多边形叠加：通过叠加产生了新的数据层面，每条线被它穿过的多边形打断成新弧段图层，同时产生一个相应的属性数据表记录原线和多边形的属性信息。根据叠加的结果可以确定每条弧段落在哪个多边形内，可以查询指定多边形内指定线穿过的长度等信息。

（4）多边形叠加：多边形叠加是 GIS 最常用的功能之一，将两个或多个多边形图层进行叠加产生一个新多边形图层的操作，其结果将原来多边形要素分割成新要素，新要素综合了原来两层或多层的属性（图 18-5）。

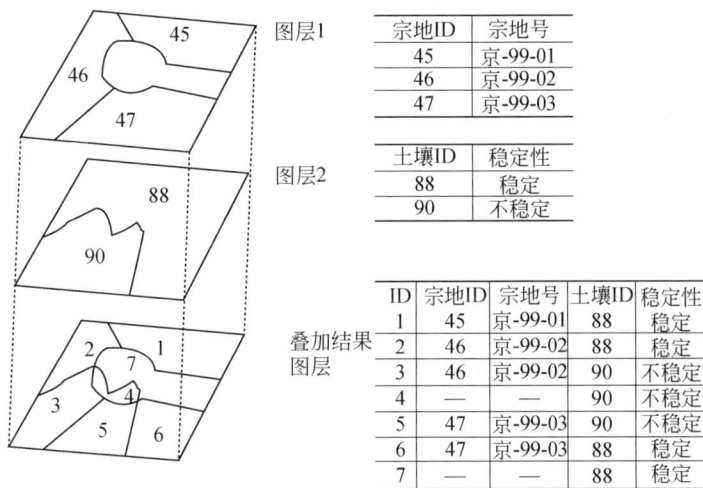

图 18-5 多边形叠加分析

（5）栅格图层叠加：栅格数据结构空间信息隐含属性信息明显的特点，可以看做是最典型的数据层面，通过数学关系建立不同数据层面之间的联系是 GIS 提供的典型功能。空间模拟尤其需要通过各种各样的方程将不同数据层面进行地图代数叠加运算，以揭示某种空间现象或空间过程。

18.4.5　网络分析

对地理网络（如交通网络）、城市基础设施网络（如各种网线、电力线、电话线、供排水管线等）进行地理分析和模型化，是地理信息系统中网络分析方法的主要目的（Okabe and Kitamura，1996）。主要的网络分析功能有：①路径分析：根据确定的起点、终点和要经过的中间点、中间连线，求最短路径或最小耗费路径，实际网络中权值是随权值关系式变化的，可能还会临时出现一些障碍点，需要动态的计算最佳路径。②资源分配区分析：资源分配网络模型由中心点（分配中心或收集中心）及其属性和网络组成。分配有两种形式，一种是由分配中心向四周分配，另一种是由四周向收集中心分配；资源分配的应用包括消防站点分布和救援区划分、学校选址、垃圾收集站点分布，停水停电对区域的社会、经济影响估计等。③最邻近设施分析：网络中的任何一个点都有相应的最邻近节点，可以根据此特性来找到网络中的最邻近设施点，应用于交通事故或灾害应急管理调度。

18.4.6　空间插值

地理学研究中经常遇到这样一个问题，现有的数据不能完全覆盖所要求的区域范围，需要利用空间插值的方法。空间插值常用于将离散点的测量数据转换为连续的数据曲面，以便与其他空间现象的分布模式进行比较，它包括了空间内插和外推两种算法。空间内插算法是一种通过已知点的数据推求同一区域其他未知点数据的计算方法；空间外推算法则是通过已知区域的数据，推求其他区域数据的方法（邬伦等，2001；谢昆青等，2004）。

空间插值的理论假设是空间位置上越靠近的点，越可能具有相似的特征值；而距离越远的点，其特征值相似的可能性越小。空间插值方法可以分为整体插值和局部插值方法两类。整体插值方法用研究区所有采样点的数据进行全区特征拟合；局部插值方法是仅仅用邻近的数据点来估计未知点的值。整体插值方法通常不直接用于空间插值，而是用来检测不同于总趋势的最大偏离部分，在去除了宏观地物特征后，可用剩余残差来进行局部插值。由于整体插值方法将短尺度的、局部的变化看作随机的和非结构的噪声，从而丢失了这一部分信息。局部插值方法恰好能弥补整体插值方法的缺陷，可用于局部异常值，而且不受插值表面上其他点的内插值影响。

1. 整体空间插值方法

边界内插方法：假设任何重要的变化发生在边界上，边界内的变化是均匀的，即在各方向都是相同的。这种概念模型经常用于土壤和景观制图，可以通过定义"均质的"土壤单元、景观图斑，来表达其他的土壤、景观特征属性。

趋势面分析：某种地理属性在空间的连续变化，可以用一个平滑的数学平面加以描述。思路是先用已知采样点数据拟合出一个平滑的数学平面方程，再根据该方程计算无测量值的点上的数据。这种只根据采样点的属性数据与地理坐标的关系，进行多元回归分析得到平滑数学平面方程的方法，称为趋势面分析。它的理论假设是地理坐标 (x, y) 是独立变量，属性值 Z 也是独立变量且是正态分布的，同样回归误差也是与位置无关的独立变量。

变换函数插值：根据一个或多个空间参量的经验方程进行整体空间插值，也是经常使用的空间插值方法，这种经验方程称为变换函数。

2. 局部空间插值方法

最近邻点法：又叫泰森多边形法，采用了一种极端的边界内插方法，只用最近的单个点进行区域插值。泰森多边形按数据点位置将区域分割成子区域，每个子区域包含一个数据点，各子区域到其内数据点的距离小于到任何其他数据点的距离，并用其内数据点进行赋值，连接所有数据点的连线形成 Delaunay 三角形，与不规则三角网具有相同的拓扑结构。

距离倒数插值法：距离倒数插值方法综合了泰森多边形的邻近点方法和趋势面分析的渐变方法的长处，它假设未知点 x_0 处属性值是在局部邻域内中所有数据点的距离加权平均值。

空间自协方差最佳插值方法：克里金插值法。任何在空间连续性变化的属性是非常不规则的，不能用简单的平滑数学函数进行模拟，可以用随机表面给予较恰当的描述。这种连续性变化的空间属性称为"区域性变量"，可以描述像气压、高程及其他连续性变化的描述指标变量。地理统计方法为空间插值提供了一种优化策略，即在插值过程中根据某种优化准则函数动态的决定变量的数值，即对给定点上的变量值提供最好的线性无偏估计。

18.5 空间综合分析方法的城市地理学研究

这些年来，国内外许多学者在利用地理信息系统和城市地理的结合方面做了不少尝试，取得了一系列的研究成果。目前，空间分析方法已经广泛应用于城市地理学研究的各个领域，下面给出一些综合使用空间分析方法解决城市地理问题的研究应用实例，它们综合体现了如何利用空间分析方法和 GIS 工具进行城市地理学研究的思路、方法。

18.5.1 可达性分析

关于可达性的研究由来已久，但是并没有对它形成统一的定义（Miller，1991；Kwan et al.，2003b）。通常意义下，可达性是指城市中一点到达其他地点的交通方便程度，有时也指其他地点到达这点的交通方便程度。实质上，可达性是一种对点与线、点与点地理要素进行空间关系分析的过程。对于城市交通网络，可达性被认为是一项综合而有效的评价指标，其反映了空间实体之间克服障碍进行交流的难易程度，表达了空间实体之间联系的紧密程度（马林兵和曹小曙，2006；李亚婷等，2007）。

GIS 不仅提供了对基础社会经济数据、交通和土地利用信息等空间数据的高效存储能力，还提供了强大的可达性分析工具。下面给出一个将 GIS 空间分析方法应用于交通网络可达性评价的案例。基于 GIS 的交通网络可达性评价的研究框架如图 18-6。

首先，在研究区范围内确定所要研究的可达性问题及所需要的数据，通过各种途径收集并处理这些空间或非空间数据库，建立 GIS 数据库。其次，从查询和数据检索得到的信息形成所要研究的可达性含义。再次，基于可达性的概念选择合适的可达性评价方法，并利用相关的空间数据处理和空间分析功能得到起讫点的地图数据层，计算潜在目的地的吸引力，并确定所选方法的其他参数值。然后，通过所选择的可达性方法用空间分析或网络分析来计算交通阻挠，生成 OD 矩阵并输出可达性值。最后，可达性的可视化过程。以地图、3D 图、图表或表格的方式来表示，或通过插值的方法用等值线来表示，或通过趋势面形成 3D 图。

18.5.2 城市资源优化配置

在城市资源环境的规划、管理和利用中，经常需要面对如何在空间上配置这些资源，以产生最大利用效益值的问题。譬如设施选址、土地利用规划、水资源的优化配置等。另一方面，城市资源配置过程中往往涉及大量的空间信息处理、信息查询及制图制表，同时需要对庞杂的信息进行管理，而 GIS 的图形和属性信息集成及信息处理技术，为资源的有效配置提供了强有力的技术支持，从而能够

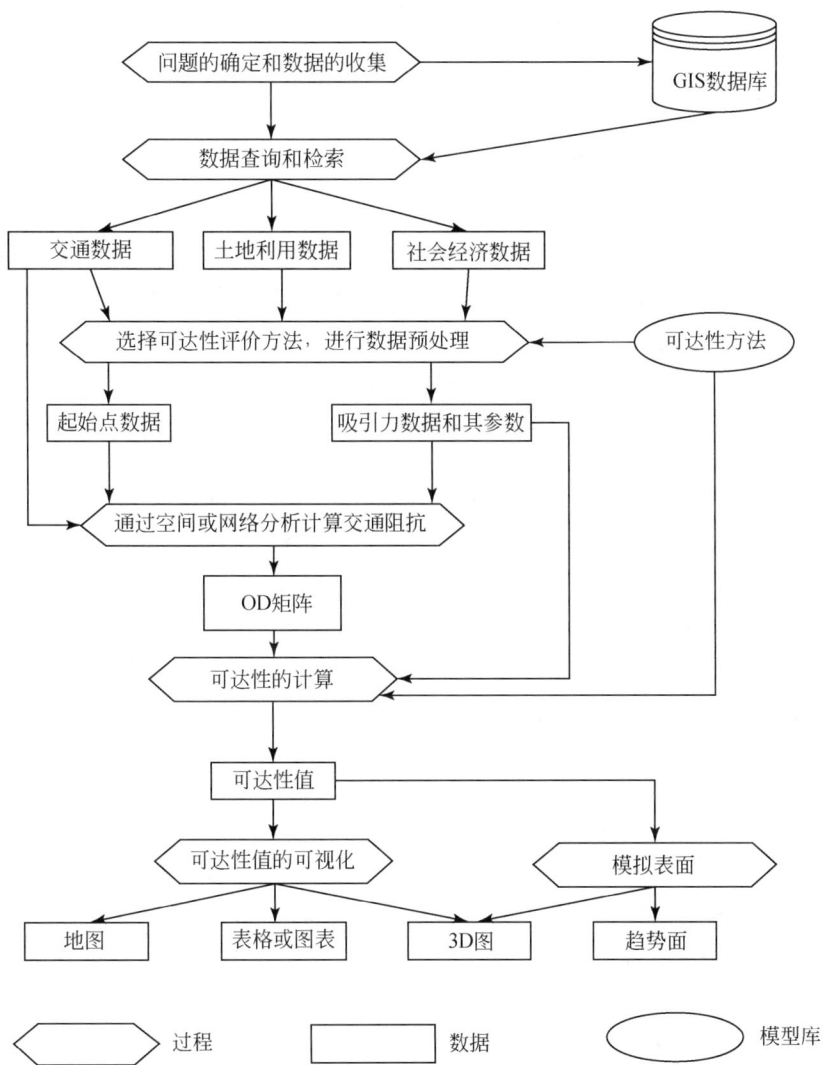

图 18-6 基于 GIS 的交通可达性分析

借助 GIS 技术进行城市规划设计和分析论证。

GIS 在资源配置中的主要作用是数据处理和空间分析,为资源配置提供信息和数据,并进行分配方案评价和论证。利用 GIS 进行资源配置分析,可以在传统的数量测量法(相对指数、综合曲线法等)的基础上,反映出资源配置在不同空间地域上的供给差异,以及更深入地体现出资源配置可能存在的问题和指导资源配置的具体规划方向。

这里，以医疗服务资源的空间分布分析案例，展示 GIS 用于解决分析城市资源优化配置问题的一般方法和流程（郭敏玲和陈忠暖，2009）。首先通过对区域社会经济状况、居民健康状况及卫生服务利用程度资料的收集处理，计测区域内常住居民医疗服务存在需求（Need，考虑区域人群的健康状况所决定的医疗服务需要，主要通过患病率的频数指标反映）和就诊需求（Demand，指在一定时期内，在一定价格水平上人们愿意且有能力支付医疗服务，是有支付能力的医疗服务需要，主要通过就诊与住院水平反映）。然后通过地理信息系统方法提取其分布状况，并测度分布的集中与分散程度，并选取代表人群进行特定分析。最后在讲求公平与效率的原则下，综合考虑区域人口、年龄结构、社会卫生状况和健康状况等因素，为保证区域卫生资源配置具有较高的效率提供决策支持。

本例是广州市的一个完整应用实例。以广州市中心城区内居住了 6 个月及以上具有本地户籍或外地户籍的常住居民为研究对象，抽取常住人口中的农业人口、外来人口、老年人口 3 类人群作细化分析。研究区域单元为广州原八区 99 个行政镇街（2000 年）。研究指标包括：两周患病率、慢性病患病率、两周就诊率、存在需求密度、就诊需求密度。通过 GIS 计算各街镇两周医疗服务存在需求密度（PN）和就诊需求密度（PD）。广州市居民两周医疗服务存在需求密度为 513 人/km^2，居民两周医疗服务就诊需求密度为 280 人/km^2。结果显示，PN 与 PD 呈明显正相关。通过对居民两周医疗服务存在需求密度分层聚类，将广州市居民医疗服务需求划分为三个级别：高密度区（PN>9099 人/km^2）、中密度区（4203 人/km^2< PN<9909 人/km^2）、较低密度区（PN<4203 人/km^2）。为了研究广州市居民医疗服务需求空间分布的集中分散程度，研究者又进一步使用 Lorenz 曲线和 Gini 系数的方法，从地理分布的角度分析广州市居民医疗服务存在需求（N）和就诊需求（D）的空间分布情况。根据累计地域面积百分比及累计 N 和 D 百分比，按 PN 和 PD 从小到大排序，绘制出 N 和 D 按地域面积分布的 Lorenz 曲线。基尼系数是建立在 Lorenz 曲线基础上衡量区域内医疗服务需求集中分散程度的指标。采用直接计算法进行计算，GN = 0.7023，GD = 0.6952。可见 Lorenz 曲线更逼近绝对强度线，Gini 系数大，居民医疗服务需求空间具有明显的集中性。从地域上来看，把原八区分为旧城中心区、新城区和边缘区三圈层，医疗服务需求集中分布于旧城中心区内，其次是新城区，边缘区分布较分散。82.44% 的地域面积里 PN 只占总需求量的 26.96%，这一结果与广州老城人口集中的现实相一致。由此可见，旧城中心比其他地区面临更大的挑战，医疗服务资源比较紧张，在进行区域卫生资源优化配置时必须意识这一特点。

通过案例分析可知，利用 GIS 的空间分析方法可以有效地对城市资源的空间分布差异进行提取分析，直观地反映出资源配置在不同空间地域上的供给差异，进而能够为资源配置提供信息和数据，并进行分配方案评价和论证。

18.5.3 基于 GIS 的城市空间结构与城市形态研究

城市空间结构问题一直是城市地理学的研究重点，主要针对的是城市形态和城市土地利用或功能分区的研究。在 GIS 支持下，可以土地利用现状图与土地资源评价图进行叠加分析得到两者的复合图，反映出研究区域土地利用与土地生产力之间的不同关系，划分出不同的组合类别（刘慧平等，1999）。利用叠加分析的思想，综合社会生产力效益、经济效益、生态效益等图层进行归纳分析，输出土地资源合理利用空间配置图和相应的图表、数据等，进一步辅助决策规划。下面以北京市土地利用空间扩展模式和空间形态分析为实际案例，展示 GIS 用于城市空间结构和城市形态分析的方法流程（刘盛和等，2000）。

1. 北京城市土地利用扩展模式研究

为解释北京城市土地利用快速扩展的机制和模式，研究者采用 GIS 空间分析技术，对 1982~1997 年北京城市土地利用扩展的时空过程进行空间聚类和历史形态分析，证实工业用地的高速外向扩展是北京城市土地利用规模"超常膨胀"的主要原因。研究者使用的土地利用数据分别来自于 1982 年、1992 年和 1997 年三个时期的 1∶10 万北京市土地利用现状图，分类系统统一调整归并为耕地、园地、林地、牧草地、城市土地利用、农村居民点、水域及未利用土地等 8 个一级类。其中，城市土地利用又分为城镇用地、工矿用地、交通用地和特殊用地等 4 个二级类。

研究者采用的主要技术流程如下：首先，编制研究所需的各时期北京大地坐标系统 1∶10 万数字化地图；其次，通过对各时期的土地利用图进行叠合等空间分析运算，获得 1982~1992 年及 1992~1997 年的两个变化时期的土地利用变化图和城市土地利用扩展图；最后，将两个变化时期的城市土地利用扩展图分别与乡镇行政区划图（155 个空间单元）进行叠合，并进行聚类分析，获得各时期北京城市土地利用扩展的空间分异图。

研究者用年均扩展强度指数这一具有可比较性的新指标描述城市土地利用的空间分异。扩展强度指数是指某空间单元在研究时期内的城市土地利用扩展面积占其土地总面积的百分比。计算公式为

$$\beta_{i+t \sim t+n} = \left[(\text{ULA}_{t,\,t+n} - \text{ULA}_{t,\,t})/n \right]/\text{TLA}_i^* 100 \tag{18-1}$$

公式中，B_i、ULA_i、ULA_t 和 ULA_{t+n} 分别为空间单元 i 的年均扩展强度指数，土地总面积、在 t 年及 $t+n$ 年时的城市土地利用面积。

299

通过 1982~1992 年北京城市土地利用扩展的空间分析图,从宏观上可以分析出城市不同区域扩张的活跃程度以及分布规律,比如明显的圈层式空间形态、土地利用扩展的空间集中性和中心邻近性、扩展活跃中心的集中分布并形成城市扩展轴。同样,分析 1992~1997 年的土地利用数据,可以得到土地利用扩展空间分布规律,如北部近郊区是最活跃的城市用地扩展中心、中速扩展类型主要集中分布在北部的扇形区和南部的倒三角形区、东西方向多为弱扩展类型。

2. 北京城市形态研究

城市形态理论也是城市地理学理论研究体系的重要组成部分,经典的城市形态理论包括同心圆理论、扇形理论和多核心理论,传统的城市形态分析主要采用社会经济方法,缺乏空间上的定量描述。GIS 技术提供了空间数据管理和分析平台,为从土地利用的空间特征角度分析城市形态提供了可能,扩展城市形态的研究。本案例选取了一个北京城市形态研究的实例(吴琼和胡聃,2008)。

研究者选取的土地利用数据为北京市城市规划设计研究院提供的 2002 年北京市域土地利用图,原始数据经数字化将土地利用分类重新归并为 9 类:居住、工业、农业、公益设施、商业与服务业、绿地、交通、通信与市政设施、水域。然后,采用同心圆缓冲区的方法分析北京各类功能用地的圈层特征,扇形环分析各类用地的方向特征。同心圆缓冲区以天安门广场为中心,半径增加的步长为 0.15km,最大半径为 21km,大致为中心城区的最大范围;扇形以天安门广场为中心,中心角 15°,扇形环边界为 7km,14km,21km,通过计算同心圆缓冲区内和扇形内的不同类型用地的比例来分析各类用地功能区的圈层特征和方向特征。

另外,还可以分析北京城市土地利用的圈层特征和方向特征。圈层特征主要反映城市产业的空间分布,中心地区是第三产业相对集中的地区,城市最外围是第一产业集中的地区,二者之间是第二产业集中的地区。方向特征呈扇形,生产职能主要分布在东部、西部地区,南部稍弱,北部最弱;服务职能如公益事业、商业和服务业主要分布在西北部地区和东部地区;居住职能分布在各方向类似,没有明显方向特征,北部稍微强于南部。

从以上的应用案例中看出,利用 GIS 的空间分析方法可以有效地对专题特征信息的空间差异进行提取分析,进一步建立相应的指标评价模型,为城市规划建设提供科学的且有针对性的参考依据。

18.6　结　　语

在应用空间分析方法时还应该考虑空间数据本身的统计特性是否为正态分布

以及数据的不确定性，同时也要考虑空间依赖性、空间异质性等特征，这有助于加强城市地理学研究的定量化、数字化发展。基于 GIS 空间分析方法的城市地理学研究和应用越来越深入，并在如何将人文地理现象和 GIS 结合上不断创新，形成了空间综合人文分析方法，提出了一些新的研究前沿方向。

人文和城市现象的空间定量表达。人文研究与客观自然现象研究的最大区别就是人文现象中有很多现象不能直接以数学、几何、物理、化学方法进行测量，其基本特征是综合性（难以用单一指标进行界定，需要采用综合多种影响因素进行综合分析或测量）、抽象性（非客观性属性，由人们主观知觉认知等确定的属性）、模糊性（描述人文现象的资料不具备明晰的边界）。GIS 空间分析方法应该加强模糊空间知识的表示方法和模糊空间分析技术。

空间认知科学规律和空间分析方法的结合。GIS 分析方法与城市地理等人文地理现象学科的结合，尤其要重视空间认知规律的研究，了解人们对空间知识的认知、理解、价值、分析、推理及理解等方面的规律。同时，也要关注如何把人文现象、事件和知识基于空间认知机理，进行空间表达，即人文现象知识的空间化方法。甚至虚拟空间和信息世界中的文化现象，其具有一定的地理学特性，也借助空间化的技术进行分析处理。

GIS 空间分析技术和新信息技术的结合，研究新的智慧城市应用分析工具。三网融合、移动定位和移动互联网技术、物联网和云计算技术以及高级数据挖掘和智能信息处理技术，正引导数字城市进入智慧城市的新阶段，从城市数据的实时获取、传输和处理分析各方面提供了前所未有的信息环境，给 GIS 空间分析方法提出了新的挑战。

第 19 章　城市地理学思想与方法展望

19.1　城市地理学思想展望

城市地理学的发展受到西方哲学、地理学以及其他相关学科研究思潮的影响，其研究理念一直处于变化之中。第二次世界大战以来的发展历程中，城市地理学伴随人文地理学经历了若干次转向，如文化转向、制度转向等，其思想源地也由德、法转向英、美（蔡运龙，2008；Pacione，2009）。进入 21 世纪，人文地理学的最新转向又返回到对环境与人类社会存在意义的重新思考，即对"人地关系"探讨的轮回。但"人地关系"探讨的内涵与之前已发生变化——传统研究主要探讨自然环境对人类行为的制约，而如今则更关注人类行为对环境的影响（Bruce，2005）。从改造自然到反求诸己，人文地理学在人地关系认识论上的这些变化同样也波及城市地理学。

当前西方发达国家已进入到城市化的成熟阶段，已置身于"城市化的世界"，而中国也正处于快速城市化的发展时期。中西之间城市发展历史阶段不同，关于城市的认知因之亦有诸多差异，但是总体面临的问题有共性：城市用地的增长越来越赶不上城市人口的增长；城市环境的供给越来越不能满足城市居民生活的需求。这种人地矛盾的紧张，成为当今城市地理学研究所针对的共同课题（Pannell，1990）。围绕这一课题，城市地理学与其他学科一道寻求解释和解决的方法，其间产生诸多思想（顾朝林等，2008；顾朝林，2009；Curran，2005；Pacione，2005）。这里抽取其中的部分理念，如可持续、全球主义、后现代、平等等，以展示城市地理学近年之研究思想变化。一方面，这些理念仍可以统一于大的人地关系思想主题之中，大而言之称为"新人地思想"；另一方面，也可细化为不同文化背景、不同地域的城市思想，如中国城市地理思想、亚洲城市地理思想等，限于篇幅不再赘述。

19.1.1　可持续理念

可持续的理念来源于 1972 年罗马俱乐部发表的《增长的极限》及 1987 年联合国世界环境与发展委员会提出的报告《我们共同的未来》，1992 联合国环境与发展大会上得到共识，其内涵被表述为既满足当代人需求，又不损害后代人满足其需求的能力的发展。可持续的概念被表述为三层要义：代际公平，社会正义和跨国界责任，与地理学强调的"人地关系"正好暗合。中国古代文化中其实也有类似的持续发展思想，如竭泽而渔、饮鸩止渴等，存在于各类传说、寓言故事之中，因而对于中国的地理学者来说，可持续的理念非常易于接受。

可持续的理念具体而言包括了自然、人口、经济、社会、政治等不同方面，因此对可持续的理解和应用在世界各国各地区有所差异，可持续发展的目标也不尽相同。城市地理学对可持续的追求集中在可持续城市和区域模式的探讨（Prytherch，2007；Pacione，2003，2009），即普遍认为经济增长、社会公平、更好的生活质量、更好的环境协调，即会导致更具有人性的可持续城市的出现。因此，协调好城市经济、社会发展与城市环境之间的关系是城市可持续发展的关键。目前，经合组织已提出可持续城市的标准，联合国人居中心已开展了世界范围的可持续城市计划。一些机构，如东京大学已组建了世界级的可持续城市再生中心，大家都在围绕经济社会与资源环境协调发展提供各种理念。在城市研究方面，则集中表现为各种城市发展的理想模型。当然，这些模型大都是基于西方国家的发展情境，主要是西方城市发展思想的反映，如生态城市、绿色城市、紧凑城市、低碳城市等。

1. 生态城市和绿色城市

城市可持续的中心诉求是城市发展的生态和宜居，而生态城市则是此观念下的城市理想模型的代表（Kidokoro et al.，2008）。生态城市的核心是强调以人类技术来控制城市对环境的干扰，利用环境技术对水、能源和废物进行处理从而形成一个新的"循环圈"（张文静，2009）。以公共交通为主，优先发展公共交通体系和非机动车交通模式，用最低限度的道路容量的增加来减少对汽车的依赖，保护城市的自然环境和自给能力。

绿色城市的思想来源于最初的花园城市，其核心是强调绿化，其背后依托的绿色城市主义则是欧洲国家实践可持续城市理念的思想体现（Helga，1992）。这里"绿色、有机的城市"将城市作为一个新陈代谢的、需要不断吸收和排放废物的有机体，主张在既有的当地自然环境背景下规划城市发展。这种融合自然环境和资源基础的理念是"生态城市"的继续，是一种更加强调自然的城市发展思想。

2. 紧凑城市和低碳城市

紧凑城市和低碳城市的思想核心是降低城市的能源消耗以减轻对自然环境的

破坏。紧凑城市作为一种"可持续的城市"思想 1980 年代后开始受到关注,其紧凑、高密度、用地功能混合的概念被首先运用于城市设计领域,并逐渐在城市研究领域扩展(Lees,2003,2004)。而"低碳"一词首先出现在英国《我们未来的能源——创建低碳经济》白皮书的"低碳经济"概念,城市作为碳减排的关键,低碳城市的概念也应运而生,但对于低碳城市目前国际上尚无统一界定的内涵(张泉等,2010)。

一般认为,紧凑城市主张控制城市发展,综合利用土地,发展公共交通,反对功能分区和小汽车的过度使用,主张在城市里发展适于步行的邻里空间。作为一种节约能源的城市发展理念,紧凑城市的思想主要在欧洲国家流行(Bertolini and Dijst,2003;Newman and Gilles,1999)。但欧洲发达国家的人口郊区化进程至今并未停止,经济活动的离心趋势和生活方式的环境偏好也仍在继续。因此,紧凑城市主要是面向未来新城建设的一种理念而并非对现实问题的解决方案。

低碳城市更强调技术性,主张以城市空间为载体发展低碳经济,实施绿色交通和建筑,转变城市居民消费观念,创新低碳技术,从而达到最大限度地减少温室气体排放的效果。低碳城市依赖产业、交通、建筑、能源等技术的进步,也依赖人类价值观、消费习惯等方面的变革。因此,低碳城市同紧凑城市一样,是面向未来的一种城市发展观念。

19.1.2 全球主义

全球化背景下,不同地域、国家之间在经济、政治、文化等诸方面的联系和相互依赖性都得到了空前的加强。在这样的背景下萌发了全球主义的思想,它主张自由市场和自由贸易,建立全球市场,建立统一政府,建立统一的文化价值体系。全球主义思想在城市地理学研究中表现在全球城市,以及第三世界国家的城市研究(Bertolini,2003;Prytherch,2009)。

1. 全球城市

自 20 世纪 60 年代以来,随着新国际劳动分工的逐步形成,跨国公司的不断渗透和信息通讯技术的革命性进展,全球化进程大大加快。经济全球化对城市发展产生重大影响,使城市在全球经济中所扮演的角色日益重要,城市之间的经济网络开始主宰全球经济命脉,并涌现出若干在空间权力上跨越国家范围、在全球经济中发挥指挥和控制作用的全球性城市(David,1995)。对这些全球城市以及正在全球化的城市的研究日益引起西方城市学界的重视,从早期的霍尔到后来的弗里德曼、萨森、卡斯特尔、索菲特、诺克斯、泰勒等,云集了一大批城市地理学者。

全球城市的研究主要集中在全球城市的概念、功能、分类、形成机制以及世界城市网络等方面。现今主要的研究流派有萨森的全球城市假说，以斯科特、索加等为代表的洛杉矶学派，以卡斯特尔、巴藤等为代表的关于信息技术革命与全球城市发展关系的研究，世界城市网络研究，及发展中国家的世界城市研究。21世纪全球化发展的势头有增无减，全球范围内的城市重组也将成为一种常态现象，这使人们日益相信全球城市体系的存在，以及更多学者基于全球主义去理解和研究城市（Prytherch，2009；Robinson，2005；谢守红和宁越敏，2004）。

2. 第三世界城市研究

现有的城市地理学理论几乎都是在对西方国家城市研究的基础上提出的，城市地理学的研究仍然主要集中于西方国家城市（Pacione，2009）。如全球城市世界城市的研究主要以西方发达的如纽约、伦敦、芝加哥等全球城市为研究对象，而对第三世界的城市则关注相对较少。第三世界城市作为全球城市体系的重要组成部分，在世界经济与社会发展中具有重要的作用。伴随着全球化的发展，世界城市体系将不断演变。全球化的最终状态我们无法预见，但第三世界城市的日益崛起确是不争的事实。因此，在全球化不断深入发展的今天，关注第三世界城市显得尤为必要，而这也正是全球主义的潮流。

19.1.3 后现代思维

后现代理论对城市地理学的影响开始于20世纪80年代末、90年代，后现代视角的主要特征是对宏大理论的摒弃和强调个体差异。这就将后现代主义与寻求普适法则和模型的实证主义和基于宏大理论、与资本主义生产模型相关的结构主义区分开来（马润朝，1999；Curran，2005）。后现代思想对城市可见的影响体现在对城市的建筑上，现代具体的功能主义被风格各异的建筑取代。后现代思想关注的是差异、独特性和个性，使我们意识到所有社会成员的需求和处境。从不同个体和群体的角度来研究城市现象和强调这种需求是城市地理学"文化转向"的基本组成部分，这在城市劳动力市场、性别差异的研究以及因社会阶层、婚姻状态、性别、种族、年龄和残疾等造成的少数族裔的异质空间等的研究中反映出来。

后现代主义质疑用理性、逻辑及依靠客观事实及证据说话的科学方式，它反对作高度概括性的、以偏概全的、一概而论的及意欲一网打尽的大言论，强调事物的多元性、异质性、非延续性、随机变化和地方性。后现代主义的出现促进了地理学者对少数人群问题的研究，特别是有关族裔或族群研究；同时，也打破了以往仅以男性观点为出发点的传统地理学，开创了强调女性观点及男女空间行为有差异性的性别研究及女性地理学的领域（叶超和蔡运龙，2010b）。后现代化主义的多元属性，最近也被用来诠释美国的后现代化的城市性，洛杉矶被描述成后现代城市的原型和其他地方条件的先驱者，洛杉矶近年来的多元化城市结构被作为例证来向美国城市结构理论多年来一直以芝加哥为实证蓝本的传统挑战。

关于后现代主义，早期内容包括对社会科学中重时间轻空间的传统的批评。后来，后现代主义的思想与行为到处泛滥，不易确指其核心领域，从文学、装潢设计、哲学到音乐电视、冰淇淋、内衣，都有它的影响。有人将后现代主义概括为三种理解方式：表现风格、时代特征、思想方法。就思想方法来说，强调"异质性、独特性、唯一性"，低视事物的规律性。后现代主义在地理学上的表现，则是否定绝对空间秩序的存在，后现代主义地理学家说："当我们寻找空间秩序的时候，我们才发现，这个世界原来是没有秩序的"。因此，研究某一问题在特定时间与特定地点的独特性成为后现代主义研究的主流。

对后现代主义的批判主要是它明显地陷入了无止境的相对主义，由于过分强调个性，这在一定程度上带有很强的主观性，可能偏离"真实世界"。后现代主义尤其招致城市社会地理学者的批判，他们谴责后现代主义无法解决弱势城市居民面临的困境。尽管如此，后现代主义依然是目前乃至今后相当长一段时间城市地理学里一支蓬勃发展的奇葩（Pierre，1999；Bertolini and Dijst，2003；唐晓峰和李平，2000）。当今后现代主义在城市地理学中的体现主要集中在以下两个方面：文化转向和对地方的关注。

1. 文化转向

"文化转向"形成的社会背景是当今所谓后现代主义生活方式的形成与泛滥。这种生活方式追求的是个性表现与大胆的主观想象。在后现代社会里，生活方式趋于个性化，人类越来越生活在一个"人造"世界中。在人造世界中，一切都是生产出来的特殊话语，世界的意义都是由人造话语所决定的。为了对这一新的生活世界的变化进行解释，许多人文地理学借用文化分析方法，来揭示地理知识、地理讲述、地理研究在个性化时代的独特表现。约翰斯顿称这一时期的人文地理学的发展为"文化转向"（Johnston，2008）。

20世纪80~90年代兴起的城市地理学中的文化转向强调城市文化的重要性。文化在这一语境下被视为生活方式——由价值观、规则和物质等相互关联的要素组成。文化转向对城市地理学的影响主要体现在：给予各种"其他者"的声音的认知和关注以往城市地理学不曾关注的方面。世界上的重要城市绝大多数都具有悠久的历史，并形成其独特的本底文化。然而城市的起源和形成发展都具有其自身的特点，有的城市因军事地理位置而生，有的因经济贸易而生，而有的甚至因逃避战乱而生。不同的起源及地理环境因素也形成了城市不同的形态及独特的文化（朱竑等，2008）。

同时，在经济全球化背景下，经济的全球化正在催生文化的全球化。在这一背景下，作为经济空间、社会空间和文化空间复合体的城市理解，对于探讨当代城市形态，城市发展都具有重要的意义。特别是在第三世界"转型城市"快速发展的过程中，"拆迁"、"改造"、"更新"过程促使新的城市标志性建筑、流行公共空间、门禁社区以及异国文化元素（欧美风情、韩流、日本动漫等）等现象在城市不断涌现，城市内部的种种隔离性社会文化空间日益增多（薛德升等，2008；李志刚等，2007）。原有的本底文化面临着新的时代挑战，异质文化空间的形成与城市本土文化的保护，外来文化与本土文化的融合，全球化与城市文化的关系等等这些话题正在日益受到关注。

2. 地方的重新发现

后现代思想在城市地理学的另一个重要体现在于对地方研究的重视，强调地方差异、地方个性和地方特点（Curran，2005）。从实证主义和结构主义的理论出发，地方通常被定义为提供社会互动环境的空间单元。但是这样的单元是存在各种尺度的，从郊区到城市或城市的分区。在所有的地方研究中，英国的"变化的城市和区域系统"项目最为引人注目。而在北美，地方的重要性是被社会学家意识到的，自 1987 年许多美国社会学者对地方和空间变化给予了明显的重视。尽管就地方性而言这一术语有差异，但强调社会和空间的联系，将地方定义成人类活动建构的场所，这为今日之城市理解带来了新的思想含意。

19.1.4 平等思想

平等与人权是人享有的基本权利，然而世界总是充满着不平等，人权不总是受到尊重，因此平等和人权问题成为一个恒久的社会主题。追求平等的思想在社会各个方面都得以呈现，城市地理学的研究也不例外。来自不同地方的人口聚居于城市，城市必然存在众多的不平等现象。城市不断增长的复杂性和社会极化，也使城市呈现出差异与不平等的空间模式。如城市边缘群体、弱势群体、外来移民等的不平等成为城市矛盾与冲突、阶层分化与对立的重要因素，成为影响社会稳定、经济发展、人权保护及人的发展的重要因素。城市地理学者开展关于城市平等的研究，如探讨集体消费和社会正义、城市移民和移民城市、城市贫困和掠夺研究等等，也是新的"人地关系"思想的体现。对社会正义、城市弱势群体、不平等空间以及城市问题的关注和解释经历了从实证主义到激进主义再到马克思主义的转变，然而其背后最终的思想仍是出于对平等与人权的关注，这一思想将继续在未来的城市地理研究中得到强化。

1. 集体消费和社会正义

社会正义关注"谁应该得到什么，在哪里获得及怎样获得"的标准概念，它关注社会利益和责任的公平配置。城市地理学者从社会正义的角度来研究集体消费以评估现在的社会空间分布的社会伦理规范，以及考虑解决现今不平等状况的方法。城市地理学对城市集体消费和社会正义的研究关注公共物品的供给，如教育、医疗的供应，社会福利的供应等，从公平、效率、平等的视角来研究公共物品的区位、可达性、可用性等，关注不同的人的需求。

2. 城市贫困和剥夺

最近几十年，在西方国家向后工业化转型的进程中，贫富分化和社会不平等日益加剧。处于底层的社会阶层不仅陷入更趋严重的贫困状况，也在住房、教育、服务设施、社会活动参与等多方面处于不利境地。剥夺的概念被引入相关的城市贫困研究，其实质是一种相对贫困的度量。它广泛地关注发达社会中新贫困人口的生活状况，关注如何有效地引导公共资源分配到被剥夺的地区，以实现社会公平和均衡发展。

剥夺及其相关研究包括利用剥夺指标体系和以地域为基础的研究方法，在城市、省域、区域和国家等不同层次展开比较研究，重点关注全球化和后工业化背景下，西方城市转型对剥夺水平的变化、剥夺空间分布特征的影响，剥夺地域与属地人群的对应关系和影响（袁媛等，2009）。

3. 城市移民与移民城市

自工业革命以来，城市化进程不断加速，其结果之一就是农村人口大量涌入城市。现今，西方发达国家已基本走完了城市化快速发展的历程，农村人口向城市快速转移的过程已基本完成，然而跨国移民仍在继续。对于发展中国家和不发达国家，农村人口向城市转移的快速城市化过程正在进行或即将开始，城市化的过程产生大量城市移民，同时也催生许多移民城市。

城市地理学者对于城市移民原因、移民经济、移民空间、移民融合等话题已进行了深入的研究，形成了丰富的研究成果。但在全球化与信息化的今天，城市移民现象又出现了许多新的变化，如在发展中国家形成了跨国移民社区，在发达国家形成了门禁社区等，这些异质空间与马赛克城市成为城市地理学者的关注热点。

19.2 城市地理学方法展望

19.2.1 研究范式转型

城市地理学方法受到整个社会科学研究理论范式转型的深远影响。所谓范式就是为科学共同体所认同的基本概念、理论和方法，仍待回答的问题、回答上述问题的基本框架以及公认的可以采用的方法和技术（Kuhn，1962）。社会科学的范式竞争主要体现在有关研究者和研究对象相互关系的本体论、认识论和方法论的基本信仰体系之争（Guba and Lincoln，2005）。目前，学界公认的四种主导研究范式为实证主义、后实证主义、批判理论和建构主义（Guba and Lincoln，2005）（表19-1）。克雷斯威尔（Creswell，2003）将范式定义为"知识的信仰体系"，包含研究的认识论、哲学立场、方法论和研究方法四个层次，并总结了当代社会科学研究中存在后实证主义、建构主义、倡导式/参与式、实用主义四种主导研究范式。古巴和林肯（Guba and Lincoln，2005）提到的实证主义，逐渐演变为后实证主义研究范式，而倡导式/参与式研究范式则随着批判理论家对社会变革、赋权运动等的参与而兴起。

表 19-1　研究范式演变

研究范式	本体论	认识论	方法论
实证主义	朴素实在论：真实的世界，可以被客观、完全地认识	研究者（主体）/研究对象（客体）二元论；客观、中立地发现规律，研究发现是真实的	实验的/控制的；对假设的证实；主要使用定量方法
后实证主义	批判实在论：真实的世界，但只能有限地认识	修正后的二元论；批判性学术传统；研究发现可能是真实的	修正后的实验/控制方法；批判多元主义；对假设的证伪；可能采用定性方法
批判理论（后结构/后现代）	历史实在论：由社会、政治、文化、经济、伦理和性别的价值观所塑造的虚拟现实；根植于历史	研究者与研究对象的交流互动（交互式）/主观主义（研究对象的主体性）；研究发现受价值取向的影响	关注差异、特性；对话/辩证式分析；文本分析、话语分析、观察

续表

研究范式	本体论	认识论	方法论
建构主义	相对论：被本土化地、有针对性地建构的现实	交互的/主观主义；研究发现是被建构出来的知识；承认研究的不完全性	诠释学方法/辩证式分析；观察、话语/文本分析、理论建构

资料来源：Guba and Lincoln，2005；邓津等，2008

实证主义研究范式认为，存在一个客观的、真实的世界供学者去观察和研究（即朴素的实在论）。从认识论上，实证主义认为研究者应该并且可以基于客观、中立的立场和视角对这一真实世界进行研究，研究者和研究对象之间是相互独立的。因此，实证主义范式下的研究以发现、总结和证实某种客观规律为目标，这种规律被认为是关于世界的法则而具有普适性。后实证主义则对实证主义范式进行了一定的修正，认为尽管存在一个客观真实的世界，但研究者却受到认知能力和客观条件的制约，只能够有限的认识它（即批判实在论）。后实证主义范式下，研究中得出的规律或理论，只是一种猜想，而绝对真理尽管存在永远不能被全部发现（Creswell，2003）。因此，研究的目标是通过证伪来不断修正现有理论，从而逐步趋近真理以获得对世界更准确的认识。理论（或规律）在没有被事实证据证伪之前，可能是正确的，但存在被证伪的概率。因此，在方法论上，后实证主义范式下的研究，主要是基于客观经验和既有理论进行演绎而提出研究假设，通过社会观察、实验等方法系统性地收集数据，对研究假设进行证伪。未能被证伪的假设则可以是仍然有效的理论，但总是不完美的和可被证伪的，因此只能部分地解释现实世界。

这种研究范式在20世纪60年代以来逐渐受到挑战。特别是新马克思主义、女性主义、后结构主义、后现代主义等理论取向的出现并相互融合，形成了由多种理论取向构成的批判理论范式（Guba and Lincoln，2005）。这一理论范式从根本上挑战了"客观而中立"的研究者立场和"旨在发现普适性规律"的研究目标。基于历史实在论的本体论思想，批判理论范式强调，我们所研究的人和事件受到社会、政治、文化、经济、种族、性别等因素的影响。研究的重点不是要发现规律，提出放之四海而皆准的宏大理论，而是理解和洞察事物的特殊性，揭示人和事件与其所根植的文化和社会结构的互动关系（Guba and Lincoln，2005）。研究者本身和研究对象一样，不可能摆脱政治、文化、社会等因素的影响，其研究必然带有体现其个人身份和立场的视角。因此，不存在价值中立的研究者和完全客观的研究。另外，批判理论范式也常常体现在参与式、倡导式研究中，提倡研究者应当主动参与社会变革，通过对弱势群体的赋权，使其摆脱因种族、性别、阶级等社会结构导致的制约、歧视和压迫（Creswell，2003）。建构主义研究范式则认为，研究对象是基于社会和个人经历、根植于特定地方、历史和文化体系下的社会建构。因此，并不存在更加客观或正确的理论，而是存在关于社会的多种理论建构。从认识论上，建构主义认为研究者和研究对象是相互联系和相互影响的，二者并不是主体和客体的关系，研究结论是研究者和研究对象互动而共同建构起来的。

19.2.2 定量 vs 定性方法之争

人文地理学研究总的来说处在以理论演绎、假设证伪、定量方法为特点的后实证主义为主流范式的阶段。上述的四种主导范式中，实证主义和后实证主义都认为定量方法优于定性方法，而量化数据被认为是唯一有效、客观而可靠的数据形式。实际上，在过去一个世纪中，定量研究方法逐渐占据统治地位，是随着经验主义向实证主义的转型以及数学方法被引入到地理学研究而发生的。数学被看成是"科学之母"，而人文地理学研究的"科学化"，则意味着研究的目的是证实或证伪一个先验的假设。由于世界是真实存在并可以被客观认识的，研究者需要提出的理论假设就可以用数学公式的形式表达为一种精确的数学关系。

相比较而言，质性研究被认为更加适用于探索式研究，特别是当前人研究不足以支持研究者提炼出明确的研究变量的情况下（Creswell，2003）。对于质性研究方法的质疑主要针对研究结果的信度和效度问题，以及认为质性研究对于小样本的"深描"不具有代表性，不能够对于总体进行推论。支持定量方法的人认为，研究目标应当是客观的，研究者应当是中立而无偏好的；而质性研究因为要求研究者与所研究的社会情境和社会群体发生互动，并过多地受到研究者和研究对象的偏见的影响，因此是"不科学的"，研究效度低。另外，质性研究并不是依照定量研究范式的概率抽样和统计推论，更多是依靠对少量样本的观察，难以推断总体特征。

质性研究的支持者则认为，任何研究都不可能摆脱研究者的立场和偏见的影响。因此，意识到研究目标的片面性和研究可能存在的偏见，比假装客观和中立的立场更加重要和更加科学。另外，质性研究的目的本身就不是为了从小样本的个体特征来推断总体特征，而是为了促进人们对社会现象的诠释性理解，因此质性研究具有理论上而非测度上的可推论性（陈向明，2000）。此外，在批判理论范式和建构主义范式下，质性研究者也从本体论和认识论层面对定量方法崇拜论提出批判，认为定量研究只能依据已有理论观点提出假设，通过标准化的研究工具进行数据分析来证实或者证伪这些假设，因此最多对现有理论做出部分修正而无法做出大的理论创新（Tashakkori and Charles，1998）。相反的，经过严谨研究设计和实施的质性研究更能够对地理事件和过程进行深入细致的研究，更能够在自然情境下从当事人的角度寻求对地理事件的深刻理解。

19.2.3　混合式研究方法

近年来，行为主义和人文主义思潮对人文地理学的影响推动了学者更加关注社会现象背后的机制与过程，更加关注特定人群、特定社会空间、经济空间和活动空间，旨在对社会事件过程进行深描的质性研究方法也得到越来越多学者的重视和应用。质性研究方法在发展历程中也不断吸收了定量研究方法论的一些成熟经验，在数据收集、数据分析、写作模式、研究伦理和规范等方面逐步系统化。

应当说，定量方法和质性方法二者本身并没有优劣，也不是可以用来回答同一研究问题的不同方法，而是分别适合于不同的研究问题和研究目标（马克斯韦尔，2008）。质性研究方法更能够对地理事件和过程进行深入细致的研究，更能够在自然情境下从当事人的角度收集资料、寻求分析角度并展开分析，特别是在小样本的个案调查上更具有优势（陈向明，2000）。质性研究的另一优势是自下而上地从现实中建构理论，更容易形成理论创新，并且得到的理论更能够解释现实而不是像定量研究那样用社会现实去"套"理论。但是，质性研究的缺点是很难进行大规模的研究。相比较，定量研究主要是依据已有理论观点提出假设，通过标准化的研究工具和数据进行分析，更适用于有明确的研究变量、对理论假设进行验证的研究中。定量研究的优势是可以通过随机抽样获得具有代表性的数据并由此推断总体的普遍特征。

伴随着关于定性、定量方法孰优孰劣的争论，特别是由于批判理论和建构主义范式对（后）实证主义研究所倡导的定量方法的激烈批判，出现了一种实用主义的研究范式，提倡"研究问题"引导研究方法的选择（Creswell，2003）。旨在打破"定量 vs 定性"二元论、而结合多元研究方法优势的混合式研究方法为越来越多的学者所接受。混合式研究策略认为，认为定量方法或定性方法非此即彼的观点已经不能够适应当代人文与社会科学研究的理论范式多元化的趋势（Creswell，2003；Guba and Lincoln，2005）。研究的目的不应只是寻求对先验假设的证实或证伪（即实证主义或后实证主义），或者像批判理论和质性方法那样纯粹否定对规律性知识的探究，而是主张为了更全面的回答问题，研究应当尽可能采用多种研究方法相互验证（Tashakkori and Charles，1998）。混合式研究方法范式合理论演绎和理论归纳的思路，根据研究目标和具体研究阶段，选择定量方法或质性方法，收集针对开放式问题的访谈、观察等质性数据和针对封闭式问题的问卷、统计数据，选择统计分析方法或文本分析方法（表19-2）。利用多种数据来源相互验证，利用各种研究方法的优势进行互补，从而形成对问题更加全面和可信的认识。

表 19-2 定性、定量和混合式研究方法的对比

主要采用以下假设和方法	定性方法	定量方法	混合式研究
哲学假设	建构主义/倡导式参与研究	后实证主义	实用主义
研究策略	现象学、扎根理论、民族志、案例研究、叙事分析	问卷调查、社会实验	顺序式、并行式
研究方法	开放式问题、理论浮现、文本或影像数据	闭合式问题、理论预设、量化数据	结合开放和闭合式问题、结合理论演绎假设和理论浮现、定量和定性数据相结合
研究者的实践方式	审视自身立场、将个人价值观引入研究；收集参与者的意义、关注单一概念或单一现象、研究影响参与者的社会情境；对研究的准确性进行验证；对数据进行解读；并提出变化或改革方向	应用"无偏见"的方法；验证理论和解释；识别研究的变量，并用研究问题或假设描绘变量关系；引入研究信度和效度的评估标准；对信息进行量化测度；采用统计分析方法	提出混合定量和定性方法的依据；收集定量和定性的数据；在研究各个阶段结合定性和定量数据；根据研究目标和策略，在不同阶段采用定量或定性方法的具体实践手段
研究过程	理论浮现和归纳 开放式问题 访谈笔记、观察笔记、文件和影音数据 文本分析	理论假设和检验 工具性问题（如问卷）性能、态度等数据、观察数据、普查数据 统计分析	理论假设与理论浮现相结合 结合开放式和闭合式问题 多源数据 统计分析与文本分析结合

资料来源：Creswell，2003（经作者整理）

19.3 结 语

巴比（Babbie，2007）曾提出"科学之轮"的观点，认为以定量方法为主的

理论演绎和以定性方法为主的理论归纳实际上是循环反复、相辅相成、螺旋上升的过程。因此，城市地理学的研究方法创新有赖于当前城市化与城市发展需要回答的现实问题的复杂性和快速变化。改革开放 30 年来，中国城市地理学研究获得了长足发展。当前，全球化、市场化、分权化等使得城市问题的空间过程与空间机制越来越复杂，社会流动性的提高与社会极化与隔离状况的加剧，使得城市地理学者应当更加深入社区、深入人群，需要将基于空间格局与趋势描述的汇总性分析与基于了解个体特征与地方性知识的微观研究相结合。这应当是中国城市地理学未来方法论创新的主体方向。

参 考 文 献

阿尔都塞.2004.哲学与政治:阿尔都塞读本.陈越译.长春:吉林人民出版社

阿尔都塞.2006.保卫马克思.顾良译.北京:商务印书馆

阿尔都塞,巴里巴尔.2001(2008).读《资本论》.李其庆,冯文光译.北京:中央编译出版社

阿伦特.2002.传统与现代.田立年译.长春:吉林人民出版社

阿努钦.1994.地理学的理论问题.李德美,包森铭译.北京:商务印书馆

埃思里奇.1998.应用经济学方法论.朱刚译.北京:经济科学出版社

艾少伟,苗长虹.2009.行动者网络理论视域下的经济地理学哲学思考.经济地理,29(4):545-550

奥罗姆,陈向明.2005.城市的世界——对地点的比较分析和历史分析.曾茂娟,任远译.上海:上海人民出版社

巴凯斯H,路紫.2000.从地理空间到地理网络空间的变化趋势——兼论西方学者关于电信对地区影响的研究.地理学报,55(1):104-109

白光润.1995.地理学的哲学贫困.地理学报,50(3):297-287

白磊.2006.欧洲的绿色城市主义——从《Green Urbanism:Learning from European Cities》看中国城市发展.城市问题,135(7):81-84

包亚明.2001.后现代性与地理学的政治.上海:上海教育出版社

包亚明.2003.现代性与空间的生产.上海:上海教育出版社

包亚明.2004.游荡者的权力:消费社会与都市文化研究.北京:中国人民大学出版社

包亚明.2006.消费文化与城市空间的生产.学术月刊,(5):11-13

包亚明.2008.现代性与都市文化理论.上海:上海社会科学院出版社

布尔迪厄.2004.国家精英:名牌大学与群体精神.杨亚平译.北京:商务印书馆

布伯.2002.我与你.陈维纲译.北京:生活·读书·新知三联书店

蔡禾.2003.都市社会学研究范式之比较——人类生态学与新都市社会学.学术论坛,(3):110-116

蔡禾,何艳玲.2004.集体消费与社会不平等——对当代资本主义都市社会的一种分析视角.学术研究,1:56-64

蔡运龙.1990.地理学的实证主义方法论——评《地理学中的解释》.地理研究,9(3):96-104

蔡运龙.2008.西方地理学思想史略及其启示.地域研究与开发,27(5):1-5

曹广忠,缪杨兵,刘涛.2009.基于产业活动的城市边缘区空间划分方法——以北京主城区为例.地理研究,28(3):771-780

查马兹.2007.扎根理论:客观主义与建构主义方法.诺曼·K.邓津,伊冯娜·S.林肯.定性研究(第2卷):策略与艺术.风笑天等译.重庆:重庆大学出版社

柴彦威. 1995. 郊区化及其研究. 经济地理, 15（2）: 48-53

柴彦威. 1996. 以单位为基础的中国城市内部生活空间结构——兰州市的实证研究. 地理研究, 15（1）: 30-37

柴彦威. 1998. 时间地理学的起源、主要概念及其应用. 地理科学, 18（1）: 65-72

柴彦威. 2000. 城市空间. 北京: 科学出版社

柴彦威. 2005. 行为地理学研究的方法论问题. 地域研究与开发, 24（2）: 1-5

柴彦威等. 2010. 城市空间与消费者行为. 南京: 东南大学出版社

柴彦威, 陈零极. 2009. 中国城市单位居民的迁居: 生命历程方法的解读. 国际城市规划, （05）: 7-14

柴彦威, 陈零极, 张纯. 2007. 单位制度变迁: 透视中国城市转型的重要视角. 世界地理研究, 16（4）: 60-69

柴彦威, 龚华. 2000. 关注人们生活质量的时间地理学. 中国科学院院刊, （15）: 417-420

柴彦威, 龚华. 2001. 城市社会的时间地理学研究. 北京大学学报（哲学社会科学版）, 38: 17-24

柴彦威, 关美宝, 萧世伦. 2010. 时间地理学与城市规划: 导言. 国际城市规划: 1-2

柴彦威, 李昌霞. 2005. 中国城市老年人日常购物行为的空间特征: 以北京、深圳和上海为例. 地理学报, 60（3）: 401-408

柴彦威, 刘璇. 2002. 城市老龄化问题研究的时间地理学框架与展望. 地域研究与开发, （03）: 55-59

柴彦威, 刘志林, 沈洁. 2003. 中国城市单位制度的变化及其影响. 干旱区地理, （02）: 155-163

柴彦威等. 2002. 中国城市的时空间结构. 北京: 北京大学出版社

柴彦威, 尚嫣然. 2005. 深圳居民夜间消费活动的时空特征. 地理研究, （05）: 803-810

柴彦威, 沈洁. 2006. 基于居民移动—活动行为的城市空间研究. 人文地理, 21（5）: 108-112

柴彦威, 沈洁. 2008. 基于活动分析法的人类空间行为研究. 地理科学, 28: 594-601

柴彦威, 王恩宙. 1997. 时间地理学的基本概念与表示方法. 经济地理, 17（3）: 55-61

柴彦威, 颜亚宁, 冈本耕平. 2008. 西方行为地理学的研究历程及最新进展. （6）: 1-6

柴彦威, 张文佳, 张艳, 等. 2009. 微观个体行为时空数据的生产过程与质量管理——以北京居民活动日志调查为例. 人文地理: 1-9

柴彦威, 赵莹. 2009. 时间地理学研究最新进展. 地理科学, 29（4）: 593-600

柴彦威, 赵莹, 马修军, 等. 2010a. 基于移动定位的行为数据采集与地理应用研究. 地域研究与开发, 29: 1-7

柴彦威, 赵莹, 张艳. 2010b. 面向城市规划应用的时间地理学研究. 国际城市规划: 3-9

柴彦威, 周一星. 2000. 大连市居住郊区化的现状、机制及趋势. 地理科学, 20（2）: 127-132

常向群. 2000. 学术规范、学术对话与平等宽容——兼论中国社会人类学和社会学的本土化与全球化. 广西民族学院学报（哲学社会科学版）, 22（4）: 7-14

陈波翀, 郝寿义, 杨兴宪. 2004. 中国城市化快速发展的动力机制. 地理学报, 59（6）:

1068-1075

陈淳.2010.考古研究的经验主义与理性主义.南方文物,(1):13-18

陈尔寿.1943.重庆都市地理.地理学报,10(0):114-138

陈金美.1999.析后现代哲学的三大特征.湖南师范大学社会科学学报,(6):44-48

陈钶斯.2008.加强北京市居住区人本主义规划的建议.消费导刊,(5):254

陈坤宏.1994.空间结构——理论、方法论与计划.台北:明文书局

陈明星,陆大道,张华.2009.中国城市化水平的综合测度及其动力因子分析.地理学报,
    64(4):387-398

陈平原.2007.学术史研究随想.学者的人间情怀——跨世纪的文化.北京:生活·读书·新
    知三联书店

陈雯.1996.试论中国城市发展方针.地理研究,15(3):16-22

陈向明.2000.质的研究方法与社会科学研究.北京:教育科学出版社

陈修斋.2007.欧洲哲学史上的经验主义和理性主义.北京:人民出版社

陈学飞.2003.谈学术规范及其必要性.中国高等教育,(11):23

陈彦光.1998.城市体系KOCH雪花模型实证研究——中心地K_3体系的分形与分维.经济
    地理,(04):33-37

陈彦光,况颐.2003.城市规模分布的Weibull模型:理论基础与实证分析.华中师范大学学报
    (自然科学版),(04):562-566

陈彦光,刘继生.1999.Davis二倍数规律与Zipf三参数模型的等价性证明——关于城市规模分
    布法则的一个理论探讨.地理科学进展,(03):255-262

陈彦光,刘继生.2004.地理学的主要任务与研究方法——从整个科学体系的社角看地理科学
    的发展.地理科学,24(3):257-263

陈彦光.2002.Beckmann城市体系异速生长模型的理论基础与实证分析.科技通报,(05):
    360-367

陈寅恪.2001.冯友兰中国哲学史上册审查报告.陈美延编.金明馆丛稿二编.北京:生活·
    读书·新知三联书店

陈映芳.2009.都市大开发:空间生产的政治社会学.上海:上海古籍出版社

崔功豪等.1992.城市地理学.南京:江苏教育出版社

崔功豪,马润潮.1999.中国自下而上城市化的发展及其机制.地理学报,54(2):106-115

崔功豪,武进.1990.中国城市边缘区空间结构特征及其发展——以南京等城市为例.地理学
    报,45(04):399-411

崔世林,龙毅,周侗,等.2009.基于元分维模型的江苏城镇体系空间均衡特征分析.地理科
    学,29(2):188-194

邓津,林肯.2007.定性研究(第2卷):策略与艺术.风笑天等译.重庆:重庆大学出版社

邓正来.2008.中国社会科学的当下使命.社会科学,(7):4-11

迪尔.2004.后现代都市状况.李小科等译.上海:上海教育出版社

地理研究编辑部.2007.征稿启示.地理研究,26(5):1068

丁学东．1992．文献计量学基础．北京：北京大学出版社

董黎明，冯长春．1989．城市土地综合经济评价的理论方法初探．地理学报，(03)：323-333

董黎明，李向明，冯长春．1993．中国城市土地有偿使用的地域差异及分等研究．地理学报，48 (1)：1-10

杜能．1986．孤立国同农业和国民经济的关系．吴衡康译．北京：商务印书馆

段义孚．2006．人文主义地理学之我见．地理科学进展，25 (2)：1-7

樊杰，田明．2003．中国城市化与非农化水平的相关分析及省际差异．地理科学，23 (6)：641-648

樊杰，王宏远，陶岸君，等．2009．工业企业区位与城镇体系布局的空间耦合分析——洛阳市大型工业企业区位选择因素的案例剖析．地理学报，64 (2)：131-141

方创琳．2005．中国城市群结构体系的组成与空间分异格局．地理学报，60 (5)：827-840

方创琳，李铭．2004．水资源约束下西北干旱区河西走廊城市化发展模式．地理研究，23 (6)：825-832

方创琳，刘海燕．2007．快速城市化进程中的区域剥夺行为与调控路径．地理学报，62 (8)：849-860

方创琳，祁巍锋，宋吉涛．2008．中国城市群紧凑度的综合测度分析．地理学报，63 (10)：1011-1021

方磊，刘宏．1988．中国城市分类和城市发展问题的初步研究．地理学报，43 (1)：1-10

房艳刚，刘继生．2007．当代国外城市模型研究的进展与未来．人文地理，(4)：6-11

冯健．2004．转型期中国城市内部空间重构．北京：科学出版社

冯健．2005．北京城市居民的空间感知与意象空间结构．地理科学，25 (2)：142-154

冯健．2007．北京市居民购物行为空间结构演变．地理学报，62 (10)：1083-1096

冯健．2010．城市社会的空间视角．北京：中国建筑工业出版社

冯健，周一星．2003a．北京都市区社会空间结构及其演化 (1982–2000)．地理研究，22 (4)：465-483

冯健，周一星．2003b．近20年来北京都市区人口增长与分布．地理学报，58 (6)：903-916

冯健，周一星．2003c．中国城市内部空间结构研究进展与展望．地理科学进展，22 (3)：304-315

冯健，王永海．2008．中关村高校周边居住区社会空间特征及其形成机制．地理研究，(9)：1003-1016

冯俊等．2003．后现代主义哲学讲演录．北京：商务印书馆

冯雷．2008．理解空间：现代空间观念的批判与重构．北京：中央编译出版社

冯平．2006．价值判断的可证实性——杜威对逻辑实证主义反价值理论的批判．复旦学报（社会科学版），(5)：112-119

冯象．2008．法学三十年：重新出发．读书，(9)：20-28

福柯．2001．词与物：人文科学考古学．莫伟民译．上海：生活·读书·新知三联书店

甫玉龙．1996．世纪大转换时期与政治哲学关联的神学、哲学体系的转变．国外社会科学，

（5）：61-65

冈本耕平．1998. 行动地理学の历史と未来．人文地理（日），50（1）：23-42

戈列吉，仕琦．1997a. 地理学理论．国际社会科学杂志（中文版），14（4）：27-42

格里芬．2005. 后现代精神．王成兵译．北京：中央编译出版社

顾朝林．1989. 简论城市边缘区研究．地理研究，8（3）：95-101

顾朝林．1990a. 论中国城镇体系的产生．地域研究与开发，9（6）：1-7

顾朝林．1990b. 中国城镇体系等级规模分布模型及其结构预测．经济地理，10（3）：46-54

顾朝林．1999. 北京土地利用/覆盖变化机制研究．自然资源学报，14（4）：307-312

顾朝林．2002. 城市社会学．南京：东南大学出版社．137-142

顾朝林．2006. 中国城市发展的新趋势．城市规划，（3）：26-31

顾朝林．2009. 转型中的中国人文地理学．地理学报，64（10）：1175-1183

顾朝林等．2008. 人文地理学流派．北京：高等教育出版社

顾朝林，C·克斯特洛德．1997a. 北京社会极化与空间分异研究．地理学报，52（5）：385-393

顾朝林，C·克斯特洛德．1997b. 北京社会空间结构影响因素及其演化研究．城市规划，（4）：
12-15

顾朝林，柴彦威，蔡建明，等．1999. 中国城市地理．北京：商务印书馆

顾朝林，陈璐．2004. 人文地理学的发展历程及新趋势．地理学报，59（增刊）：11-20

顾朝林，陈璐，王栾井．2004. 论城市科学学科体系的建设．城市发展研究，（06）：32-40

顾朝林，陈田．1993. 中国大城市边缘区特性研究．地理学报，48（4）：317-328

顾朝林，陈田，丁金宏，等．1993. 中国大城市边缘区特性研究．地理学报，48（4）：317-328

顾朝林，陈振光．1994. 中国大都市空间增长形态．城市规划，18（6）：45-50

顾朝林，宋国臣．2001. 北京城市意象空间及构成要素研究．地理学报，56（1）：64-74

顾朝林，王法辉，刘贵利．2003. 北京城市社会区分析．地理学报，58（6）：917-926

顾朝林，徐海贤．1999. 改革开放二十年来中国城市地理学研究进展．地理科学，19（4）：
320-331

顾朝林，于涛方，李平，等．2008. 人文地理学流派．北京：高等教育出版社

关美宝，申悦，赵莹，等．2010. 时间地理学研究中的 GIS 方法：人类行为模式的地理计算与
地理可视化．国际城市规划：18-26

郭敏玲，陈忠暖．2009. 广州市居民医疗服务需求空间分布的分析．云南地理环境研究，
21（2）：53-59

郭明哲．2008. 行动者网络理论——布鲁诺·拉图尔科学哲学研究．复旦大学博士论文

郭强，董明伟．2004. 问卷设计手册．北京：中国时代经济出版社

哈格斯特朗．2010. 区域科学中的人．张艳，柴彦威译．国际城市规划者，（10）：10-17

哈里斯，张文奎．1983. 美国城市地理学的发展．地理科学进展，2（3）：11-15

哈特向．1963. 地理学性质的透视．黎樵译．北京：商务印书馆

哈特向．1996. 地理学的性质——当前地理学思想述评．叶光庭译．北京：商务印书馆

哈维．2001. 地理学中的解释．高源勇，刘立华，蔡运龙译．北京：商务印书馆

哈维. 2003. 时空之间——关于地理学想象的反思. 王志弘译. 现代性与空间的生产. 上海：
　　上海教育出版社

哈维. 2006a. 列菲弗尔与《空间的生产》. 黄晓武译. 国外理论动态, (1)：53-56

哈维. 2006b. 社会正义、后现代主义与城市. 帝国都市与现代性. 朱康译. 南京：江苏人民出
　　版社

哈维. 2006. 希望的空间. 胡大平译. 南京：南京大学出版社

哈维. 2009. 新帝国主义. 初立忠, 沈晓雷译. 北京：社会科学文献出版社

哈维. 2010. 巴黎城记：现代性之都的诞生. 黄煜文译. 桂林：广西师范大学出版社

哈维, 蔡运龙. 1990. 论地理学的历史和现状：一个历史唯物主义宣言. 地理译报（地理科学
　　进展）, (3)：25-31

海山. 1997. 行为主义地理学及其对中国地理学的意义. 人文地理, 12 (4)：51-53

韩增林, 刘天宝. 2009. 中国地级以上城市城市化质量特征及空间差异. 地理研究, 28 (6)：
　　1508-1515

何春阳. 2003. 大都市区城市扩展模型——以北京城市扩展模拟为例. 地理学报, 58 (2)：
　　294-304

何深静, 刘玉亭. 2010. 市场转轨时期中国城市绅士化现象的机制与效应研究. 地理科学,
　　30 (4)：496-502

何雪松. 2006. 社会理论的空间转向. 社会, (2)：34-48

贺业钜. 1996. 中国古代城市规划史. 北京：中国建筑工业出版社

赫特纳. 1983. 地理学：它的历史、性质和方法. 王兰生译. 北京：商务印书馆

胡大平. 2004. 从历史唯物主义到历史地理唯物主义——哈维对马克思主义的升级及其理论意
　　义. 南京大学学报（哲学. 人文科学. 社会科学版）, (5)：12-15

胡大平. 2009. 从恩格斯的视角看马克思政治经济学批判的科学方法论. 江海学刊, (2)：
　　43-49

胡幼慧. 2005. 质性研究：理论、方法及本土女性研究实例. 台湾：巨流图书公司

胡宇娜, 陈忠暖, 甘巧林. 2006. 西方女性地理学的发展与启示. 云南地理环境研究,
　　18 (4)：105-108

扈震, 王勇. 2006. 基于 GIS 的城市规划空间辅助决策平台. 地球科学——中国地质大学学报,
　　31 (5)：699-703

怀特. 2006. 街角社会：一个意大利人贫民区的社会结构. 黄育馥译. 北京：商务印书馆

郇建立. 2001. 个人主义+整体主义=结构化理论？——西方社会学研究的方法论述评. 北京科
　　技大学学报（社会科学版）, 17 (1)：4-8

黄建毅, 张平宇. 2009. 辽中城市群范围界定与规模结构分形研究. 地理科学, 29 (2)：
　　181-187

黄盛璋. 1951. 中国港市之发展. 地理学报, 18 (1-2)：21-40

黄潇婷. 2010. 时间地理学与旅游规划. 国际城市规划：40-44

黄潇婷等. 2010. 手机移动数据作为新数据源在旅游者研究中的应用探析. 旅游学刊, (08)：

39-45

黄潇婷，柴彦威．2009．面向 LBS 使用者的时间地理学研究评介．地理科学进展，6：962-969

黄宗仪．2004．都市空间的生产：全球化的上海．台湾社会研究季刊，53：61-83

霍洛韦，赖斯，瓦伦丁．2008．当代地理学要义——概念、思维与方法．黄润华，孙颖译．北京：商务印书馆

基钦 R，泰特 N J．2006．人文地理学研究方法．蔡建辉译，顾朝林校．北京：商务印书馆

吉鲍尔迪．2002．MLA 文体手册和学术出版指南（第 2 版）．沈弘，何姝译．北京：北京大学出版社

计湘婷．2004．后现代观的小学教师教育．广西师范大学硕士论文

加尼尔 B．1990．世界的城市地理学．沈一之译．地理译丛，2：1-4

贾生华．2008．城市 CBD 功能成熟度评价指标体系的构建——以杭州钱江新城 CBD 为例．地理研究，27（3）：649-658

江泓，张四维．2009．生产、复制与特色消亡——"空间生产"视角下的城市特色危机．城市规划学刊，（4）：40-45

姜道章．1999．"姚译方校中国地图学史"纠谬——兼论学术著作的翻译．地理研究报告，30：101-123

姜道章．2006．现代地理学的概念与方法．台北：文津出版社

蒋关军．2005．教育研究思想方法的后现代转向．大学教育科学，（3）：91-93

蒋录全，邹志仁，刘荣增，等．2002．国外赛博地理学研究进展．世界地理研究，11（3）：92-98

焦华富，陆林．1999．采煤塌陷地土地复垦研究——以淮北市为例．经济地理，19（4）：90-94

金其铭，董新．1994．人文地理学．北京：高等教育出版社

康艳红，张京祥．2006．人本主义城市规划反思．城市规划学刊，（1）：56-59

科林伍德．1997．历史的观念．何兆武，张文杰译．北京：商务印书馆

科学技术部科研诚信建设办公室．2009．科研活动诚信指南．北京：科学技术文献出版社

克拉瓦尔．2007．地理学思想史．郑胜华，刘德美译．北京：北京大学出版社

克雷斯威尔．2008．研究设计与写作指导：定性、定量与混合研究的路径．崔延强等译．重庆：重庆大学出版社

克里斯塔勒．1998．德国南部中心地原理．常正文等译．北京：商务印书馆

库恩．2003．科学革命的结构．金吾伦，胡新和译．北京：北京大学出版社

库隆．2000．芝加哥学派．郑文彬译．北京：商务印书馆

勒菲弗．2008．空间与政治．李春译．上海：上海人民出版社

李伯重．2000．资本主义萌芽研究与现代中国史学．历史研究，（2）：22-24

李伯重．2001．英国模式、江南道路与资本主义萌芽．历史研究，（1）：116-126

李昌霞．2006．北京城市老年人居住迁移历程的社会地理学研究．北京大学硕士论文

李德华．2001．城市规划原理（第三版）．北京：中国建筑工业出版社

李国平．2009．京津冀都市圈人口增长特征及其解释．地理研究，28（1）：191-202

李郇，许学强．1993. 广州市城市意象空间分析．人文地理，8（3）：27-35

李剑鸣．2007. 历史学家的技艺与修养．北京：生活·读书·新知三联书店

李健，宁越敏．2006. 西方城市社会地理学主要理论及研究的意义——基于空间思想的分析．城市问题，(6)：84-89

李健，宁越敏．2008. 西方城市社会地理学研究进展及对中国研究的意义．地理科学，28（1）：124-130

李九全，王兴中．1997. 中国内陆大城市场所的社会空间结构模式研究——以西安为例．人文地理，12（3）：9-15

李钧．2001. 利奥塔后现代性理论研究．后现代性与地理学的政治．上海：上海教育出版社

李蕾蕾．2004. 从新文化地理学重构人文地理学的研究框架．地理研究，23（1）：125-134

李立勋．2005. 城中村的经济社会特征——以广州市典型城中村为例．北京规划建设，(3)：34-37

李晟，王兴中，高万辉．2010. 城市社区型营业性场所的人本主义布局模式．人文地理，112（2）：37-42

李双成，王羊，蔡运龙．2010. 复杂性科学视角下的地理学研究范式转型．地理学报，65（11）：1315-1324

李太斌，沈立新．2004. 后结构主义的发展变化及其对社会学研究方法的影响．上海青年管理干部学院学报，(2)：24-28

李王鸣，陈晓平，陈晓．1996. 浙江沿海都市带连绵区分析．经济地理，16（3）：16-20

李小建．2002. 试论经济地理学的研究创新．人文地理，17（2）：1-4

李晓蓓，刘开会．2004. 理想与现实的对话——谈福柯和哈贝马斯的争论．法国哲学的现代与未来全国学术讨论会论文集：291-304

李雄，马修军，王晨星，等．2009. 城市居民时空行为序列模式挖掘方法．地理与地理信息科学，25：10-14

李雪铭，李建宏．2006. 大连城市空间意象分析．地理学报，61（8）：809-817

李亚婷，秦耀辰，潘少奇．2007. 基于 GIS 的交通网络可达性评价方法研究．云南地理环境研究，19（6）：99-103

李钊文．2007. 后现代社会学研究的方法论及研究方式探析．广西师范大学硕士论文

李震．2006. 当代中国城镇体系地域空间结构类型定量研究．地理科学，26（5）：544-550

李志刚，谭宇文，周雯婷．2010. 广州日本移民的生活活动与生活空间．地理学报，65（10）：1173-1186

李志刚，吴缚龙．2006. 转型期上海社会空间分异研究．地理学报，61（2）：199-211

李志刚，吴缚龙，薛德升．2006. "后社会主义城市"社会空间分异研究述评．人文地理，21（5）：1-5

李志刚，薛德升，Michael Lyons，等．2008. 广州小北路黑人聚居区社会空间分析．地理学报，63（2）：207-218

李志刚，薛德升，杜枫，朱颖．2007. 全球化下"跨国移民社会空间"的地方响应——以广州

小北黑人区为例．地理研究，（9）：920-932

梁栋．2001．为信息时代命名——卡斯特《网络社会的兴起》评析．马克思主义与现实，
（01）：90-92

列斐伏尔．2008．空间与政治．李春译．上海：上海人民出版社

林珲，龚建华，施晶晶．2003．从地图到地理信息系统与虚拟地理环境：试论地理学语言的演
变．地理与地理信息科学，19（4）：18-23

林珲，张捷，杨萍．2006．空间综合人文研究初探．地球信息科学，8（2）：30-36

林毅夫．1995．本土化、规范化、国际化——庆祝《经济研究》创刊40周年．经济研究，
（10）：13-17

刘超群，李志刚，徐江，等．2010．新时期珠三角"城市区域"重构的空间分析——以跨行政
边界的基础设施建设为例．国际城市规划，（02）：31-38

刘承良．2007．武汉都市圈经济联系的空间结构．地理研究，26（1）：112-120

刘东．2006．"编排规范"的文字示范效应．成都大学学报（社会科学版），（03）：83-84

刘贵利，顾朝林．2000．城市社区与流动人口聚落的生态关系及其调控——以北京市为例．人
文地理，15（2）：24-26，63

刘慧平，陈志军，温良，等．1999．城市扩展的土地动态监测．北京师范大学学报（自然科学
版），35（2）：278-282

刘继生，陈彦光．1998．城镇体系等级结构的分形维数及其测算方法．地理研究，17（1）：
82-89

刘继生，陈彦光．1999．城镇体系空间结构的分形维数及其测算方法．地理研究，18（2）：
171-178

刘凯，秦耀辰，毋河海，等．2007．本体论、后现代主义与地理学的发展．人文地理，（03）：
18-21

刘妙龙，李乔．2000．从数量地理学到地理计算学——对数量地理方法的若干思考．人文地理，
15（3）：13-16

刘盛和，陈田，蔡建明．2003．中国非农化与城市化关系的省际差异．地理学报，58（6）：
937-946

刘盛和，吴传钧，沈洪泉．2000．基于GIS的北京城市土地利用扩展模式．地理学报，55（4）：
407-416

刘望保，闫小培．2007．转型期广州市居住迁移影响因素于户籍之间的比较．地理研究，
26（5）：1055-1066

刘望保，闫小培，曹小曙．2007．广州城市内部居住迁移空间特征及其影响因素研究．人文地
理，22（4）：27-32

刘卫东，甄峰．2004．信息化对社会经济空间组织的影响研究．地理学报，59（增刊）：67-76

刘玉亭．2005．转型期中国城市贫困的社会空间．北京：科学出版社

刘玉亭，何深静，李志刚．2005．南京城市贫困群体的日常活动时空间结构分析．中国人口科
学，（S1）：85-93

323

刘云刚.2000.大庆市资源型产业结构转型对策研究.经济地理,20（5）：26-29

刘云刚.2006.中国资源型城市界定方法的再考察.经济地理,26（6）：940-944

刘云刚.2009.中国资源型城市的职能分类与演化特征.地理研究,28（1）：153-160

刘云刚,许学强.2008.中国地理学的二元结构.地理科学,28（5）：587-593

刘云刚,许学强.2010.实用主义 VS 科学主义：中国城市地理学的研究取向.地理研究,29（11）：2059- 2069

刘志林,柴彦威.2001.企业研究的时间地理学框架—兼论泰勒模式的时间地理学解释.地域研究与开发,20：6-9

卢丹梅.2004.后现代城市主义空间.南方建筑,（5）：69-70

陆大道,姚士谋,刘慧,等.2007.2006 中国区域发展报告——城镇化进程及空间扩张.北京：商务印书馆

陆扬.2004.空间理论和文学空间.外国文学研究,（4）：31-37

陆扬等.2009.解析卡斯特尔的网络空间.文史哲,（4）：144-150

路紫,匙芳,王然,等.2008.中国现实地理空间与虚拟网络空间的比较.地理科学,28（5）：601-606

吕拉昌.2008."城市空间转向"与新城市地理研究.世界地理研究,（1）：32-38

罗厚立.2000.业余"学术警察"心态与学术表述.读书,（7）：129-134

罗斯诺.1998.后现代主义与社会科学.张国清译.上海：上海译文出版社

罗素.2003.西方哲学史（下卷）.马元德译.北京：商务印书馆

罗小龙,张京祥,殷洁.2011.制度创新：苏南城镇化的"第三次突围".城市规划,（5）：51-55,68

洛夫兰德,斯诺,安德森,等.2009.分析社会情境：质性观察与分析方法.林小英译.重庆：重庆大学出版社

洛克.2007.人类理解论.谭善明,徐文秀译.西安：陕西人民出版社

马克思,恩格斯.1971.马克思恩格斯选集（第 3 卷）.北京：人民出版社

马克思,恩格斯.1997.共产党宣言.北京：人民出版社

马克斯韦尔.2008.质性研究设计.陈浪译.北京：中国轻工业出版社

马林兵,曹小曙.2006.基于 GIS 的城市公共绿地景观可达性评价方法.中山大学学报（自然科学版）,45（6）：111-115

马润潮.1999.人文主义与后现代化主义之兴起及西方新区域地理学之发展.地理学报,54（4）：365-372

马润潮.2004.西方经济地理学之演变及海峡两岸地理学者应用的认识.地理研究,23（5）：573-581

马学广,王爱民,闫小培.2008.权力视角下的城市空间资源配置研究.规划师,（1）：77-82

迈尔斯,休伯曼.2008.质性资料的分析：方法与实践.张芬芬译.重庆：重庆大学出版社

美国科学、工程和公共政策委员会等.2004.如何当一名科学家——科学研究中的负责行为.刘华杰译.北京：北京理工大学出版社

米切尔.1995. 比特之城——空间场所信息高速公路. 范海燕, 胡泳译. 上海：生活·读书·新
    知书店

苗长虹, 魏也华.2007. 西方经济地理学理论建构的发展与论争. 地理研究, 26 (6)：
    1233-1246

宁越敏.1998. 新城市化进程——90 年代中国城市化动力机制和特征探讨. 地理学报,
    53 (5)：470-477

宁越敏.2004. 外商直接投资对上海经济发展影响的分析. 经济地理, 24 (3)：313-317

宁越敏.2008. 建设中国特色的城市地理学——中国城市地理学的研究进展评述. 人文地理,
    23 (2)：1-5

宁越敏, 严重敏.1993. 我国中心城市的不平衡发展及空间扩散的研究. 地理学报, 48 (2)：
    97-104

钮心毅.2002. 地理信息系统在城市设计中的应用. 城市规划汇刊, (4)：41

诺克斯, 平奇.2005. 城市社会地理学导论. 柴彦威, 张景秋译. 北京：商务印书馆

伯吉斯, 麦肯齐.1987. 城市社会学. 宋俊岭, 吴建华译. 北京：华夏出版社

庞蒂.1997. 数字化生存. 胡泳, 范海燕译. 海口：海南出版社

庞蒂.1990. 女性主义、后现代主义和地理学——女性的空间？后现代性与地理学的政治. 王
    志弘译. 上海：上海教育出版社

培根.1986. 新工具. 许宝顺译. 北京：商务印书馆

皮特.2007. 现代地理学思想. 周尚意等译. 北京：商务印书馆

祁新华.2008. 大城市边缘区人居环境系统演变规律——以广州为例. 地理研究, 27 (2)：
    421-430

全华, 李铭珊.2001. 《地理科学》载文作者群统计分析. 地理科学, 21 (6)：570-574

萨特.2005. 存在主义是一种人道主义. 周煦良, 汤永宽译. 上海：上海译文出版社

萨义德 著, 单德兴 译.2002. 知识分子论. 北京：生活·读书·新知三联书店

沈道齐, 崔功豪.1990. 中国城市地理学近期进展. 地理学报, 45 (2)：163-171

沈道齐, 崔功豪.1996. 中国城市地理学近期进展. 人文地理, 11 (增刊)：49-61

沈建法.2008. 港深都市圈的城市竞争与合作及可持续发展. 中国名城, (2)：46-48

沈镭, 程静.1998. 论矿业城市经济发展中的优势转换战略. 经济地理, 18 (2)：41-45

沈镭, 程静.1999. 矿业城市可持续发展的机理初探. 资源科学, 21 (1)：44-50

沈清松.2004. 哲学概论. 贵州：贵州人民出版社

沈汝生.1937. 中国都市之分布. 地理学报, 4 (1)：915-936

沈汝生等.1947. 成都都市地理之研究. 地理学报, 14 (Z1)：14-30

盛宁.1997. 人文困惑与反思：西方后现代主义思潮批判. 北京：生活·读书·新知三联书店

石崧, 宁越敏.2005. 人文地理学"空间"内涵的演进. 地理科学, (3)：340-345

宋金平, 王恩儒, 张文新, 等.2007. 北京住宅郊区化与就业空间错位. 地理学报, 62 (4)：
    387-396

宋俊岭.1987. 芝加哥学派对城市研究的贡献——《芝加哥学派城市研究文集》中译本序. 城

325

市问题，(01)：21-23，53

宋伟轩，朱喜钢，吴启焰.2009.城市滨水空间生产的效益与公平——以南京为例.国际城市
    规划，(6)：66-71

孙娟，崔功豪.2002.国外区域规划发展与动态.城市规划汇刊，(2)：48-50

孙盘寿，杨廷秀.1984.西南三省城镇的职能分类.地理研究，3（3）：17-28

孙铁山，李国平，卢明华.2009.京津冀都市圈人口集聚与扩散及其影响因素——基于区域密
    度函数的实证研究.地理学报，64（8）：956-966

孙胤社.1992.大都市区的形成机制及其定界——以北京为例.地理学报，47（6）：552-560

孙中伟，路紫，贺军亮.2009.世界互联网信息流的空间格局及其组织机理.人文地理，(4)：
    43-46

索加.2004.后现代地理学：重申批判社会理论中的空间.王文斌译.北京：商务印书馆

索加.2005."第三空间"导论——去往洛杉矶和其他真实和想象地方的旅程.陆扬译.后大
    都市与文化研究.上海：上海教育出版社

索加.2006.后大都市：(工厂)城市和区域的批判性研究.李钧等译.上海：上海教育出版社

塔娜，柴彦威.2010.时间地理学及其对人本导向社区规划的启示.国际城市规划：36-39

泰普斯科特，卡斯顿.1999.范式的转变——信息技术的前景.米克斯译.大连：东北财经大
    学出版社

覃驭楚，牛铮，林文鹏，等.2006.面向数字城市规划的城市规划模型研究.重庆建筑大学学
    报，28（4）：138-142

谭成文，李国平，杨开忠.2001.中国首都圈发展的三大战略.地理科学，21（1）：12-18

汤茂林.2009a.我国人文地理学研究方法多样化问题.地理研究，28（4）：865-882

汤茂林.2009b.我国人文地理学研究生课程教学改革初探——基于与美国研究生课程的比较
    和感知.人文地理，24（1）：7-11

汤茂林.2010.我国人文地理学研究的若干基本意识问题.人文地理，25（4）：1-6

汤茂林，谈静华，李江涛.2007.立足国情，以问题为导向研究城市化——对推进我国城市化
    研究的若干思考.经济地理，27（5）：757-762

唐晓峰.2007.现代地理学思想（序言）.北京：商务印书馆

唐晓峰.2010.哈维的城市空间.读书，(5)：140-146

唐晓峰，李平.1998.社会背景中的个人阐述——评约翰斯顿《地理学与地理学家》一书.人
    文地理，(04)：83-84+24

唐晓峰，李平.2000.文化转向与后现代主义地理学——约翰斯顿《地理学与地理学家》新版
    第八章述要.人文地理，15（1）：79-80

唐晓峰，李平.2001.人文地理学理论的多元性.人文地理，16（2）：42-44

唐晓峰，周尚意，李蕾蕾.2008."超级机制"与文化地理学研究.地理研究，27（2）：
    431-438

田国强.2005.现代经济学的基本分析框架与研究方法.经济研究，(2)：113-125

田文祝，柴彦威，李平.2005.当代西方人文地理学研究动态.人文地理，20（4）：125-128

田文祝, 周一星. 1991. 中国城市体系的工业职能结构. 地理研究, 10 (1): 12-23

汪民安. 2006. 空间生产的政治经济学. 国外理论动态, (1): 46-52

汪民安. 2006. 文化研究关键词之一. 读书, (1): 157-166

汪明峰. 2004. 浮现中的网络城市的网络——互联网对全球城市体系的影响. 城市规划, 28 (8), 26-31

汪明峰, 宁越敏. 2004. 互联网与中国信息网络城市的崛起. 地理学报, 59 (3): 446-454

汪明峰, 宁越敏. 2006. 城市的网络优势——中国互联网骨干网络结构与节点可达性分析. 地理研究, 25 (6), 193-194

汪明峰, 宁越敏, 胡萍. 2007. 中国城市的互联网发展类型与空间差异. 城市规划, 31 (10): 16-21

汪明峰. 2005. 技术、产业和地方: 互联网的经济地理学. 人文地理, 20 (5): 90-94

汪原. 2006. 生产·意识形态与城市空间——亨利·勒斐伏尔城市思想述评. 城市规划, 30 (6): 81-83

王爱民, 马学广, 阎小培. 2010. 基于行动者网络的土地利用冲突及其治理机制研究——以广州市海珠区果林保护为例. 地理科学, 30 (1): 80-85

王德, 朱玮, 黄万枢. 2004. 南京东路消费行为的空间特征分析. 城市规划汇刊, 1: 31-36

王笛. 2001. 学术规范与学术批评——谈中国问题与西方经验. 开放时代, (12): 56-65

王发曾. 2007. 基于城市群整合发展的中原地区城市体系结构优化. 地理研究, 26 (4): 637-650

王丰龙, 刘云刚. 2011. 空间的生产研究综述与展望. 人文地理, 26 (2): 13-20

王国霞, 蔡建明. 2008. 都市区空间范围的划分方法. 经济地理, 28 (2): 191-195

王红扬. 2000. 对新时代背景下中国城市化研究的方法论思考. 城市规划, 24 (6): 7-16

王红扬. 2010. 中国城市化研究的范式转型——基础方法论. 现代城市研究, 25 (4): 6-11

王慧. 2006. 开发区发展与西安城市经济社会空间极化分异. 地理学报, 61 (10): 1011-1024

王慧, 田萍萍, 刘红, 等. 2007. 西安城市 CBD 体系发展演进的特征与趋势. 地理科学, 27 (1): 31-39

王茂军, 张学霞, 霍婷婷. 2009. 北京城市认知的空间关联模式——城市地名认知率的空间分析. 地理学报, 64 (10): 1243-1254

王兴平, 崔功豪. 2003. 中国城市开发区的空间规模与效益研究. 城市规划, (9): 6-11

王兴中. 2000. 中国城市社会之间结构研究. 北京: 科学出版社

王兴中. 2003. 对城市社会—生活空间的本体解构. 人文地理, 18 (3): 1-7

王兴中. 2004. 社会地理学社会—文化转型的内涵与研究前沿方向. 人文地理, 19 (1): 2-8

王益崖. 1935. 无锡都市地理研究. 地理学报, 2 (3): 23-63

王志弘. 2009. 多重的辩证: 列斐伏尔空间生产概念三元组演绎与引申. 地理学报 (台湾), 55: 1-24

魏开, 许学强. 2009. 城市空间生产批判——新马克思主义空间研究范式述评. 城市问题, 165 (4): 83-87

魏立华，闫小培．2005．"城中村"：存续前提下的转型——兼论"城中村"改造的可行性模式．城市规划，29（7）：9-13

魏立华，闫小培．2006．有关"社会主义转型国家"城市社会空间的研究述评．人文地理，21（4）：7-12

魏立华．2007．20世纪90年代广州市从业人员的社会空间分异．地理学报，62（4）：407-417

沃姆斯利 D，刘易斯 G．1988．行为主义地理学导论．王兴中等译．西安：陕西人民出版社

邬伦，刘瑜，张晶，等．2001．地理信息系统——原理、方法与应用．北京：科学出版社

吴传钧．1984．经济地理学//李旭旦．中国大百科全书·人文地理学．北京：中国大百科全书出版社

吴缚龙．2006．中国城市化与"新"城市主义．城市规划，30（8）：19-30

吴缚龙．2008．超越渐进主义：中国的城市革命与崛起的城市．城市规划学刊，（1）：18-22

吴缚龙，马润潮，张京祥．2007．转型与重构：中国城市发展多维透视．南京：东南大学出版社

吴俊莲，顾朝林，黄瑛，等．2005．南昌城市社会区研究——基于第五次人口普查数据的分析．地理研究，24（4）：611-619

吴宁．2007．日常生活批判——列斐伏尔哲学思想研究．北京：人民出版社

吴宁．2008．列斐伏尔的城市空间社会学理论及其中国意义．社会，28（2）：112-127

吴琼，胡聃，李宏卿．2008．基于GIS的北京城市形态研究．世界地质，27（2）：220-224

伍红梅．2009．定量研究与定性研究的比较及结合．成都航空职业技术学院学报，3：70-72

伍世代．2007．福建省城镇体系分形研究．地理科学，27（4）：493-498

夏建中．1998．新城市社会学的主要理论．社会学研究，（4）：47-53

夏铸九．1988．空间的文化形式与社会理论读本．台北：明文书局

谢俊贵．2002．当代社会变迁之技术逻辑——卡斯特尔网络社会理论述评．学术界，（4）：191-203

谢昆青，马修军，杨冬青．2004．空间数据库．北京：机械工业出版社

谢士杰，冯学智．2003．城市规划管理信息系统中用户权限管理方案实现．计算机工程与应用，（1）：226

谢守红，宁越敏．2004．世界城市研究综述．地理科学进展，23（5）：56-66

许然，司徒尚纪．2005．后现代主义对人文地理学发展的影响．热带地理，（6）：220-223

许学强．1982．我国城镇规模体系的演变和预测．中山大学学报（社会科学版），22（3）：40-49

许学强，胡华颖，叶嘉安，1989．广州市社会空间结构的因子生态分析．地理学报，44（4）：385-399

许学强，胡华颖．1988a．对外开放加速珠江三角洲市镇发展．地理学报，43（3）：201-212

许学强，黎雅．1988b．外来劳工与城市发展初探——以广州为例．城市问题，（6）：29-34

许学强，姚华松．2009．百年来中国城市地理学研究回顾及展望．经济地理，29（9）：1412-1420

许学强，叶嘉安．1986．我国城市化的省际差异．地理学报，41（1）：8-22

328

许学强,周素红.2003.20 世纪 80 年代以来我国城市地理学研究的回顾与展望.经济地理,23（4）：433-440

许学强,周一星,宁越敏.2009.城市地理学（第二版）.北京：高等教育出版社

许学强,朱剑如.1986.努力发展中国的城市地理学.经济地理,6（1）：10-14

许学强,朱剑如.1988.现代城市地理学.北京：中国建筑工业出版社

宣国富,徐建刚,赵静.2006.上海市中心城社会区分析.地理研究,25（3）：526-538

薛德升,黄耿志.2008.管制之外的"管制"：城中村非正规部门的空间集聚与生存状态——以广州市下渡村为例.地理研究,（11）：1390-1398

薛凤旋,杨春.1995.外资影响下的城市化——以珠江三角洲为例.城市规划,（6）：21-27

薛凤旋,杨春.1997.外资：发展中国家城市化的新动力——珠江三角洲个案研究.地理学报,52（3）：193-206

雅各布斯.2005.美国大城市的死与生.金衡山译.北京：译林出版社

闫小培.1994.近年来我国城市地理学主要研究领域的新进展.地理学报,49（6）：533-542

闫小培.1997.穗港澳都市连绵区的形成机制研究.地理研究,16（2）：22-29

闫小培.1999.广州信息密集服务业的空间发展及其对城市地域结构的影响.地理科学,19（5）：405-410

闫小培,林彰平.2004a.20 世纪 90 年代中国城市发展空间差异变动分析.地理学报,59（3）：437-445

闫小培,林彰平.2004b.近期西方城市地理研究动向分析.地理学报,59（增刊）：77-84

闫小培,魏立华,周锐波.2004.快速城市化地区城乡关系协调研究——以广州市"城中村"改造为例.城市规划,28（3）：30-38

闫小培,许学强.1993.广州市中心商业区土地利用特征.城市问题,（4）：14-20

闫小培,周春山,冷勇,等.2000.广州 CBD 的功能特征与空间结构.地理学报,55（4）：475-486

严荣华,牛明光,许礼林,等.2005.OfficeGIS 在城市规划管理中的应用.测绘通报,（10）：64-67

严重敏等.1964.关于我国的城镇职能.经济地理论文集.北京：科学出版社

杨春.2006.大珠江三角洲跨境融合和管治的政治经济分析.地理学报（台北）,45（3）：95-112

杨春.2008.多中心跨境城市-区域的多层级管治——以大珠江三角洲为例.国际城市规划,23（1）,79-84

杨国安,甘国辉.2003.人文地理学研究方法述要.地域研究与开发,22（1）：1-13

杨吾扬.1987.论城镇体系.地理研究,6（3）：1-8

杨吾扬.1989.区位论原理.兰州：甘肃人民出版社

杨吾扬.2005.杨吾扬论文选集——地理学的理论与实践.北京：商务印书馆

杨吾扬,张景秋.2007.地理学思想史//涂光炽.地学思想史.长沙：湖南教育出版社

杨宇振.2009.权力,资本与空间：中国城市化 1908-2008 年——写在《城镇乡地方自治章程

颁布百年》. 城市规划学刊，（1）：62-73

杨宇振. 2011. 巴黎的神话：作为当代中国的城市镜像：读大卫·哈维的《巴黎：现代性之都》. 国际城市规划，（02）：111-115

杨玉圣，张保生. 2004. 学术规范导论. 北京：高等教育出版社

姚华松. 2006. 西方城市社会地理学研究动向分析. 地理与地理信息科学，22（5）：101-106

姚华松，薛德升，许学强. 2007. 1990 年以来西方城市社会地理学研究进展. 人文地理，（3）：12-17

姚士谋. 1991. 城市地理学发展动态. 地理科学，11（1）：

姚士谋. 1992. 中国的城市群. 合肥：中国科技大学出版社

姚士谋，王成新，朱振国. 2003. 城市地理学研究新的领域思考. 经济地理，（05）：625-629

叶超，蔡运龙. 2009. 地理学方法论变革的案例剖析——重新审视《地理学中的例外论》之争. 地理学报，64（9）：1134-1142

叶超，蔡运龙. 2010a. 地理学方法论演变与价值判断. 地理研究，29（5）：947-958

叶超，蔡运龙. 2010b. 激进地理学的形成和演变——以《异端的传统》为例. 地理科学，30（1）：1-7

叶超，柴彦威. 2011. "空间的生产"的理论、研究进展及其对中国城市研究的启示. 经济地理，待刊

殷洁，张京祥，罗小龙. 2010. 重申全球化时代的空间观：后现代地理学的理论与实践. 人文地理，4：12-17

于涛方. 2000. 结构主义地理学——当代西方人文地理学的一个重要流派. 人文地理，15（1）：66-69

袁家冬，周筠，黄伟. 2006. 我国都市圈理论研究与规划实践中的若干误区. 地理研究，25（1）：112-120

袁媛，吴缚龙，许学强. 2009. 转型期中国城市贫困和剥夺的空间模式. 地理学报，64（6）：753-763

约翰斯顿. 1999. 地理学与地理学家. 唐晓峰译. 北京：商务印书馆

约翰斯顿. 2001. 哲学与人文地理学. 蔡运龙，江涛译. 北京：商务印书馆

约翰斯顿等. 2004. 人文地理学词典. 柴彦威等译. 北京：商务印书馆

曾向阳. 1999. 行为主义的哲学困境透视. 自然辩证法通讯，21（122）：6-12

詹姆斯. 1982. 地理学思想史. 李旭旦译. 北京：商务印书馆

詹姆斯，马丁. 1989. 地理学思想史. 李旭旦译. 北京：商务印书馆

张超，杨秉赓. 2006. 计量地理学基础（第二版）. 北京：高等教育出版社

张纯，柴彦威. 2009. 中国城市单位社区的空间演化：空间形态与土地利用. 国际城市规划，24（5）：28-32

张纯，柴彦威，李昌霞. 2007. 北京城市老年人的日常活动路径及其时空特征. 地域研究与开发，26（4）：117-120，710-715

张广利. 2001. 后现代主义与社会学研究方法. 社会科学研究，（4）：104-109

张鸿雁. 2008. "嵌入性"城市定位论——中式后都市主义的建构. 城市问题,（10）：2-9

张建民, 鲁西奇. 2002. "了解之同情"与人地关系研究. 史学理论研究,（4）：15-25

张京祥, 崔功豪. 1998. 后现代主义城市空间模式的人文探析. 人文地理, 13（4）：21-25

张京祥, 邓化媛. 2009. 解读城市近现代风貌型消费空间的塑造——基于空间生产理论的分析视角. 国际城市规划, 24（1）：43-47

张京祥, 吴缚龙, 马润潮. 2008. 体制转型与中国城市空间重构——建立一种空间演化的制度分析框架. 城市规划, 32（6）：55-60

张景秋. 1998. 1900-1970 年中国人文地理学的发展与回顾. 人文地理, 13（1）：65-70

张楠楠, 顾朝林. 2002. 从地理空间到复合式空间——信息网络影响下的城市空间. 人文地理, 17（4）：21-24

张琦伟. 2003. 后现代文化思潮渊源探究. 经济与社会发展,（2）：152-156

张泉, 叶兴平, 陈国伟. 2010. 低碳城市规划——一个新的规划视眼. 城市规划, 34（2）：13-18

张书友. 2004. 中国法学期刊统一文稿规范（建议稿）. www. acriticism. com［2011-4-5］

张文静. 2009. 城市生态学基本概念与研究进展浅析. 理论视野,（11）：135-136

张文奎. 1985. 行为地理学的基本问题. 李旭旦主编《人文地理学论丛》. 北京：人民教育出版社

张文奎. 1990. 行为地理学研究的基本理论问题. 地理科学, 10（2）：159-192

张文忠, 刘旺, 李业锦. 2003. 北京城市内部居住空间分布与居民居住区位偏好. 地理研究, 22（6）：751-759

张艳, 柴彦威, 周千钧. 2009. 中国城市单位大院的空间性及其变化：北京京棉二厂的案例. 国际城市规划, 24（5）：20-27

张云龙, 孙毅中, 李霞, 等. 2006. 城市规划管理信息系统中的图文一体化设计. 测绘科学, 31（5）：153-154

张振龙. 2009. 1979 年以来南京都市区空间增长模式分析. 地理研究, 28（3）：817-828

张祖林. 1991. 地理学中的计量革命与实证主义方法论. 自然辩证法研究, 7（21）：8-14

张祖林, 孙爱军. 1996. 结构主义与结构主义地理学. 自然辩证法研究, 12（2）：28-32

赵光武. 2000. 后现代主义评述. 北京：北京西苑出版社

赵萍. 2003. 基于遥感与 GIS 技术的城镇体系空间特征的分形分析——以绍兴市为例. 地理科学, 23（6）：721-727

赵荣, 王恩涌, 张小林, 等. 2006. 人文地理学. 北京：高等教育出版社

赵松乔, 白秀珍. 1950. 南京都市地理初步研究. 地理学报, 17（2）：39-72

赵莹, 柴彦威, 陈洁, 等. 2009. 时空行为数据的 GIS 分析方法. 地理与地理信息科学, 25：1-5

甄峰. 2004. 信息时代的区域空间结构. 北京：商务印书馆

甄峰, 魏宗财等. 2009. 信息技术对城市居民出行特征的影响研究：以南京为例. 地理研究, 28（5）：1307-1317

331

郑静，许学强，陈浩光.1995.广州市社会空间的因子生态再分析.地理研究，14（2）：15-26

郑祥福.1995.对后现代主义若干概念的理解.福建论坛（人文社会科学版），（2）：1-7

周春山，刘洋，朱红.2006.转型时期广州市社会区分析.地理学报，61（10）：1046-1056

周和军.2007.空间与权力——福柯空间观解析.江西社会科学，（4）：58-60

周旗.2003.区位：地理理论演绎的逻辑起点.西北大学学报（自然科学版），33（4）：471-475

周尚意.2003.交通廊道对城市社会空间的侵入作用——以北京市德外大街改造工程为例.地理研究，22（1）：96-104

周尚意.2004.英美文化研究与新文化地理学.地理学报，59（增刊）：162-166

周尚意.2007.社会文化地理学中小区域研究的意义.世界地理研究，6（4）：41-46

周尚意.2010.人文地理学野外方法.北京：高等教育出版社

周尚意，沈小平.2008.北京美术产业对地方文化的嵌入性程度分析.人文地理，（2）：28-32

周素红.2008.广州市消费者行为与商业业态空间及居住空间分析.地理学报，63（4）：395-404

周素红，刘玉兰.2010.转型期广州城市居民居住与就业地区位选择的空间关系及其变迁.地理学报，65（2）：191-201

周素红，闫小培.2001.基于 GIS 的城市地理学研究方法革新探讨.经济地理，21（6）：700-704

周素红，闫小培.2006.基于居民通勤行为分析的城市空间解读——以广州市典型街区为案例.地理学报，61（2）：179-189

周素卿.2002.台湾人文地理学的研究进程.都市与计划，29（2）：265-289

周一星.1982.城市化与国民生产总值关系的规律性探讨.人口与经济，3（1）：28-33

周一星.1988.中国城市工业产出水平与城市规模的关系.经济研究，（5）：74-79

周一星.1991.中国的城市地理学—评价和展望.人文地理，6（2）：54-58

周一星.1995a.城市地理学.北京：商务印书馆

周一星.1995b.建立中国城市的实体地域概念.地理学报，50（4）：289-301

周一星.1996.北京的郊区化及引发的思考.地理科学，16（3）：198-206

周一星.2001.人文地理研究能为制订国家政策作贡献——以城市发展方针研究为例.人文地理，16（1）：371-382

周一星.2006.城市研究的第一科学问题是基本概念的正确性.城市规划学刊，2006，（1）：1-5

周一星，R. 布雷德肖.1988.中国城市（包括辖县）的工业职能分类——理论、方法和结果.地理学报，43（4）：287-298

周一星，陈彦光.2004.城市地理研究的几个基本问题.经济地理，24（3）：289-293

周一星，孟延春.1997.沈阳的郊区化——兼论中西方郊区化的比较.地理学报，52（4）：289-299

周一星，孟延春.2000.北京的郊区化及其对策.北京：科学出版社

周一星，史育龙．1995．建立中国城市的实体地域概念．地理学报，50（4）：289-301

周一星，孙则昕．1997．再论中国的城市职能分类．地理研究，16（1）：11-22

周一星，杨齐．1986．我国城镇等级体系变动的回顾及其省区地域类型．地理学报，41（2）：97-111

周一星，杨齐．1990．中国城市工业经济效益的多因素分析．经济地理，10（1）：43-50

周一星，张勤．1984．关于中国城市规划中确定城市性质问题．地理研究，4（1）：29-31

朱春奎．1993．地理学中的结构主义评述．自然辩证法研究，9（12）：36-38

朱竑，封丹，王彬．2008．全球化背景下城市文化地理研究的新趋势．人文地理，23（2）：6-10

朱立元．1997．当代西方文艺理论．上海：华东师范大学出版社

朱玲．2002．经验研究的关键细节．经济研究，（11）：81-89

朱玮，王德．2008．南京东路消费者的空间选择行为与回游轨迹．城市规划，32（3）：33-40

朱玮，王德，齐藤参郎．2006．南京东路消费者的回游消费行为研究．城市规划，30（2）：9-17

Ackerman E A. 1945. Geographic Training, Wartime Research, and Immediate Professional Objectives. Annals of the Association of American Geographers, 35（4）：121-143

Adams C. 1995. A reconsideration of personal boundaries in space- time. Annals of the Association of American Geographers, 85：267-285

Aitken S C. 1990. Local evaluations of neighborhood change. Annals of the Association of American Geographers, 80（2）：247-267

Alonso W. 1964. Locationt and land use: towards a general theory of land rentt. Cambridge, Mass.：Harvard University Press

Amedeo D, Golledge G. 1975. An introduction to scientific reasoning in geography. New York：Wiley：1-430

Arentze T A, Timmermans H J P. 2005. Representing mental maps and cognitive learning in micro-simulation models of activity-travel choice dynamics. Transportation, 32（4）：321-340

Arnum E, Conti S. 1998. Internet development worldwide: the new superhighway follows the old wires, rails and roads. Paper presented at INET'98, Geneva, Switzerland

Arrighi G. 1994. The Long Twentieth Century. New York：Verso

Auge M. 1995. Non-Place：Introduction to An anthropology of Super-Modernity. New York：Verso

Ayer A. J. 1959. Logical Positivism. New York：Free Press

Babbie E. 2007. The Practice of Social Research（11th Edition）. Beijing：Tsinghua University Press

Batty M. 1997. Virtual geography. Futures, 29：337-352

Bauman Z. 1992. Intimations of Postmodernity. London：Routledge

Berry B J L. 1960. The impact of expanding metropolitan communities upon the central place hierarchy, Annals, Association of American Geographers, 50：112-116

Berry B J L. 1964. Cities as systems within systems of cities. Papers In Regional Science, 13（1）：

147-163

Berry B, Kasarda J. 1977. Contemporary Urban Sociology. New York: Macmillan

Berry B J L, Marble D F. 1968. Spatial Analysis: a Reader in Statistical Geography. Englewood Cliffs: Prentice-Hall

Bertolini L, Dijst M. 2003. Mobility environment and network cities. Journal of Urban Design, 8 (1): 27-43

Best S, Kellner D. 1991. Postmodern Theory: Critical Interrogations. New York: Guilford Press

Bjorklund E M. 1986. The Danwei: socio-spatial characteristics of work units in China's urban society. Economic Geography, 62: 19-29

Blommestein H et al. 1979. Shopping perceptions and preferences: a multidimensional attractiveness analysis of consumer and entrepreneurial attitudes. Reunion de Estudios Regionales Zaragoza

Boiseau M, Ghil M, Juillet A. 1999. Climatic trends and interdecadal variability from south-central Pacific coral records. Geophysical Research Letters, 26 (18): 2881-2884

Botting P. 1973. Humboldt and the Cosmos. London: Sphere

Bray D. 2005. Social Space and Governance in Urban China: the Danwei System from Origins to Reform. Standford: Stanford University Press

Brenner N. 1998. Between fixity and motion: Accumulation territorial organization and the historical geography of spatial scales. Environment and Planning D, 16: 459-481

Brenner N. 1999a. Beyond state-centrism? Space, territoriality, and geographical scale in globalization studies. Theory and Society, (28): 39-78

Brenner N. 1999b. Globalisation as reterritorialisation: The rescaling of urban governance in the European Union. Urban Studies, 36: 431-451

Brenner N. 2003. 'Globalization' as a state spatial strategy: Urban entrepreneurialism and the new politics of uneven development in Western Europe//Yeung H, Peck J. Remaking the Global Economy: Economic-Geographical Perspectives. Sage Publications Ltd

Bruce B. 2005. Environmental issues: Writing a more-than-human urban geography. Progress in Human Geography, 29: 635-650

Bryant C G A. 1985. Positivism in Social Theory and Research. New York: St. Martin's

Bulmer M. 1986. The Chicago School of Sociology: Institutionalization, Diversity, and the Rise of Sociological Research. Chicago: The University of Chicago

Bulmer M. 1998. Chicago Sociology and the empirical impulse: Its implications for sociological theorizing//Luigi Tomasi. In The Tradition of Chicago School of Sociology. Aldershot and Brookfield: Ashgate

Bunge W. 1966. Theoretical geography. Lund Studies in Geography No. 1. The Royal University of Lund

Bunge W. 1969. The first years of the Detroit Geographical Expedition: a personal report. Field Notes. Discussion Paper 1

Bunting T E, Guelke L. 1979. Behavior and perception in geography. Annals of the Association of

334

American Geographers, 69: 448-462

Burgess E. 1925a. Can neighbourhood work have a scientific basis? In Park R and Burgess E (eds.) The City. Chicago: The Univerdity of Chicago Press

Burgess E. 1925b. The Growth of the City: An Introduction to a Research Project. In Park R and Burgess E. The City. Chicago: The Univercity of Chicago Press

Burgess E. 1945. Sociological Research Methods. The American Journal of Sociology, 50 (6): 474-482

Burns L D. 1979. Transportation, temporal, and spatial components of accessibility. Lexington, Mass: Lexington Books

Burton I. 1963. The quantitative revolution and theoretical geography. The Canadian Geographer, 7: 151-162

Buttimer A. 1971. Society and Milieu in the French Geogtaphic Tradition. Chicago: Rand Mcnally

Buttimer A. 1976. Grasping the dynamisim of the lifeworld. Annals of the Association of American Geographers, 66: 277-292

Cairncross F. 1997. The Death of Distance: How the Communications Revolution Will Change Our Lives. Boston: Harvard Business School Press

Calinescu M. 1987. Five Faces of Modernity. Durham : Duke University Press

Camagni R. 1993. Inter-firm industrial networks: the costs and benefits of cooperative behavior. Journal of Industry Studies, 1 (1): 1-15

Casas I. 2007. Social exclusion and the disabled: an accessibility approach. Professional Geographer, 59: 463-477

Casas I, Horner M W, Weber J. 2009. A comparison of three methods for identifying transport-based exclusion: a case study of children's access to urban opportunities in Erie and Niagara Counties. New York. International Journal of Sustainable Transportation, 3: 227-245

Castells M. 1977. The Urban Question : A Marxist Approach. London: Edward Arnold

Castells M. 1978. City, Class and Power. New York: St. Martin's Press

Castells M. 1983. The City and the Grassroots. London: Edward Arnold

Castells M. 1985. High Technology, Space and Society. Beverly Hill: Sage

Castells M. 1989. The Informational City: Information Technology. Economic Restructuring and Urban-Regional Process. Cambridge, MA: Blackwell

Castells M. 1996. The Rise of the Network Society. Cambridge, MA: Blackwell Publishers

Castells M. 2000. Materials for an Exploratory Theory of the Network Society. British Journal of Sociology, 51 (1): 5-24

Castree N, Derek G, David Harvey. 2006. A Critical Reader. Oxford: Blackwell Publishing

Cavan R. 1997. The Chicago School of Sociology, 1918-1933//Plummer K. The Chicago School: Critical Assessment. Vol. 1. London and New York: Routledge

Chapin F S. 1974. Human Activity Patterns in the City: Things People Do in Time and in Space. New York: Wiley

335

Chapoulie J M. 1998. Seventy Years of Fieldwork in Sociology. From Nels Anderson's The Hobo to Elijah Anderson's Streetwise//Tomasi L. The Tradition of Chicago School of Sociology, edited by: Ashgate. 105-127

Chen J, Shaw S-L, Yu H, et al. 2011. Exploratory data analysis of activity diary data: a space-time GIS approach. Journal of Transport Geography (In Press, Corrected Proof)

Christaller W. 1966. Central Places in Southern Germany. Translated by Carlisle W. Baskin. Englewood Cliffs, N. J.: Prentice-Hall

Chung H. 2010. Building an image of Villages-in-the-City: a clarification of China's distinct urban spaces. International Journal of Urban and Regional Research, 34 (2): 421-437

Clark D B. 1996. Urban World/Global City. London: Routledge

Clarke D B. 2006. Postmodern Geographies and the Ruins of Modernity//S Aitken, G Valentine. Approaches to Human Geography. London: SAGE publications

Clifford N J. 2008. Models in geography revisited. Geoforum, 39: 675-686

Cloke P, Philo C, Sadler D. 1991. Approaching Human Geography: An Introduction to Contemporary Theoretical Debates. London: Guilford Press

Committee on Science, Engineering, and Public Policy, National Academy of Sciences, National Academy of Engineering, and Institute of Medicine. 2009. On Being a Scientist: A Guide to Responsible Conduct in Research. Third Edition. Washington, DC: National Academies Press. This book can be downloaded from http://www.nap.edu/catalog/12192.html

Corbett J. 2002. Torsten Hagerstrand: Time Geography. Centre for Spatially Informed Social Science, University of California Santa Barabara. http://www.csiss.org/classics/content/29

Couclelis H. 2009a. Computational human geography//Kitchin R, Thrift N. International Encyclopedia of Human Geography

Couclelis H. 2009b. Rethinking time geography in the information age. Environment and Planning A, 41: 1556-1575

Couclelis H et al. 1987. Exploring the anchor-point hypothesis of spatial cognition. Journal of Environmental Psychology, 7 (2): 99-122

Couclelis H, Golledge R G. 1983. Analytic research, positivism, and behavioral geography. Annals of the Association of American Geographers, 73 (3): 331-339

Cox K R. 1981. Bourgeois thought and the behavioral geography debate//Cox K R, Golledge R G. Behavioral Problems in Geography Revisited. New York: Routledge

Cresswell J W. 2003. Research Design: Qualitative, Quantitative, and Mixed Methods Approaches. Thousand Oaks, CA: Sage Publications

Curran W. 2005. Being and Becoming In Urban Geography. Urban Geography. 26 (3): 257-260

David F B. 1995. Network Cities: Creative Urban Agglomerations for the 21st Century. Urban Studies, 32 (2): 313 -327

Davidson R A. 2008. Recalcitrant Space: Modeling Variation of Humanistic Geography. Journal of

Cultural Geography, 25 (2): 161-180

Davies R J. 1981. The Spatial Formation of the South African City. GeoJournal (S), (2): 59-72

Dear M. 1986. Postmodernism and planning. Society and Space, 4: 367-384

Dear M. 1988. The postmodern challenge: Reconstructing human geography. Transactions of the Institute of British Geographers, 13: 262-274

Dear M. 1994. Postmodern human geography: an assessment. Erdkunde, (48): 2-13

Dear M. 2000. The Postmodern Urban Condition. Oxford, UK: Blackwell

Dear M. 2005. Comparative urbanism. Urban Geography, 26 (3): 247-251

Dear M, Moos A I. 1986. Structuration Theory in Urban Analysis: 2. Empirical Application. Environment and Planning A, 18: 351-373

Dear M, Flusty S. 1998. Postmodern urbanism. Annals of the Association of American Geographers, 88: 50-72

Denzin N, Lincoln Y. 1994. Entering the field of qualitative research//Norman D, Lincoln Y. Handbook of Qualitative Researchy. Thousand Oaks, CA: Sage

Derudder B, Taylor P J, Witlox F, et al. 2003. Hierarchical Tendencies and Regional Patterns in the World City Network: A Global Urban Analysis of 234 Cities. Regional Studies, 37: 875-886

Derudder B, Witlox F, Taylor P J. 2007. US cities in the world city network: comparing their positions using global origins and destinations of airline passengers. Urban Geography, 28: 74-91

Desbarats J. 1983. Spatial choice and constraints on behaviour. Annals of the Association of American Geographers, 73 (3): 340-357

Dewey J. 1972. The Early Works 1882-1898. Vol. 5. Carbondale: Southern Illinois University Press

Dicken P. 1998. Global Shift. London: Paul Chapman Publishing

Dicken P. 2006. Preface//Bagchi- Sen S, Smith H L. Economic Geography: Past, Present and Future. New York: Routledge

Dijst M. 1999a. Action space as planning concept in spatial planning. Journal of Housing and the Built Environment, 14: 163-182

Dijst M. 1999b. Two- earner families and their action spaces: a case study of two dutch communities. GeoJournal, 48: 195-206

Dijst M, De Jong T, Van Eck J. R. 2002. Opportunities for transport mode change: an exploration of a disaggregated approach. Environment and Planning B: Planning and Design, 29: 413-430

Dijst M, Vidakovic V. 2000. Travel time ratio: the key factor of spatial reach. Transportation, 27: 179-199

Diner S. 1997. Department and Discipline: The Department of Sociology at the University of Chicago, 1892-1920//Plummer K. The Chicago School: Critical Assessment. Vol. 2. London and New York: Routledge

Dodge M, Kitchin R. 2000. Mapping Cyberspace. London & New York: Routledge

Dorn M, Laws G. 1994. Social theory, body politics, and medical geography: extending kearns's invitation. The Professional Geographer, 46: 106-110

Douglass M. 2000. Mega-urban regions and world city formation: globalisation, the economic crisis and urban policy issues in Pacific Asia、Urban Studies, 37: 2315-2335

Douglass M, Fujita K, Hill R C. 1993. Japanese cities in the world economy. Temple University Press

Dyck I. 1990. Space, time, and renegotiating motherhood: an exploration of the domestic work-place. Environment and Planning D: Society and Space, 8: 459-483

Dyck I, Dossa P. 2007. Place, health and home: gender and migration in the constitution of healthy space. Health and Place, 13: 691-701

Dyck I, Kearns R. 2006. Structuration Theory: Agency, Structure and Everyday Life//Aitken S C, Valentine G. Approaches To Human Geography. London ; Thousand Oaks

Entrikin J N. 1976. Contemporary humanism in geography. Annals of the Association of American Geographers, 66 (2): 615-632

Faludi A, Van der Valk A. 1994. Rule and Order: Dutch Planning Doctrine in the Twentieth Century. Dordrecht: Kluwer Academic Publishers

Fan C. 2003. Rural- urban migration and gender division of labor in transitional China. International Journal of Urban and Regional Research, 27 (1): 24-27

Firey W I. 1947. Land Use in Central Boston. Cambridge: Harvard University Press

Fisher B, Strass A. 1997. The Chicago Tradition and Social Change: Thomas, Park and their Successors//Plummer K. The Chicago School: Critical Assessment. Vol. 2. London and New York: Routledge

Flanagan W. 1990. Urban Sociology: Image and Structure. Bonston, Longdon, Sydney, Toronto: Allyn and Bacon

Foucalt M. 1980. Power/Knowledge: Selected Interviews and other Writings, 1972- 1977//Gordon C. New York: Pantheon

Foucault M. 1986. Text/contexts of Other Space. Diacritics, 16 (1): 22-27

Freeman T W. 1961. The Hundred Years of Geography. London: Gerald Duckworth

Friedman K. 2000. Restructuring the City: Thoughts on Urban Patterns in the Information Society. http: //www. anu. edu. au/caul/cities. htm

Friedmann J. 2005. Globalization and the emerging culture of planning. Progress in Planning, 64: 183-234

Fujita Y. 2009. Cultural Migrants from Japan: Youth, Media, and Migration in New York and London. Plymouth: Rowman & Littlefield Publishers

Gale S, Olsson G. 1979. Philosophy in Geography. Dordrecht, Holland: D. Reidel

Garrison W. 1959. Spatial structure of the economy: I. Annals of the Association of American Geographers, 49: 232-239

Gasper J, Glaeser E L. 1998. Information Technology and the Future of Cities. Journal of Urban Economics, 43: 136-156

Gatrell A C. 1983. Distance and Space: A Geography Perspective. London: Oxford University Press

Gesler W M, Kearns R A. 2002. Culture/Place/Health. Psychology Press

Gibbs G. 2007. Analyzing Qualitative Data. Thousand Oaks Sage Publications Ltd

Gibson C. 2007. Human Geography//Thrift N, Kitchin R. International Encyclopedia of Human Geography: Vol. 5. Oxford: Elsevier

Gibson E. 1978. Understanding the Subjective Meaning of Places//Ley D, Samuels M S. Humanistic Geography: Prospects & Problems. London: Croom Helm

Giddens A. 1974. Positivism and sociology. London: Heinemann

Giddens A. 1979. Central Problems in Social Theory. Berkeley, CA: University of California Press

Giddens A. 1981. A Contemporary Critique of Historical Materialism. Berkeley, CA: University of California Press

Giddens A. 1983. Comments on the theory of structuration. Journal for the Theory of Social Behaviour, 13: 75-80

Giddens A. 1984. The Constitution of Society: Outline of a Theory of Structuration. Berkeley: University of California Press

Giddens A. 1984. The Constitution of Society: Outline of The Theory of Structure. Cambridge, London: Polity Press

Giddens A. 1985. Time, Space and Regionalisation//Gregory D, Urry J. Social Relations and Spatial Structures. Macmillan: Basingstroke, Hampshire

Giddens A. 1986. The constitution of society. Cambridge: Polity Press

Giddens A. 1996. A ffluence, Poverty and the Idea of a Post- Scarcity Society. Development and Change. 27 (2): 365-377

Glaser B. 1992. Basics of Grounded Theory Analysis: Emergence vs. Forcing. Mill Valley, CA: Sociology Press

Glaser B, Strauss A. 1967. The Discovery of Grounded Theory: Strategies for Qualitative Research. Chicago: Aldine

Godelier M. 1978. Infrastructure, societies and history. New Left Review, 112: 84-96

Gold J R. 1980. An Introduction to Behavioral Geography. England: Oxford University Press

Golledge R G. 1978. Learning about Urban Environments//Carlstein T, Parkes D, Thrift N. Timing Space and Spacing Time, Vol. I. London: Edward Arnold Ltd

Golledge R G. 1981a. Guest editorial. Environment and Planning A, 13: 1-6

Golledge R G. 1981b. The Geographical Relevance of Some Learning Theories//Cox K R, Golledge R G. Behavioral Problems in Geography Revisited. London: Routledge

Golledge R G. 1993. Geography and the Disabled: A Survey with Special Reference to Vision Impaired and Blind Populations. Transactions of the Institute of British Geographers, New Series, 18 (1): 63-85

Golledge R G. 1996. Geographical theories. International Social Science Journal, 48 (4): 461-476

339

Golledge R G. 2002. The nature of geographic knowledge. Annals of the Association of American Geographers, 92 (1): 1-14

Golledge R G, et al. 1985. A conceptual model and empirical analysis of children's acquisition of spatial knowledge. Journal of Environmental Psychology, 5 (2): 125-152

Golledge R G, Stimson R J. 1997. Spatial Behavior: A Geographic Perspective. New York, London: The Guilford Press

Golledge R G, Timmermans H. 1990. Applications of behavioural research on spatial problems I: Cognition. Progress in Human Geography, 14 (1): 57-100

Golledge R G, Amedeo D W. 1968. On laws in geography. Annals of the Association of America n Geographers, 58: 560-574

Goodchild M F. 2000. Introduction: special issue on 'Uncertainty in geographic information systems', Fuzzy Sets and Systems, 113: 3-5

Goodchild M F. 2003. The nature and value of geographic information//Duckham M, Goodchild M F. Foundations of Geographic Information Science. New York: Taylor and Francis

Goodchild M F. 2010. Twenty years of progress: GIS science in 2010. Journal of Spatial Information Science, 1: 3-20

Gorman S P. 2002. Where are the Web Factories: the Urban Bias of E-business Location. Tijdschrift Voor Economische en Sociale Geografie, 93: 522-536

Gottdiener M. 1985. The Social Production of Urban Space. Texas: University of Texas Press

Gould P R. 1963. Man against his environment: a game theoretic framework. Annals of the Association of American Geographers, 53 (3): 290-297

Gould P R. 1985. The Geographer at Work. Boston: Routledge & Kegan Paul

Graham S. 1998. The end of geography or the explosion of place? Conceptualizing space, place and information technology. Progress in human geography, 22 (2): 165-185

Graham S. 1999. Global grids of glass. Urban Studies: 1-30

Graham S, Marvin S. 1996. Telecommunications and the city: electronic spaces, urban places. London: Routledge

Gregory D. 1978. Ideology, Science and Human Geography. London: Hutchinson

Gregory D. 1981. Human agency and human geography. Transactions of the Institute of British Geographers, 6: 1-18

Gregory D. 1982. Regional Transformation and Industrial Revolution: A Geography of The Yorkshire Woollen Industry. Minnesota: Univ of Minnesota Press

Gregory D. 1989. Presences and Absences: Time-Space Relations and Structuration Theory//Held D, Thompson J B. Social Theory of Modern Societies: Anthony Giddens and His Critics. Cambridge: Cambridge University Press

Gregory D. 1994. Geographical Imaginations. Cambridge MA & Oxford UK: Blackwell

Gregory D, Urry J. 1985. Social Relations and Spatial Structures. Macmillan: Basingstroke, Hampshire

Gregson N. 1986. On duality and dualism: the case of time geography and structuration. Progress in Human Geography, 10: 184-205

Gregson N. 1987. Structuration theory: some thoughts on the possibilities for empirical research. Environment and Planning D: Society and Space, 5: 73-91

Greimas A J. 1966. Semantique Structurale. Paris: Larousse

Gren M. 2001. Time- geography Matters//May J, Thrift N. Timespace: Geographies of Temporality. London: Routledge

Griffiths M, Whiteford M. 1988. Feminist Perspectives in Philosophy. London: Macmillian

Grubesic T H. 2003. Inequities in the broadband revolution. Annals of Regional Science, 37 (2): 263-289

Gu C. 1996. Development, Territorial Difference and Spatial Evolution of Towns in China. Chinese Geographical Science, (03): 201-211

Guba E G, Lincoln Y S. 2005. Paradigmatic Controversies, Contradictions, and Emerging Confluences// Denzin N K, Lincoln Y S. The Sage handbook of qualitative research (3rd ed.). Thousand Oaks: Sage Publications

Guba E G, Yvonna S L. 1994. Competing Paradigms in Qualitative Research//Denzin N, Yvonna S L. Handbook of Qualitative Researchy. Thousand Oaks, CA: Sage

Haggett P, Cliff A, Frey A. 1977. Locational Models (Locational Analysis in Human Geography 2nd Eds) . London: Edward Arnold

Halfacree K H. 1995. Household Migration and the Structuration of Patriarchy- Evidence From the USA. Progress In Human Geography, 19: 159-182

Hall P. 1966. The World Cities. London: Widenfeld and Nicolson

Hanson S, Pratt G. 1991. Job search and the occupational segregation of women. Annals of the Association of American Geographers, 81: 229-253

Harding S G. 1986. The Science question in feminism. Cornell University Press, Ithaca, NY

Harris C D, Ullman E L. 1945. The nature of cities. Annals of the American Academy of Political and Social Science, 242: 7-17

Hartshorne R. 1939. The nature of geography: a critical survey of current thought in the light of the past. Lancaster, Penn. : Association of American Geographers

Hartshorne R. 1958. The Concept of Geography as a Science of Space, from Kant and Humboldt to Hettner. Annals of the Association of American Geographers, 48: 97-108

Hartshorne R. 1963. Perspective on the Nature of Geography. London: John Murray

Hartshorne R. 1966. Why Study Geography? Journal of Geography, 65 (3): 100-102

Harvey D. 1969. Explanation in Geography. London: Edward Arnold

Harvey D. 1981. Conceptual and measurement problems in the cognitive-behavioral approach to location theory//Cox K R, Golledge R G. Behavioral Problems in Geography Revisited. New York: Routledge

Harvey D. 1982. The Limits to Capital. Oxford: Blackwell

Harvey D. 1985. The Urbanization of Capital. Oxford: Blackwell

Harvey D. 1987. Flexible accumulation through urbanization: reflections on "Postmodernism", in the American city. Antipode, 19: 260-286

Harvey D. 1988. Social Justice and the City. Oxford: Blackwell. (1st Eds in London: Edward Arnold. 1973.)

Harvey D. 1989. The Condition of Postmodernity: An Enquiry into the Origins of Cultural Change. Oxford: Basil Blackwell

Harvey D. 1990. Between Space and Time: Reflections on the Geographical Imagination. Annals of the Association of American Geographyers

Harvey D. 1996. Justice, Nature and the Geography of Difference. Oxford: Blackwell

Harvey D. 2000. Spaces of Hope. Edinburgh: Edinburgh University Press

Harvey D. 2001. Spaces of Capital: Towards a Critical Geography. Edinburgh: Edinburgh University Press

Harvey L. 1997. The Nature of "School" in the Sociology of Knowledge: The Case of the "Chicago School"//Plummer K. The Chicago School: Critical Assessment Vol. 1. London and New York: Routledge

He S, Liu Y, Wu F, et al. 2008. Poverty incidence and concentration in different social groups in urban China, a case of Nanjing. Cities, 25 (3): 121-132

He S, Wu F, Webster C, et al. 2010. Poverty concentration and determinants in China's urban low-income neighbourhoods and social groups. International Journal of Urban and Regional Research, 34 (2): 328-349

Helga L. 1992. Urban geography: responding to new challenges. Progress in Human Geography, 16 (1): 105-118

Hepworth M. 1989. Book Reviews//Aydalot P, Keeble D. 1988. High Technology Industry and Innovative Environments: the European experience. London: Routledge

Herbert D, Johnston R. 1978. Geography and the Urban Environment//Herbert D, Johnston R. Geography and the urban environment Vol 1. Chichester: Wiley

Herold M, Couclelis H, Clarke K. 2005. The role of spatial metrics in the analysis and modeling of urban growth and land use change. Computers, Environment and Urban Systems, 29 (4): 369-399.

Hill M R. 1981. Positivism: a "hidden" philosophy in geography//Harvey M E, Holly B P. Themes in Geographic Thought. London: Croom Helm

Hiroo K. 1999. Day Care Services and Activity Patterns of Women in Japan. GeoJournal, 48 (3): 207-215

Holger F. 1999. Virtual Cities? Telematics and Spatial Development. Paper presented at the "TAN3 Conference onCyberspace and the Loss of Concentration", Berlin

Holt-Jensen A. 1982. Geography: Its History and Concepts. New Jersey: Barnes & Noble Books

Hoyt H. 1939. The Structure and Growth of Residential Neighborhoods in American Cities. Washington, D. C. : U. S. Gov. Printing Office

Huang Y. 2003a. Renters' housing behavior in transitional urban China. Housing Studies, 18 (1): 103-125

Huang Y. 2003b. A room of one's own: housing consumption and residential crowding in transitional urban China. Environment and Planning A, 35 (4): 591-614

Huang Y. 2004. The road to homeownership: A longitudinal analysis of tenure transition in urban China. International Journal of Comparative Sociology, 28 (4): 774-795

Huang Y, Clark W A V. 2002. Housing tenure choice in transitional urban China: a multilevel analysis. Urban Studies, 39 (1): 7-32

Hunter A. 1997. Why Chicago? The Rise of the Chicago School of Urban Social Science//Plummer K The Chicago School: Critical Assessment. Vol. 2. London and New York: Routledge

Hägerstrand T. 1967. Innovation Diffusion as a Spatial Process. Chicago: University of Chicago Press

Hägerstrand T. 1970. What about people in regional science? Papers in Regional Science, 24: 6-21

Hägerstrand T. 1975. Space, time and human conditions//Karlqvist A, Lundqvist L, Snikars F. Dynamic Allocation of Urban Space. Westmead: Saxon House

Hägerstrand T. 1982. Diorama, path and project. Tijdschrift Voor Economische En Sociale Geografie, 73: 323-339

Hägerstrand T. 1984. Presence and absence: a look at conceptual choices and bodily necessities. Regional Studies, 18: 373-379

Hörschelmann K, Stenning A. 2008. Ethnographies of postsocialist change. Progress in Human Geography, 32 (3): 339-361

James P E. 1967. On the origin and persistence of error in geography. Annals of the Association of American Geographers, 57 (1): 1-24

Jameson F. 1984. Postmodernism, or the cultural logic of late capitalism. New Left Review, (146): 53-92

Jayne M, Valentine G, Holloway S L. 2008. Geographies of alcohol, drinking and drunkenness: a review of progress. Progress in Human Geography, 32 (2): 247-263

Jessop B. 2006. Spatial Fixes, Temporal fixes and Spatio- Temporal Fixes//Gregogry N C. David Harvey: A Critical Reader. Oxford: Blackwell Publishing Ltd

Jiang L. 2006. Living Conditions of the Floating Population in Urban China. Housing Studies, 21 (5): 719-744.

Joas H. 1997. Pragmatism in American Sociology//Plummer K. The Chicago School: Critical Assessment, Vol. 2. London and New York: Routledge

Johnson J H. 1985. A model of evacuation-decision making in a nuclear reactor emergency. Geographical Review, 75 (4): 405-418

Johnston R J. 1979. Political, electoral, and spatial systems: an essay in political geography. Oxford

343

and New York：Clarendon Press

Johnston R J. 1986a. On Human Geography. Oxford：Blackwell

Johnston R J. 1986b. Philosophy and Human Geography：An introductory to Contemporary Approaches. London：Edward Arnold

Johnston R J. 1990. The Challenge for Regional Geography：Some Proposals for Research Frontiers// Johnston R J. Regional Geography：Current Developments and Future Prospects. London：Routledge

Johnston R J. 1991. A Place for everything and everything in its place. Transactions of the Institute of British Geographers，16（36）：131-147

Johnston R J. 1991. Geography and Geographers：Anglo- American Geography since 1945. London：Edward Arnold

Johnston R J. 2008. Quantitative human geography：are we turning full circle? Geographical Analysis，40：332-335

Johnston R J, Sidaway J D. 2004. Geography & Geographers（6th ed.）. London：Arnold

Johnston R J, Gregory D, Pratt G, et al. 2000. Dictionary of Human Geography（4th Edition）. Oxford：Blackwell Publishing Ltd

Johnston R J, Gregory D, Smith D M. 1994. The Dictionary of Human Geography（3rd edition）. Oxford：Blackwell

Katznelson I. 1988. Foreword//Harvey D. Social Justice and the City. Oxford：Blackwell

Kearns R A. 1993. Place and health：towards a reformed medical ceography. The Professional Geographer，45：139-147

Kearsley G W. 1983. Teaching urban geography：the Burgess Model. New Zealand Journal of Geography，75（1）：10-13

Kellerman A. 1987. Structuration Theory and attempts at integration in human geography. The Professional Geographer. 267-274

Kelly F P, Maulloo A K, Tan D K H. 1998. Rate control for communication networks：shadow prices，proportional fairness and stability. The Journal of the Operational Research Society，49（3）：237-252

Keohane R O, Nye J S. 2001. Power and Interdependence. New York：Longman

Kidokoro T, Harata N, Subanu L P, et al. 2008. Sustainable City Regions：Space, Place and Governance. Japan：Springer

Kim H M. and Kwan M P. 2003. A Geocomputational Algorithm with a Focus on the Feasible Opportunity Set and Possible Activity Duration. Journal of Geographical Systems，5（1）：71-91

King L J. 1979. The seventies：disillusionment and consolidation. Annals of the Association of American Geographers，69：155-157

Kirk W. 1963. Problems of geography. Geography，48：357-371

Kitchin R M. 1996. Increasing the integrity of cognitive mapping research：appraising conceptual schemata of environment-behaviour interaction. Progress in Human Geography，20（1）：56-84

Kling R. 2000. Learning about information technologies and social change: the contribution of social informatics. The Information Society, 16: 217-232

Knopp L. 2006. Movement and Encounter//Aitken S, Valentine G. Approaches of Human Geography. London: SAGE Publications

Kolko J. 2000. The Death of Cities? The Death of Distance? Evidence from the Geography of Commercial Internet Usage//Vogelsang I, Compaine B. The Internet Upheaval: Raising Questions, Seeking Answersin Communications Policy. Cambridge, MA: MIT Press

Konishi H. 2000. Formation of hub cities: transportation cost advantage and population agglomeration. Journal of Urban Economics, 48 (1): 1-28

Kraft P, Horton J. 2008. Spaces of every-night life: for geographies of sleep, sleeping and sleepiness. Progress in Human Geography, 32 (4): 509-524

Kuhn T S. 1962. The Structure of Science Revolution. Chicago: The University of Chicago Press

Kwan M-P. 1998. Space-time and integral measures of individual accessibility: a comparative analysis using a point-based framework. Geographical Analysis, (30): 191-216

Kwan M-P. 1999a. Gender and individual access to urban opportunities: a study using space‐time measures. The Professional Geographer, (51): 211-227

Kwan M-P. 1999b. Gender, the Home-Work Link, and Space-Time Patterns of Nonemployment Activities. Economic Geography, (75): 370-394

Kwan M-P. 2000a. Human extensibility and individual hybrid-accessibility in space-time: A multi-scale representation using GIS. Information, place, and cyberspace: Issues in accessibility, (15): 241-256

Kwan M-P. 2000b. Gender differences in space-time constraints. Area, (32): 145-156

Kwan M-P. 2000c. Interactive geovisualization of activity-travel patterns using three-dimensional geographical information systems: a methodological exploration with a large data set. Transportation Research Part C: Emerging Technologies, (8): 185-203

Kwan M-P. 2002a. Feminist Visualization: Re-envisioning GIS as a Method in Feminist Geographic Research. Annals of the Association of American Geographers, (92): 645-661

Kwan M-P. 2002b. Time, Information Technologies, and the Geographies of Everyday Life. Urban Geography, (23): 471-482

Kwan M-P. 2004a. GIS Methods in Time-Geographic Research: Geocomputation and Geovisualization of Human Activity Patterns. Geografiska Annaler. Series B, Human Geography, (86): 267-280

Kwan M-P. 2004b. Beyond difference: From canonical geography to hybrid geographies. Annals of the Association of American Geographers, (94): 756-763

Kwan M-P, Janelle D G, Goodchild M F. 2003b. Accessibility in space and time: a theme in spatially integrated social science. Journal of Geographical Systems, 5 (1): 1-4

Kwan M-P, Lee J. 2004. Geovisualization of human activity patterns using 3D GIS: a time-geographic approach//Goodchild M, Janelle D. Spatially Integrated Social Science: 48-66

Kwan M-P, Murray A T, O'Kelly M E, et al. 2003a. Recent advances in accessibility research: Representation, methodology and applications. Journal of Geographical Systems, (5): 129-138

Kwan M-P, Weber J. 2003. Individual Accessibility Revisited: Implications for Geographical Analysis in the Twenty-First Century. Geographical Analysis, (35): 341-354

Kwan M-P, Ding G X. 2008. Geo-narrative: Extending geographic information systems for narrative analysis in qualitative and mixed-method research. The Professional Photographer, (60): 443-465

Lang J. 1994. Urban Design: The American Experience. New York: Van Nostrand Reinhold

Leamer E, Storper M. 2001. The Economic Geography of the Internet Age. Journal of International Business Studies, (32): 641-665

Lees L. 2003. Urban geography: 'New' urban geography and the ethnographic void. Progress in Human Geography, 27 (1): 107-113

Lees L. 2004. Urban geography: discourse analysis and urban research. Progress in Human Geography, (28): 101

Lefebvre H. 1978. The Survival of Capitalism: Reproduction of the relations of production (F. Bryant, Trans.). London: Alllson & Busby

Lefebvre H. 1991. The Production of Space (Translated by D. Nicholson Smith.). Oxford: Blackwell

Lefebvre H. 2008. Critique of everyday life, Vols 1-3 (Translated by J. Moore and G. Elliott). London: Verso

Lenntorp B. 1976. Paths in space-time environments: A time-geographic study of movement possibilities of individuals. Gleerup; Lund

Lenntorp B. 1978. A Time-geographic Simulation Model of Individual Activity Programmes//Carlstein T, Partkes D and Thrift N J. Timing Space and Spacing Time: 162-180

Lenntorp B. 1999. Time-geography-at the end of its beginning. GeoJournal, 48: 155-158

Lenntorp B. 2004. Publications by Torsten Hagerstrand 1938-2004. Geografiska Annaler. Series B, Human Geography, 86: 327-334

Ley D. 1981. Behavioral Geography and the Philosophies of Meaning//Cox K R and Golledge R G. (eds.). Behavioral Problems in Geography Revisited. London: Routledge

Ley D, Samuels M S. 1978. Humanistic Geography: Prospects and Problems. London: Croom Helm

Li S-M. 2000a. The housing market and tenure decisions in Chinese cities: a multivariate analysis of the case of Guangzhou. Housing Studies, 15 (2): 213-236

Li S-M. 2000b. Housing consumption in urban China: a comparative study of Beijing and Guangzhou. Environment and Planning A, 32 (6): 1115-1134

Li S-M. 2003. Housing tenure and residential mobility in urban China—A study of commodity housing development in Beijing and Guangzhou. Urban Affairs Review, 38 (4): 510-534

Li S-M. 2004. Life course and residential mobility in Beijing, China. Environment and Planning A, 36 (1): 27-43

Li S-M, Siu Y M. 2001a. Commodity housing construction and intra-urban migration in Beijing: an analysis of survey data. Third World Planning Review, 23（1）: 39-60

Li S-M, Siu Y M. 2001b. Residential mobility and urban restructuring under market transition: a study of Guangzhou, China. Professional Geographer, 53（2）: 219-229

Li Z, Wu F. 2006. Socio-spatial differentiation and residential inequalities in Shanghai: a case study of three neighborhoods. Housing Studies, 21（5）: 695-717

Li Z, Wu F. 2008. Tenure-based residential segregation in post-reform Chinese cities: a case study of Shanghai. Transactions of the Institute of British Geographers, 33（2）: 401-419

Lin G C S. 2007. Chinese urbanism in question: state, society, and the reproduction of urban spaces. Urban Geography, 28（1）: 7-29

Liu W. 2009. Where is the bridge? Progress in Human Geography, 33（1）: 7-9

Liu W, Dicken P, Yeung H. 2004. New information and communication technologies and local clustering of firms: a case study of the Xingwang industrial park in Beijing. Urban Geography, 25（4）: 390-407

Liu Y, He S, Wu F. 2008. Urban pauperization under China's social exclusion—a case study of Nanjing. Journal of Urban Affairs, 30（1）: 21-36

Liu Y, He S, Wu F, Webster C. 2010. Urban villages under China's rapid urbanization: Unregulated assets and transitional neighbourhoods. Habitat International, 34: 135-144

Livingstone D. 2003. A Brief History of Geography//Rogers A, Viles H, Goudie A. The Student's Companion to Geography. Oxford: Blackwell

Logan J R, Bian Y, Bian F. 1999. Housing inequality in urban China in the 1990s. International Journal of Urban and Regional Research, 23（1）: 7-25

Longino H. 2002. The Fate of Knowledge. Princeton, NJ: Princeton University Press

Longley P A, Goodchild M F, Maguire D J, et al. 1999. Geographical Information Systems: Principles, Techniques, Applications and Management. New York: Wiley

Luo X, Shen J. 2008. Why city-region planning does not work well in China? the case of Suzhou-Wuxi-Changzhou. Cities, 25（4）: 207-217

Lyotard J F. 1984. The Postmodern Condition: A Report on Knowledge. Manchester, England: Manchester University Press

Madge J. 1997. Peasants and Workers. Plummer. The Chicago School Critical Assessment Vol. 1. London and New York: Routledge

Malecki E J. 2002. The economic geography of the Internet's infrastructure. Economic Geography, 78（4）: 399-424

Malinoswki, Bronislaw. 1961. Argonauts of the Western Pacific. NY: E. P. Dutton

Mandel E. 1975. Late Capitalism. New York: Verso

Martin G J. 2005. All Possible Worlds: A History of Geographical Ideas. Fourth edition. New York: Oxford University Press

Martin R. 2001. Geography and public policy: the case of the missing agenda. Progress in Human

347

Geography, (25): 189-210

Martin W J. 1995. The Global Information Society. London: Aslib Gower

Massey D. 1984. Spatial Divisions of Labor: Social Structures and the Geography of the World. London: Macmillan

Massey D. 2007. World City. Cambridge: Polity Press

Mayer J D, Meade M S. 1994. A Reformed Medical Geography Reconsidered. The Professional Geographer, 46: 103-106

McKenzie E. 2006. Emerging trends in state regulation of private communities in the U. S. GeoJournal, 66 (1-2): 89-102

McKenzie R. 1924. The Ecological approach to the study of the human community. The American Journal of Sociology, 30 (3): 287-301

McKenzie R. 1925. The Scope of Human Ecology//Burgess E W. The Urban Community. Chicago: The University of Chicago Press

McNee R B. 1959. The changing relationships of economics and economic geography. Economic Geography, 35 (3): 189-198

Mikkonen K, Luoma M. 1999. The parameters of the gravity model are changing - how and why? Journal of Transport Geography, 7 (4): 277-283

Mill S. 1905. A System of Logic. London: Routlege

Miller H J. 1991. Modeling Accessibility Using Space-Time Prism Concepts Within Geographical Information Systems. International Journal of Geographical Information Systems, (5): 287-301

Miller H J. 1999. Measuring Space-Time Accessibility Benefits within Transportation Networks: Basic Theory and Computational Procedures. Geographical Analysis, 31 (2): 187-212

Miller H J. 2003. What about people in geographic information science? Computers, environment and urban systems, 27: 447-453

Miller H J. 2004. Activities in space and time//Stopher P, Button K, Haynes K, et al. Handbook of Transportation 5: Transport Gegoraphy and Saptial Systems. Pergamon: Elsevier Science

Miller H J. 2005a. A measurement theory for time geography. Geographical Analysis, (37): 17-45

Miller H J. 2005b. Necessary space-time conditions for human interaction. Environment and Planning B-Planning & Design, (32): 381-401

Miller H J. 2006. Social exclusion in time and space, Moving Through Nets: The Social and Physical Aspects of Travel. Oxford: Elsevier

Mitchell D. 1993. State intervention in landscape production: the Wheatland riot and the California Commission of Immigration and Housing. Antipode, (25): 91-113

Mobrand E. 2006. Politics of cityward migration: an overview of China in comparative perspective. Habitat International, (30): 261-274

Moos A I, Dear M J. 1986. Structuration theory in urban analysis. 1. Theoretical Exegesis. Environment and Planning A, (18): 231-252

Morrill R L. 1984. The responsibility of geography. Annals of the Association of American Geographers, 74 (1): 1-8

Morrill R L. 1987. A theoretical imperative. Annals of the Association of American Geographers, 77 (4): 535-541

Neutens T, Schwanen T, Witlox F. 2011. The prism of everyday life: towards a new research agenda for time geography. Transport Reviews, (31): 25-47

Neutens T, Schwanen T, Witlox F, et al. 2010a. Equity of urban service delivery: a comparison of different accessibility measures. Environment and Planning A, (42): 1613-1635

Neutens T, Schwanen T, Witlox F, et al. 2010b. Evaluating the temporal organization of public service provision using space-time accessibility analysis. Urban Geography, (31): 1039-1064

Neutens T, Versichele M, Schwanen T. 2010c. Arranging place and time: a GIS toolkit to assess person-based accessibility of urban opportunities. Applied Geography, (30): 561-575

Newman P, Gilles V. 1999. The impacts of partnership on urban governance: Conclusions from recent European research. Regional Studies, 33 (5): 487-491

Northam R M. 1979. Urban Geography (2nd ed). New York: John Wiley & Sons

Northrop F C S. 1959. The Logic of the Sciences and Humanities. New York: Meridian Books

Ogden T H. 1994. Subjects of Analysis. Northwale, NJ: Jason Aronson

Ohmae K. 1995. The End of the Nation State: New York: The Free Press

Okabe A, Kitamura M. 1996. A computational method for market area analysis on a network. Geographical Analysis, (28): 330-49

Olds K. 1995. Globalization and the production of new urban spaces: Pacific Rim megaprojects in the late 20th century. Environment and Planning A, 27 (11): 1713-1743

Olsson G. 1981. Inference Problems in Locational Analysis//Cox K R, Golledge R G. Behavioral Problems in Geography Revisited. London and New York: Routledge

Ong A. 2007. Neoliberalism as a mobile technology. Transactions of the Institute of British Geographers, 32 (1): 3-8

Oswin N. 2008. Critical geographies and the uses of sexuality: deconstructing queer space. Progress in Human Geography, 32 (1): 89-103

O'Brien R. 1992. Global Financial Integration: The End of Geography. New York: Council on Foreign Relations Press

O'Kelly M E, Grubesic T H. 2002. Backbone topology, access and the commercial Internet, 1997-2000. Environment and Planning B: Planning and Design, 29 (4): 533-552

Öberg S. 2005. Häerstrand and the remaking of Sweden Progress in Human Geoqraqhy, 29: 340-349

Pache G. 1990. Corporate spatial organization. Netcom, (4): 174-187

Pacione M. 2003. Quality of life-research in urban geography. Urban Geography, 24 (3): 314-339

Pacione M. 2005. Urban Geography: A Global Perspective. Oxon: Routledge

Pacione M. 2009. Urban geography: A Global Perspective (3rd ed.). London and New York: Routledge

Pannell C W. 1990. China's urban geography. Progress in Human Geography, 14 （2）: 214-236

Park R. 1925a. The City: Suggestions for the Study of Human Nature in the Urban Environment//Park R E, Burgess E W. The City. Chicago: The Univercity of Chicago Press

Park R. 1925b. The Urban Community as a Spatial Pattern and a Moral Order//Park R E, Burgess E W. The City. Chicago: The University of Chicago Press

Park R. 1936. Human Ecology. The American Journal of Sociology, 42 （1）: 1-15

Pateman C. 1988. The Sexual Contract. Cambridge: Polity

Peuquet D J. 2002. Representations of Space and Time. New York: Guilford

Phipps A G. 2000. A structurationist interpretation of community activism during school closures. Environment and Planning A, （32）: 1807-1824

Phipps A G. 2001. Empirical applications of structuration theory. Geografiska Annaler. Series B, Human Geography, （83）: 189-204

Pierre J. 1999. Models of urban governance: the institutional dimension of urban politics. Urban Affairs Review, 34 （3）: 372 -396

Plummer K. 1997. Introducing Chicago Sociogy: The Foundations and Contribution of a Major Sociological//Plummer K. The Chicago School: Critical Assessment Vol. 1. London and New York: Routledge

Poulantzas N. 1978. State, Power, Socialism. London: Verso

Poulsen M, Forrest J, Johnston R. 2002. From modern to Post-modern? contemporary ethnic residential segregation in four US metropolitan areas. Cities, 19 （3）: 161-172

Pred A. 1981. Social reproduction and the time- geography of everyday life. Geografiska Annaler Series B- Human Geography, （63）: 5-22

Pred A. 1983. Structuration and place: on the becoming of sense of place and structure of feeling. Journal for the Theory of Social Behaviour, （13）: 45-68

Pred A. 1984a. Place as historically contingent process - structuration and the time- geography of becoming places. Annals of the Association of American Geographers, （74）: 279-297

Pred A. 1984b. Structuration, biography formation, and knowledge: observations on port growth during the late mercantile period. Environment and Planning D: Society and Space, （2）: 251-275

Pred A. 1985. Presidential address interpenetrating processes: Human agency and the becoming of regional spatial and social structures. Papers in Regional Science, （57）: 7-17

Prytherch D L. 2007. Urban geography with scale: rethinking scale via Wal- Mart's "Geography of Big Things". Urban Geography, 28 （5）: 456-482

Purcell M. 2003. Islands of practice and the Marston/Brenner debate: Toward a more synthetic critical human geography. Progress in Human Geography, 27 （3）: 317-332

Quaini M. 1982. Geography and Marxism. Oxford: Blackwell

Quinn J. 1940. The Burgess Zonal hypothesis and its critics. American Sociological Review, 5 （2）:

210-218

Rashed T, Weeks J, Couclelis H, et al. 2007. An Integrative GIS and Remote Sensing Model for Place-Based Urban Vulnerability Analysis//Mesev V. Integration of GIS and Remote Sensing. New York: Wiley

Richardson R, Gillespie A. 2000. The Economic Development of Peripheral Rural Areas in the Information Age

Ritsema van Eck J, Burghouwt G, Dijst M. 2005. Lifestyles, Spatial Configurations and Quality of Life in Daily Travel: an Explorative Simulation Study. Journal of Transport Geography. 13 (2): 123-134

Robinson J. 2005. Urban geography: world cities, or a world of cities. Progress in Human Geography, 29 (6): 757-765

Rose G. 1993. Feminism and Geography: The Limits of Geographical Knowledge. Minneapolis: University of Minnesota Press

Ruggie J G. 1993. Territoriality and beyond: problematising modernity in international relations. International Organization, (47): 139-174

Sack R D. 1972. Geography, geometry and explanation. Annals of the Association of American Geography, (62): 61-78

Sack R D. 1974. The spatial separatist theme in geography. Economic Geography, 50 (1): 1-19

Samuels M S. 1978. Existentialism and Human Geography//Ley D, Samuels M S. Humanistic Geography: Prospects & Problems. London: Croom Helm

Sassen S. 1991. The Global City: New York Tokyo and London. Princeton, NJ: Princeton University Press

Sauer C. 1952. Agricultureal Origins and Dispersals. New York: American Geographical Society

Saunders P R. 1986. Social Theory and the Urban Question. London: Hutchinson Education

Sayer A. 1983. Review: A contemporary of historical materialism. Society and Space, (1): 5

Sayer A. 1992. Method in Social Sciences: A Realist Approach. London: Routledge

Schaefer F K. 1953. Exceptionalism in geography: a methodological examination. Annals of the association of American geographers, (43): 226-249

Schwanen T, Dijst M, Kwan M-P. 2008a. ICTs and the decoupling of everyday activities, space and time: Introduction. Tijdschrift Voor Economische En Sociale Geografie, (99): 519-527

Schwanen T, Kwan M-P. 2008. The Internet, mobile phone and space-time constraints. Geoforum, (39): 1362-1377

Schwanen T, Kwan M-P, Ren F. 2008b. How fixed is fixed? Gendered rigidity of space-time constraints and geographies of everyday activities. Geoforum, (39): 2109-2121

Schwanen T, De Jong T. 2008. Exploring the juggling of responsibilities with space-time accessibility analysis. Urban Geography, (29): 556-580

Schwirian K, et al. 1990. The residential decentralization of social Status groups in American metropolitan communities, 1950-1980. Social Froces, 68 (4): 1143-1163

Scott A J, Soja E. 1996. The City: Los Angeles and Urban Theory at the End of the Twentieth Century. Los Angeles: University of California Press

Sector A J. 2002. The veil and urban space in Istanbul: women's dress, mobility and Islamic knowledge. Gender, Place and Culture, 9 (1): 5-22

Semple C. 1911. Influences of Geographic Environment on the Basis of Ratzel's System of Anthropo-geograohy. New York: Henry Holt

Shaw S L, Yu H. 2009. A GIS-based time-geographic approach of studying individual activities and in-teractions in a hybrid physical-virtual space. Journal of Transport Geography, (17): 141-149

Shaw S-L, Yu H, BOMBOM L S. 2008. A space-time GIS approach to exploring large individual-based spatiotemporal datasets. Transactions in GIS, (12): 425-441

Shearmur R, Charron M. 2004. From Chicago to L. A. and back again: a Chicago-inspired quantitative analysis of income distribution in Montreal. The Professional Geographer, 56 (1): 109-126

Shevky E, Bell W. 1955. Social Area Analysis: Theory, Illustrative Application and Computational Procedures. Stanford, CA: Stanford University Press

Shoval N, Isaacson M. 2007. Sequence alignment as a method for human activity analysis in space and time. Annals of the Association of American Geographers, (97): 282-297

Sjoberg G. 1960. The Preindustrial City: Past and Present. Glencoe, Ill. : The Free Press

Smith N. 1984. Uneven Development: Nature, Capital and the Production of Space. Oxford: Blackwell

Smith N. 1993. Homeless/Global: Scaling Places//Bird J. Mapping the Futures: Local Cultures, Global Change. New York: Routledge

Smith N. 1995. Remaking Scale: Competition and Cooperation in Prenational and Postnational Europe// Snickars H E A F. Competitive European Peripheries. Berlin: Springer Verlag

Smith N. 1997. Antinomies of space and nature in Henri Lefebvre's the production of space. Philosophy and Geography, (2): 50-51

Smith N, O'Keefe P. 1989. Geography, marx and the concept of nature. Antipode, (12): 30-39

Smith S J. 1984. Practicing humanistic geography. Annals of the Association of American Geographers, 74 (3): 353-374

Soja E W. 1980. The socio-spatial dialectic. Annals of The Association of American Geographers, 70: 207-225

Soja E W. 1985. Regions in context: spatiality, periodicity, and the historical geography of the regional question. Environment and Planning D, (3): 175-190

Soja E W. 1989. Postmodern Geographies. London: Verso

Soja E W. 1990. Post Modern Geographies. The Reassertion of Space in Critital Theory. London: Verso

Soja E W. 1996. Third space journeys to Los Angeles and other real-and-imagined places. Oxford: Black-well

Soja E W. 2000. Postmetropolis: critical studies of cities and regions. Oxford: Blackwell

Staple G. 1996. Telegeography. London: International Institute of Communications

Stewart J Q. 1956. The development of social physics. American Journal of Physics, (18): 239-253

Strauss A, Corbin J. 1990. Basics of Qualitative Research: Grounded Theory Procedures and Techniques. Newbury Park, CA: Sage

Strauss A, Corbin J. 1998. Basics of Qualitative Research: Techniques and Procedures for Developing Grounded Theory (2nd ed.) . Thousand Oaks, CA: Sage

Tapiador F J, Mezo J. 2009. Vote evolution in Spain, 1977-2007: a spatial analysis at the municipal scale. Political Geography, 28 (5): 319-328

Tashakkori A, Charles T. 1998. Research Design Issues for Mixed Method and Mixed Model Studies// Applied Social Research Methods Series, Vol 46. Thousand Oaks, CA: Sage Publications

Taylor P J. 1993. Political Geography: World Economy, Nation-state and Locality (3rd eds.) . New York: Longman

Taylor P J, Catalano G, Walker D R F. 2002a. Exploratory analysis of the world city network. Urban Studies, 39: 2377 - 2394

Taylor P J, Catalano G, Walker D R F. 2002b. Measurement of the world city network. Urban Studies, 39: 2367-2376

Theodore N and Taylor D G. 1991. The Geography of Opportunity: the Status of African Americans in the Chicago Area Economy. Chicago Urban League

Thrift N J. 1983. On the determination of social-action In space and time. Environment and Planning D: Society & Space, (1): 23-57

Thrift N. 1977. An Introduction to Time Geography, Concept and Techniques in Modern Geography. UK, Norwich: Geo Abstracts, University of East Anglia

Thrift N, French S. 2002. The automatic production of space. Transactions of the Institute of British Geographers, 27 (3): 309-335

Thrift Nigel. 1985. Bear and mouse or bear and tree? Anthony Giddens's reconstitution of social theory. Sociology, 19: 609-623

Timmermans H, Golledge R G. 1990. Applications of behavioural research on spatial problems II: preference and choice. Progress in Human Geography, 14 (3): 311-354

Tobler W. 1970. A computer movie simulating urban growth in the detroit region. Economic Geography, 46 (2): 234-240

Townsend A M. 2001. Networked cities and the global structure of the Internet. American Behavioral Scientist, 44 (10): 1698-1717

Tuan Y-F. 1976. Humanistic geography. Annals of the Association of American Geographers, 66 (2): 266-276

Tuan Y-F. 1977. Space and Place: the Perspective of Experience. London: Edward Arnold

Tuan Y-F. 1979. Landscapes of Fear. New York, NY: Pantheon Books

Tuan Y-F. 1974. Space and Place: Humanistic Perspective. Progress in human geography, 6: 211-52

Tuan Y- F. 1978. Sign and metaphor, Annals of the Association of American Geographers 68（3）：363-372

Ullman E L. 1956. The Role of Transportation and the Bases for Interaction//William L T. Man's Role in Changing the Face of the Earth, Chicago：University of Chicago Press

Unwin T. 2000. A waste of space? Towards a critique of the social production of space. Transactions of the Institute of British Geographers, 25（1）：11-29

Urban Studies, 39（13）：2377-2394

Van Eck Jan R, Burghouwt G, Dijst M. 2005. Lifestyles, spatial configurations and quality of life in daily travel：an explorative simulation study. Journal of Transport Geography, 13：123-134

Wang Y. 2005. Low- income communities and urban poverty in China. Urban Geography, 26（3）：222-242

Wang Y, Wang Y, Wu J. 2010. Housing migrant workers in rapidly urbanizing regions：a study of the Chinese model in Shenzhen. Housing Studies, 25（1）：83-100

Weber J. 2003. Individual Accessibility and Distance from Major Employment Centers：An Examination Using Space- Time Measures. Journal of Geographical Systems, 5（1）：51-70

Weber J, Kwan M- P. 2002. Bringing time back in：A study on the influence of travel time variations and facility opening hours on individual accessibility. The Professional Geographer, 54：226-240

Weber J, Kwan M- P. 2003. Evaluating the Effects of Geographic Contexts on Individual Accessibility：A Multilevel Approach 1. Urban Geography,（24）：647-671

White G F. 1968. Water and Choice in the Colorado Basin：An Example of Alternatives in Water Management. National Research Council Committee on Water. No. 1689. Washington, DC：National Academy of Sciences

White M. 1987. American Neighborhoods and Residential Differentiation. New York：Russell Sage Foundation

Wildner M, Fischer R, Brunner A. 2002. Development of a questionnaire for quantitative assessment in the field of health and human rights. Social Science & Medicine, 55（10）：1725-1744

Wilson A. 1967. A Statistical Theory of Spatial Distribution Models. Transportation Research, 1（1）：253-267

Winkler W E. 1992, Comparative Analysis of Record Linkage Decision Rules, American Statistical Association, Proceedings of the Section on Survey Research Methods：829-834

Wolf J. 2000. Using GPS data loggers to replace travel diaries in the collection of travel data. Citeseer

Wright G, Rabinow P. 1982. Spatialization of Power：A Discussion of the Work of Michel Foucault. Skyline,（3）：14-15

Wu F. 2000. Global and local dimensions of place- making：remaking Shanghai as a world city. Urban Studies, 37（8）：1359-1377

Wu F. 2002. China's changing urban governance in the transition：Towards a more market- oriented economy. Urban Studies：1071-1093

Wu F. 2004a. Intraurban residential relocation in Shanghai: modes and stratification. Environment and Planning A, 36 (1): 7-25

Wu F. 2004b. Residential relocation under market-oriented redevelopment: the process and outcomes in urban China. Geoforum, 35 (4): 453-470

Wu F. 2007. The poverty of transition: from industrial district to poor neighbourhood in the city of Nanjing, China. Urban Studies, 44 (13): 2673-2694

Wu F. 2008. China's great transformation: Neoliberalization as establishing a market society, 39 (3): 1093-1096

Yang C. 2005. Multilevel governance in the cross- boundary region of Hong Kong- Pearl River Delta, China. Environment and Planning A, 37 (12): 2147-2168

Yang C. 2006. The Geopolitics of Cross-boundary Governance in the Greater Pearl River Delta, China: A Case Study of the Proposed Hong Kong- Zhuhai- Macao Bridge. Political Geography, 25 (7): 817-835

Yeung H. 1997. Critical realism and realist research in human geography: a method or a philosophy in search of a method? Progress in Human Geography, 21 (1): 51-74

Yeung H. 1998. Capital, state and space: Contesting the borderless world. Transactions of the Institute of British Geographers, 23 (3): 291-309

Yin R K. 1994. Case study research: Design and methods. Sage Publications

Yu H, Shaw S- L. 2007. Revisiting Häerstrand's time- geographic framework for individual activities in the age of instant access//Miller H J. Societies and Cities in the Age of Instant Access. The Netherlands: Springer Dprdrecht

Yu H, Shaw S- L. 2008. Exploring potential human activities in physical and virtual spaces: a spatio-temporal GIS approach. International Journal of Geographical Information Science, (22): 409-430

Zhang J, Wu F. 2006. China's changing economic governance: Administrative annexation and the reorganization of local governments in the Yangtze River Delta. Regional Studies, 40 (1): 3-21

Zhen F, Wei Z. 2008. Influence of Information Technology on Social Spatial Behaviors of Urban Residents, Chinese. Geographical Science, 18 (4): 316-322

Zook M A. 2001. Old hierarchies or new networks of centrality: the global geography of the Internet content market. American Behavioral Scientist, 44 (10): 1679-1696

Zuboff. 1988. In the Age of the Smart Machine: the Future of Work and Power. New York: Elsevier